工作手册式教材

文化和旅游部“万名旅游英才计划”项目
广东省高职院校高水平专业群“旅游管理专业群”建设项目
高等职业教育教学改革融合创新型教材·旅游类

旅游市场营销

（第三版）

张　颖　伍新蕾　主　编
朱　智　胡晓晶　副主编
赵立民　主　审

Lüyou Shichang Yingxiao

东北财经大学出版社
Dongbei University of Finance & Economics Press
大连

图书在版编目（CIP）数据

旅游市场营销 / 张颖，伍新蕾主编. —3版. —大连：东北财经大学出版社，2022.10（2024.1重印）
（高等职业教育教学改革融合创新型教材·旅游类）
ISBN 978-7-5654-4537-8

Ⅰ. 旅… Ⅱ. ①张… ②伍… Ⅲ. 旅游市场-市场营销学-高等职业教育-教材 Ⅳ. F590.82

中国版本图书馆CIP数据核字（2022）第088349号

东北财经大学出版社出版
（大连市黑石礁尖山街217号 邮政编码 116025）
网 址：http：//www.dufep.cn
读者信箱：dufep@dufe.edu.cn
大连日升彩色印刷有限公司印刷 东北财经大学出版社发行
幅面尺寸：185mm×260mm 字数：444千字 印张：20.25
2022年10月第3版 2024年1月第3次印刷
责任编辑：魏 巍 责任校对：宋雪凌
封面设计：冀贵收 版式设计：原 皓
定价：45.00元

教学支持 售后服务 联系电话：（0411）84710309

如有印装质量问题，请联系营销部：（0411）84710711

富媒体智能型教材出版说明

“财经高等职业教育富媒体智能型教材开发系统工程”入选国家新闻出版广电总局新闻出版改革发展项目库，并获得文化产业专项资金支持，是“国家文化产业资金支持媒体融合重大项目”。项目以“融通”“融合”“共建”“共享”为特色，是东北财经大学出版社积极落实国家推动传统媒体与新媒体融合发展的重要举措之一。

“财济书院”智能教学互动平台是该工程项目建设成果之一。该平台（www.idufep.com）通过系统、合理的架构设计，将教学资源与教学应用集成于一体，具有教学内容多元呈现、课堂教学实时交互、测试考评个性设置、用户学情高效分析等核心功能，是高校开展信息化教学的有力支撑和应用保障。

富媒体智能型教材是该工程项目建设成果之二。该类教材是我社供给侧结构性改革探索性策划的创新型产品，是一种新形态立体化教材。富媒体智能型教材秉持严谨的教学设计思想和先进的教材设计理念，为财经职业教育教与学、课程与教材的融通奠定了基础，较好地避免了传统教学模式和单一纸质教材容易出现的“两层皮”现象，有助于教学质量的提高和教学效果的提升。

从教材资源的呈现形式来说，富媒体智能型教材实现了传统纸质教材与数字技术的融合，通过二维码建立链接，将VR、微课、视频、动画、音频、图文和试题库等富媒体资源丰富呈现给用户；从教材内容的选取整合来说，其实现了职业教育与产业发展的融合，不仅注重专业教学内容与职业能力培养的有效对接，而且很好地解决了部分专业课程学与训、训与评的难题；从教材的教学使用过程来说，其实现了线下自主与线上互动的融合，学生可以在有网络支持的任何地方自主完成预习、巩固、复习等，教师可以在教学中灵活使用随堂点名、作业布置及批改、自测及组卷考试、成绩统计分析等平台辅助教学工具。

“重塑教学空间，回归教学本源！”“财济书院”平台不仅仅是出版社提供教学资源和服务的平台，更是出版社为作者和广大院校创设的一个自主选择和自主探究的教与学的空间，作者和广大院校师生既是这个空间的使用者和消费者，也是这个空间的创造者和建设者，在这里，出版社、作者、院校共建资源，共享回报，共创未来。

最后，感谢各位作者为支持项目建设所付出的辛劳和智慧，也欢迎广大院校在教学中积极使用富媒体智能型教材和“财济书院”平台，东北财经大学出版社愿意也必将陪伴广大职业教育工作者走向更加光明而美好的职教发展新阶段。

东北财经大学出版社

第三版前言

中国旅游业在国家政策利好、人民收入水平提升、基础设施快速完善等因素的推动下，已经实现了跨越式发展，并且在综合效益、区域带动、产业结构等方面发生了深刻变革。旅游产业依托其综合带动作用，已成为引领消费产业发展、引导区域经济腾飞的引擎产业。党的二十大报告提出，“坚持以文塑旅、以旅彰文，推进文化和旅游深度融合发展”。贯彻党的二十大精神，开展精准旅游营销，对提升区域旅游的知名度和影响力、推动旅游业高质量发展具有重要意义。进入“十四五”以来，乡村旅游、数智文旅、沉浸式旅游体验、红色旅游、冰雪旅游等成为重要的风口，“互联网+”不断改变旅游业的营销格局，如何运用科学的市场营销理念、策略指导实践，无疑是旅游企业面临的重要任务。

基于文旅产业新的时代背景，结合职业教育发展新理念，我们再次对本书进行了修订。本次修订的特点主要体现在以下方面：

1. 课程思政浸润

本书坚持立德树人与文化育人，深化知识传授与价值引领、显性教育与隐性教育、育才能力与育德能力三融合，聚焦“三教”改革。结合旅游类专业特点，进行课程思政的系统设计，通过绘制“思政导图”，设置“思政探索”栏目，有机融入工匠精神、文化自信、守正创新、爱岗敬业等思政元素，使课程思政浸润始终，培育经世济民、诚信服务、德法兼修的旅游营销工匠。

2. 岗课赛证融通

本书积极推动“岗课赛证融通”综合育人，以培养学生的旅游营销技能为宗旨，积极探索教材与1+X旅行策划职业技能等级证书、1+X研学旅行策划与管理职业技能等级证书的融通，充分体现了职业教育“教、学、做一体化”的原则，根据学生的认知规律，较好地处理了理论与实践、知识与能力之间的关系。

3. 校企双元结合

本书在编写过程中与旅游企业开展紧密合作，包括广州长隆集团有限公司、东莞市青年国际旅行社有限公司、广东万绿湖旅游经营管理有限公司、广东客天下研学旅行管理有限公司、春沐源集团等，行业企业的能工巧匠不仅参与了本书配套富媒体教学资源的制作，而且为本书的编写提供了丰富的一手资料与前沿动态信息，全面体现了文旅产业发展的新趋势、新业态、新模式，有效拓展了教材内容的深度和广度。

4. 工作手册式设计

本书以旅游业销售核心能力模块为主线，遵循理论联系实际的编写原则，以旅游产品销售认知、旅游市场营销环境分析、旅游市场调研与预测、旅游者购买行为分析、旅游产品策略、旅游产品价格策略、旅游营销渠道策略、网络环境下的旅游营销等项目为载体，执行学生综合实践能力训练的内容体系。每一个项目都由理论和实践两大部分组成，学习者可以将全书的“项目概述”“项目结构”“任务目标”“理论知识”“项目小结”“交互式课件”“在线课堂”“边听边记”等内容组装成一本翔实的“知识手册”，将“任务导入”“实践训练” “挑战自我”“拓展空间”等内容组装成一本实用的“实训手册”，使纯理论化的教学内容演变成了结合旅游业鲜活的案例与操作项目的工作手册式教学内容。

5. 富媒体教学资源丰富

“互联网+”旅游职业教育、在线课程教学等具有共享范围广、受益学生多等特点。为了满足“互联网+职业教育”的发展需求，以及国家级、省级精品在线开放课程建设要求，本书配有丰富的富媒体教学资源，包括交互式课件、微课、VR全景、动画、互动小游戏、边听边记等，并以二维码的形式在书中呈现；同时，编写团队在学银在线同步建设了“旅游市场营销”慕课（https://www.xueyinonline.com/detail/231216130），以配合线上线下混合式教学的实施，提高学生自主学习的积极性。

本书是广东省高职院校高水平专业群“旅游管理专业群”建设项目（立项编号：GSPZYQ2020142）“旅游市场营销”课程的配套教材，也是文化和旅游部（原国家旅游局）2016年度“万名旅游英才计划”研究项目“‘校企生’三方互动的旅游专业实习效能提升探索与实践”（项目编号：WMYC20164-1144）、广东省高等职业院校旅游大类专业教学指导委员会教育教学改革项目“基于‘多维融合、产教共享’高职旅游类扩招学生精准培育体系探索与实践”（项目编号：2021ly42）的研究成果之一。同时，本书编写团队依托广东技术师范大学与河源职业技术学院“三二分段专升本协同育人项目”，积极探索“3+2”高本衔接旅游类教材建设，使本书内容既适用于高职院校旅游类学生，相关的实训和拓展内容也适用于高职本科旅游类专业学生。

本书由河源职业技术学院张颖副教授、伍新蕾副教授担任主编，湖州职业技术学院朱智教授、广东科学技术职业学院胡晓晶副教授担任副主编，中山职业技术学院赵立民教授担任主审。具体编写分工如下：张颖编写项目一至项目五，朱智编写项目六，胡晓晶编写项目七，伍新蕾编写项目八和项目九，全书由张颖总纂定稿。

本书在编写过程中，参阅了大量的文献资料，吸收了不少国内外同行的相关研究成果，但由于篇幅有限，未能一一详列，在此谨表谢意！因编写周期短，加之作者水平有限，书中难免存在疏漏和不足之处，敬请各位专家、同行和读者批评指正。

编　者

2023年2月

本书配套课程宣传片

目　录

数字资源目录

续表

项目	数字资源	页码
项目五 旅游者购买行为分析	动画5-1　旅游者购买行为分析 交互式课件5-1　旅游者购买行为分析 在线课堂5-1　旅游者购买行为概述 在线课堂5-2　影响旅游者购买行为的因素 在线课堂5-3　游客异议的理论分析 美丽中国5-1　香港风光 在线课堂5-4　旅游者购买决策的过程 边听边记5-1　项目小结	131 131 133 140 143 145 149 158
项目六 旅游产品策略	动画6-1　旅游产品策略 交互式课件6-1　旅游产品策略 在线课堂6-1　认识旅游产品的整体性 美丽中国6-1　乌镇风光 在线课堂6-2　旅游产品生命周期 美丽中国6-2　上海迪士尼乐园 互动游戏6-1　主题公园连连看 美丽中国6-3　泰山风光 在线课堂6-3　旅游产品组合策略 美丽中国6-4　飞阅大美河源旅游风光片 在线课堂6-4　旅游产品品牌策略 美丽中国6-5　黄山风光 美丽中国6-6　华侨城风光 美丽中国6-7　《印象·刘三姐》 边听边记6-1　项目小结	161 161 163 168 172 173 173 179 183 188 191 191 193 195 198
项目七 旅游产品价格策略	动画7-1　旅游产品价格策略 交互式课件7-1　旅游产品价格策略 在线课堂7-1　旅游产品价格概述 在线课堂7-2　旅游产品价格制定 动画7-2　航空服务 在线课堂7-3　旅游产品的定价策略与价格调整策略 在线课堂7-4　定制化旅游产品及其价格策略 动画7-3　定制旅游 边听边记7-1　项目小结	201 201 203 213 214 222 231 232 239
项目八 旅游营销渠道策略	交互式课件8-1　旅游营销渠道策略 在线课堂8-1　认识旅游营销渠道 在线课堂8-2　旅游中间商 在线课堂8-3　旅游营销渠道管理 边听边记8-1　项目小结	243 245 257 264 272
项目九 网络环境下的旅游营销	交互式课件9-1　网络环境下的旅游营销 在线课堂9-1　旅游网络营销模式 在线课堂9-2　互动式旅游营销 动画9-1　智慧旅游 在线课堂9-3　旅游微营销 在线课堂9-4　创意旅游与网络营销 边听边记9-1　项目小结 美丽中国9-1　张家界天门山风光	275 277 283 283 288 296 304 305

思政导图

典型案例 | 思政元素 | 思政元素 | 典型案例

思政探索

- 文化自信
  - 漫谈中国旅游的前世故事
  - 北京市文化和旅游局为您推荐“2021网红打卡地”
  - 故宫年票为何“一票难求”
  - 西江千户苗寨的见证　产业化带动旅游大提质
  - 主题公园的“四化”发展之路
- 爱国情怀
  - 爱国“Z世代”　红色游主力
  - 调查显示中国民众经新冠肺炎疫情更加支持政府
  - 新模式+好创意　红色旅游原来可以这么“玩”
- 质量意识
  - 旅游赋能全面小康　融入乡村振兴大局
  - 景区数字化　面向未来塑造核心竞争力
  - 杭州第一世界酒店：打造星级饭店最佳亲子标杆
  - 质量提升有妙招　文旅发展见成效
- 爱岗敬业
  - 从“百团一面”到独家打造　旅游定制师拼出广阔市场
  - 转型不转行　导游怎样在坚守中发展
  - 景区短视频内容的“生意经”
- 诚实守信
  - 海南：“旅游信用样板”引领消费环境升级
  - 以旅游诚信指导价驱散“天价”
  - 上海出台规章严禁利用算法杀熟，为网络营销算法划“底线”
- 工匠精神
  - 智慧旅游需要“适老化模式”改造
  - 做精导游服务　带好导游队伍——记“全国文化和旅游系统劳动模范”张晓旭
  - 鸣沙山月牙泉景区——让游客在风景中体验美好和温度
- 制度自信
  - 又一中国旅游国际标准获得立项
  - 大众旅游新阶段　旅游业如何向上生长
- 守正创新
  - 全球旅游业结构性复苏呈现四个趋势性变化
  - 文旅产业如何把握“元宇宙”发展机遇
  - 定制旅游是如何走向大众的?
  - 旅游促销　创新产品　“先囤后约”好玩又省钱
  - 重庆旅游营销中心推出多个旅游节庆活动
  - 创新营销催热旅游市场　除了新潮还要“体验为王”
- 法治观念
  - 黑龙江冰雪旅游推出“行业价格指导”　确保旅游市场健康有序发展

1 项目一 旅游市场营销导读

项目概述

现代市场营销理论正在经历技术革命的洗礼，旅游企业正面临着全球化、知识化、网络化等理念的植入，旅游市场营销既是营销行为，也是管理行为。本项目重在培养学生理解及掌握市场、市场营销、旅游市场营销等核心概念，熟悉旅游市场的分类与特征，了解旅游市场营销观念的起源与发展历程，认识旅游市场营销的发展现状及未来发展趋势，进而有针对性地开展旅游市场营销策划活动。

交互式课件 1-1

旅游市场营销导读

动画 1-1

了解旅游市场营销

项目结构

- 旅游市场营销导读
  - 了解旅游市场营销
    - 任务目标
      - 知识目标
      - 能力目标
      - 素养目标
    - 任务导入
      - 旅游业复苏向上的进程不会停止
    - 理论知识
      - 市场与市场营销
      - 旅游市场与旅游市场营销
      - 旅游市场的分类、特征与交易特点
    - 实践训练
      - 创新旅游营销：长隆大打亲子牌
    - 思政探索
      - 漫谈中国旅游的前世故事
  - 旅游市场营销观念
    - 任务目标
      - 知识目标
      - 能力目标
      - 素养目标
    - 任务导入
      - 旅游城市营销新思路
    - 理论知识
      - 市场营销观念的起源
      - 市场营销观念的发展
      - 旅游市场营销的发展现状
      - 旅游市场营销的发展趋势
    - 实践训练
      - 婺源“一站式”旅游营销
    - 思政探索
      - 爱国“Z世代” 红色游主力

在线课堂 1-1

了解旅游市场营销

任务1　了解旅游市场营销

任务目标

知识目标：理解旅游市场营销的基本概念、特征；掌握旅游市场营销的研究内容、研究方法。

能力目标：能对旅游市场进行恰当的分类；能将旅游市场营销观念运用于营销策划活动中。

素养目标：培养以客户为中心的思考习惯；培养旅游市场营销的创新思维；坚定文化自信，传承中华文化。

任务导入

旅游业复苏向上的进程不会停止

2022年1月10日，中国旅游研究院线上发布《2021年旅游经济运行分析与2022年发展预测》（中国旅游经济蓝皮书（No.14））。报告指出，随着科学研判、分类指导、动态调整、精准防控机制越来越成熟，2021年旅游经济总体上呈现阶梯式复苏的态势。

动画 1-2

后危机时代的旅游产业发展

城乡居民出游潜力低于市场预期，假日市场对旅游经济基本面的支撑作用显著。受宏观经济下行和疫情的叠加影响，2021年第三季度国内旅游总人次同比下降18.3%，消费面和产业面信心减弱，预计全年国内旅游出游人数为34.31亿人次，旅游收入为3.02万亿元，同比分别增长19%和35%，分别恢复至2019年同期水平的57%和53%。从节假日来看，2021年春节、五一国际劳动节、国庆节期间，国内旅游客流分别恢复至2019年同期水平的75.3%、103.2%、70.1%，收入分别恢复至2019年同期水平的58.6%、77.0%、59.9%，假日市场有效支撑着全年旅游经济。

头部旅游企业韧性有待提升，中小企业持续洗牌。以旅游集团和上市公司为代表的头部旅游企业，在过去两年里有效应对疫情冲击，稳住了阵脚，也积累了经验。多数企业通过资产变卖、人员裁减、业务调整等方式艰难维持，盘整、创新升级的阻力巨大，中小企业尤其是旅行社遭受严重冲击并且面临生存危机。

2022年，疫情仍将是影响旅游业复苏最大的不确定因素，需求收缩、供给冲击、预期转弱在旅游领域都会有更明显的体现，但是旅游业复苏向上的进程不会停止，创新发展的势头不会减弱，优质文化产品和旅游服务供给力度会进一步加大。

资料来源　李志刚.《2021年旅游经济运行分析与2022年发展预测》认为：旅游业复苏向上的进程不会停止 [N]. 中国旅游报，2022-01-12（2）.

问题：

1.旅游企业（如旅行社、景区等）赢得市场青睐的关键因素是什么？

2.疫情之下屡按“暂停键”，文旅业能否靠创新突围？

理论知识

一、市场与市场营销

“市场”起源于古时人类对在固定时段或地点进行交易的场所的称呼，是指买卖双方进行交易的场所。随着经济的发展和社会商品的丰富，市场上居主动地位的角色发生了变化，由最初的卖方市场发展为买方市场，市场导向也由生产导向转变为消费导向（或需求导向）。发展到现在，市场具备了两种意义：一种意义是交易场所，如传统市场、股票市场、期货市场等；另一种意义是交易行为的总称。也就是说，“市场”一词不仅仅是指交易场所，还包括所有交易行为。因此，当谈论市场大小时，并不仅仅是指交易场所的大小，还包括消费行为是否活跃。从广义上讲，所有产权发生转移和交换的关系都可以称为市场。

市场营销的核心概念包括：需求、市场、产品、交换及交易、价值及需求满足等（如图1-1所示）。市场营销是指在创造、传播和交换产品时，为顾客、合作伙伴以及整个社会带来价值的一系列活动、过程和体系。营销人员必须针对市场开展经营、销售行为。美国著名市场营销大师菲利普·科特勒强调了市场营销的价值导向，认为“市场营销是个人或集体通过创造产品和价值，并同别人自由交换产品和价值，以获得所需、所欲之物的过程”。江亘松在《你的行销行不行》一书中解释了营销的变动性，并对营销进行了说明：什么是营销？就字面意思来说，“营销”的英文单词是marketing，若把marketing拆成“market”（市场）与“ing”（英文中现在进行时的表示方法）两个部分，那么营销可以理解为“市场的现在进行时”。

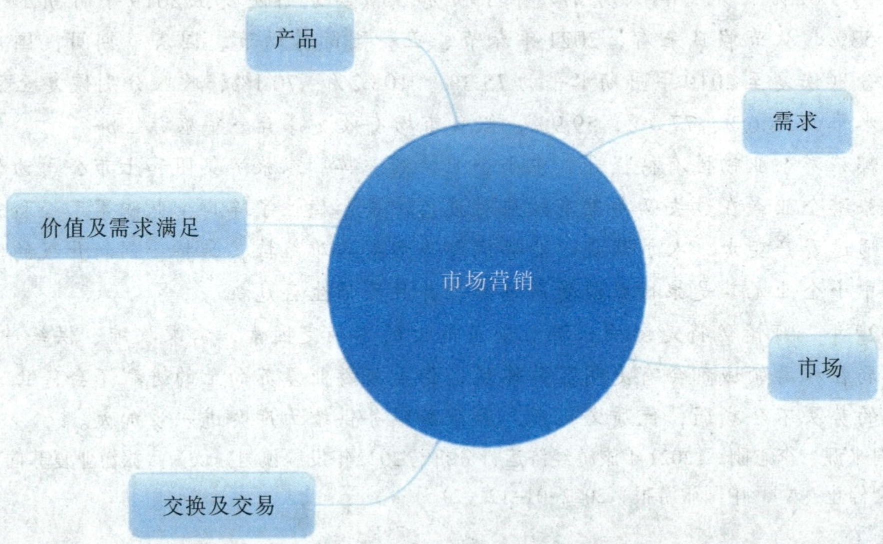

图1-1 市场营销核心概念的构成

二、旅游市场与旅游市场营销

（一）旅游市场的概念

旅游市场是社会经济发展到一定程度，旅游活动商品化和社会化的产物。目前，学者们对旅游市场还没有形成统一的定义，旅游市场通常是指旅游需求市场或旅游客源市场，即某一特定旅游产品的经常购买者和潜在购买者所形成的市场。从经济学的角度讲，旅游市场是指旅游产品供求双方交换关系的总和。从地理学的角度讲，旅游市场是指旅游经济活动的中心，属于一般商品市场的范畴，具有商品市场的基本特征，包括旅游供给场所（即旅游目的地）和旅游消费者（即游客），以及旅游经营者与旅游消费者之间的经济关系。从促进旅游行业健康发展和保障消费者合法权益的角度来看，旅游市场是指旅游产品交易与服务过程中反映的各种经济行为和经济关系的总和，通常包括“吃、住、行、游、购、娱”六大内容。旅游市场与一般商品市场的区别在于，它所出售的不是具体的物质产品，而是以劳务为特征的包价路线；同时，旅游供给与消费过程同步进行，具有很强的季节性。

（二）旅游市场营销的概念

美国市场营销学者斯坦顿曾说过：“一个推销员或销售经理谈到市场营销，他真正讲的可能是销售；一个广告客户业务员所说的市场营销，可能是广告活动；百货公司部门经理谈的市场营销，可能是零售商品计划。他们都谈到了市场营销，但是只谈到了整个市场营销活动的一部分。”市场营销是指一个企业为了适应和满足消费者的需求，从产品开发、定价、宣传推广到将产品从生产者送至消费者手中，再将消费者的意见反馈回企业的整个活动过程。

旅游市场营销可以界定为：在变化的市场环境中，旅游营销主体为满足旅游消费者的各种需要而开展的一切旅游商务活动。旅游企业以旅游消费需求为导向，通过分析、计划、执行、反馈和控制，协调各项旅游经济活动，从而实现提供有效产品和服务、使游客满意、使企业获利的经济和社会目标。旅游市场营销研究的出发点是旅游市场需要，研究的目的是获得一定的效益。可见，旅游市场营销是获得效益的重要环节，对旅游事业的发展具有重要作用。

三、旅游市场的分类、特征与交易特点

（一）旅游市场的分类

对任何一个国家、地区或旅游企业来说，旅游市场的占有率都直接关系到旅游经营的效益，因此在旅游经营过程中，旅游市场的调查与预测十分重要。旅游市场有多种分类方法：按地域范围可分为国际旅游市场和国内旅游市场；按旅游者的年龄和性别特征可分为老年旅游市场、中年旅游市场、青年旅游市场、儿童旅游市场和女性旅游市场；按旅游活动类型可分为观光旅游市场、度假旅游市场、会议旅游市场、购物旅游市场、体育旅游市场、探险和科学考察旅游市场；按旅游接待量和地区分布可分为一级市场、二级市场和机会市场。此外，还可按旅游者的国别、文化程度和支付能力对旅游市场进行划分。通过对旅游市场的研究，我们可以确定旅游需求的现状和变

化趋势，包括估计国际和国内旅游市场发展的总趋势、供需状况和竞争形势，据此确定该地区的目标市场，从而进行市场规划；研究影响市场的各种因素，使旅游经营适应不断变化的市场需求，达到吸引旅游者的目的。

（二）旅游市场的特征

随着大众旅游时代的到来，旅游已经成为人们生活的必需品，渗透到社会生活的方方面面，这使得旅游市场具有多种特征，具体如下：

1.竞争性

由于旅游业在国民经济发展中的地位不断提高，各级政府给予的政策支持力度较大，且该行业门槛较低，因此在丰厚利润的吸引下，各方面投资纷纷涉足旅游业，旅游市场竞争激烈。

2.综合性

旅游产品是由旅游资源、旅游设施、旅游服务等诸多要素组合而成的，旅游业的经营主体涉及国民经济的多个行业，因此旅游市场具有较强的综合性。

3.复杂性

随着人们收入水平的不断提高和消费理念的不断升级，旅游市场也发生了深刻的变革，旅游业态日趋复杂多样，如近年来兴起的定制旅游、文化旅游、康养旅游等。

4.波动性

旅游业是以游客需求为主导的产业，由于影响旅游需求的因素多种多样，因此旅游市场会随着旅游需求的不断变化而呈现出较大的波动性。

案例窗1-1　　海南打造"美食+旅游"新名片

近年来，海南省不断创新旅游营销模式，精心策划不同的旅游主题，尤其以"美食+旅游"的方式，打造出了一张海南旅游的新名片。

在2018年8月16日开幕的第29届香港美食博览会上，由海南省设计搭建的"海南厨房"主题展馆开馆，椰语堂、海之漫、龙泉人等一批最能代表海南美食特色和水平的优秀餐饮企业参展，把文昌鸡、海南鸡饭、和乐蟹粥、白切东山羊、卤温泉鹅、陵水酸粉、海南清补凉、老盐柠檬水等各式琼味美食带到了香江。美食已成为海南省旅游营销的一大利器。

为配合"海南厨房"IP营销主题，海南省还邀请了香港中国旅行社、康泰旅行社、美丽华旅游等合作旅行社，专门设计制作了"海南美食之旅"旅游线路产品在现场宣传和特惠销售，为香港市民提供一站式服务，成功实现了由口动、心动到行动的完美体验。

资料来源　符王润. 海南创新旅游营销模式　打造"美食+旅游"新名片 [N]. 海南日报，2018-09-05（B05）.

案例分析：在新的营销模式下，海南旅游也将迎来新的机遇。业内专家指出：与传统的营销模式相比，"美食+旅游"具有诸多优势，更好地展示了海南的旅游资源优势及内涵。"美食+旅游""旅游+文化"等营销模式，可以加深游客对海南的印象，提高游客对海南的向往度。

（三）旅游市场的交易特点

旅游市场交易是一个动态的过程，由于旅游企业的内外部环境复杂多变，且旅游消费者的个性化特征越来越明显，因此旅游市场交易侧重于服务营销，具有行业特殊性，具体体现在以下几个方面：

1.异地性

旅游产品的购买者主要是异地消费者，产品交易必须通过旅游者从客源地向目的地转移才能实现。

2.唯一性

在旅游过程中，旅游经营者与旅游者之间的交易关系会随着旅游活动的结束而终止。

3.季节性

旅游市场的客源会因不同的季节表现出明显的差异性。

4.信息不对称性

由于旅游往往是跨地区、跨国界的活动，因此旅游市场信息的不对称性尤为突出，旅游者对目的地的交通、住宿、景点、餐饮、购物等信息的不了解，为旅游市场交易的诸多问题埋下了隐患。

5.产品的无形性

在旅游市场交易中，无形产品占据了很大比重，如导游服务等。无形产品是旅游产品的重要组成部分。

实践训练

创新旅游营销：长隆大打亲子牌

背景资料：

广州长隆旅游度假区是长隆集团旗下首个综合性主题旅游度假区，拥有长隆欢乐世界、长隆水上乐园、长隆野生动物世界、长隆飞鸟乐园、长隆酒店等多家主题乐园及酒店，被评为国家文化产业示范基地、广东省科普教育基地、首批国家5A级旅游景区，年接待游客量居世界主题景区前列。

VR 全景 1-1

长隆欢乐世界

《爸爸去哪儿》是湖南卫视引进的一档亲子娱乐节目，里面星娃们喝的牛奶、星爸们使用的食用油和洗衣液也因为出镜率高，给人们留下了深刻的印象。然而，这并不意味着那些拿不动、带不走的产品就不能借势营销，长隆集团给出了最好的案例。

在第一期《爸爸去哪儿》结束后，长隆集团与湖南卫视合作，将长隆作为核心场景，拍摄了《爸爸去哪儿》大电影，并在2014年春节创造了7亿元的票房奇迹。同时，长隆集团邀请田亮全家担任长隆“幸福大使”，爱心认养长隆野生动物世界的萌主考拉，以此展开以“爸爸”为热点的整合营销。

2014年暑期，《爸爸去哪儿2》热播，长隆野生动物世界顺势推出了现实升级版的《爸爸去哪儿》大电影体验线路。借着这波长隆热、亲子热，长隆集团火速携手爱奇艺，联合推出了中国首档亲子互动话剧《宝贝听你的》，海选平民家庭参与节目，并放出长隆10年免费游的诱惑大奖，让该节目迅速火爆网络，长隆旗下所有主题乐园人气爆棚。

2014年7月至9月，长隆集团继续大打亲子牌，推出了《爸爸，再不陪我，我就长大了》系列视频，通过微信、微博的内容预热，进一步强化了长隆集团的亲情营销效果。

资料来源　佚名. 年度创新营销：从江小白赌青春到长隆大打亲子牌［EB/OL］.［2014-12-05］. http://news.winshang.com/html/041/8027.html.

实训内容：

以小组为单位，分析长隆集团与《爸爸去哪儿》娱乐节目的合作体现出了怎样的营销理念。通过查找资料，举出一个旅游企业创新营销的实例，并阐述其创新点。

实训目标：

1.体验正确的旅游营销理念对企业经营业绩的推动作用。

2.培养学生的创新思维能力。

3.掌握旅游市场的跨行业特征及发展趋势。

实训组织：

1.组成3个或4个小组，通过研讨会形成小组观点，指定1位发言人在老师提问时向全班报告自己小组的结论。

2.小组成员分头查找网络或书籍资料，并在小组内分享，挑选一例有代表性的旅游企业创新营销案例，并准备好阐述资料或PPT。

实训记录：

1.体现的旅游营销理念：

____

____

2.旅游企业创新营销案例：

____

____

3.创新点：

____

____

效果评价：

1.以小组为单位发表观点，并提交案例文本。

2.每个小组推荐1名成员做主题发言，说明观点形成的过程，阐述小组完成情况。

3.从小组互评与教师评价两个方面进行评分，见表1-1。

表1-1　“创新旅游营销：长隆大打亲子牌”训练项目评价表

项目主题（分值）	评价指标（分值）	标　准	小组互评（20%）	教师评价（80%）	综合得分（100%）
创新旅游营销：长隆大打亲子牌（100分）	知识运用（20分）	理解旅游市场营销的基本概念、特征；掌握旅游市场的交易特点			
	技能掌握（30分）	能对旅游企业的营销案例进行恰当的分析			
	职业核心能力表现（20分）	培养旅游市场营销的创新思维			
	职业道德修养（10分）	乐于奉献的精神、团队精神、责任良知			
	成果展示（20分）	阐述观点直观明确、效果良好，案例新颖且有代表性			

4.教师与学生依据综合得分情况，确定最优陈述小组。

思政探索

漫谈中国旅游的前世故事

背景资料：

在中国古代典籍中，“旅游”一词出现得较早。南朝文学家沈约在《悲哉行》中云：“旅游媚年春，年春媚游人。”此句中的“旅游”一词正是指外出旅行游览。由此往前看，《诗经·邶风·泉水》中云：“驾言出游，以写我忧。”意思是说，驾着马车出去旅游，可以排解心中的忧愁。再往前看，殷墟甲骨刻辞中也出现了很多表示旅游之意的词语，如“巡省”“田猎”等。

纵观中国历史，我们可以将中国古代的所谓“旅游”分为四种类型。

一是帝王巡游。中国古代帝王出于安全防御、检查吏治、祭祀寻仙、游赏名山的需要，会前往全国各地巡视考察。例如，《穆天子传》中记述了周穆王游历天下之事，周穆王也因此被后人称为我国最早也是最喜欢旅行的帝王。周穆王游历天下主要依赖两个条件：一是八匹骏马，这八匹马都是日行千里的良驹；二是驭手造父，造父驾车的水平天下无双。传说周穆王西行还到达了神仙居住的昆仑山，见到了女神西王母，西王母不仅和周穆王诗歌唱和，而且赠给周穆王奇珍异兽做礼物。唐朝诗人李商隐还依据此传说创作了《瑶池》一诗：“瑶池阿母绮窗开，黄竹歌声动地哀。八骏日行三万里，穆王何事不重来？”除了周穆王，秦始皇、汉武帝、隋炀帝、康熙、乾隆也是热爱巡游的皇帝，而泰山则是历代帝王首选的“打卡地”。泰山作为五岳之首，位于中原版图的最东边，而太阳从东边升起，可以为人们带来光明，再加上以孔子和孟子为代表的儒家对泰山的大力宣传，于是泰山成了帝王封禅的最佳之地。当然，如果帝王的巡游活动以观风问俗、安定边境为出发点，那么是可以繁荣经济、稳定政权的，也在无形之中为旅游目的地留下了大量珍贵的文化遗产，推动了古代民间旅游活动的发展。但是，如果帝王的个人游乐意图明显，且耗费巨大，那么巡游的负面效果也不容小觑。

二是公务旅行。最有代表性的公务旅行是张骞出使西域和郑和下西洋。西汉时期，汉武帝欲联合大月氏抗击匈奴，遂派遣张骞出使西域。张骞出使西域，打开了中国与中亚、西亚、南亚乃至通往欧洲的陆路交通，开拓了历史上著名的“丝绸之路”。西域的核桃、葡萄、石榴等植物，汗血宝马等良种马，以及胡琴等乐器传入了中原，丰富了汉族人民的经济、文化生活；汉族的铸铁、开渠、凿井等技术以及丝织品等也传到了西域，促进了西域的经济发展。张骞也被誉为“丝绸之路的开拓者”。郑和下西洋是明代永乐、宣德年间的一场海上远航活动。每到一处，郑和都会把中国的历法、冠服、图书等赠给当地的居民，还向他们传播中国的建筑和医学等。郑和的船队还带去了大量的金银珠宝、瓷器、茶叶、丝绸等，也带回了香樟、翡翠、玛瑙、狮子、檀木、麒麟（也就是长颈鹿）等。郑和下西洋，通过海上丝绸之路推动经贸和文化交流，使得西洋诸国纷纷前来进贡，出现了万国来朝的局面。

三是宗教旅行。最惊险也最虔诚的宗教朝圣当数玄奘西行。史书记载，玄奘西行求法，往返17年，旅程5万里。玄奘归来时带回佛舍利150粒、佛像7尊、佛经657部，此后他长期从事翻译佛经的工作，佛学造诣甚高。此外，唐朝的鉴真大师不畏艰险东渡日本，讲授佛学理论，传播中国文化，促进了日本佛学、医学、建筑学水平的提高。

四是士人漫游。比如，诗仙李白来到庐山，一看到如此壮丽的美景，他马上诗兴大发——“飞流直下三千尺，疑是银河落九天”；来到南京，登上凤凰台，此情此景又让他感慨万千——“凤凰台上凤凰游，凤去台空江自流。吴宫花草埋幽径，晋代衣冠成古丘。三山半落青天外，二水中分白鹭洲。总为浮云能蔽日，长安不见使人愁”。李白寄情山水，把对祖国山河的热爱和自己的政治理想表达得淋漓尽致。徐霞客更是用自己的双脚丈量了祖国大地，并写下了大量游历日记。这些游历日记由他人整理成《徐霞客游记》，该书是系统考察中国地质地貌的开山之作，也是世界上最早记述岩溶地貌并详细考证其成因的著作。2011年，我国将《徐霞客游记》首篇《游天台山日记》开篇之日5月19日定为“中国旅游日”。

在以上四种类型的旅游中，前三种更接近功利型旅游，后一种则倾向审美娱乐型旅游。从时间上看，以魏晋南北朝时期为界，此前的巡省、出使、宦游、商贸等旅行活动，受到儒家“知者乐水，仁者乐山”思想的影响，首先具有经世致用的功利目的，然后才会满足审美娱乐的需要。从魏晋南北朝开始，旅游者开始注重官能享受，追求审美快感，旅游活动也有了质的变化，有学者甚至认为“作为我国的旅游之风，实开自魏晋”。人们把旅游看成单纯以审美娱乐为目的的活动，旅游也由社会上层向社会下层推广。唐代，朝山礼佛、节日旅游盛行；宋代，市民的休闲旅游得到发展；明朝中后期，出现了“举国若狂”的旅游热潮，甚至到了明朝晚期，妇女已发展成为一支重要的旅游队伍；清朝，民众旅游呈现出衰落的趋势。

思政目标：

围绕“漫谈中国旅游的前世故事”开展研讨，使学生坚定文化自信，传承中华文化。

研讨要求：

请结合以上资讯，从文化自信、文化传承的角度，谈一谈你对中国古代旅游四种类型的看法。

1. 以小组为单位组织交流、研讨。

2. 每个小组推荐1名成员做主题发言，各组围绕“漫谈中国旅游的前世故事”分享看法与体会。

3. 从小组互评与教师评价两个方面进行评分，见表1-2。

表1-2　“漫谈中国旅游的前世故事”训练项目评价表

项目主题（分值）	评价指标（分值）	标　准	小组互评（20%）	教师评价（80%）	综合得分（100%）
漫谈中国旅游的前世故事（100分）	课堂研讨表现（40分）	小组研讨组织得当，全员参与，研讨运用知识、方法、资讯等准确			
	主题阐述（60分）	阐述的内容丰富，效果良好，观点新颖、独特，能从文化自信、文化传承的角度进行阐述			

4. 教师与学生依据综合得分情况，确定最优陈述小组。

任务2　旅游市场营销观念

在线课堂1-2

旅游市场营销观念

任务目标

知识目标：了解市场营销学的产生和发展；熟悉旅游市场营销的现状与发展趋势。

能力目标：树立大市场营销观念。

素养目标：养成诚实、守信的思维习惯；培养爱国情怀，强化守正创新意识。

任务导入

旅游城市营销新思路

随着中国经济的飞速发展，城市建设也呈现出日新月异的面貌，许多城市都越来越重视自己的形象宣传与推介。其中，城市宣传片因为集合了城市符号、城市口号、标志性景观、人文情怀等多方面要素而成为城市营销的核心手段。

然而，要在一部短短几十秒的城市形象广告中准确、精练地传递城市形象和精髓并不是一件容易的事情，这涉及对城市品牌和形象的规划。“城市品牌和形象规划是对城市系统的设计和建设，需要研究城市历史、文化和事件，从中提炼出富有城市个性的概念，设计表达概念内涵的视觉符号，并构建出城市的建筑识别系统、特色产业识别系统等。”品牌战略专家闻罡表示。

此外，电影营销也成为热门领域，如电影《泰囧》催热了泰国游，《后会无期》点燃了东极岛，《心花路放》的热映让影片的主要取景地大理成为许多都市人出游的理想目的地。可以说，一部电影为拍摄地的旅游业做出了巨大的贡献。

资料来源　赵正. 旅游城市营销：从“城市名片”到“精神标签”[N]. 中国经营报，2015-04-13（C12）.

问题：

从创新营销观念的角度，谈一谈旅游城市与影视作品结合对城市品牌宣传的积极影响。

理论知识

一、市场营销观念的起源

市场营销观念是企业进行经营决策、组织管理市场营销活动的基本指导思想，是新型的企业经营哲学，是一种观念、一种态度或一种企业思维方式。市场营销观念的出现使企业的经营观念发生了根本性变化。

市场营销观念往往以满足顾客的需求为出发点，即“顾客需要什么，就生产什么”。尽管这种思想由来已久，但其核心原则直到20世纪50年代中期才基本定型。当时的社会生产力迅速发展，市场上的产品供过于求，同时居民收入迅速提高，有可能对产品进行选择，企业之间的竞争加剧，许多企业开始认识到，必须转变经营观念，才能求得生存与发展。市场营销观念认为，实现组织者目标的关键在于准确确定目标市场的需要，并在行业竞争中更有效地满足目标市场的期望。

二、市场营销观念的发展

（一）生产观念

从工业革命开始至1920年间，主导西方企业的经营思想都是生产观念。该观念认为，消费者喜欢那些可以随处买到和价格低廉的商品，企业应当组织和利用所有资源，集中一切力量提高生产效率，扩大分销范围，增加产量，降低成本。显然，生产观念是一种重生产、轻营销的经营哲学，其典型表现是“我们生产什么，就卖什么”。以生产观念指导营销活动的企业，称为生产导向型企业。我国古代的客栈、旅馆、驿站等提供简单的食宿服务，也具有生产观念。

20世纪初，美国福特汽车公司制造的汽车供不应求，亨利·福特曾傲慢地宣称：“不管顾客需要什么颜色的汽车，我只生产一种黑色的。”福特汽车公司生产的T型车，就是在“生产导向”经营哲学的指导下创造出奇迹的。截至1921年，福特T型车的产量已占世界汽车总产量的56.6%。

（二）产品观念

产品观念是以产品为中心的企业经营思想，是与生产观念并存的一种市场营销观念，也表现为重生产、轻营销。产品观念认为，消费者喜欢高质量、多功能和具有某种特色的产品。因此，企业管理的中心思想是致力于生产优质产品，并不断精益求精。在这种观念的指导下，企业经理人常常迷恋自己的产品，以致没有意识到产品可能并不迎合时尚，甚至市场正朝着不同的方向发展。企业在设计产品时只依赖工程技术人员，极少让消费者介入。例如，相比高档酒店，许多游客或商务客人更愿意选择服务贴心、价格实惠的经济型连锁酒店，这提醒高档酒店要正视“营销近视”现象。

（三）推销观念

推销观念认为，消费者通常有一种购买惰性或抗衡心理，若听其自然，消费者就不会自觉购买大量本企业的产品，因此企业管理的中心思想是积极推销和大力促销，以诱导消费者购买本企业的产品。推销观念产生于资本主义经济由卖方市场向买方市场过渡的阶段，盛行于20世纪三四十年代，其具体表现是“我卖什么，就设法让人们买什么”。执行推销观念的企业，称为推销导向型企业。在推销观念的指导下，企业相信产品是“卖出去的”，而不是“被买去的”。企业致力于产品的推广和广告活动，以求说服甚至强制消费者购买。企业收罗了大批推销专家，做了大量广告，对消费者进行无孔不入的促销信息“轰炸”。虽然推销技巧很重要，但企业的市场份额仍然很少。例如，许多旅游城市的纯观光旅游线路在市场推广方面都遇到了回头客少等问题，其根源就在于推销观念与前两种观念一样，也是建立在以企业为中心的“以产定销”模式的基础上，而不是建立在满足消费者真正需要的基础上。

因此，生产观念、产品观念、推销观念被称为市场营销的旧观念。

（四）市场营销观念

市场营销观念是在将卖方市场转化为买方市场的背景下提出的，是以消费者的需要和欲望为导向的经营哲学，体现了消费者的主权。市场营销观念形成于20世纪50年代。该观念认为，实现企业诸目标的关键在于准确确定目标市场的需要和欲望，一切以消费者为中心，比竞争对手更有效地传送目标市场期望得到的东西。

市场营销观念的产生是市场营销哲学的一种质的飞跃和革命，它不仅改变了传统的旧观念的逻辑思维方式，在经营策略和方法上也有很大突破。许多旅游企业的营销管理都贯彻“顾客至上”的原则，从而很好地实现了企业的目标。因此，企业在制定生产经营决策时，必须先进行市场调研，根据市场需求及企业自身条件选择目标市场，以最大限度地提高顾客的满意度。

（五）社会营销观念

自20世纪70年代起，随着全球环境污染、资源短缺、人口爆炸、通货膨胀和忽视社会服务等问题日益严重，要求企业顾及消费者整体利益与长远利益的呼声越来越高。社会营销观念以社会长远利益为中心，是对市场营销观念的补充和修正。

社会营销观念的基本核心是：以实现消费者满意以及消费者和社会公众的长期福利作为企业的根本目的与责任。理想的营销决策应同时考虑到消费者的需求与愿望的满足、消费者和社会的长远利益、企业的营销效益。例如，2008年北京奥运会以“绿色奥运、科技奥运、人文奥运”为理念，引导人们为环保事业做出努力。

（六）大市场营销观念

大市场营销观念是20世纪80年代以来市场营销观念的新发展。1984年，菲利普·科特勒针对现代世界经济迈向区域化和全球化，企业之间的竞争范围早已超越本土并形成了无国界竞争的态势，提出了大市场营销观念。大市场营销观念是指导企业在封闭市场上开展市场营销的一种新的营销战略思想，其核心内容是强调企业的市场营销行为既要能够适应外部环境，又要能够在某些方面发挥主观能动作用，使外部环境朝着有利于企业的方向发展。

1960年，麦卡锡教授在《基础营销》一书中将市场营销组合要素概括为四类，即产品（product）、价格（price）、渠道（place）、促销（promotion）。由于这四个词语的英文首字母都是“p”，因此简称“4P”。1967年，菲利普·科特勒进一步确认了以4P为核心的营销组合方法。大市场营销观念在4P的基础上加上2P，即政治权力（political power）和公共关系（public relations），从而进一步拓展了市场营销理论。

大市场营销观念是对传统市场营销组合战略的发展。菲利普·科特勒指出，企业为了进入特定的市场，并在那里从事业务经营，在策略上应协调运用经济、心理、政治、公共关系等手段，以取得各方面的合作与支持，从而达到预期目的。

案例窗1-2　　打造世界级产品　塑造特色化品牌

2022年全国文化和旅游厅局长会议在部署2022年工作任务时提出，积极推动世界级旅游景区、度假区和世界级旅游城市建设，打造文化底蕴厚重、中国特色鲜明的旅游品牌。

2021年3月发布的《中华人民共和国国民经济和社会发展第十四个五年规划和2035年远景目标纲要》明确提出，建设一批富有文化底蕴的世界级旅游景区和度假区。这一部署引发了业界广泛关注。实际上，近年来，业界在这方面已经开展了不少探索。

2020年11月，西藏自治区林芝市雅鲁藏布大峡谷旅游景区被文化和旅游部认定为国家5A级旅游景区。雅鲁藏布大峡谷全长504.6千米，最深处达6 009米，是世界上最长、最深、最壮丽的大峡谷。

“全国文化和旅游厅局长会议关于打造世界级旅游景区的部署，也是我们一直努力的方向。”雅鲁藏布大峡谷旅游景区执行总经理郑乐介绍，为实现这一目标，推动西藏旅游业发展，雅鲁藏布大峡谷旅游景区的开发方西藏旅游股份有限公司投入3.29亿元，加强景区公共服务设施建设，极大地提升了景区整体形象；启动智慧景区建设，采取一系列管理提升措施；深挖当地特色文化资源，提升景区的文化底蕴，如举办桃花节、彩林节等活动。

为建设世界级旅游度假区，江苏溧阳天目湖旅游度假区坚持“项目为王”的理念，加速扩大有效投资规模。天目湖旅游度假区有关负责人表示，2022年，度假区将继续朝着建设世界级旅游度假区的愿景努力，致力让“到天目湖，就是一种生活方式”走向世界。天目湖旅游度假区将以方所文化村等高品质项目为切入点，建设天目湖焦尾琴大道文旅产业带；以梅岭玉文化为基底，争创国家级地质文化（村）镇；以玉枝茶文化中心、白茶小镇综合接待中心建设为基础，进一步做大做强茶文化产业。同时，推进度假区内集镇建筑改造、乡村环境提升、美意田园建设，并以数字化平台为依托，积极打造智慧旅游系统，努力营造处处是景、智慧相伴、产镇融合的环境，打造更精致的旅游形象。

在世界级旅游城市建设方面，一些城市也探索出很多有益经验。有的借助重大国际会议，提升品牌；有的突出文化特色，吸引国外游客；有的积极走出去，在国际旅游市场持续开展营销推广。

桂林是一座山水甲天下的旅游名城，习近平总书记对桂林寄予深切厚望，提出了“打造世界级旅游城市”的重大要求。2022年1月7日，桂林市召开打造世界级旅游城市工作协调布置会。会议认为，2022年是桂林打造世界级旅游城市的推进提速之年，要聚焦规划、政策、项目、管理等重点，全力攻坚，争取实现重大突破；要进一步压实责任，狠抓落实，按照责任清单、时间节点、具体要求，高标准推进工作，确保高质量完成各项任务。

青岛因海而生、向海而兴，海洋旅游独具魅力。近年来，青岛立足海洋特色，深入挖掘海洋文化内涵，推动建设国内外知名的时尚旅游城市。一方面，强化产业支撑，定向招引重点海洋文旅项目，通过健全海洋旅游产品体系和旅游公共服务体系，构建“一湾、三线、四区、多岛”的海洋旅游发展格局，着力塑造具有国际知名度和美誉度的“海上画廊”海洋旅游品牌；另一方面，培育研学旅游新业态，打造海洋研学旅游产业体系，出台《青岛市研学旅游发展规划纲要》。

围绕“打造文化底蕴厚重、中国特色鲜明的旅游品牌”，各地同样产生了一批特色鲜明、耳熟能详的旅游品牌，如“清新福建”“老家河南”“水韵江苏”“好客山东”“江西风景独好”等。

资料来源　肖相波，覃颖华，李志刚，等.打造世界级产品　塑造特色化品牌［N］.中国旅游报，2022-01-13（1）.

案例分析：中国旅游研究院数据分析所所长何琼峰表示，塑造既适应游客需求又体现当地特色文化的旅游品牌，可以激发游客的消费潜力，也是旅游行业稳步复苏和高质量发展的有效抓手。旅游品牌建设是一项长期系统工程，需要兼顾资源特色和市场需求，兼顾国内市场和入境市场等多种因素。建议完善旅游品牌绩效评价机制，加强旅游品牌的智力支撑和专业运营，加强旅游品牌的国际传播。南京大学革命纪念馆研究中心执行主任李刚表示，各地在旅游品牌塑造方面进行了卓有成效的实践探索，但是从长远来看，还应关注以下几个方面：一是旅游品牌内涵和当地文旅资源特色要契合，让游客一踏上这片土地就可以真正认同这一旅游品牌；二是旅游品牌的塑造和维护需要全方位发力，大到重点旅游项目建设，小到自驾游车辆服务等都是影响品牌塑造的因素；三是要体现时代主题，承担起新时代文化建设的责任。

三、旅游市场营销的发展现状

随着社会的发展，旅游业已成为全球经济中发展势头最强劲和规模最大的产业之一。旅游业在城市经济发展中的产业地位逐步提高，经济作用逐步增强，旅游业对城市经济的拉动性、对社会就业的带动力，以及对文化与环境的促进作用日益凸显。旅游业也是我国经济发展的支柱性产业之一。

我国作为世界旅游资源大国，拥有世界上规模最大的国内旅游市场，也是世界排名前列的旅游目的地国。同时，我国的出境旅游也有很大的发展空间，带薪假期的延长使人们拥有更多的闲暇时间，人均收入的提高使人们拥有更多可自由支配的收入，这些都为我国国民出游创造了条件和机会。当然，我国旅游业要形成强大的市场竞争力，必须灵活运用整合营销理念，由4P（产品、价格、促销、渠道）转向4C（顾客、成本、方便、沟通），建立一种由外向内的营销策划模式。此外，2022年北京冬季奥运会、2022年杭州亚运会的举办，也会给我国旅游业和旅游市场营销的发展带来更大的机遇。

四、旅游市场营销的发展趋势

（一）加快发展旅游网络营销，促进旅游市场繁荣兴旺

随着网络与电子商务的快速发展、旅游业市场竞争的日益激烈和营销策略的多样化发展，旅游业正积极改变陈旧的观念，踏入网络营销的大潮之中。旅游网络营销是利用互联网，对旅游市场进行更有效的细分和目标定位，对产品、价格、分销、渠道进行更有效的规划和实施，以促成旅游者与旅游产品销售者之间的交易。

旅游网络营销是指旅游企业以电子信息技术为基础、以计算机网络为媒介和手段而进行的各种营销活动，是目标营销、直接营销、分散营销、顾客导向营销、双向互动营销、全球营销、虚拟营销、无纸化交易、顾客式营销的综合。旅游网络营销具有两大优势：一是旅游产品是一种特殊的服务产品，具有生产与消费同步、远距离异地消费、消费者无法对产品预先感知等特性，是最适合网上查询、浏览、购买的产品类型之一；二是网络拥有信息源丰富、传递速度快、覆盖面广、自主性强、反应及时、营运方式合理等优势，可以有效降低产品的生产成本、营销成本、销售成本，节约顾客的时间和资金成本。因此，未来旅游网络营销将更加深入人心，更加受到广大旅游消费者的青睐，大力发展旅游网络营销是旅游市场营销发展的必然趋势。

截至2021年12月，我国网民规模达10.32亿，互联网普及率达73%。但是旅游网络营销在有些地方仍处于初级阶段，仍然存在着信息源真实性差、更新速度慢、网络安全性差等诸多问题，导致旅游网络营销不能完全发挥其优势，从而制约了我国旅游市场营销的发展。因此，只有把网络营销和传统营销紧密结合起来，才能做好旅游市场营销工作，才能更好、更快、更有效率地满足旅游者的需要，最终促进旅游市场的繁荣兴旺。

（二）加强绿色营销，促进旅游业可持续发展

随着人们环境保护意识的增强，以满足消费者和经营者的共同需求为目的的社会绿色需求管理、以保护生态环境为宗旨的绿色市场营销模式越来越深入人心。世界各国都在实施可持续发展战略，强调经济发展应与环境保护相协调，人们开始追求更加环保和可持续发展的绿色消费和绿色营销。绿色营销是一种能辨识、预期及符合消费的社会需求，并且可带来利润及实现永续经营的管理过程。绿色营销观念认为，企业在营销活动中，应顺应可持续发展战略的要求，注重地球生态环境保护，促进经济与生态环境的协调发展，以实现企业利益、消费者利益、社会利益及生态环境利益的协

调统一。对旅游业而言，绿色营销是一种极富生命力的营销策略。

旅游业被称为“无烟产业”“朝阳产业”，具有资源型产业的特征，非常依赖自然的和历史的馈赠。许多旅游景区积极倡导“旅游者带走的只有照片，留下的只有脚印”，就是希望旅游业在发展过程中，如画的美景不会受到破坏。因此，我国旅游业必须加强绿色营销，走可持续发展的道路。

具体而言，首先，我们要树立以资源价值观为中心的绿色营销观念。其次，确定绿色营销目标。再次，制定绿色营销组合战略，在旅游产品的设计、价格、包装、促销和销售服务等环节始终贯彻绿色原则。最后，开展绿色认证。绿色饭店是指以环保、健康、安全为经营理念，坚持绿色管理，倡导绿色消费，保护生态和合理使用资源的饭店，其核心是为顾客提供符合环保、健康要求的客房和餐饮。从1993年起，国际标准化组织开始制定ISO 14000环境管理系列标准，极大地推动了旅游业绿色营销的发展。我国浙江省、山东省开展的创建“绿色饭店”活动以及武夷山风景区实施的ISO 14000认证，都为旅游业的绿色营销注入了新的内容。

（三）深度挖掘旅游文化内涵，开展旅游体验营销

1970年，美国未来学家阿尔文·托夫勒在《未来的冲击》一书中预言：“服务经济的下一步是走向体验经济，商家将靠提供体验服务取胜。”如今，体验经济已成为全球的一个时尚概念，涉及多种行业。旅游从本质上讲是人们离开惯常环境到其他地方去寻求某种体验的一种活动。旅游者投入时间和金钱参与旅游活动，追求的不是物质结果，而是一种探索、一种感受、一种挑战，以及一种在心理上的彻底放松。旅游企业越来越重视体验设施的建设，正是适应旅游者心理需求的表现。

旅游体验营销是指旅游企业根据旅游者的情感需求，结合旅游产品、服务的属性（卖点），策划有特定氛围的营销活动，让旅游者参与并获得美好而深刻的体验，从而扩大旅游产品和服务销售的一种新型营销方式。例如，沉浸式营销是一种在消费者出现的所有渠道中，给消费者带来的具有凝聚力、将消费者全方位包围的体验，这种体验能够使消费者持续关注品牌活动，加深消费者对品牌和产品的了解。随着VR（虚拟现实）、AR（增强现实）、5G、全息等技术的加速应用，沉浸式营销的内容将更加丰富。

旅游本身就是旅游者求新求异动机的结果，只有体验主题有创意，才能抓住旅游者的眼球，激发旅游者的消费欲望。克隆其他旅游目的地的体验项目，或大杂烩拼凑，会给旅游者带来千篇一律的感觉。因此，设计有创新意义的旅游体验项目也是旅游企业品牌塑造的关键。此外，旅游公共部门也应发挥一定的作用，在营销宣传方面给予新兴旅游体验项目以支持，从而带动旅游业有序、健康地发展。

实践训练

婺源“一站式”旅游营销

背景资料：

2003年非典疫情之后，我国旅游业恢复很快，发展势头迅猛，婺源县想战略性地启动广东市场，把高消费水平市场的客源先做起来，进而影响全国市场。从深圳及

周边市场的消费认知基础来看，“婺源——中国最美的乡村”在都市白领中已经有了一定的知名度，但一直没有形成热潮。从旅行社方面了解到，去过婺源的人回来后对婺源的看法也呈两极分化的状况：一种看法是除了看房子还是看房子；另一种看法是回到乡村，有心灵的回归感。客观来看婺源这个旅游目的地，它没有惊世骇俗的景观，而是一种生态乡村氛围，如果单纯推广婺源产品则略显单薄，结合知名的黄山、庐山则吸引力会更大，这也是一个借势于知名景点的方法。从市场方面来看，深圳、东莞、港澳地区的潜在客源市场很大，但需要针对不同的目标市场进行深层次的引导。所以，婺源虽好，但要把它真正做起来并不简单。

美丽中国 1-1

婺源风光

旅游策划管理公司经过深入考察，并进行研究和分析，首先对产品进行了定位，婺源产品的核心价值需求是都市人体验久违的乡村感觉，寻觅心灵深处的精神家园。目标消费人群在8月主要是教师、学生、白领以及家庭，8月以后主要是白领和家庭。产品的差异主要体现在以下几点：一是专列价格和服务；二是主题旅游丰富多彩；三是停车拍照自由；四是产品专业策划，服务品质有保证。在产品品牌的命名上，旅游策划管理公司思考的出发点是让人们去寻访那个梦一般既遥远又真实的古老村落，找回人们在大都市里难以体会到的久违的淳朴，因此将品牌命名为“寻梦婺源”。品牌标志设计采用水墨画的笔触来勾勒寻梦的意境，神韵尽显。

通过以上一系列精心策划，旅游专列成功始发，在深圳及周边市场首次拉响了婺源旅游的汽笛，这一切都得益于“一站式”营销策略的正确实施。

资料来源 佚名. 婺源“一站式”深度营销案例［EB/OL］.［2008-10-14］. http://www.360doc.com/content/12/1119/11/10580899_248733750.shtml.

实训内容：

以小组为单位，分析本案例的策划依据有哪些。请从体验经济的角度，谈谈婺源“一站式”旅游营销是如何满足游客体验诉求的。

实训目标：

1. 学会发掘新的营销理念及策划思路。

2. 学会以游客的体验诉求为出发点，实施营销策划。

实训组织：

1. 以3～4人为一个小组，由组长确定小组分工，指定1位发言人在老师提问时向全班报告本小组的结论。

2. 小组成员分头查找网络或书籍资料，并在小组内分享、讨论，准备好阐述资料。

实训记录：

1. 策划依据有哪些？

2. 婺源“一站式”旅游营销是如何满足游客的体验诉求的？

3.营销亮点：

____

____

效果评价：

1.以小组为单位组织交流、研讨。

2.每个小组推荐1名成员做主题发言，说明观点形成过程，阐述小组完成情况。

3.从小组互评与教师评价两个方面进行评分，见表1-3。

表1-3　“婺源‘一站式’旅游营销”训练项目评价表

项目主题（分值）	评价指标（分值）	标准	小组互评（20%）	教师评价（80%）	综合得分（100%）
婺源“一站式”旅游营销（100分）	课堂研讨表现（40分）	小组研讨组织得当，全员参与，研讨运用知识、方法、技术等准确			
	主题阐述（60分）	阐述的内容具有可行性，效果良好，观点新颖、独特，能挖掘策划依据，并能从体验经济的角度阐述游客的诉求			

4.教师与学生依据综合得分情况，确定最优陈述小组。

思政探索

爱国“Z世代”　红色游主力

背景资料：

近年来，红色旅游热度持续上升。携程发布的《2021上半年红色旅游大数据报告》显示，2021年上半年，通过携程旅行网预订红色景区门票的人数同比增长208%，较2019年上半年实现正增长达35%。其中，以90后、00后为主的“Z世代”发挥了主力军的作用。

“Z世代”占比近60%

从2004年到2019年，全国红色文旅资源不断扩充，越来越多的珍贵革命文物与游客见面，红色旅游人数也从每年的1.4亿增长到14.1亿。多家在线旅游平台的统计数据表明，“Z世代”（1995年至2009年出生的一代人）开始成为红色旅游的核心消费群体。

根据同程旅行的报告，“Z世代”在各类红色文旅产品的消费用户中占比近60%。通过对不同年龄层人群中偏好红色旅游人数百分比的调查可知，21岁及以下群体占比10%；22～31岁群体占比11.69%，远高于其他年龄段。

与此同时，随着年轻人的爱国热情不断高涨，00后中参加红色旅游的人数也显著增长。携程的报告显示，2021年上半年，通过携程旅行网下单红色旅游景区的00

后，比2019年同期增长约2.5倍。

种种数据表明，“Z世代”正打起红色旅游消费主力军的大旗，他们的玩法更富有创意，这也使得红色旅游的市场外延不断扩大。

“Z世代”青睐红色文旅

“Z世代”为什么喜欢红色旅游？携程研究院行业分析师方泽茜认为，随着爱国主义教育的大众化、常态化，红色旅游更多地走入大众视野，这使得参与红色旅游的年轻人数量逐渐提升。拉近红色旅游与年轻人之间的距离，已经成为当今文化旅游企业的课题之一。

红色旅游景点如何抓住年轻人的心，成为景区研究的新命题。在携程发布的《2021五一旅行大数据报告》和《2021端午假期旅行大数据报告》中，长沙入选十大热门旅游城市。“白天文和友，晚上橘子洲”，过去并不算热门旅游地的长沙，借助新晋网红城市的招牌，成功将“流量”导入红色旅游地。加上目前深圳文和友的火爆，许多深圳“Z世代”乘坐高铁前往长沙文和友，品尝一杯“茶颜悦色”。

延安则设计了“飞机到延安，再火车去西安”的旅游路线，打出价格优势，从而吸引了一些对价格敏感的年轻人参与红色旅游。

在红色旅游景点方面，根据同程旅行的报告，“Z世代”最青睐的红色文化旅游产品按偏好度排列依次为：红色遗址/遗迹、革命纪念馆/博物馆、红色专题游、革命老区深度游、红色演艺等。其中，红色遗址/遗迹与革命纪念馆/博物馆最受欢迎，偏好度占比分别25.6%和22%。

据悉，“Z世代”红色旅游消费群体的三大客源城市分别为北京、广州、上海。马蜂窝发布的《旅游新国潮》大数据报告对95后人群的红色旅游玩法做出了描绘：到长沙游览，他们不仅要打卡众多网红地，也一定会到橘子洲头走一走；到贵州不仅会去荔波小七孔避暑游玩，也要到“中国天眼”一睹大国重器之威；到青岛看海时，也要去中国人民解放军海军博物馆一览人民海军建设发展的历史性成就。这些都是年轻旅行者爱国的真实写照。

资料来源　杜翔翔.爱国“Z世代” 红色游主力，旅游人次从1.4亿到14.1亿［N］. 深圳商报，2021-07-15（A08）.

思政目标：

围绕“爱国‘Z世代’ 红色游主力”开展研讨，培养学生的爱国情怀，强化守正创新意识。

研讨要求：

请结合以上资讯，从爱国情怀、守正创新的角度谈一谈爱国“Z世代”为何会成为红色旅游的主力。如何在把握红色旅游的时代价值的基础上，开发高质量的红色旅游产品？

1.以小组为单位组织交流、研讨。

2.每个小组推荐1名成员做主题发言，各组围绕“爱国‘Z世代’ 红色游主力”分享看法与体会。

3.从小组互评与教师评价两个方面进行评分，见表1–4。

表1-4　　“爱国‘Z世代’　红色游主力”训练项目评价表

项目主题（分值）	评价指标（分值）	标　准	小组互评（20%）	教师评价（80%）	最后得分（100%）
爱国“Z世代”红色游主力（100分）	课堂研讨表现（40分）	小组研讨组织得当，全员参与，研讨运用红色旅游相关知识、方法、资讯等准确			
	主题阐述（60分）	阐述的内容丰富，效果良好，观点新颖、独特，能够从爱国情怀、守正创新的角度进行阐述			

4.教师与学生依据综合得分情况，确定最优陈述小组。

项目小结

市场营销是指在创造、传播和交换产品时，为顾客、合作伙伴以及整个社会带来价值的一系列活动、过程和体系。旅游市场营销是指在变化的市场环境中，旅游营销主体为满足旅游消费者的各种需要而开展一切旅游商务活动的过程。

旅游市场的特征包括：竞争性、综合性、复杂性、波动性。旅游市场交易的特点包括：异地性、唯一性、季节性、信息不对称性、产品的无形性。

传统市场营销观念包括生产观念、产品观念、推销观念；现代市场营销观念包括市场营销观念、社会营销观念、大市场营销观念。旅游市场营销最重要的特点是能够满足游客内心被关爱的需要，与游客建立情感联系，提高游客的忠诚度。

旅游市场营销的创新观念包括网络营销、绿色营销、体验营销等，其根源在于提高旅游体验质量。

边听边记1-1

项目小结

挑战自我

过期的面包不卖

从厨房里闯出来的“美国面包大王”凯瑟琳标榜自己的面包是“最新鲜的食品”。为了取信于消费者，她在面包上特别注明了烘制日期，保证不卖存放超过3天的面包。

起初，这个规定给她带来了巨大的麻烦，因为一种新产品上市，销路不可能马上好起来。存货一多，要严格执行“超过3天不卖”的规定就相当困难了。尤其是各经销商大多怕麻烦，虽然过期面包由凯瑟琳回收，但他们不愿意天天检查、换来调去，而宁愿把过期的面包留在店里便宜卖。有的人还抱怨凯瑟琳未免太认真，一个面包放3天也坏不了，为什么非要3天换一次不可？甚至连负责推销的大女儿也大发牢骚，说给经销商增添的麻烦太多。然而凯瑟琳坚持认为：如果像别人那样，面包放一个星期再卖也没关系，这怎么能标榜自己的面包是“最新鲜的”呢？对于吃的东西，新鲜度是非常重要的条件。只要在消费者心中树立起良好的信誉，就成功了一半。经销商的抱怨可以作为管理问题来慢慢研究改善，但“超过3天不卖”的规定绝对不能动摇。

凯瑟琳果真践行了这一原则，她坚持一个宗旨——“只赚应该赚的钱”。她精确地计算每个面包的成本，加上合理的利润，制定出公平的价格。为了防止经销商乱涨价，她干脆在面包纸上标明每个面包的成本、利润和价格。

凯瑟琳还反复告诫她的女儿：有一个基本信念一定要牢牢树立，我们做生意的人要迎合消费者的口味和爱好，而不能让消费者来迎合我们。人们喜欢吃新鲜的食物，不管别人怎么说，我们都要把自己认为正确的做法坚持到底。

正是基于这一原则，从1943—1960年，凯瑟琳把一个家庭式的小面包店完全变成了现代化企业，营业额迅猛增长。

资料来源　李绵文. 经营趣闻轶事录［M］. 武汉：湖北人民出版社，1989.

问题：

1.凯瑟琳的营销观念对旅游企业有什么借鉴意义？

2.请发表一下你对这个案例的看法。

要求：课外时间独立完成，给出有针对性的答案。

拓展空间

1.现代企业市场营销的核心是满足消费者的需求。老年人群的消费需求是市场的重要组成部分，满足老年人群的消费需求不仅是社会问题，也是经济问题，因为老年人市场存在许多市场机会并拥有巨大的市场发展潜力。试对老年人市场的需求状况进行分析，总结老年人市场存在哪些旅游市场机会。

2.举两个最近因为特定的购物情景影响你购物决策的例子，说明购物情景对购物决策的影响。

2 项目二　旅游产品销售认知

项目概述

产品是指能够用来满足人类某种需要或欲望的东西，通常用产品和服务来区分实体产品和无形产品。旅游产品是旅游企业通过开发、利用旅游资源而提供给旅游者的旅游吸引物与服务的组合。科学销售旅游产品对旅游业的发展具有重要意义。

交互式课件 2-1

旅游产品销售认知

动画 2-1

旅游产品销售认知

项目结构

- 旅游产品销售认知
  - 旅游产品的销售特点
    - 任务目标
      - 知识目标
      - 能力目标
      - 素养目标
    - 任务导入：“夕阳红”旅游产品走俏
    - 理论知识
      - 旅游产品的市场需求状态
      - 旅游产品的策划与销售周期
    - 实践训练：某旅游区的旅游产品类型及销售策略调研
    - 思政探索：旅游赋能全面小康 融入乡村振兴大局
  - 旅游产品的销售策略
    - 任务目标
      - 知识目标
      - 能力目标
      - 素养目标
    - 任务导入：智慧旅游 创新发展——广东国际旅游产业博览会
    - 理论知识
      - 旅游产品的分类
      - 市场细分及旅游市场细分
      - 影响旅游产品销售策略选择的因素
      - 旅游产品销售策略的制定
      - 旅游产品销售策略的实施
    - 实践训练：瘦西湖：服务标准化 风景有“温度”
    - 思政探索：从“百团一面”到独家打造 旅游定制师拼出广阔市场
  - 旅游市场营销人员的素质要求
    - 任务目标
      - 知识目标
      - 能力目标
      - 素养目标
    - 任务导入：三个业务员找市场
    - 理论知识
      - 旅游市场营销人员的定义
      - 旅游人员推销的含义
      - 旅游人员推销的特点
      - 旅游市场营销人员的基本素质
    - 实践训练：商店打烊时
    - 思政探索：海南：“旅游信用样板”引领消费环境升级
  - 客户拜访与电话销售的技巧与流程
    - 任务目标
      - 知识目标
      - 能力目标
      - 素养目标
    - 任务导入：客户的开发和维护之道
    - 理论知识
      - 客户拜访的技巧
      - 客户拜访的基本流程
      - 电话销售的技巧
      - 电话销售的基本流程
    - 实践训练：旅游销售谈判过程模拟
    - 思政探索：转型不转行 导游怎样在坚守中发展

在线课堂 2-1

旅游产品销售认知

任务1 旅游产品的销售特点

任务目标

知识目标：理解旅游产品的基本概念、特征。

能力目标：掌握旅游产品的销售周期。

素养目标：培养严谨、认真负责的职业态度，提高质量意识，坚持守正创新。

任务导入

“夕阳红”旅游产品走俏

花红柳绿的春天已经到来，外出旅游正当时。此时，也正是老年人旅游的好时节。不少旅行社迎合市场需求，精心组织推出了一系列“夕阳红”特色旅游线路。这些旅游线路覆盖了国内最负盛名的旅游景点，可谓丰富多彩。

“我们的‘夕阳红’产品卖得蛮火的，像海南、北京、昆明等热门地区都已经成团，下个团正在火热收客中。”旅行社相关负责人介绍，针对老年人的出行，旅行社每年都会在适合出行的春、秋两季打造多条精品“夕阳红”老年游专属线路，比较受欢迎的是北京和承德等北上线路、长江三峡豪华游轮线路、云南休闲线路以及海南养生线路。“现在学生正在学校上课，年轻人也忙于工作，这使得不少旅游景点冷清了许多。出游价格比较实惠，老年人的经济负担小，和同龄老年人一起出游也比较有意思。”据了解，参加“夕阳红”线路的游客中，有一半老年人是自己来报名的，另一半老年人则是由子女替自己报名的。“父母快乐是儿女的心愿，在春暖花开的季节，为自己的父母报一个‘夕阳红’旅行团，也算是给父母送上一份‘健康大礼’，表表孝心。”旅行社的工作人员说。

党的二十大报告提出，“增进民生福祉，提高人民生活品质”“推进健康中国建设”“实施积极应对人口老龄化国家战略，发展养老事业和养老产业”。发展老年旅游是弘扬孝亲敬老优秀传统文化的重要途径，也是关爱老年人、实现社会精神文明高度发展的重要方式。

资料来源 熊玮．“夕阳红”旅游产品走俏［N］．张家港日报，2015-03-26（A10）；刘建明，牟琳．老年旅游发展面临的问题及标准化对策［N］．中国旅游报，2022-11-04（4）．

问题：

1.“夕阳红”旅游产品有什么特点？

2.“夕阳红”旅游产品走俏的原因是什么？

理论知识

一、旅游产品的市场需求状态

旅游产品的构成要素主要包括旅游吸引物、旅游设施和旅游服务等，由于旅游产品既包含有形产品，又包含大量的无形服务，因此旅游市场营销也必然有别于传统市场营销。旅游产品的价值具有复合性，这不仅体现在旅游产品拥有的审美和愉悦的成分上，而且体现在旅游中间商的努力带来的追加价值上。旅游市场需求是旅游市场营销的出发点，旅游市场需求存在八种状态（见表2–1），在不同的状态下，旅游市场营销的任务和策略不同，这些都需要旅游企业进行有针对性的设计。

表2–1 旅游市场需求的八种状态

序号	需求状态	状态描述	应对方式	市场营销策略
1	负需求	不喜欢、厌恶，甚至愿意出钱回避	分析为什么不喜欢，是否可以重新设计产品、降低价格或者采取更加积极的市场营销方案	改变市场营销
2	无需求	对产品和服务毫无兴趣或者漠不关心	设法将产品和服务的好处与人的需要和兴趣联系起来	刺激市场营销
3	潜在需求	现有产品无法满足特定人群的需求	衡量潜在市场的范围，开发有效的产品或者服务	开发市场营销
4	下降需求	回头客越来越少	分析需求下降的原因，决定是否开辟新市场，或采取有效的沟通手段来刺激需求	再创造市场营销
5	不规则需求	旅游高峰情况	灵活定价、推销或者采用其他刺激手段来改变市场营销的时间模式	协调市场营销
6	充分需求	组织对业务量满意，就达到了充分需求	提高或维持产品和服务的质量，不断衡量旅游消费者的满意程度	维持市场营销
7	过度需求	接待率长期高于90%	提高价格，减少推销活动和服务	减少市场营销
8	不健康需求	黄、赌、毒等	阻止或劝说人们放弃这种需求	抵制市场营销

资料来源 刘长英．旅游市场营销［M］．北京：北京大学出版社，2015.

二、旅游产品的策划与销售周期

（一）旅游产品的策划

1.旅游产品策划的人本主义原则

旅游产品策划的人本主义原则是指把以人为本，遵循人体生理与心理的规律，满足人类审美、修学、交流、康体、休憩及整个生活方式的需求作为第一要义的原则。旅游资源不同于旅游产品，旅游资源具有广泛多样性、区域独特性、群体组合性、季节变异性、价值不确定性、永续性、不可再生性和观赏性，旅游资源的价值体现为对游客的吸引力，旅游资源的存在不以游客个人的意志为转移，而旅游产品是旅游资源的具体化。例如，香格里拉生态旅游线路是旅行社销售的云南旅游线路的主要产品，也是香格里拉生态旅游区旅游开发和市场营销的重要对象，旅游线路的设计不仅要符合旅游供给规律，而且要符合旅游需求规律，即不仅要从资源、市场、区位、经济效益等旅游供给要素出发，而且要从旅游者的心理、生理等要素出发，真正为旅游者着想，这样才能真正赢得市场。

2.旅游产品策划的市场价值转化

即使旅游资源的价值很高，将它开发为旅游产品后，也不一定能得到旅游市场的青睐。因此，若陶醉于旅游资源的科学价值而不能自拔，则难以将旅游产品的销售做好。对旅游产品进行策划，需要熟悉旅游市场，通过对旅游市场需求的确认来决定将哪些旅游资源转化为旅游产品，以及该旅游产品的表现形式如何。旅游资源的科学价值并不一定等同于旅游产品的市场价值。对旅游市场的有效研究，是旅游产品策划成功的关键。由于游客购买的是特殊的经历，同时，游客对旅游经历的感受又受时时变化的个人心理因素的影响，因此市场特征虽然有规律可循，却难以捉摸。

美丽中国2-1

云南风光

例如，为了展示云南丽江的旅游资源特色，充分发挥丽江的区域枢纽和中转作用，通过对丽江旅游资源的客观分析，策划方以丽江三大旅游区（雪山古城文化休闲度假旅游区、以泸沽湖为龙头的民族文化风情旅游区、老君山世界自然遗产生态科考旅游区）为基础，科学规划了丽江特色旅游线路产品体系，包括核心影响小环线、深度影响中环线和辐射影响大环线三部分。

（1）核心影响小环线

云南省内精品环线如图2-1所示。

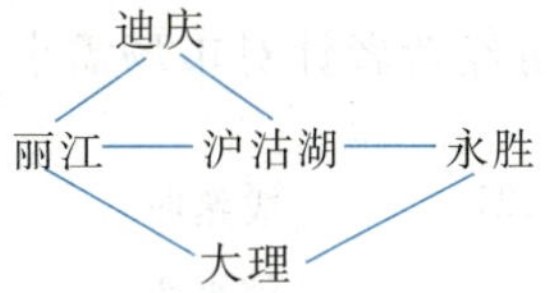

图2-1　云南省内精品环线

滇-川香格里拉胜景环线如图2-2所示。

丽江——迪庆——乡城——稻城——泸沽湖——丽江

图2-2　滇-川香格里拉胜景环线

（2）深度影响中环线

东巴-康巴文化环线如图2-3所示。

图2-3　东巴-康巴文化环线

茶马-西南丝绸古道环线如图2-4所示。

图2-4　茶马-西南丝绸古道环线

（3）辐射影响大环线

大香格里拉环线如图2-5所示。

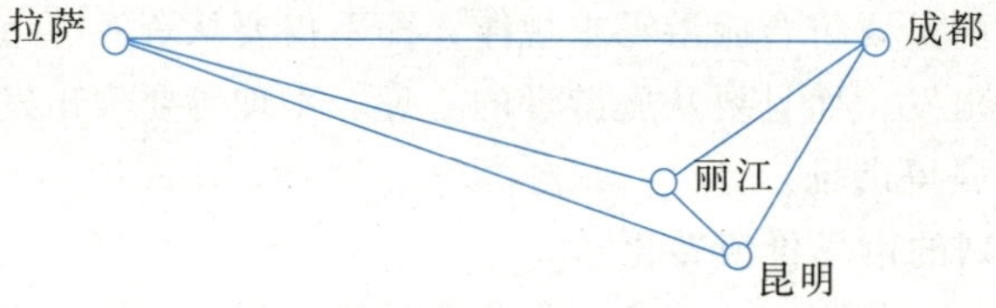

图 2-5 大香格里拉环线

旅游产品的表现形式也是一个十分重要的方面。旅游产品必须便于游客购买，能够使游客感到亲近，感受到旅游资源的独特魅力并体验到一种与众不同的特殊经历。在互联网尚未普及的时候，人们出游前往往没法做太多准备，只能依靠旅行社的信息。如今，旅游业已经步入“互联网+”时代，互联网上有海量旅游资讯，然而各种旅游消费信息真假难辨，搜索信息的成本并没有降低。旅游专家认为，这正是旅行社可以做的产品策划工作，旅行社应掌握更多的搜索信息技能，把旅游产品的专业性做好，把游客想做但由于工作量太大而做不好的事情做好，这样才能吸引游客做出购买行为。

（二）旅游产品的销售周期

同其他产品一样，旅游产品也有其产生、发展、衰退和消亡的过程。旅游产品的销售周期是指某种旅游产品从进入市场开始到最后退出市场的全过程。旅游产品的销售周期一般包括投入期、成长期、成熟期、衰退期四个阶段（如图 2-6 所示）。研究旅游产品销售周期的意义在于：第一，有利于旅游经营者针对不同的阶段采取不同的销售策略；第二，有利于旅游经营者采取措施延缓衰退期的到来，从而延长旅游产品的销售周期；第三，有利于旅游经营者针对市场需求及时生产适销对路的旅游产品。

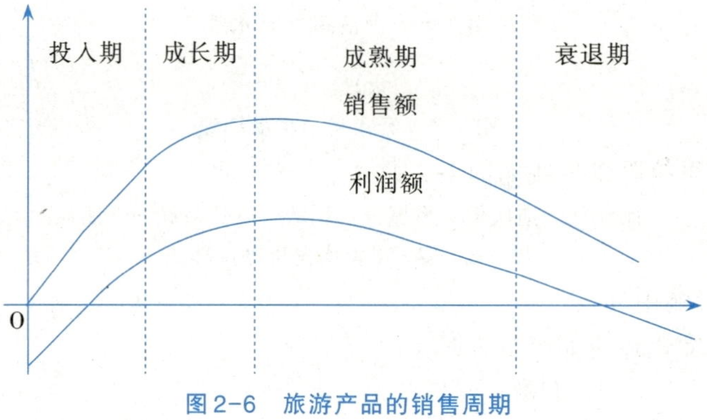

图 2-6 旅游产品的销售周期

1. 投入期

由于旅游产品尚未被消费者了解和接受，因此旅游者的购买行为很多是试探性的，几乎没有重复购买，从而导致销售额增长缓慢。同时，为了使旅游者认识旅游产品，旅游企业还需要做大量的广告和促销工作，这使得旅游产品的销售成本较高，进而导致旅游企业的利润极小。

2. 成长期

由于前期的宣传促销作用，旅游者对旅游产品逐渐熟悉，越来越多的人开始购买旅游产品，重复购买者也逐渐增多，旅游产品在市场上开始有一定的知名度，旅游产品的销售量迅速增加，销售额迅速增长，增长率通常在 10% 以上。

3.成熟期

在这个阶段，由于很多相似的旅游产品进入市场，扩大了旅游者对旅游产品的选择范围，因此旅游市场竞争十分激烈。再加上一些新产品对原有旅游产品的替代作用，旅游产品的差异化成为市场竞争的核心。因此，销售额的增长幅度越来越小，一般在1%～10%。

4.衰退期

衰退期是指旅游产品进入了更新换代的阶段。由于新的旅游产品已进入市场并逐步替代老产品，因此除少数名牌旅游产品外，大多数旅游产品的销售量逐渐减少。这时，旅游企业如果不迅速采取有效措施使旅游产品进入再成长期，以延长旅游产品的生命周期，那么旅游产品将随着市场的激烈竞争以及销售额和利润额的持续下降而被迫退出旅游市场。

案例窗2-1　　**网下网上旅游产品价格差别大**

随着人们生活观念的转变，春节过后，错峰出游成了众多市民的一大选择。然而，随着旅行社内各条旅游线路价格的水涨船高，不少市民都把目光投向了网上的低价旅游产品。市民发现，网购旅游线路产品比旅行社便宜不少，如云南6日游不过千元、泰国6日游仅1 000多元……面对如此令人心动的价格，市民不知该如何做出选择。“在旅行社报名，去云南要3 000元左右，相比之下，网上的价格实在太优惠了，如此低的价格会不会有问题?”在心动的同时，市民沈先生不免有些担心。“电商打出那么低的价格当然很令人心动，但就怕其中有强制消费或者在旅行中出现问题，到时候都不知道和谁沟通解决。”市民张女士说。

旅游业内人士则认为：“现在旅行社之间的竞争十分激烈，各家赚取的利润很薄，一条短线游产品的利润也就几十元，长线游产品的利润不过上百元。”一些团购网动辄打出五折，甚至一两折的卖价，与之相比，旅行社给出的价格确实比较高。以网购不到千元的云南6日游为例，从北京到云南往返的飞机票都不止千元，更别说加上在当地游玩几天的交通、住宿、餐饮等各种费用了。

资料来源　张光明. 网下网上旅游产品价格差别大［N］. 承德晚报，2015-02-27（A02）.

案例分析：市民网购旅游产品前一定要详细阅读相关条款，不要单纯追求低价。在网上购买旅游产品，必须认清经销商的资质。《中华人民共和国旅游法》规定，通过网络经营旅行社业务的，应当依法取得旅行社业务经营许可。同时，多到当地的旅行社走访，对比线上、线下的价格、行程，最后做出决定。此外，网购旅游产品维权的难度很大，因此市民在网购时一定要谨慎。

实践训练

某旅游区的旅游产品类型及销售策略调研

实训内容：

以小组为单位，走访所在城市的旅游区，了解该旅游区的旅游产品类型，并分析其销售策略。

实训目标：

1. 理解旅游产品的概念、分类。

2. 培养学生实地调查、分析问题的能力。

3. 掌握旅游产品的特征及发展趋势。

实训组织：

1. 整理、制作旅游区的旅游产品分类表格。

2. 查找相关资料，对其销售周期、销售策略进行剖析。

3. 提出小组对该旅游区产品市场营销策略的建议。

实训记录：

1. 所调研的旅游区名称及基本情况：

____

____

2. 该旅游区的旅游产品类型有哪些？

____

____

3. 该旅游区的销售策略是什么？

____

____

效果评价：

1. 以小组为单位，上交调查表格及有关旅游产品的分类、销售周期、销售策略等文本，分数占比为50%。

2. 以“某旅游区的旅游产品类型及销售策略调研”为主题，分小组进行阐述。

3. 从小组互评与教师评价两个方面进行评分，见表2-2。

表2-2 “某旅游区的旅游产品类型及销售策略调研”训练项目评价表

项目主题（分值）	评价指标（分值）	标　准	小组互评（40%）	教师评价（60%）	综合得分（100%）
某旅游区的旅游产品类型及销售策略调研（100分）	调研报告（50分）	包含旅游产品分类、销售周期、销售方式等内容			
	主题阐述（50分）	阐述的内容具有可行性，效果良好，观点新颖、独特，能全面反映调研要求及特点			

4. 教师与学生依据综合得分情况，确定最优陈述小组。

思政探索

旅游赋能全面小康　融入乡村振兴大局

背景资料：

2021年，中国向世界宣告全面建成小康社会，实现了第一个百年奋斗目标，创造了人类减贫史上的伟大奇迹。在全面建成小康社会过程中，旅游业尤其是乡村旅游发挥了独特作用，有效带动了部分乡村地区经济社会的全面发展，使乡村面貌焕然一新。

2021年，文化和旅游部积极推动乡村旅游进一步融入乡村振兴大局，培育了一批生态美、生产美、生活美的乡村旅游目的地，打造了一批有特色、有内涵、有品位的乡村旅游精品线路，吸引了更多游客选择乡村旅游、体验乡村旅游、爱上乡村旅游。

发挥独特作用　赋能全面小康

倡导大众旅游，就是要坚持旅游为民、旅游富民，让旅游成为小康社会标配、美好生活必备。2021年，文化和旅游部加大对乡村旅游助力小康的经验总结和推广，积极巩固拓展脱贫攻坚成果，筛选并汇总了全国乡村旅游扶贫示范案例，聚焦产业融合、创业就业、文化传承、生态保护、乡村治理、创新提升六个重点类型，集中展现了乡村旅游助力小康社会建设的丰硕成果。

当今，因发展旅游而致富的村子，犹如一颗颗珍珠，镶嵌在乡村大地上。宁夏西吉县龙王坝村建成56间窑洞宾馆，农村变景区，农户变导游，民房变客房，产品变礼品；海南万宁兴隆咖啡谷实行“农业企业+基地+贫困户”模式，以咖啡产业为依托，推出侨乡文化体验、儿童乐园等；湖南祁阳三家村“滴水古街”青砖黛瓦，乡村旅游节、观灯节等人气颇高，展示祁阳石制作技艺，开发传统美食，再现传统民俗，乡村旅游有声有色。

在乡村旅游赋能全面建成小康社会中，民宿是一大亮点，数量不断增多，规模不断壮大，质量不断提升。为顺应这一趋势，文化和旅游部从品牌培育、规范管理等方面出台政策措施，2021年组织评定了全国首批甲级、乙级旅游民宿。

各地也积极推动民宿发展，浙江制定了《浙江省民宿评定实施意见》，深化实施乡村民宿提质富民三年行动；山东提出建设“旅游民宿集聚区”，公布了首批34个旅游民宿集聚区创建单位；上海召开了全市乡村民宿工作会议，将民宿培训纳入上海市公共文化和旅游从业人员万人培训项目。

庆祝建党百年　展现乡村故事

2021年是中国共产党成立100周年，党史学习教育掀起探寻党史热潮。众多乡村保留了大量革命遗址遗迹，流传着大量革命故事，这些都是开展党史学习教育的生动教材。

2021年5月，文化和旅游部联合国家发展改革委推出300条“体验脱贫成就·助力乡村振兴”乡村旅游学习体验线路。游客可以在望山见水的旅途中，了解发生在乡村的“四史”故事，了解党的光荣传统、宝贵经验和伟大成就，传承红色基因，激发前行动力，体验脱贫成就，助力乡村振兴。

例如，河北省的“石家庄生态走廊初心游”线路涵盖了正定塔元庄村、李家庄村（中央统战部旧址）、西柏坡景区等。自2015年以来，李家庄村依托中央统战部旧址，明确了“革命圣地、红色乡村、乡村风情、城市品位”的发展理念，打造了具有太行风情的红色旅游山村，建设了观光采摘园、特色民宿、环湖步游路等。

2021年，文化和旅游部还策划推出了“寻找乡村印迹　学习党史故事——100个乡村中的党史故事”活动，以集中体现中国共产党在乡村地区的奋斗历程。

持续提质增效　助力乡村振兴

2021年12月17日，全国乡村旅游工作现场会在福建省龙岩市永定区召开，会议强调乡村旅游发展要“坚持提质增效，坚持需求牵引，坚持农民为本，坚持文化为根，坚持生态优先，坚持服务为要”。

2021年是巩固拓展脱贫攻坚成果同乡村振兴有效衔接的起步之年。在文化和旅游部的积极推动下，支持乡村旅游发展、乡村旅游重点村镇建设写入了《中华人民共和国乡村振兴促进法》。

同样在2021年，文化和旅游部会同国家发展改革委启动了全国乡村旅游重点村镇名录建设，首次将“乡镇”纳入遴选对象。截至2021年底，两部委已推出了三批共计1 199个全国乡村旅游重点村和首批100个全国乡村旅游重点镇（乡）。

文化和旅游部有关司局负责人表示，下一步，文化和旅游部将持续优化乡村旅游产品供给，结合消费需求变化引导乡村旅游产品更新升级，实施乡村旅游艺术提升行动、乡村旅游餐饮提升行动等，着力改造提升传统农家乐、民俗户，加强对星空旅游、田野研学、沉浸式体验等新型业态的培育，开发夜间消费产品和服务，为游客提供更加丰富多元的乡村旅游体验。

资料来源　李志刚.旅游赋能全面小康　融入乡村振兴大局［N］. 中国旅游报，2022-01-12（2）.

思政目标：

围绕“旅游赋能全面小康　融入乡村振兴大局”开展研讨，加深学生对乡村振兴战略的理解，提高学生的质量意识，坚持守正创新。

研讨要求：

请结合以上资讯，从质量意识、守正创新的角度谈一谈如何挖掘和展示乡村旅游时代价值，促进乡村旅游产品的发展。

1.以小组为单位组织交流、研讨。

2.每个小组推荐1名成员做主题发言，各组围绕“旅游赋能全面小康　融入乡村振兴大局”分享乡村旅游产品的创新开发建议。

3.从小组互评与教师评价两个方面进行评分，见表2-3。

表2-3　“旅游赋能全面小康　融入乡村振兴大局”训练项目评价表

项目主题（分值）	评价指标（分值）	标　准	小组互评（20%）	教师评价（80%）	综合得分（100%）
旅游赋能全面小康　融入乡村振兴大局（100分）	课堂研讨表现（40分）	小组研讨组织得当，全员参与，研讨运用知识、方法、资讯等准确			
	主题阐述（60分）	阐述的内容丰富，效果良好，观点新颖、独特，能从质量意识、守正创新的角度阐述乡村旅游融合发展、市场营销策划与创新发展等内容			

4.教师与学生依据综合得分情况，确定最优陈述小组。

任务2　旅游产品的销售策略

在线课堂 2-2

旅游产品的销售策略

任务目标

知识目标：了解旅游产品的分类；掌握旅游市场细分的内涵。

能力目标：能针对旅游企业的特点，制定旅游产品销售策略；能对旅游产品销售策略进行动态管理。

素养目标：树立旅游市场细分的观念；培养严谨、周密的思维习惯；培养爱岗敬业精神，提高质量意识。

任务导入

智慧旅游　创新发展——广东国际旅游产业博览会

广东国际旅游产业博览会（CITIE）创办于2005年，其立足于全国重要的客源输出地、重要的旅游目的地和粤港澳大湾区核心旅游市场，专注B2B交易洽谈和B2C展销一体化，集聚了全球优质旅游目的地、旅游服务商及供应商，为海内外旅游人士提供了一个信息交流、宣传展示与产品采购的综合平台。在广东省文化和旅游厅的指导下，经过多年的品牌发展，CITIE已成为中国国际化程度最高、市场化运作效果最好的综合性国际旅游展览会。

由广东省旅游发展研究中心主办、岭南集团广之旅承办的2021广东国际旅游产业博览会（以下简称2021广东旅博会）于9月10—12日在广州中国进出口商品交易会展馆A区隆重举行。2021广东旅博会吸引了线上线下30多个国家和地区，国内10多个省（区、市）的文旅机构、省内21市文旅行政管理部门、优质旅游目的地及文旅企业参展。

根据疫情防控要求，为保障参展商和广大旅游消费者的安全，2021广东旅博会实行线上实名登记预约参观，业界人士及社会公众必须通过“广东旅博会”微信公众号实名预约，生成预登记码。进场观众经“三码两测”才能进入参观，同时必须全程规范佩戴口罩，配合接受体温检测。

加大惠民补贴力度　提振文旅市场需求

2021广东旅博会期间，广东省文化和旅游厅发放文旅消费季惠民补贴。惠民补贴适用于国内游线路、省内游线路、粤港澳大湾区文化遗产游径、历史文化游径、乡村旅游线路，以及省内景区、酒店、民宿、文化单位等销售的门票、住宿、演出，还包括旅博会现场销售的文创产品等。市民现场使用补贴券或刷银联卡购买相关文旅产品，可获得相当于八折的优惠。

文旅消费季惠民补贴活动得到了参展企业的积极响应，参与商家包括广之旅、中国国旅广东公司、金马国旅、广东中旅、康辉旅游等。众多旅游企业集中上架销售中秋、国庆期间的国内、省内赏秋旅游产品及冬季旅游产品，推出展会现场优惠价格，市民可以在旅游企业优惠价格的基础上使用惠民补贴券，从而享受更大的优惠。针对疫情防控常态化的旅游市场特点，不少旅行社推出“安心游”“无损退改”等更灵活的退改条款和服务保障政策，提振市民信心和预期，刺激文旅消费需求，从而促进文旅市场复苏。

此外，广东粤剧艺术中心、广东省星海音乐厅、广东省工艺美术珍品馆等省内文化机构及文创产品企业也参与了惠民补贴活动，打造汇聚多种业态的文旅消费新场景。与2020年相比，本次惠民补贴活动参与商家更多，可选择的消费品类更丰富，从而延展了消费场景，促进了文旅深度融合。

打造专业化产业平台　助力旅游企业解困

2021广东旅博会坚持专业化、品牌化的发展思路，聚焦产业交流合作功能，重点打造专业活动品牌——“广东文旅产业派”，以开放合作、共创共赢的理念，集聚产业链上的头部机构与创新力量，聚焦文旅融合新业态和趋势性话题，研讨行业发展趋势，助力文旅企业突破疫情下的困局。

展会期间，“广东文旅产业派”举行了9场主题活动，多位来自文化创意、旅游、体育、互联网、投融资等领域的嘉宾进行主题演讲、案例分享、圆桌对话等，发布前沿资讯，分享行业“干货”。其中，9月10日下午率先举行的首届广东数字文旅创新发展论坛、广东文化和旅游产业投融资对接会、环球冰雪旅游论坛，分别围绕数字文旅、县域文旅、冰雪旅游三大热点话题开展。9月11日还有博物馆文旅、文创园区、民宿、研学、夜游、景区六个主题活动。

打造数字文旅展区　丰富逛展体验

“数字文旅展区”是2021广东旅博会重点打造的新业态展区之一，集聚了中国移动、美团、广东星海演艺集团等多家首次参展的重要企业。展区引入“5G+4K+VR”等技术，推出“全球通5G+云剧场”，应用裸眼3D、AR、VR等数字文旅产品，打造云文博、云景区等特色文旅体验。此外，2021广东旅博会联合三毛游打造智慧导览微信小程序，观众现场扫码即可参与“智逛旅博会”及“趣味打卡闯关”，体验“数字逛展”的乐趣。

目的地展区也是2021广东旅博会的重头戏。广东省文化和旅游厅携省内21市文旅行政部门参展，并与香港旅游发展局、澳门特别行政区政府旅游局共同展示“粤港澳大湾区世界级旅游目的地”文旅资源及品牌形象。其中，广东主题展馆邀请省级非遗传承人黎婉珍、张群带来彩扎狮头、广彩瓷烧制技艺两项非遗展演；韶关展馆重点展示柴烧、旋木等10余项非遗项目、非遗产品以及华南教育历史研学文创产品；中国香港展位架设霓虹灯牌挂饰，以标志性文化符号展现“再遇·就在香港！”的非凡活力；内蒙古、广西、贵州、安徽、江西等10多个地区的旅游机构也举办了多场推介分享会和公众体验活动。国际旅游目的地方面，泰国国家旅游局的“泰国时光治愈所”网红空间吸引众多观众拍照打卡，韩国旅游发展局携手京畿道、江原道、济州岛及5个小众旅游城市参展，日本带来了德岛县的阿波舞表演及和风面具手绘体验，线上参展的马来西亚、南非、加拿大等以音视频形式在“云端”推介本地文旅资源。

资料来源　罗予岐. 2021广东国际旅游产业博览会隆重举行[EB/OL]. [2021-09-13]. https://life.southcn.com/node_e3614f1f38/0ea462f10f.shtml.

问题：

从旅游产品销售的角度，谈谈2021广东旅博会的亮点。

理论知识

一、旅游产品的分类

目前，我国旅游市场上形成的较为成熟的旅游产品主要有四种类型：一是观光旅游产品，即以文物古迹、山水风光、民俗风情为特色的具有中国古代文明和旅游地风韵的观光产品；二是度假旅游产品，其中乡村度假、海滨度假、养老度假等产品备受人们欢迎；三是专项旅游产品，包括古代城市之旅、丝绸之路游、冰雪风光游、寻根朝拜游、青少年修学游、新婚蜜月游、美食旅游等；四是生态旅游产品。

传统旅游产品主要包括观光旅游产品及其升级产品、文化旅游产品、商务旅游产品、度假旅游产品、社会旅游产品五大类。随着科学技术的发展及人们生活水平的不断提高，新兴旅游产品逐渐成为市场推广的热门产品。新兴旅游产品一般分为以下五类：

第一类是满足旅游者健康需求的旅游产品，即能够使旅游者的身体素质得到不同程度改善的旅游产品，如体育旅游产品、保健旅游产品。中国旅游研究院发布的《中国冰雪旅游发展报告（2022）》提出，尽管有疫情影响，但是在2022年北京冬季奥运会、冰雪出境旅游回流、旅游消费升级以及冰雪设施全国布局等方面的刺激下，全国冰雪休闲旅游人数从2016—2017冰雪季的1.7亿人次增加到2020—2021冰雪季的2.54亿人次，预计2021—2022冰雪季我国冰雪休闲旅游人数将达到3.05亿人次，冰雪休闲旅游收入有望达到3 233亿元。

第二类是满足旅游者发展需求的旅游产品，如研学旅行产品、工业旅游产品、学艺旅游产品、科学考察旅游产品等。

在线课堂2-3

研学旅行

第三类是满足旅游者享受需求的旅游产品，如环球旅游产品、包机旅游产品、豪华列车旅游产品、豪华游船旅游产品等。

第四类是满足旅游者感官刺激需求的旅游产品，如探险旅游产品、秘境旅游产品、海底旅游产品、沙漠旅游产品等。

第五类是体现旅游者环保意识的旅游产品，亦称后大众旅游产品，如生态旅游产品、自然旅游产品、社区旅游产品等。

二、市场细分及旅游市场细分

“市场细分”（market segmentation）是市场营销学中一个非常重要的概念，许多学者均对“市场细分”这一概念给予了不同程度的关注。“市场细分”的概念是美国营销学家温德尔·史密斯（Wendell Smith）于1956年提出来的。市场细分是指营销人员通过市场调研，依据消费者的需要和欲望、购买行为和购买习惯等方面的差异，把某一产品的市场整体划分为若干个消费者群的过程。每一个消费者群就是一个细分市场，每一个细分市场都由具有相似需求倾向的消费者构成。

我国多数学者对“市场细分”或“旅游市场细分”的界定趋于一致。赵西萍（2003）等认为，市场细分实际上是根据购买者的需要和欲望、购买态度、购买行为特征等不同因素划分市场的过程；王洪滨（2004）指出，旅游者需求的差异性是市场细分的关键；张俐俐（2004）强调，细分就是划分旅游者群的过程；苟自钧（2005）综合上述观点，指出市场细分是从消费者的不同需求出发，根据消费者购买行为的差异性，把整体市场分成两个或两个以上具有类似需求和欲望的消费者群体。

本书认为，旅游市场细分是指旅游企业通过辨明具有不同需求的消费者群体，将整体旅游市场划分为若干个不同类别的子市场。在同一个子市场中，虽然不同消费者的需求仍有一定的差异，但在某些方面又有一定的共性。例如，旅游市场中的老年市场，虽然老年人的需求存在差异，但追求经济实惠、健康是大多数老年人共同的期望，这就是同一子市场中包含的共性。在不同的子市场中，不同消费者群体之间的需求存在着明显差别。

三、影响旅游产品销售策略选择的因素

旅游企业采用何种销售策略，主要受旅游企业自身的实力条件、旅游产品的特点、旅游产品市场需求状况、旅游产品生命周期、旅游产品市场竞争的特点等因素的影响。

（一）旅游企业自身的实力条件

旅游企业自身的实力条件包括人员素质、可支配资金、管理水平、产品及营销组合设计能力、关系网络等，这些条件对确定旅游目标市场策略起到了决定性的作用。如果经营者实力强、各种资源丰富，则可以采取差异性销售策略；反之，如果经营者实力不足且规模不大，则应采取集中性销售策略。

（二）旅游产品的特点

不同的旅游产品在满足旅游者需求方面存在很大的差异。对于性质差别较大的旅游产品，旅游企业需要提供不同的档次以满足不同旅游者的需求；反之，旅游企业只需要提供单一化的旅游产品就能满足所有旅游者的需求。

（三）旅游产品市场需求状况

当旅游产品市场需求的异质程度很低，或旅游者的兴趣、爱好及其他特点很相近时，旅游企业可采用无差异性销售策略；反之，当旅游产品市场需求的异质程度很高时，旅游企业可以采用差异性销售策略或集中性销售策略。

（四）旅游产品生命周期

旅游企业应根据旅游产品生命周期的不同阶段采取不同的销售策略。对于处于投入期或成长期的旅游产品，旅游企业可采用无差异性销售策略，因为此时旅游者对旅游产品不甚了解，并且市场上没有竞争者或竞争者很少。当旅游产品处于成熟期或衰退期时，

旅游企业可采用差异性销售策略，以利于开辟新的细分市场，尽量延长产品生命周期，或者采用集中性销售策略，集中力量对少数有利可图的细分市场进行营销推广。

（五）旅游产品市场竞争的特点

如果旅游企业的产品垄断性强，竞争者数量少或实力弱，则可以采用无差异性销售策略；反之，则应采用差异性销售策略或集中性销售策略。此外，旅游企业采取何种销售策略，还应视竞争对手的销售策略而定。例如，若竞争者采用无差异性销售策略，则旅游企业应当针对细分市场采用差异性销售策略或集中性销售策略，以争取占领几个有利市场。

四、旅游产品销售策略的制定

旅游产品销售策略是指为了达到销售目标而对产品、价格、广告、促销等的“最合适组合”，而非“最佳组合”。旅游企业可以使用波士顿矩阵和产品生命周期理论对旅游产品进行分析，从而制定出准确、全面、合理的销售策略，见表2-4。

表2-4　旅游产品的销售策略

销售策略	投入期	成长期	成熟期	衰退期
金牛产品	强化分销网络	大幅降低价格；强化分销网络；加快新产品推出的速度	开发新的细分市场；扩展新的地区市场	控制营销投入，最大限度获取利润；退出部分销售渠道
明星产品	控制广告宣传费用	及时降低价格；以扩大市场份额为主要目标	控制投入，追求效益最大化；可以牺牲一定的市场份额	严格控制营销投入；以追求利润最大化为主要目标；退出部分销售渠道
问题产品	强化分销网络；控制广告宣传费用	加大宣传力度；与主要竞争对手相比，定价应该稍微偏低	追求产品的差别化和系列化；完善分销渠道	严格控制营销投入；选择时机退出市场
瘦狗产品	改进产品；强化分销网络；控制生产成本	大幅降低价格；提高产品的技术含量	退出市场	退出市场

案例窗2-2　主动求变　坚忍前行——2021年旅行社业年终盘点

回顾已经过去的2021年，困难与机遇并存。经历了疫情刚发生时的慌乱和迷茫，2021年，旅行社从业者收拢心态，在变化中不屈不挠地前行。

2021年，来自政府层面的助企纾困工作持续加强，在缓解企业困境的同时也给行业带来了信心。

2021年，国内大循环成为定局。境外旅游消费回流，国内深度游、小众游兴起，注重安全、品质的本地游、周边游受到游客青睐。城市休闲、乡村旅游、红色旅游、亲子研学等细分领域市场潜力不断释放。

文化和旅游部财务司发布的2021年上半年国内旅游数据显示，国内旅游总人次18.71亿，比2020年同期增长100.8%（恢复到2019年同期的60.9%）。其中，城镇居民旅游总人次13.08亿，同比增长91.5%；农村居民旅游总人次5.63亿，同比增长126.1%。

旅行社行业也及时捕捉到了这一变化，迅速调整策略，开始深耕国内游市场。特别是长期经营出境旅游的企业，充分发挥自身资源优势、品牌优势、渠道优势、人才优势等，以高品质的产品和服务开拓回流的消费需求，取得了不俗的业绩。

疫情正在倒逼业界突破旧有思维，在“疼痛”中重新审视原有的经营模式、产品模式。2021年是国内游市场深刻变化、全面升级的一年，探讨了多年的国内游供给侧结构性改革在疫情的倒逼下取得进展。

除了业务层面的突破，从业者迎难而上、甘于奉献的身影也是2021年的一抹亮色。危急关头，旅游人互助团结、众志成城、乐于奉献的身影像一束光，闪耀在2021年那些短暂的、灰暗的时刻，也成了旅游行业最宝贵的财富。

在事上磨炼，在难中成长。2022年，万事可期！

资料来源 赵垒，张宇.主动求变 坚忍前行［N］.中国旅游报，2022-01-06（6）；吴丽云，阎芷歆.2021：信心与复苏［N］.中国旅游报，2022-01-06（6）.

案例分析：受疫情反复的影响，旅行社业发展艰难，疫情不断侵蚀着旅行社本就不够厚实的“家底”，发展空间不断被压缩。面对逆境，旅行社需要通过他救、自救和创新，努力拓展发展空间，在维持生存的同时期待疫后行业发展的春天。在国家积极的政策纾困的同时，旅行社也应积极转型发展，降成本、增收入，以自救等待行业的全面恢复发展。一是转型发展，拓宽收入来源；二是深耕本地游市场，做大“微游”产品；三是关注新消费趋势，拓宽发展空间；四是升级线下门店，实现降本增收。

五、旅游产品销售策略的实施

旅游产品销售策略的实施可以分为三个阶段：第一个阶段称为MI（merchandise impact，商品形象）时代，此阶段强调旅游产品的优异性；第二个阶段称为II（image impact，形象影响）时代，此阶段强调旅行社或旅游品牌形象；第三个阶段称为SI（salesman impact，销售员影响）时代，此阶段强调销售人员的素质。

上述三个阶段的重点都在于完成或提升旅游企业的销售业绩。然而，销售成功的关键是要了解“消费者喜欢的旅游产品是什么”“输给竞争对手的原因是什么”“消费者对销售人员的评价如何”等焦点问题，同时针对这些问题来培养、训练旅游产品销售人员。因此，组建一支优秀的销售人员队伍，是旅游企业经营良性循环的关键。

旅游行业正致力于将“旅游销售人员”发展成为“旅游顾问师”（tour consultant），而非“销售代表”（sale representative）或“销售员”（salesman），旅游销售人员不是在推销旅游产品，而是在提供快乐及欢乐。所以，成功的旅游销售人员要具有良好的沟通技巧、倾听的能力及旅游专业知识，这样才能激发消费者的旅游欲望并得到消费者的认同，最终促成消费者的购买行为。

实践训练

瘦西湖：服务标准化　风景有“温度”

背景资料：

走进扬州瘦西湖风景区，出入口处都设有“学雷锋”志愿服务站，景区游客中心、走廊等处的电子显示屏循环播放着文明旅游公益广告，漫步在景区主干道上、小憩于景区广场中，随处可见文明旅游提示牌，宣传“文明有礼二十四条”“八礼四仪”等内容。作为第一批国家级文明旅游示范单位，近年来，扬州瘦西湖风景区始终把标准化工作放在重要位置，持续打造景区品牌，强化文明旅游引领，展现出全新的文明旅游形象。

标准引领

扬州是全国旅游标准化示范城市，近年来，瘦西湖风景区全方位构建瘦西湖企业标准体系，形成了服务通用基础标准、服务保障标准和服务提供标准三大体系，涵盖景区运营管理、服务规范、软硬件建设、安全和应急准备等各个工作领域。

景区垃圾箱的位置在保证方便游客的同时，不能影响到整体环境；景区厕所在达到3A级旅游厕所标准的前提下，进一步优化细节；文明旅游提示牌按照专家给定的标准统一设计……在瘦西湖风景区，每一个细节都是景区落实标准化工作的具体体现。

标准化工作不仅要体现在硬件设施上，而且要浸润到每一位员工的工作理念中。景区在2021年开始实行“网格化管理”，将景区划分为一定数量的网格，每一个员工都是一名网格员，网格员在负责区域内发现任何硬件设施、管理秩序、卫生环境等方面的问题，都要通过钉钉网格化小程序报备、处理。

在景区导游服务部办公区，《瘦西湖风景区讲解接待人员服务规范》《瘦西湖风景区讲解员规范服务程序》等就挂在最显眼的位置。除了相关标准的约束，每隔两年景区还会对导游进行一次星级评比，以激励员工更好地提升服务水平。

如今，瘦西湖风景区管理处牵头制定的《旅游景区导游服务规范》与瘦西湖船娘党支部参与制定的《水上旅游服务规范》都已成为扬州市地方行业标准。

柔性宣导

如果说标准是对自身的要求，那么面对游客，则要在标准之上融入更多人性化手段。瘦西湖风景区管理处主任金川清楚记得景区之前开展文明旅游引导工作时的情形。“当景区发现有游客乱丢垃圾时，员工不会立即上前制止，而是会安排一名保洁员跟着丢垃圾的游客，游客扔，保洁员就跟着扫，直到游客自觉停下这样的不文明行为。”

这样的柔性引导也一直保持到现在。“每到一处都是美景，每走一步都是文明。”这是穿插在瘦西湖导游讲解词中的内容。景区接待室讲解员张蕾介绍，景区在讲解词中自然穿插了文明旅游引导的内容，同时，讲解员也会更加严格地要求自己，看到垃圾主动捡起，遇到不文明旅游行为及时劝导。“因为我们是直接和游客面对面的，更要以身作则，以自身行动潜移默化地影响游客。”

从事讲解员工作10年多，张蕾也见证了文明旅游逐步成为瘦西湖风景区的一道亮丽的风景线。她说：“景区越来越干净了，游客素质也越来越高了。就拿拍照来说，多年前争先恐后抢好位置拍照的现象不见了，大家都会自觉排队，互相谦让。”

“不只是讲解员，在瘦西湖，每一个员工都是‘三员’，如保洁员还有咨询员、文明引导员两个身份。”金川说。

打造品牌

标准化工作和柔性宣导双管齐下，锻造出了瘦西湖优质的服务品牌，也展现出了全新的文明旅游风貌。不过，这一切来得并不容易。金川感慨，在20世纪90年代，瘦西湖风景区开始大规模建设的时候，先后招进了500多名“征地工”，他们大多是农民，学历不高，而瘦西湖硬是通过20多年的培训，把他们从农民培训成合格的景区人，培训成景区服务理念的重要实践者。

同时，“瘦西湖船娘”和“瘦西湖导游”这两块金字招牌也愈发亮眼。金川介绍，近年来，瘦西湖船娘班坚持以为民服务、创先争优为主线，以“让游客满意”为宗旨，以党员先锋模范为榜样，被誉为“流动在瘦西湖上的扬州名片”，并成为全省乃至全国都叫得响的文明服务品牌。瘦西湖导游队伍则与扬州大学合作，灵活开展英、日、韩等多语种讲解，每天为游客提供多批次免费讲解，被游客称为“最贴心、最细心、最新颖的服务”。

瘦西湖风景区还通过积极开展文明旅游志愿者活动，进一步传播文明旅游。目前，景区注册登记的志愿者人数已达到350人，建有8支志愿服务队伍，每支队伍均由专人负责，常态化开展党员志愿讲解、盆景技艺展示等特色志愿服务，还推出了垃圾换绿植、寻找“最美游客”等“绿色环保”志愿活动。

资料来源 郜子君.瘦西湖：服务标准化 风景有“温度”[N]. 中国旅游报，2022-02-08（5）.

实训内容：

以小组为单位，通过查找资料，思考瘦西湖风景区是如何通过导游、船娘等品牌建设，把美景和文明旅游的理念传播到游客心中的，以及该景区打造的“三精”（精细、精致、精彩）和“三文”（文化、文创、文明）体现在哪些方面。谈谈国内其他旅游景区能否借鉴瘦西湖风景区的经验。

实训目标：

1.学会分析旅游产品的销售策略。

2.把握“产品设计”“品牌塑造”“员工素质”等重要因素。

实训组织：

1.以3~4人为一个小组，由组长确定小组分工，指定1位发言人在老师提问时向全班报告本小组的结论。

2.小组成员分头查找网络或书籍资料，并在小组内分享、讨论，准备好阐述资料。

实训记录：

1.瘦西湖风景区是如何通过导游、船娘等品牌建设，把美景和文明旅游的理念传播到游客心中的？

____

____

2.瘦西湖风景区打造的“三精”（精细、精致、精彩）和“三文”（文化、文创、文明）体现在哪些方面？

____

____

3.国内其他旅游景区能否借鉴瘦西湖风景区的经验？为什么？

____

____

效果评价：

1.以小组为单位组织交流、研讨。

2.每个小组推荐1名成员做主题发言，各组结合案例中提出的问题，给出小组意见与看法，教师将根据发言情况进行有针对性的评价。

3.从小组互评与教师评价两个方面进行评分，见表2-5。

表2-5 “瘦西湖：服务标准化 风景有‘温度’”训练项目评价表

项目主题（分值）	评价指标（分值）	标 准	小组互评（20%）	教师评价（80%）	综合得分（100%）
瘦西湖：服务标准化 风景有“温度”（100分）	课堂研讨表现（40分）	小组研讨组织得当，全员参与，研讨运用相关知识、方法等准确			
	主题阐述（60分）	阐述的内容具有可行性，观点新颖、独特，能全面反映训练任务要求			

4.教师与学生依据综合得分情况，确定最优陈述小组。

思政探索

从“百团一面”到独家打造 旅游定制师拼出广阔市场

背景资料：

在变化中探索

“以前，我们尝试购买定制游产品是想省去做攻略的时间，也想去一些特别小众的地方打卡，并且大部分定制游产品属于出境游产品。现在，定制师对我们来说就像‘私人管家’，即使是国内游，也很期待他们给我们的行程带来惊喜，同时也多了一份安心。”游客关先生的这番话，道出了许多喜欢定制游产品的消费者的心声。

近年来，旅游个性化趋势越来越突出，游客对旅行中的安全保障越来越在意。尤其是在2021年，“定制游需求不断上涨”的判断频频出现在各类市场观察报告中。新冠肺炎疫情改变了人们的出游方式，赋予了定制游更广阔的生长空间。作为定制游市场的“灵魂人物”，旅游定制师应如何探索这个市场呢？

采访中记者注意到，虽然持证时间不长，但许多旅游定制师都是摸爬滚打多年的老旅游人。他们中有计调、导游，也有客户顾问。提及为何选择在此时转型成为旅游定制师，他们的答案非常相似，“希望为游客打造一份美好的独家记忆”。与此同时，看好定制游市场的发展前景也是他们愿意尝试的重要因素。

虽然工作经验丰富，但是这样的转型对他们来说也并非易事，因为游客对定制游的需求在不断升级。

在携程旅游定制师李琦看来，新冠肺炎疫情发生之前，国内定制游市场的规模虽然已达万亿元，但人们对定制游的认识还比较模糊。比如，把定制游等同于高端旅游，或者认为旅游定制师就是推销产品的。疫情发生之后，游客需求发生明显变化，当人们对安全、小众、高服务品质的需求越来越强烈时，定制游逐渐走红。游客除了希望获得灵活、周到、专业、有个性的服务之外，还特别在意旅游定制师在行程中的关怀和行程结束后的回访，而这些也成为提高复购率的关键。

“定制游客户群体大致可分为两类：一类是企业团体，这类客户诉求清晰、预算明确，对旅游定制师的专业能力与服务意识会提出较高要求；另一类是以家庭、情侣、朋友为主体的散客群体，他们对行程的要求是灵活、轻松、有独特性，这类客户不会一味追求高端，对产品的性价比有一定要求。”途牛旅游定制师储红琳分析，在新冠肺炎疫情防控常态化下，散客对定制游的认知度、接受度明显提高，企业团体比较关注细节，要求产品具有一定的深度。此外，定制游客户群体普遍看重两个方面：一是产品的灵活性，尤其是在遇到不可抗力情况下的退订措施；二是产品的差异性，很多用户对短视频中的网红目的地有极大兴趣，对产品的个性化和体验度有较高要求。

对比新冠肺炎疫情发生前定制游市场的状况，资深旅游定制师邹晓娜发现了三个明显变化：一是市场变化，游客需求从境外转向国内，高净值人群成为国内定制游市场的主力；二是距离变化，受疫情波动影响，国内长线定制游缩短为周边定制游，短途定制游需求有上升趋势；三是规模变化，定制游客人更愿意组成“小团”打卡一些比较生僻冷门的小众景点。

这些都给旅游定制师提出了更高的要求。谈到转型感受，多位受访者坦言这是一段“痛并快乐着”的体验。“我们的服务要覆盖游客出游的每一个环节，要满足游客各种各样的需求，这是一份需要‘超长待机’的工作。但是，看到游客享受着一次次完美的旅行，我们也很有成就感。”邹晓娜说。

在挑战中蜕变

几位旅游定制师在谈到他们工作中遇到的挑战时，分享了他们近一年印象最深刻的故事。

李琦的故事发生在2021年10月。当时，南京一对高龄夫妇在她的安排下赴三江源国家公园旅游，在海拔高度3 500～4 800米的青藏高原，其中一位游客出现了高原反应。李琦在微信中了解到这一情况后，马上通过视频连线请教医学专家，提供解决方案，帮助游客迅速摆脱不适。但是，当游客抵达下一站冷湖镇时，又因为周边出现新冠肺炎疫情而被滞留在了这个仅有300人居住的小镇上。为了让游客尽快离开冷湖镇，李琦和她的团队想尽一切办法，帮助游客逐级报批。整整两天，李琦一直通过电话安抚焦虑不安的游客。最后，当李琦在西宁与两位游客会合时，三个人紧紧相拥。两位游客回到南京后，特意发来微信表示，这是他们20多年旅行体验中最美好的一次。患难见真情，这一路李琦的线上陪伴让他们感到无比温暖，期待下一次再见。

分享这段故事时，李琦十分感慨。在她看来，这份职业的魅力就在于它时刻考验着旅游定制师的综合能力。除了要具备将碎片化的优质资源串联起来的能力，还要有高效的应急能力和真诚的沟通能力，要将行前、行中、行后的服务串联成完整的服务链。

储红琳每周都要负责4～5个私家团的出行安排。2021年7月，在新冠肺炎疫情波动、台风来袭等多重考验下，她帮助一个来自新疆的私家团从南京辗转至上海返程。其间，迅速帮助游客修改行程，快速了解当地防疫政策、防汛措施，果断抢票等一系列看似琐碎的工作，成为储红琳帮助游客顺利返程的关键。

“我的工作就是让游客省心和安心。”储红琳告诉记者，旅游定制师这个岗位让她不断蜕变。这份工作涉及的知识面广、专业性强，需要旅游定制师有帮助游客规避风险、节省费用的能力。

2020年6月，4名高中毕业生找到邹晓娜，希望帮他们定制一次有意义的毕业旅行。他们的要求是打卡江南网红景点，还要有创新的游玩方式。根据他们的预算和需求，邹晓娜结合当下非常流行的真人秀任务卡方式，在杭州、乌镇、西塘、苏州、上海五地设计了不同的打卡任务。比如，在杭州灵隐寺飞来峰来一次古刹寻宝，只有完成所有任务，他们才能够获得毕业旅行定制礼物。

从业11年来，那些走过的路和看过的风景都是邹晓娜做好旅游定制师工作的底气。她说，定制游并不“贵”，“就像这个高中毕业生团，人均消费不过700元。我们只是把形式变了一下，借助传统资源玩出了新花样”。不过，邹晓娜也坦言，不是游客的所有需求旅游定制师都能满足，这时候就需要旅游定制师拿着“B计划”和游客解释沟通。

在探求中前进

在旅游定制师眼中，旅行社应该如何更好地抓住市场契机呢？

“旅行社应该更加重视信息对称，让游客了解企业在定制游方面的优势以及在新冠肺炎疫情防控常态化下的保障措施和应急处理能力。通过多渠道沟通，触达游客的兴趣点。”李琦说。

“旅行社要产品、人才两手抓。”邹晓娜认为，旅行社应该在传统项目中找到可以深耕后升级成为定制游产品的内容，再对食、住、行、游、购、娱等资源进行优化重组，最后在积累的客户群体中寻找可以转化为定制游的客群，进行精准推荐。

储红琳表示，旅行社唯有做好专、精、深，才能更好地抓住定制游市场。一个合格的定制游团队必须包含客户专属顾问、资深旅游定制师、随团质监专家和旅游产品研发专家，四者缺一不可。另外，旅行社还应重点考虑以下问题：如何保证有充足、专业的旅游定制师提供服务？怎样做到满足用户需求，建立有效的盈利模型，充分利用新媒体拓宽获客渠道？

如今，也有不少游客抱怨，找旅游定制师如同开“盲盒”，如果遇到不合心意的旅游定制师，整个旅程都不美好了，这也反映了目前定制游市场存在的问题。采访中，有从业者表示，多重人才的优化、利润空间的拓展、竞争优势的发挥都是旅行社需要突破的内容。

邹晓娜在分享她的经历时说，开始做定制游时，团队中只有两个人，每个人都是“大拿”。不到两年时间，团队发展到了30个人，大家各司其职，依然忙得不可开交。这样的变化表明，定制游市场正在向专业化、规模化、精细化的方向发展。

“在疫情防控常态化下，小而美的定制游出现了。”李琦判断，未来，学生定制游市场有较大提升空间。

储红琳认为，未来定制游市场会逐渐分化。大的旅游平台可以发挥流量与系统优势，聚焦产品的标准化和丰富度；中、小平台可以在专、精、深方面下功夫。无论如何，定制游市场拼的还是高质量。唯有让游客“安全、省心”，才能持续加码自身优势。

资料来源　王玮.从“百团一面”到独家打造 旅游定制师拼出广阔市场［N］. 中国旅游报，2021-12-02（5）.

思政目标：

围绕“从‘百团一面’到独家打造　旅游定制师拼出广阔市场”开展研讨，拓展学生对定制旅游的认知，培养学生的爱岗敬业精神，提高质量意识。

研讨要求：

请结合以上资讯，从爱岗敬业、质量意识的角度谈一谈定制游的市场价值，以及如何理解“从‘百团一面’到独家打造　旅游定制师拼出广阔市场”。

1.以小组为单位组织交流、研讨。

2.每个小组推荐1名成员做主题发言，各组围绕“从‘百团一面’到独家打造　旅游定制师拼出广阔市场”分享看法与体会。

3.从小组互评与教师评价两个方面进行评分，见表2-6。

表2-6　“从‘百团一面’到独家打造　旅游定制师拼出广阔市场”训练项目评价表

项目主题（分值）	评价指标（分值）	标　准	小组互评（20%）	教师评价（80%）	综合得分（100%）
从“百团一面”到独家打造　旅游定制师拼出广阔市场（100分）	课堂研讨表现（40分）	小组研讨组织得当，全员参与，研讨运用定制旅游相关的知识、方法、资讯等准确			
	主题阐述（60分）	阐述的内容丰富、效果良好，观点新颖、独特，能从爱岗敬业、质量意识的角度阐述定制游的市场价值			

4.教师与学生依据综合得分情况，确定最优陈述小组。

任务3　旅游市场营销人员的素质要求

在线课堂2-4

旅游市场营销人员的素质要求

任务目标

知识目标：了解旅游市场营销人员的定义，以及旅游人员推销的特点。

能力目标：掌握旅游市场营销人员应具备的基本素质。

素养目标：培养诚实守信、爱岗敬业的职业素养。

任务导入

三个业务员找市场

一家知名制鞋公司要开拓国外市场，公司派了一个业务员去非洲一个岛国，让他了解一下能否将本公司的鞋卖给他们。这个业务员到非洲后待了一天，发回一封电报："这里的人不穿鞋，没有市场。我即刻返回。"公司又派出了一个业务员，第二个业务员在非洲待了一个星期，发回一封电报："这里的人不穿鞋，鞋的市场很大，我准备把本公司生产的鞋卖给他们。"公司总裁得到两种不同的结果后，为了了解到更真实的情况，于是派去了第三个业务员。第三个业务员到非洲后待了三个星期，发回一封电报："这里的人不穿鞋，原因是他们脚上有脚疾。他们也想穿鞋，过去不需要我们公司生产的鞋，是因为我们公司生产的鞋太窄。我们必须生产宽鞋，才能符合他们对鞋的需求。这里的部落首领不让我们做买卖，除非我们借助政府的力量。我们打开这个市场需要投入大约1.5万美元，我们每年能卖大约2万双鞋，在这里卖鞋可以赚钱，投资收益率约为15%。"

问题：

1. 市场营销活动要求市场营销人员具备什么素质？
2. 分析三个业务员对市场的职业敏感性。

理论知识

一、旅游市场营销人员的定义

旅游市场营销人员，即旅游推销人员，是指通过对旅游市场的调查、分析和预测，对旅游产品进行设计、包装和定价，推广和销售旅游产品，或提供旅游服务的人员。荷兰海尼根啤酒公司董事长弗特利·海尼根说过："没有脚酸过的人不会知道何谓销售。"从这个意义上来讲，旅游市场营销也是一种"吃苦"的工作，对于那些不能理解旅游市场营销或者不愿意"吃苦"的人来说，要做好旅游市场营销工作是不可能的。

二、旅游人员推销的含义

旅游人员推销，又称旅游人员销售，是指由旅游企业派出市场营销人员直接与顾客接触，传递旅游产品信息，以促成购买行为的活动。旅游企业往往会通过派出市场营销人员或委托市场营销人员，亲自向顾客介绍、宣传旅游产品，以促进旅游产品的销售。其方式可以是面对面交谈，也可以通过电话、信函交流。旅游市场营销人员除了要完成一定的销售量以外，还必须及时发现顾客的需求，并开拓新市场。

三、旅游人员推销的特点

（一）灵活性

在推销过程中，买卖双方当面洽谈，易于形成一种直接且友好的关系。通过交谈和观察，旅游市场营销人员可以掌握顾客的购买动机，有针对性地从某个侧面介绍商品的特点和功能，从而抓住有利时机，促成交易；可以根据顾客的态度和特点，有针对性地采取必要的协调行动，满足顾客的需要；还可以及时发现问题，消除顾客疑虑，使之产生信任感。

（二）选择性和针对性

旅游市场营销人员在开展推销业务之前，一般先要对旅游消费者进行调查研究，选好推销对象后，再有针对性地进行推销活动。针对性强不仅可以获得更好的销售效果，而且可以节省人力、物力和财力。

（三）直接性

旅游市场营销人员在与旅游中间商和旅游消费者直接接触的过程中，可以通过自己的语言、形象，利用特有的宣传材料，直接向顾客解说、展示，并立即回答顾客提出的有关产品的各种问题。

（四）具有公共关系的作用

为了实现销售目标，一个有经验的旅游市场营销人员可以使买卖双方从单纯的买卖关系发展为建立深厚的友谊，彼此信任、彼此谅解，这种感情的增进有助于推销工作的开展。因此，旅游市场营销人员推销的过程，实际上也是旅游企业公共关系活动的一个组成部分。

四、旅游市场营销人员的基本素质

（一）良好的旅游职业道德

我国素有“礼仪之邦”的美誉，约定俗成的礼仪规范是社会公德的重要内容。旅游市场营销活动是一项塑造形象、建立声誉的崇高事业，因此旅游市场营销人员应具有良好的旅游职业道德，遵守旅游职业道德规范。旅游职业道德规范是指旅游市场营销人员在职业活动中必须遵循的行为准则，也是人们评价和判断旅游市场营销人员职业道德水平的标准。它要求旅游市场营销人员必须具有优秀的道德品质、诚实严谨和恪尽职守的态度、廉洁奉公和公道正派的作风。旅游市场营销人员在代表旅游企业进行社会交往和协调关系时应做到不谋私利、不徇私情、为人正直、处事公道、尽心尽责、恪尽职守，能够充分履行自己的社会责任、经济责任和道德责任。

（二）渊博的旅游文化知识

旅游市场营销人员应以游客的消费需求为出发点，不仅重视游客购买旅游产品前的营销工作，而且重视游客归来后的调研反馈工作，主张从满足市场需求中获取长期利润，以适应买方市场条件下的市场营销活动。

因此，旅游市场营销人员必须以渊博的旅游文化知识作为后盾。其中，掌握一般文化知识是基本条件，包括历史、地理、外语、数学、自然、政治、哲学、法律等知识；精通旅游专业知识是必备条件，包括旅游商品学、旅游服务心理学、旅游市场营销学、管理学、公共关系等知识；同时要有广泛的兴趣和爱好，包括体育、音乐、美术等，这样才能与客户有更多的共同语言。

（三）良好的旅游服务心理素质

心理素质渗透在人们的各种活动中，影响着人们的行为方式和活动质量。因此，旅游市场营销人员应具备良好的旅游服务心理素质。良好的旅游服务心理素质不仅可以激发旅游市场营销人员开拓进取的精神，使旅游市场营销人员在奔波劳累之中收获到快乐，以持久的热情从事营销活动，更是旅游市场营销工作成功的内在力量。

（四）较强的公关能力

旅游市场营销人员应具备的公关能力主要包括：推销能力、观察能力、记忆能力、思维能力、交际能力、应变能力、反馈能力和自学能力。其中，推销能力最重要。旅游市场营销人员的推销能力应从以下几个方面培养：

1.自信

旅游市场营销人员必须对自己推销的旅游产品、旅游企业充满信心，这样才能获得游客的信任，游客才会听你的。

2.助人

所谓助人，是指愿意不计一切地去帮助他人。旅游市场营销人员的主要职责就是帮助游客选择他们所需的旅游产品，此时，旅游市场营销人员若能站在游客的立场帮助游客选购的话，就一定能够成为受欢迎的营销人员。

3.热诚

热诚能使游客赞同你的意见，为你的产品做义务宣传员，甚至成为你的义务推销员。热诚能够引起游客的共鸣，进而使游客对你的话深信不疑。赞美游客是旅游市场营销人员表现热诚的主要方法，但赞美要恰到好处，掌握好分寸，把握住时机。

4.友善

对人友善，必获回报。表示友善的最好方法就是微笑。只要旅游市场营销人员能够养成逢人就展露亲切笑容的好习惯，必然能够广得人缘，工作进展顺利。友善就是真诚的微笑、开朗的心胸，加上亲切的态度。

5.随机应变

旅游市场营销人员在工作中会遇到各种各样的人和事，如果拘泥于一般的原则而不会变通，往往会导致推销失败。因此，旅游市场营销人员一定要有随机应变的能力。

案例窗 2-3　　送礼人不怪？

国内某家旅行社有一次在接待意大利游客时，准备送给每人一件小礼品。于是，该旅行社的销售部特别购进了一批纯丝手帕。这批手帕是杭州制作的，名厂名产，每个手帕上都绣着花草图案，十分美观大方。手帕装在特制的纸盒内，盒上又有旅行社社徽，是一件很像样的小礼品。中国丝织品闻名于世，旅行社认为手帕肯定会受到意大利游客的喜欢。旅游接待人员带着盒装的纯丝手帕，到机场迎接来自意大利的游客。在车上，旅游接待人员代表旅行社向意大利游客赠送了礼品：每位游客两盒包装甚好的手帕。

没想到车上一片哗然，游客议论纷纷，显出了很不高兴的样子。一位夫人甚至大声叫喊，不仅极为气愤，还有些伤感。旅游接待人员心慌了，好心好意送游客礼物，不但得不到感谢，还出现了这般景象。中国人总以为送礼人不怪，这些外国人为什么怪起来了？

案例分析：在意大利和西方其他一些国家有这样的习俗：亲朋好友相聚一段时间告别时才送手帕，意思是“擦掉惜别的眼泪”。在本案例中，意大利游客兴冲冲地刚刚踏上盼望已久的中国大地，准备开始愉快的旅行，旅行社就让游客“擦掉惜别的眼泪”，游客当然不高兴，肯定要议论纷纷。那位夫人大声叫喊又气愤，是因为她得到的手帕上面还绣着菊花图案。在意大利，菊花有祭奠亡灵的意思，人家怎能不愤怒呢？因此，在旅游接待与交际场合，旅游市场营销人员及导游人员应了解并尊重外国人的风俗习惯，这样做既表示了对游客的尊重，也不失礼节。

（五）良好的职业气质

气质在一个人行为和活动中的表现，与人的身心健康有着密切的联系。如果一个人在工作中表现得紧张而有序，生活中严于律己、宽以待人、遵守公共秩序，则有利于提高个人的气质。“胆大而不急躁，迅速而不轻佻，爱动而不粗浮，服从上司而不阿谀奉承，身居职守而不刚愎自用，胜而不骄，喜功而不自炫，自重而不自傲，豪爽而不欺人，刚强而不迂腐”，这应该成为旅游市场营销人员共同的信条。旅游市场营销人员应注重个人卫生，同时按照T（时间）P（地点）O（场合）原则着装，以保持良好的仪容仪表，提高气质。旅游市场营销人员仪容仪表规范见表2-7。

表2-7　旅游市场营销人员仪容仪表规范

性别	仪容规范	仪表规范
男性	身体：无异味，可适当选购好点的男士香水，但切忌香气过于浓烈 头发：梳理整齐，不要挡住额头，更不要有头皮屑 眼睛：不能有眼屎、黑眼圈 嘴：不要有烟气、异味、口臭，保持口气清新 胡子：胡须必须刮干净，最好不留胡子 手：不留长指甲，指甲中无污泥	西装：深色，最好为深蓝色，保持清洁并熨烫平整 衬衣：白色，注重领子、袖口的清洁并熨烫平整 领带：以中性色彩为主，不要太花哨或太暗 长裤：选用与上衣的色彩、质地相衬的面料，裤长以盖住鞋面为佳 便装：中性色彩，干净整齐，无油污 鞋子：最好为黑色系带式皮鞋，保持鞋面光亮和鞋边干净 袜子：最好为黑色短袜

续表

性别	仪容规范	仪表规范
女性	身体：无异味，可选择味道较淡的香水 头发：整洁，无头皮屑 眼睛：不应有渗出的眼线液、睫毛膏，无黑眼圈 嘴：建议涂口红，并保持口气清新	服装：西装套裙或套装，以中性色彩为好。不可穿着过于男性化或过于性感的服装，款式以简洁大方为佳 鞋子：黑色高跟淑女鞋，保持鞋面光亮和鞋边干净 袜子：高筒连裤丝袜，颜色以肉色为好 首饰：佩戴首饰最好不要超过3件，不可太过醒目和珠光宝气

实践训练

商店打烊时

背景资料：

某店主刚关上店里的灯，一个男子来到店堂并索要钱款。店主打开收银机，收银机内的东西被倒了出来。那个男子逃走了，一位警察很快接到报案。

实训内容：

以个人为单位，读故事，做选择。

实训目标：

1.培养学生对环境的判断能力。

2.培养学生获取市场信息的能力。

3.掌握市场营销人员应具备的逻辑推理能力。

实训组织：

认真研读资料并进行综合分析，从选项中选择正确的答案。

实训记录：

仔细阅读下面的问题，结合上述故事情节，在“正确”、“错误”或“不知道”中做出选择，注意不要受他人的影响。

问题	正确	错误	不知道
1.店主将店堂内的灯关掉后，一男子到达			
2.抢劫者是一个男子			
3.来的那个男子没有索要钱款			
4.打开收银机的那个男子是店主			
5.店主倒出收银机中的东西后逃离			
6.故事中提到了收银机，但没说里面具体有多少钱			
7.抢劫者向店主索要钱款			
8.索要钱款的男子倒出收银机中的东西后，急忙离开			
9.抢劫者打开了收银机			
10.店堂的灯关掉后，一个男子进来了			
11.抢劫者没有把钱带走			

12.故事涉及三个人物：店主、一个索要钱款的男子，以及一个警察

效果评价：

1.以个人为单位进行研讨，得出答案。

2.教师随机抽取学生的答案，并将其成绩计入个人平时成绩，见表2-8。

表2-8 “商店打烊时”训练项目评价表

项目主题（分值）	项目要求	得分
商店打烊时（100分）	项目共有12道题，全部回答正确得100分； 回答正确10道或11道题得90分； 回答正确8道或9道题得80分； 回答正确6道或7道题得70分； 回答正确4道或5道题得60分； 回答正确4道题以下不及格	

思政探索

海南："旅游信用样板"引领消费环境升级

背景资料：

礼貌周到的温馨问候，透明公开的消费流程，干净整洁的旅游环境，制度森严的安全保障……在海南传统的旅游旺季，为了让游客乘兴而来、满意而归，海南着力加强诚信旅游建设，树立海南旅游的良好形象。

2021年，海南省旅游和文化广电体育厅公布了一批旅游信用示范单位名单，包含旅游景区、旅游小镇和旅游街区等。入选的“旅游信用样板”在诚信组织、诚信保障、诚信经营、诚信服务等方面有很多值得推广的做法，起到了示范带动作用。

争创标杆　蔚然成风

在旅游信用单位评选过程中，各参评单位通过制订详细的工作方案、开展诚信主题的宣传活动、发布诚信经营承诺书、明码标价所有商品等一系列举措，共促行业规范，力铸品质服务，杜绝“模糊标价”“质价不符”“暗箱操作”等消费陷阱，提升游客出游体验，诚信经营蔚然成风。

海南槟榔谷黎苗文化旅游区的惠农街是一处网红打卡地，街上的136个摊位均由保亭黎族苗族自治县三道镇甘什上村、甘什下村的村民经营，这里售卖的旅游商品以水果、烧烤等特色小吃和手工艺品为主，因物美价廉而受到游客的喜爱。

海南槟榔谷黎苗文化旅游区相关负责人介绍，景区内所有商品均明码标价，经营中一律使用经市场监管部门检定合格的计量器具，杜绝缺斤短两和现金回扣行为。景区每天组织专人对各商家的诚信经营状况进行排查，包括商品售价是否合规，食品是否在保质期内，景区及商户有无强买强卖、尾随兜售和拉客宰客等行为，严格确保商品质量，保障游客合法权益。

“合作商家对商品进行价格调整时必须事先申请，哪怕涨价1分钱也要经过董事会开会决议；同时，合作商户如果达不到标准，将被责令停业整顿。”海南分界洲岛旅游区副总经理彭雄康表示，景区严格把控旅游商品价格，所有商品、旅游项目在节假日均不得涨价。特别是景区酒店客房，在各大节假日期间必须按照平常门市价格销售，受到游客一致好评。“很多人以为我们不涨价会亏钱，但实际上自从实施这一规定后，景区客房入住率高于其他酒店平均入住率30%。”彭雄康说。

立足标准　注重品质

标准化是诚信体系建设的重要内容之一。海南旅游业界在争创信用标杆的过程中，立足标准、注重品质。多家景区景点结合自身资源优势，按照吃、住、行、游、购、娱六要素对旅游服务进行标准化规范，并落实到每个细节中，打造有温度、有文化、有品质的旅游品牌，为游客提供超预期的旅游体验。

三亚蜈支洲岛旅游区销售总监黄维东介绍，潜水体验是蜈支洲岛的主打项目，从潜水用具消毒到相关设备检查，从教练资质到课程安排，从游客潜水前的安全培训到潜水后上岸姜茶糕点的准备……各环节都有相关负责人打卡确认。该景区推出的“五员”服务（即人人都是安全员、清洁员、服务员、推销员和演员）也获得了广大游客的点赞。

“这是可可，我们平时吃的巧克力的原料。可可含量越高，巧克力品质越好。”在万宁市兴隆热带植物园内，该园总经理魏来热情地向游客介绍园区里植物的各种知识。作为海南老牌景区，兴隆热带植物园通过将科研、科普与旅游相结合，实现转型发展。

“我们会按照不同游客群体的不同需求有针对性地提供讲解服务。例如，针对小朋友，从趣味性入手；针对大学生，从节庆、文化等故事展开；针对中老年人，从健康角度切入。”魏来介绍，园区为游客提供的讲解内容均以科学文献为支撑，严格杜绝虚假、夸大等宣传行为。此外，从售票员的服务态度到驾驶员的行车规范等，园区要求凡事皆有章可循，严格执行标准化流程，完善人性化服务。

以点带面　创新监管

本次海南旅游信用示范单位的评选是对《海南省建设国际旅游消费中心的实施方案》中提出的“创新旅游信用应用场景，打造旅游信用示范景区、小镇、街区”要求的贯彻落实。评选活动以政府引导、协会组织、企业参与、社会监督、群众受益为原则，引起了业界的广泛关注。

海南省旅游和文化广电体育厅相关负责人表示，培育一批诚实守信、文明经营、管理规范的旅游信用示范单位，把诚信示范单位打造成为政府的“文明工程”、商家的“诚信工程”、消费者的“放心工程”，其目的在于发挥示范单位“以点带面”的示范引领作用，确保城市消费环境和市场经营秩序的和谐、健康、有序，创新信用监管方式，全面提升海南旅游产业发展水平，进一步推动海南自由贸易港的建设。

“推动开展旅游信用示范景区、小镇和街区等测评工作是海南建立品质旅游消费保障体系的重要一步，也是对海南打造国际旅游消费中心，拓展旅游消费空间、提高旅游消费服务质量及提升旅游国际化水平的一次全面检验。”海南产业经济研究院旅游产业研究中心主任刘刚表示，参评单位均把旅游信用示范创建作为提升旅游环境质量和服务质量、优化景观质量、提高游客满意度的重要抓手和综合载体，通过参与评选，海南旅游企业在旅游诚信组织、保障、经营、服务及信用制度体系建设等方面均得到了显著提升。

资料来源 林雯晶.海南："旅游信用样板"引领消费环境升级［N］. 中国旅游报，2021-01-29（2）.

思政目标：

围绕"海南：'旅游信用样板'引领消费环境升级"开展研讨，培养学生诚实守信、爱岗敬业的职业素养。

研讨要求：

请结合以上资讯，从诚实守信、爱岗敬业的角度谈一谈海南"旅游信用样板"是如何引领消费环境升级的。

1.以小组为单位组织交流、研讨。

2.每个小组推荐1名成员做主题发言，各组围绕"海南：'旅游信用样板'引领消费环境升级"分享看法与体会。

3.从小组互评与教师评价两个方面进行评分，见表2-9。

表2-9 "海南：'旅游信用样板'引领消费环境升级"训练项目评价表

项目主题（分值）	评价指标（分值）	标　准	小组互评（20%）	教师评价（80%）	综合得分（100%）
海南："旅游信用样板"引领消费环境升级（100分）	课堂研讨表现（40分）	小组研讨组织得当，全员参与，研讨运用相关知识、方法、资讯等准确			
	主题阐述（60分）	阐述的内容丰富、效果良好，观点新颖、独特，能从诚实守信、爱岗敬业的角度发表对海南"旅游信用样板"的看法			

4.教师与学生依据综合得分情况，确定最优陈述小组。

在线课堂2-5

客户拜访与电话销售的技巧与流程

任务4 客户拜访与电话销售的技巧与流程

任务目标

知识目标：了解客户拜访与电话销售的技巧。

能力目标：掌握客户拜访与电话销售的流程。

素养目标：培养爱岗敬业、守正创新的职业素养。

◎ 任务导入

客户的开发和维护之道

目前，对国内中小旅行社来说，人脉销售是一种主要的销售方法。许多旅行社靠的不是传统意义上的“策划—宣传—销售”模式，而是“客户有需求—上门洽谈和竞争—成交”模式，直接表现在业务上就是单位包团比例很大。其实，这是一种符合旅游作为无形产品的特性的销售方式。人，或者说销售员的意义非常重大。很多客户说，我的团给他们做，不是看上了他们的产品（其实大家的产品都差不多），不是看上了他们的价格（这个市场已经没有人敢报高价了），也不是看上了他们的牌子（说实话，旅游强势品牌不多），而是看上了他们派来谈团的人。例如，某单位要组织员工去旅游，组织者马上会想：我有没有朋友在做旅游？我有没有认识的人在做旅游？我的朋友有没有认识谁在做旅游？这是第一反应。如果都没有，那么组织者会翻出报纸，看看谁在做旅游广告，或者桌上有哪家旅行社的资料，这是第二反应。如果还是没有，那么想想本地哪家旅行社的名气大一点儿，拨打电话或用网络查询旅行社的电话。

这个流程让我们一下子明白，一定要成为客户第一反应的内容。也就是说，我们必须要么是客户的朋友，要么是客户朋友的朋友。总之，要让客户认识我们。这一点比让客户认识我们这个品牌更重要，因为客户认识我们这个品牌属于第三反应。在销售界有一句话很有名：“问题不是我认识多少人，而是多少人认识我。”这样，旅行社对客户的开发过程就很明了了：认识你，然后要你记住我；那么，当你需要的时候，你就会想起我；当你想起我的时候，就是我的销售机会了。

资料来源　陈泳佳. 认识你，记住我——旅行社客户的开发和维护之道[EB/OL].[2009-02-27]. https://www.globrand.com/2009/167545.shtml.

问题：

如何理解“问题不是我认识多少人，而是多少人认识我”这句话的内涵？

理论知识

一、客户拜访的技巧

客户拜访是最日常的旅游销售工作：市场调研需要拜访客户、旅游新线路推广需要拜访客户、销售促进需要拜访客户、客情维护还需要拜访客户……没有拜访就没有销售，但这并不等于拜访客户就一定能实现销售。那么，销售人员应如何做有效的客户拜访呢？每个客户的时间都很有限，在有限的时间内，销售人员应做好哪些工作，才有助于业绩提升呢？一些销售人员每次拜访客户都是三句话：我们是做什么的；我们做了多少；我们能够为你做好什么。这些无助于销售业绩的提升，销售人员必须掌握一些客户拜访的技巧。

二、客户拜访的基本流程

（一）准备

没有准备就是准备失败。销售人员在拜访客户之前必须准备充分，从而为拜访工作奠定良好的基础。

1.了解资源

了解本企业的旅游产品和促销方案，尤其是在企业推出新的旅游产品和促销方案时。当企业推出新的旅游产品时，销售人员要了解新产品的特点、卖点是什么。不了解新产品，就无法用新产品去吸引客户，也就无法向客户推销新产品。客户拜访任务见表2-10。

在线课堂2-6

倾听的内涵与技巧

表2-10 客户拜访任务一览表

任务名称	任务内容	核心任务
企业	对本企业的事情如数家珍，增强客户的信任感	了解客户动态
产品	介绍旅游产品是拜访客户的主要任务	介绍旅游产品
维护	处理好运作中的问题，解决企业与客户之间的矛盾，理顺企业与客户之间的关系，确保关系稳定	维护客户关系
客情	在客户心中树立本企业的品牌形象，这有助于赢得客户对你工作的配合和支持	树立品牌形象
收集信息	随时了解客户的旅游需求情况，进行交流与反馈	收集旅游需求信息
指导客户	给客户出主意的人容易赢得客户的尊敬	指导客户理解旅游产品

2.有明确的目标和计划

销售人员每次拜访客户时都要明白，拜访客户的目标是什么，以及如何做才能实现目标。拜访客户的目标可以分为销售目标和行政目标两种。销售目标包括增加服务内容、推荐现有产品等；行政目标包括收回账款、处理投诉、传达政策、建立客情等。目标明确以后，就要制订计划，然后按照计划去做。

3.整理好个人形象

销售人员应通过良好的个人形象向客户展示品牌形象和企业形象，因此整理好个人形象很重要。

4.带全必备工具

推销工具犹如侠士之剑，因此凡是能促进销售的工具都要带上。调查表明，销售人员在拜访客户时，利用工具可以降低50%的劳动成本，提高10%的工作效率，提高100%的服务质量！这些工具包括：旅游产品说明书、企业宣传资料；名片；计算器；笔记本、钢笔；价格表；宣传品；样品；订货单；抹布等。

（二）行动反省

销售人员应对自己上次拜访客户的情况做一个反省、检讨，发现不足之处应及时改进。此外，销售人员应检查对客户的承诺是否兑现了，避免“乱许诺，不兑现”。老子曰：“轻诺必寡信。”因此，做到“慎许诺，多落实”非常重要。销售人员还应做好销售路线规划工作，合理利用时间，提高拜访效率。

（三）进行价格比较，做好需求分析

价格是旅游企业运作的核心，价格混乱必定导致市场混乱。因此，销售人员首先要了解市场价格，其次要了解客户的需求情况，这也是销售人员的基本职责。

具体来说，关于价格，销售人员要了解以下三个方面的情况：

第一，不同客户价格的比较。

第二，不同时期价格的比较。

第三，不同旅游企业价格的比较。

（四）上门拜访，收集信息

旅游企业的客户是不断调整变化的，销售人员应通过上门拜访，了解客户的最新信息及竞争对手的信息等，以便当客户调整购买需求时，销售人员能够及时应对。经常与客户交流，能够拉近销售人员与客户之间的关系。实践表明，再大的问题也能通过良好的面对面交流得到圆满解决。旅游企业与客户之间的很多矛盾都是沟通不畅造成的。

（五）客户指导

销售人员在拜访客户时，应帮助客户分析旅游产品的情况，提出适合客户的解决方案，这是一种双赢的做法。请客户吃百顿饭，不如为客户做一件实事。客户在遇到问题时能找到销售人员，销售人员能帮助客户解决问题，这样的销售人员才会赢得客户的尊重。

（六）核对客户账目

销售人员不仅要提高销售的数量，而且要提高销售的含金量。在客户确定购买旅游产品后，销售人员应该努力降低收款风险，催收客户应付而未付的款项，这是提高销售含金量的重要方法。

（七）售后服务及客户关系维护

销售人员应了解企业为客户提供服务的情况，如企业是否按照承诺的时间、内容完成服务；如果服务未完成，补救措施是什么等。正确处理客户投诉，是销售人员的基本功之一。正确处理客户投诉=提高客户满意度=丰厚的利润。

案例窗 2-4　　**FAB 法则**

一只猫饿了，想大吃一顿。这时销售员推过来一摞钱，但是这只猫没有任何反应（如图 2-7 所示），这一摞钱只是一个属性（feature）。

图 2-7　猫对钱的反应 1

猫躺在地上，更饿了。销售员过来说："猫先生，我这儿有一摞钱，可以买很多鱼。"买鱼就是这些钱的作用（advantage），但是猫仍然没有反应（如图2-8所示）。

图2-8 猫对钱的反应2

猫快饿疯了，销售员过来说："猫先生请看，我这儿有一摞钱，能买很多鱼，买了鱼你就可以大吃一顿了。"话刚说完，这只猫就飞快地扑向了这摞钱（如图2-9所示），这是钱给猫带来的益处（benefit）。这个时候就形成了一个完整的FAB链。

图2-9 猫对钱的反应3

资料来源 佚名. FAB法则［EB/OL］.［2021-01-25］. https://baike.baidu.com/item/FAB%E6%B3%95%E5%88%99/5070591.

案例分析：上面三张图很好地阐释了FAB法则：销售员在推荐产品的时候，只有按照FAB的顺序介绍，才能有效打动客户。

F：属性（feature）。属性其实和以前学过的卖点一样，指的是产品的新颖、独特、唯一等特点。新上市、新款式、新功能、新设计等都是产品的属性。

A：作用（advantage）。作用就是产品的用处。

B：益处（benefit）。益处就是产品能够给客户带来的利益。在推销的时候，只有让客户觉得你的产品满足了他的需求，客户才会愿意购买你的产品。

三、电话销售的技巧

电话作为最直接快捷的沟通工具，已经成为人们生活中的必备品，电话销售也很快发展起来。虽然电话为旅游销售人员节省了大量的时间，但是电话销售的技巧也是最难掌握的，因为电话那边的客户可以毫不留情地拒绝你，这就需要销售人员做大量的有关电话销售技巧的功课。

实践证明，电话销售的开场白是电话销售过程中最关键的一个环节。然而，要做好电话销售的开场白，必须做好以下两个方面的工作：一方面，要了解客户的详细情况，对手中掌握的一切资料进行分析。销售人员对客户的情况了解得越多，电话销售的开场白就越有力度。另一方面，要用态度来感染客户。众所周知，电话销售的失败率比面对面洽谈要高得多，客户只需要轻轻放下电话，就可以把销售人员拒之门外。因此，在开场白的短短30秒钟，销售人员必须用自己的态度来打动客户，让客户不忍心放下电话。也许有人会说："在电话里，客户根本看不见我，我如何用态度来打动客户呢？"有句话叫"相由心生"，其实声音也可以。很多时候，销售人员的态度、表情都可以通过电话中的声音表露出来，敏感的人甚至能听出来销售人员是正襟危坐地打电话，还是懒洋洋地躺在床上打电话。所以在电话销售的开场白中，销售人员必须有积极的态度、必胜的信心，这样才能将这种态度和信心通过电话传递给客户，从而留住客户。

四、电话销售的基本流程

（一）及时准确地自报家门

大家都有过这样的经历，在拿起电话时，如果对方一声不吭，自己马上就会产生极大的反感。因此，当客户一接听电话的时候，销售人员应该立即自报家门，即使和客户非常熟悉，也应遵循这一工作程序。这能体现销售人员的职业素养，销售人员这样尊重客户，客户也会尊重销售人员。

（二）问候或寒暄要适度

问候或寒暄能够避免很多尴尬，营造良好的气氛，不会让客户感觉销售人员只是想卖产品赚钱。同时，问候或寒暄也要适度，应适时转入正题，问候或寒暄过度会让客户感到厌烦。

（三）不当电话应适度道歉

在电话销售中，销售人员应该尽量在对方方便的时候打电话；如果电话打得不是时候，则应该说明理由并表示歉意。例如，在午饭时间给客户打电话，销售人员要向客户表示抱歉，并说明有急事，因此这个电话不得不打。

（四）说话速度不宜太快

一般人在讲电话时，说话的速度会比面对面交谈时快很多，可能是想快速把情况向对方说明。但是，如果客户不是你的熟人，并不熟悉你的语调，那么你说话的速度太快，会使客户听不清楚你所讲的内容，也容易给客户留下强迫接受你的观点的感觉。因此，销售人员必须掌握好语速，这样才能和客户有更好的交流。

（五）通话结束应礼貌告别

拨打电话的第一句话和最后一句话都非常重要，我们可以将它们形象地比喻成第一印象和最后印象。所以，在结束通话的时候，销售人员一定要用"感谢您在百忙中接听我的电话"或"打扰您了"等礼貌用语表示感谢，以增加客户的好感，便于再次访问。还有一点很重要，通话结束时，销售人员不要先挂电话，一定要让客户先挂电话，这是尊重对方的基本表现。

此外，销售人员在电话销售过程中还要注意调整心态，能够承担客户的拒绝。“销售始于拒绝”，这句话最适合形容电话销售。对于客户的拒绝，销售人员要像太极高手那样，有“推”有“还”，化解客户的拒绝，争取说下去的机会。即使客户拒绝的语气很不好，也要面带笑容地听下去。

被客户拒绝后，销售人员还应分析被客户拒绝的原因，是自己没有取得客户的信任，还是自己对产品的表述不到位；是自己的电话销售技巧有问题，还是没有及时抓住客户的需求点等。分析清楚原因，对销售人员提高电话销售技巧很有必要。

实践训练

旅游销售谈判过程模拟

实训内容：

老师准备若干个旅游线路主题供抽签使用。2个小组为一队，抽签选定旅游线路主题。2个小组互为销售人员和客户，进行有关客户拜访、产品推广的模拟训练。

实训目标：

1. 培养学生灵活应变的销售能力。
2. 培养学生进行客户拜访与电话销售的能力。
3. 掌握旅游市场营销人员应具备的基本素质。

实训组织：

1. 以3～4人为一个小组、2个小组为一队进行互动，模拟销售谈判。
2. 每个小组抽调1位同学与老师共同组成观察团，对实训过程进行评价。

实训记录：

1. 旅游线路主题是什么？

____

____

2. 产品谈判过程：

____

____

3. 产品推广亮点及难点：

____

____

效果评价：

1. 以小组为单位进行训练。

2. 每个小组抽调1位同学与老师一起组成观察团，对小组的谈判过程进行评价，具体评价指标见表2-11。

表 2–11　　“旅游销售谈判过程模拟”训练项目评价表

项目主题（分值）	项目要求	得分	评价等级
旅游销售谈判过程模拟（100分）	谈判物质准备、心理准备、礼仪准备、FAB法则的应用、异议处理技巧五个考核点，每个考核点20分，满分100分。 评价等级分为： 优秀（90分及以上）； 良好（80～90分，含80分）； 中等（70～80分，含70分）； 及格（60～70分，含60分）； 不及格（60分以下）		

思政探索

转型不转行　导游怎样在坚守中发展

背景资料：

2021年12月18日，新时代·新格局·新思考——对话“导游职业发展”公益论坛在山东诸城永辉乡间举办。与会的山东省内知名导游代表以及通过视频参加论坛的嘉宾们一起探讨疫情防控常态化下，导游如何转型不转行，怎样在坚守中发展。

挑战巨大

受新冠肺炎疫情影响，导游就业机会大量减少，在一定程度上影响了旅游职业院校学生的发展规划。这让山东旅游职业学院教授王煜琴忧心忡忡。

“本次公益论坛邀请到的都是热爱导游职业的省内以及国内知名导游。”王煜琴说，举办本次公益论坛，就是为了在导游行业发展的特殊时刻为导游们点亮一盏灯，探索可行路径，增强信心。

“即便没有疫情，导游职业本身也面临着很多挑战。一方面，进入移动互联网时代，游客获取信息越来越便利，旅游经验越来越丰富，个性化需求也随之增加；另一方面，目的地建设的创新性、数字化，业态的创意化、丰富性，加之异业融合发展等，使得旅游资源的类型变得更为纷繁复杂。”全国文化和旅游系统劳动模范、全国导游技术技能大师张晓国认为，旅游消费主体和客体的多样化给导游职业提出了更高的要求。

2021年，国家金牌导游张娟在泰山直播了很多场。听闻山东一家5A级旅游景区的团队与散客比例由原来的8∶2变为2∶8的时候，她并不惊讶。“团队游客越来越少是毋庸置疑的，肯定会挤压一部分导游的生存空间。同时，一些有关导游讲解的小程序也会给导游带来一定的冲击。但是，游客仍然愿意为优质的讲解买单，这也是我们深耕下去的理由。”她认为，未来导游行业将出现两极分化，即一般性讲解和高端讲解。

泰安市导游协会会长谢方军认为，只有当导游成为旅游线路产品的主体时，导游职业才能有更好的发展前景。

转型发展

全国模范导游员孙树伟成功跨界，变身“民间厨神”，在提供导游服务的同时，还用游客喜闻乐见的方式推介青岛美食，并且屡次在全国烹饪大赛中获奖。“导游”和“厨神”的双重标签，让孙树伟的职业之路越走越宽。

张晓国从最初做导游到参与旅游目的地营销工作，乃至担任景区职业经理人，身上的标签越来越多。“疫情之后，旅游业将迎来一个跨界融合、高质量发展的时期。这就要求导游从原来单一的讲解服务转型为更全面的生活服务，不仅要做好基础的讲解和服务，做‘杂家’，而且要逐步成为某些方面的专家，在某些领域起到一定的引领作用，更要懂策划、会写作，不断提高‘讲’的内涵。”

张娟在某短视频平台上拥有100多万粉丝，被圈内人誉为“导游界最勤奋的蜜蜂”。从导游到“讲者”再到“网红主播”，张娟说，“这只是在疫情影响下个人身份的一种转型。转型不是转行，而是继续在导游这个行业，用不同的方式来展示导游应有的风采”。

因为热爱，来自临沂的网红导游任冰冰仍在坚守。一毕业就开始做导游，然后创办了一家旅行社，从事票务代理、组织自驾游……任冰冰的职业版图一点点壮大。但是，一夜间疫情让一切清零。不想放弃的她，开始在短视频平台上推介家乡，找准定位、确定风格后，涨粉20万，她从一名普通的旅游人转型为内容创作型网红达人。“下一步，我会尝试直播带货，在宣传家乡文化和旅游的同时，把家乡的好产品推销出去。”任冰冰说。

面向未来

相比“导游”一词，张娟称自己为“深耕文化领域的‘讲者’”。在她看来，讲者介于导游和老师之间，是导游中的专家。“随着科技的发展，一部分讲解功能会被智能设备所代替，但是智能设备永远替代不了充满温情、娓娓道来的‘高级讲者’，为‘高级讲者’买单的时代终将到来。”张娟说。

谢方军对此深有同感。他认为，优质的讲解会给导游带来优质的回报。2013年，谢方军就开始尝试研发专业线路，让导游成为旅游线路的主体。产品大卖之后，他又推出以导游为品牌的线路产品。

张晓国这样总结：“导游的本质是对生活、对生命、对世界的感悟，并把这种感悟传递出去。导游要形成自己独特的IP，而不只是知识的搬运工和传声筒。”

“导游服务要顺应时代变化。导游要勇敢尝试，不断挖掘自身价值，理好自己的发展路径。通过不懈耕耘，导游一定会迎来属于自己的高光时刻。”谢方军说。

资料来源　李强.转型不转行　导游怎样在坚守中发展［N］．中国旅游报，2022-01-13（7）．

思政目标：

围绕“转型不转行　导游怎样在坚守中发展”开展研讨，培养学生爱岗敬业、守正创新的职业素养。

研讨要求：

请结合以上资讯，从爱岗敬业、守正创新的角度谈一谈对“转型不转行　导游怎样在坚守中发展”的体会。

1.以小组为单位组织交流、研讨。

2.每个小组推荐1名成员做主题发言，各组围绕“转型不转行　导游怎样在坚守中发展”分享看法与体会。

3.从小组互评与教师评价两个方面进行评分，见表2-12。

表2-12　“转型不转行　导游怎样在坚守中发展”训练项目评价表

项目主题（分值）	评价指标（分值）	标　准	小组互评（20%）	教师评价（80%）	综合得分（100%）
转型不转行　导游怎样在坚守中发展（100分）	课堂研讨表现（40分）	小组研讨组织得当，全员参与，研讨运用导游职业相关的知识、方法、资讯等准确			
	主题阐述（60分）	阐述的内容丰富、效果良好，观点新颖、独特，能从爱岗敬业、守正创新的角度分享看法与体会			

4.教师与学生依据综合得分情况，确定最优陈述小组。

项目小结

旅游产品的构成要素主要包括旅游吸引物、旅游设施和旅游服务等。旅游产品的价值具有复合性，这不仅体现在旅游产品拥有的审美和愉悦的成分上，而且体现在旅游中间商的努力带来的追加价值及其自身的展现价值上。

边听边记2-1

项目小结

旅游市场营销人员，即旅游推销人员，是指通过对旅游市场的调查、分析和预测，对旅游产品进行设计、包装和定价，推广和销售旅游产品，或提供旅游服务的人员。旅游市场营销人员应具备良好的旅游职业道德、渊博的旅游文化知识、良好的旅游服务心理素质、较强的公关能力和良好的职业气质。

挑战自我

“元宇宙”如何赋能文旅产业数字化转型值得关注

虽然目前“元宇宙”还处在初级阶段和设想阶段，众多技术难题和基层设施建设尚待突破和完善，但“元宇宙”给文化和旅游产业带来的机遇和前景值得持续关注。

2021年以来，“元宇宙”概念再次出圈，火爆全球。包括微软、英伟达、苹果、腾讯、字节跳动、网易等在内的互联网巨头纷纷加入“元宇宙”赛道，抢占新一轮技术变革风口。有媒体将2021年称为“元宇宙”元年，并认为“元宇宙”将成为下一代互联网的“终极形态”。

在文化和旅游领域，张家界成为全国首家成立“元宇宙研究中心”的景区，积极探索“元宇宙”在数字化旅游中的应用。西安大唐不夜城景区也将打造全球首个基于唐朝历史文化背景的“元宇宙”项目——《大唐·开元》。

中信证券发布的《互联网行业元宇宙专题报告》认为，“元宇宙”应具备四大核

动画 2-2

区块链与旅游行业

心要素，即沉浸式体验、内容丰富性、社交性、经济体系。可以发现，“元宇宙”并不是单纯的某一项新兴技术，而是在5G、人工智能、虚拟现实、区块链、大数据等多种新兴技术的支持下，一个与物理世界分离但始终在线的平行数字世界，人们可以通过虚拟形象在“元宇宙”内生活，并拥有完整的经济和社会系统，获得无限与现实连通的真实体验。

“元宇宙”的特性和属性或将颠覆人们对传统文化和旅游的认知。随着“元宇宙”各项技术和基础设施的发展完善，线上与线下将被彻底贯通。届时，虚实相融、相互平行的数字世界将成为“人类第二空间”，人类的现实生活将开始大规模向这一空间迁移。

基于此，“文旅元宇宙”将突破传统旅游“时”与“空”的局限，获得更有沉浸感、科技感、补偿感的体验。例如，在“文旅元宇宙”构建的“第二空间”中，人们的旅行将不再考虑天气、场地、交通等因素的影响，足不出户便可以实现瞬间“位移”，同时也避免了人流拥挤和长途劳顿；一键便可以实现时光流转，穿越回古代长安城感受盛世大唐，领略不同时代的文化魅力。

“文旅元宇宙”给用户带来的“沉浸式体验”绝不是单纯停留在一些文字、图片和声光电等物理层面，也不是浏览网站视频或VR式的单机操作，它更是一种心理学和精神学的范畴。凭借新型数字基础设施搭建、重构甚至创造出来的“数字文旅空间”将更突出用户体验过程中的共情，能够让用户拥有高度的参与感和更加真实的社交体验。

此外，“元宇宙”的深度发展将重塑文旅产业的模式和形态。在“元宇宙”中，“人”仍然是最重要的主体。数字空间与物理空间的深度融合使人们得以换一种方式模拟、感知、体验现实世界，进而刺激文旅行业加快数字化转型，升级数字文旅生态链，形成“元宇宙+”的新型文旅产业形态。

“元宇宙”赋能下，景区、主题乐园将呈现虚实融合的沉浸式体验，演艺演出将带来动静融合的深度体验，文物古迹和自然环境的保护也将进一步加强。

虽然目前“元宇宙”还处在初级阶段和设想阶段，众多技术难题和基层设施建设尚待突破和完善，但“元宇宙”给文化和旅游产业带来的机遇和前景值得持续关注。

一方面，要警惕各地跟风“蹭热点”，警惕泡沫、跟风乱象、资本绑架、伦理风险等；另一方面，应加强对“元宇宙”的前瞻性研究，在提高整个社会有机配合的基础上，加以多维度规范。

资料来源 苏坤．“元宇宙”如何赋能文旅产业数字化转型值得关注［N］．中国旅游报，2021-12-16（3）．

问题：

1.从旅游产品销售特点的角度谈谈“元宇宙”如何赋能文旅产业数字化转型。

2.以小组为单位，调研所在城市“元宇宙”赋能文旅产业数字化转型的实例，并附上专题调查报告。

要求：问题1由个人独立完成；问题2以小组为单位进行研讨，并提供有针对性的调查报告。

拓展空间

旅游销售人员的十大基本素质：诚实正直（道德）、雄心壮志（目标管理）、满怀信心、持之以恒（坚持）、积极进取（不断学习）、有效管理（时间管理）、机智敏锐、影响他人、数理能力、正确思考。

利用课外时间，组织户外拓展训练项目，训练学生的目标管理、团队合作、时间管理等基本素质。

举例如下：

项目名称：“无敌风火轮”。

项目耗材：报纸、剪刀、胶带。

训练目的：培养学生的组织计划与协调能力；培养学生服从指挥、一丝不苟的工作态度；增强同学间的相互信任和理解。

训练方式：分组竞赛，用报纸拼接成“风火轮”，走完一段不容易的路程。

3 项目三 旅游市场营销环境分析

项目概述

随着市场经济的深入发展，我国正逐步从世界旅游大国向世界旅游强国迈进。旅游企业的市场经营活动具有强烈的社会性，其市场营销行为会受到内、外部可控与不可控因素的综合影响。也就是说，旅游市场营销是在一定的时空条件下开展的，这一时空条件就是旅游市场营销环境。旅游市场营销环境是旅游企业的生存空间，分析研究旅游市场营销环境，驾驭环境因素，充分利用环境机遇，化解环境威胁，制定适应环境变化的市场营销战略，是旅游企业市场营销活动的重要内容。未来旅游市场的竞争实质上是理念、文化及品牌的竞争，是忠诚顾客的竞争，旅游企业在旅游市场营销过程中必须充分做好宏观与微观环境分析，制订相应的长期战略计划，处理好市场短期效益与长远发展的关系，确立顾客服务理念，并将其视为形成竞争优势的核心理念。

交互式课件 3-1

旅游市场营销环境分析

动画 3-1

旅游市场营销环境分析

项目结构

- 旅游市场营销环境分析
  - 了解旅游市场营销环境
    - 任务目标
      - 知识目标
      - 能力目标
      - 素养目标
    - 任务导入
      - 举办冬奥会的旅游意蕴
    - 理论知识
      - 旅游市场营销环境的含义及构成
      - 旅游市场营销环境的特征
      - 旅游市场营销环境的SWOT分析
    - 实践训练
      - 海啸让旅游天堂瞬间失色
    - 思政探索
      - 智慧旅游需要“适老化模式”改造
  - 旅游市场营销宏观环境
    - 任务目标
      - 知识目标
      - 能力目标
      - 素养目标
    - 任务导入
      - 老年旅游市场空间巨大
    - 理论知识
      - 旅游市场营销宏观环境的概念
      - 旅游市场营销宏观环境的构成
    - 实践训练
      - 危机公关及事件营销
    - 思政探索
      - 北京市文化和旅游局为您推荐“2021网红打卡地”
  - 旅游市场营销微观环境
    - 任务目标
      - 知识目标
      - 能力目标
      - 素养目标
    - 任务导入
      - 肯德基的“神秘顾客”
    - 理论知识
      - 旅游市场营销微观环境的概念
      - 旅游市场营销微观环境的构成
    - 实践训练
      - 故宫实行限流措施
    - 思政探索
      - 故宫年票为何“一票难求”

任务1　了解旅游市场营销环境

在线课堂3-1

了解旅游市场营销环境

任务目标

知识目标：理解并掌握旅游市场营销环境的含义及构成；了解旅游企业内、外部环境对旅游企业市场营销活动的影响。

能力目标：运用SWOT分析法分析旅游市场营销环境，根据环境的实际情况，制定相应的营销策略，并对市场机会加以有效利用。

素养目标：培养学生收集和分析市场营销环境资讯的执行力，强化守正创新意识，发扬工匠精神。

任务导入

举办冬奥会的旅游意蕴

2015年7月31日，在第128届国际奥委会全体会议上，我国成功夺得2022年冬季奥运会举办权。其中，北京赛区承办所有冰上项目和自由式滑雪大跳台，延庆赛区承办雪车、雪橇及高山滑雪项目，张家口赛区承办除雪车、雪橇、高山滑雪和自由式滑雪大跳台之外的所有雪上项目。从各国举办奥运会的实践来看，奥运会对举办国的全民健身、群众体育、旅游发展等产生了巨大的推动作用。

一是奥运会能迅速提升举办国的旅游品牌形象。奥运会是当今世界上具有广泛影响力的国际文化体育活动，有巨大的媒体聚焦效应、宣传推广效应，是树立一个国家、地区旅游目的地形象的最佳载体和平台。例如，2008年北京奥运会期间，登记在册的记者多达4万人，全球约有20亿观众观看了开幕式，累计有47亿人次收看了现场转播。在日本，北京奥运会开幕式的平均收视率为37.7%；在西欧各国，北京奥运会开幕式的收视率都达到了20%左右；在美国，北京奥运会开幕式的收视率达到了18.6%，创造了非美国举办奥运会开幕式收视率的最高纪录。作为目前世界上最大的宣传报道活动，奥运会的综合价值难以估量，方式最为自然，对举办国旅游品牌的知名度和影响力具有极大的提升作用。

二是奥运会能够带动旅游外汇收入的大幅度增加。奥运会期间，入境游客无论是在住宿、交通、通信、餐饮、观看比赛方面，还是在购买吉祥物、纪念品等方面，其消费水平都比平时超出数倍，举办国外汇收入增量巨大。巴塞罗那奥运会期间，举办国的旅游外汇收入达到30多亿美元；悉尼奥运会期间，举办国的旅游外汇收入高达42.7亿美元。旅游业已成为奥运会举办国获得外汇收入的重要产业。

三是奥运会能显著改善与提高旅游业的软、硬件水平。举办奥运会带来的大规模投资，极大地改善了举办国的旅游基础设施情况。奥运会的举办还为旅游业的发展创造了一流的旅游环境，旅游服务质量得到显著提高，从而带动了旅游行业水平的全面提高，促进了旅游业的成熟与发展。

此外，旅游与体育还有很多共同性。从旅游的需求来看，旅游需要国际市场，同时需要依靠事件来营销。奥运会是一个主题明确、国际资源集聚和国际传播效应广泛的综合事件，其影响力和关注度足以将举办地瞬间打造成国际旅游目的地。因此，无论是体育通过旅游业态来构建体育的商业模式，延伸和实现体育产业的价值，还是旅游通过体育赛事的巨大影响力来吸引旅游者，实现提升旅游产业的价值，举办奥运会都是一件双赢的事。

资料来源 根据网络资料整理.

问题：

1.申办冬奥会对北京、张家口等地旅游环境培育的积极效应有哪些？

2.旅游企业如何才能利用好冬奥会的旅游契机？

理论知识

一、旅游市场营销环境的含义及构成

（一）旅游市场营销环境的含义

旅游业是一个能够满足人们旅游需求的服务性产业，旅游业的经营和其他产业一样，都会受到市场营销环境的影响，旅游企业必须采用适应市场营销环境的经营观念去指导营销实践。旅游市场营销环境是不断变化、复杂多样的，旅游企业只有适应旅游市场营销环境，才能顺利开展营销活动，实现预期目标。

什么是市场营销环境呢？菲利普·科特勒曾经有过这样的解释，市场营销环境是“影响企业的市场和营销活动的不可控制的参与者和影响力”。也就是说，市场营销环境是指与企业营销活动有现实与潜在关系的所有外部力量和相关因素的集合，是影响企业生存和发展的重要外部条件。

旅游市场营销环境是指影响旅游市场营销管理能力的企业外部和内部因素组成的企业生态系统。

（二）旅游市场营销环境的构成

旅游市场营销环境由宏观环境和微观环境共同构成（如图3-1所示）。旅游市场营销的宏观环境由社会环境、经济环境、政治法律环境、文化环境、技术环境、人口与地理环境等要素构成。旅游市场营销的微观环境主要由旅游企业、营销中介、旅游者、竞争者、公众等要素构成。

旅游市场营销的宏观环境与微观环境之间存在明显的区别：首先，微观环境对旅游市场营销的影响比宏观环境更为直接；其次，旅游市场营销的宏观环境属于不可控制的因素，旅游市场营销的微观环境属于可适度控制的因素，旅游市场营销的微观环境受制于宏观环境。把旅游市场营销环境分为宏观环境和微观环境，有利于掌握两类不同的环境对旅游市场营销的影响程度。

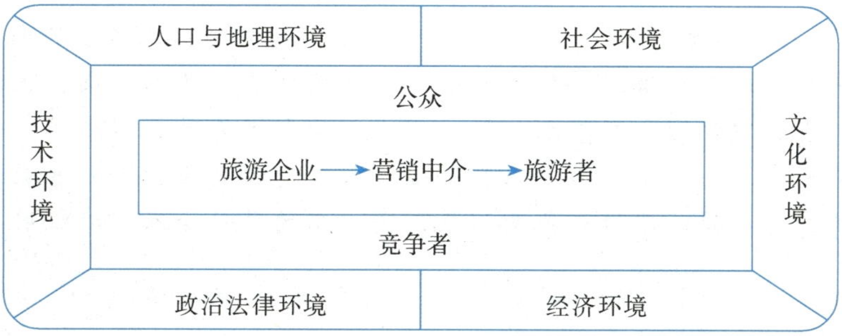

图3-1 旅游市场营销环境的构成

二、旅游市场营销环境的特征

（一）稳定性与波动性

旅游市场营销环境中的各种因素具有相对稳定性，这就要求旅游企业应保持营销战略的合理延续性。但是旅游市场营销环境中各种因素的状态又随着时间的变化而变动，多因素变动的各个状态的多重组合，形成了与不同时间相对应的多样化环境，如“时过境迁”。旅游市场相对于其他行业市场而言，其环境的波动性更为明显：一是旅游者可自由支配收入的变化、余暇时间（特别是带薪假期、公共假日）分布的差异，易形成旅游流的时空波动；二是旅游目的地旅游资源禀赋的差异，易造成旅游流的季节波动；三是旅游业对环境变动具有敏感性，如政治形势剧变、重大自然灾害、传染性疾病流行、重大旅游安全事故的发生等，更增强了其波动性。旅游市场营销环境的波动性，决定了旅游企业对环境的适应过程是一个动态过程。现实的适应并不等于将来的适应，时刻监视和关注旅游市场营销环境的变化，以及由此引起的对旅游企业营销活动的直接和间接影响，是十分必要的。

旅游业是一个综合性的产业，其受环境的影响尤其明显，经济的发展、汇率的变化，以及突然出现的自然灾害（如地震）、人为灾难（如恐怖袭击事件）等，都会在某一时刻对一地旅游业的发展产生影响。旅游市场营销环境的波动性给旅游行业的市场营销活动带来了很大的风险与不确定性，旅游企业必须研究影响旅游市场营销环境的因素及其相互之间的关系，用变化的观点为自身营造一个良性的外部发展空间。

案例窗3-1　　中东呼吸综合征重创韩国旅游业

据媒体2015年7月22日报道，韩国中东呼吸综合征（MERS）疫情已进入尾声，但是疫情对该国支柱产业——旅游业的影响却不容小觑。韩国旅游业受这轮疫情的沉重打击，2015年6月游客人数同比急降41%，只有75万人次。若游客人数无法恢复，当局估计旅游业的损失将高达1 080亿韩元。

韩国经济部门负责人指出，受大旱及疫情双重打击，韩国2015年第二季度经济增长将远低于第一季度。

资料来源　佚名. MERS疫情重创韩国旅游业　损失高达上千亿韩元［EB/OL］.［2015-07-22］. https://world.huanqiu.com/article/9CaKrnJNE6O.

案例分析：由案例可知，中东呼吸综合征疫情对韩国旅游业的影响是巨大的，这充分体现了旅游环境的波动性。虽然疫情已经基本结束，但游客对这一事件仍有心理阴影，在未来一段时间内可能都不愿赴韩国旅游，这就是旅游业的脆弱性。为了重振因中东呼吸综合征疫情遭到重创的旅游业，韩国政府、旅游行业组织、旅游企业应该策划高水平的营销活动，以吸引赴韩客源回流。

（二）相似性与差异性

从整体上看，同一国家、同一地区的旅游市场营销环境是相似的，旅游企业比较容易适应。而不同的国家和地区由于社会经济制度、民族文化、经济发展水平等有所区别，因此其旅游市场营销环境会显示出差异性。在既定的区域中，旅游企业所面临的一般环境是相似的，所面临的具体环境则因旅游企业的经营任务和目标的不同而有很大的差别，这一特性要求旅游企业因地制宜地制订出可行的市场营销组合方案。

旅游目的地与旅游客源地居民的文化背景、价值观念、生活方式等通常是不同的，甚至可能相差很大，这就会导致两地的人们对同一事物可能有不同的理解甚至相反的理解。例如，泰国人特别喜欢大象，认为大象是吉祥的象征，英国人则认为大象是蠢笨、无用的动物，如果我们不了解这一差异，就会在无意中伤害到他人的感情。旅游市场营销环境的差异性不仅表现在旅游市场营销所面临的客源市场环境与目的地资源环境之间是不同的，还表现在同一环境因素的变化对不同旅游企业的影响也是不同的。所以，旅游企业应利用好不同的市场营销环境，从而为自身的发展创造契机。

（三）绝对性与相对性

旅游企业的市场营销活动始终处于一定的环境之中。外部环境的客观性决定了旅游市场营销活动的不可控性，旅游企业首先要通过市场调研取得信息，然后才能调整企业内部的营销力量去适应外部环境，这是绝对的。但是旅游企业的外部环境是有一定的时空界限的，所以旅游企业对市场营销环境的分析是有一定的范围的，即表现为对一定时间、一定地理区域的营销环境进行分析，这又是相对的。例如，中国加入世界贸易组织后，一方面打开了国门，给旅游业走向世界带来了机遇；另一方面强势外资旅游企业涌入，给国内旅游企业的发展带来了挑战与威胁。

（四）系统性与地域性

旅游市场营销环境的研究对象是由自然、社会、经济等子系统组成的复杂系统，但市场营销环境的多因素交融性并不意味着它是杂乱无章和毫无规律的，这就需要旅游企业将其作为一个整体进行系统研究，研究它们之间的功能结构、相互作用的机理。由于不同区域的文化背景、地理位置、自然条件等方面存在差异，因此各区域间的发展具有不平衡性。研究旅游市场营销环境的地域性，有助于旅游企业在旅游市场营销中突出旅游产品的区域特色。

三、旅游市场营销环境的SWOT分析

旅游市场营销环境主要从三个方面影响旅游企业的营销活动：首先，旅游市场营销环境影响消费者的生活方式、生活标准及对旅游产品的喜好、需求。其次，旅游市场营销环境决定了旅游企业开展营销活动的内容。最后，旅游市场营销环境会影响消费者对旅游产品营销组合的态度，进而影响旅游产品营销的决策和行动。

SWOT（strengths weaknesses opportunities threats）分析法是市场营销环境分析中常用的方法，它是由美国旧金山大学韦里克教授在20世纪80年代初提出的。SWOT分析法又称态势分析法或优劣势分析法，它是将与研究对象密切相关的主要内部优势、劣势和外部的机会、威胁等通过调查列举出来，并依照矩阵形式进行排列，然后采用系统分析的思想，把各种因素匹配起来加以分析，从中得出相应结论的方法。

SWOT分析法可以用来确定旅游企业自身的优势（strengths）、劣势（weaknesses）、机会（opportunities）和威胁（threats），从而将旅游企业的战略与其内部资源、外部环境有机结合起来（如图3-2所示）。

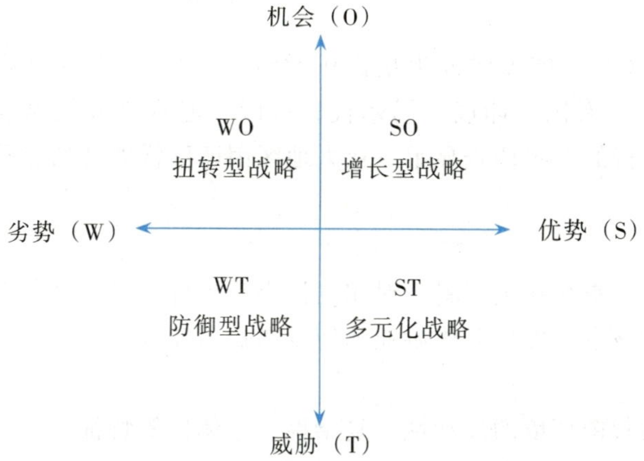

图3-2　SWOT分析矩阵

（一）优势与劣势分析（SW）

优势与劣势分析是着眼于旅游企业自身进行的分析。由于旅游企业是一个整体，因此在进行优势与劣势分析时，必须从整个价值链的每个环节上，将旅游企业与行业竞争对手进行详细对比，如旅游产品是否新颖、制造工艺是否复杂、销售渠道是否畅通，以及价格是否具有竞争性等。如果一个旅游企业在某一个方面或某几个方面的优势正是关键成功要素，那么该旅游企业的综合竞争优势就会强一些。需要指出的是，衡量一个旅游企业及其产品是否具有竞争优势，只能站在现有或潜在用户的角度上考虑，而不能站在旅游企业自身的角度上考虑。

（二）机会与威胁分析（OT）

机会与威胁是旅游企业外部环境变化的两大趋势。机会是指对旅游市场营销活动有利的、能够促进旅游市场营销活动发展的因素；威胁是指对旅游市场营销活动不利

的或限制旅游市场营销活动发展的因素。在旅游市场营销环境中，机会与威胁是并存的，旅游企业要多方位考察旅游市场营销环境，弄清旅游行业的机会、威胁及其可能产生的影响，从而对外部环境做出准确的判断。

（三）整体分析

从整体上看，SWOT分析法可以分为两部分：第一部分为SW分析，主要用来分析内部条件；第二部分为OT分析，主要用来分析外部条件。利用SWOT分析法，旅游企业可以找出对自己有利的、值得发扬的因素，以及对自己不利的、要避开的因素，发现存在的问题，找出解决的办法，并明确以后的发展方向；同时，旅游企业可以将问题按轻重缓急进行分类，明确哪些是急需解决的问题，哪些是可以稍晚解决的事情，哪些属于战略目标上的障碍，哪些属于战术上的问题，并将这些研究对象列举出来进行综合分析，从中得出带有一定决策性的结论。

实践训练

海啸让旅游天堂瞬间失色

背景资料：

2004年12月26日，印度洋发生里氏9.3级强烈地震并引发海啸，灾难波及印度尼西亚、斯里兰卡、泰国、印度、马尔代夫等国，遇难总人数逼近30万。2005年3月，某调查机构进行的一项调查显示，亚太地区因印度洋海啸所蒙受的旅游损失高达30亿美元。

实训内容：

以小组为单位，查找相关资料，对印度洋海啸事件的经过及其对旅游业产生的影响进行剖析，并对该事件发生后旅游业如何复兴提出建议。

实训目标：

理解旅游市场营销环境的波动性、复杂性、整体性等特征。

实训组织：

1. 以3～4人为一个小组，由组长确定小组分工，指定1位发言人在老师提问时向全班报告自己小组的结论。

2. 小组成员分头查找网络或书籍资料，并以小组为单位，针对印度洋海啸事件对旅游业产生的影响进行剖析，准备好阐述资料。

实训记录：

1. 印度洋海啸事件的核心内容：

____

____

2. 印度洋海啸事件对旅游业产生的影响：

____

____

3.危机事件后对旅游业复兴的建议：

____

____

效果评价：

1.以小组为单位阐述剖析方案。

2.从小组互评与教师评价两个方面进行评分，见表3-1。

表3-1　“海啸让旅游天堂瞬间失色”训练项目评价表

项目主题（分值）	评价指标（分值）	标　准	小组互评（40%）	教师评价（60%）	综合得分（100%）
海啸让旅游天堂瞬间失色（100分）	课堂研讨表现（40分）	小组研讨组织得当，全员参与，研讨运用相关知识、方法、技术等准确			
	主题阐述（60分）	阐述的内容具有可行性，效果良好，观点新颖、独特，能挖掘事件的经过，并能针对危机事件后旅游业的复兴提出有针对性的建议			

3.教师与学生依据最后得分情况，确定最优陈述小组。

思政探索

智慧旅游需要“适老化模式”改造

背景资料：

2021年，文化和旅游部发布首批14个地区发展智慧旅游便利老年人出游典型做法，为推动智慧旅游发展、切实解决老年人运用智能技术困难、便利老年人出游给予指导。这些做法显示，各地在加强智慧旅游服务管理的同时，也十分重视为老年人入园提供便利。2022年12月，文化和旅游部资源开发司发布了“‘乐游上海’　让老年人共享数字化便利”等10个智慧旅游适老化示范案例，旨在以发展智慧旅游的方式解决老年人出游“数字鸿沟”的问题，推动各地通过数字赋能提供更多适老化智能服务产品，让老年群体享受更便捷、更有温度的智慧旅游服务。

全国老龄工作委员会的一项调查显示，目前全国许多景区入园游客中60岁以上老年人占比已达20%，并有逐年增加的趋势。47%的老年人有远程出游的经历，70%的老年人有退休后旅游的意愿。随着我国老年人口的不断增长，老年旅游市场也愈发红火。为此，业界应及早做好准备，在软硬件投入方面下功夫，构建智慧旅游“适老化模式”，为老年人提供更舒适的服务，保障老年人安心旅游。

目前，我国正在全面推进智慧旅游建设，各地景区纷纷引入智能技术。尤其是在疫情防控常态化背景下，景区进一步强化了智能技术的应用，如手机预约、网络购票、人脸识别、扫码入园等。年轻人对这些智能技术的操作可谓轻车熟路，但对很多老年人而言，这些技术就像一座座难以逾越的“大山”。

因此，发展智慧旅游应加大“适老化模式”改造，比如为老年人预留一部分门票，让老年人通过线下免预约进入或实名购票入园。智慧旅游系统则可增大手机页面的字体、简化操作流程，方便老年人学习使用。

此外，各地景区在引进智能技术时，也应增加适老化服务。比如专为老年人提供的电子语音讲解、老年人通道提示、自动感应灯光、助老电动轮椅、老年人耳机等，让老年人在旅游时更舒适、更放心。

下一步，文化和旅游部将深入贯彻落实党的二十大报告关于“实施积极应对人口老龄化国家战略”要求，持续推进智慧旅游适老化工作，积极推动地方和企业根据老年群体出游的实际需求，不断丰富适老化应用场景，提供更多适老化服务产品，让老年人在出游过程中共享数字化发展红利，打造智慧旅游的“适老化模式”。

资料来源　江德斌.智慧旅游需要“适老化模式”改造［N］. 中国旅游报，2021-12-21（3）；佚名. 2022智慧旅游适老化示范案例发布［EB/OL］.［2022-12-14］. http://www.ctnews.com.cn/news/content/2022-12/14/content_134476.html.

思政目标：

围绕“智慧旅游需要‘适老化模式’改造”开展研讨，引导学生关注老龄化趋势，聚焦智慧旅游，强化守正创新意识，发扬工匠精神。

研讨要求：

请结合以上资讯，从工匠精神、守正创新的角度谈一谈对“智慧旅游需要‘适老化模式’改造”的认识与建议。

1.以小组为单位组织交流、研讨。

2.每个小组推荐1名成员做主题发言，各组围绕“智慧旅游需要‘适老化模式’改造”分享看法与体会。

3.从小组互评与教师评价两个方面进行评分，见表3-2。

表3-2　“智慧旅游需要‘适老化模式’改造”训练项目评价表

项目主题（分值）	评价指标（分值）	标　准	小组互评（20%）	教师评价（80%）	综合得分（100%）
智慧旅游需要“适老化模式”改造（100分）	课堂研讨表现（40分）	小组研讨组织得当，全员参与，研讨运用旅游服务适老化相关的知识、方法、资讯等准确			
	主题阐述（60分）	阐述的内容丰富、效果良好，观点新颖、独特，能从工匠精神、守正创新的角度阐述对智慧旅游需要“适老化模式”改造的看法			

4.教师与学生依据综合得分情况，确定最优陈述小组。

任务2 旅游市场营销宏观环境

在线课堂 3-2

旅游市场营销宏观环境

任务目标

知识目标：了解旅游市场营销宏观环境的概念及构成。

能力目标：能对旅游市场营销宏观环境进行剖析，正确分析宏观环境对旅游企业发展的重要意义。

素养目标：树立整体营销观念，坚定文化自信，强化守正创新意识。

任务导入

老年旅游市场空间巨大

2000年中国宣布进入老龄化社会，2016年底我国60周岁及以上老年人口已达2.3亿，占总人口的16.7%。全国老龄工作委员会发布的《中国养老产业规划》显示，到2035年，老年人口将增加到4.18亿。全国老龄工作委员会预测，中国养老产业规模到2030年将达到22万亿元。

在有钱有闲、身体健康的情况下，老年人更希望多去看看这个世界，老年人已成为目前旅游市场上最具潜力的目标人群。老年人注重快旅慢游，旅游目的多为观光和健康养生。老年人喜欢自然环境优美的旅游度假胜地，偏爱垂钓、漫步、森林浴、日光浴等活动；普遍有怀旧情结，钟情历史遗迹、民俗文化、红色纪念地等旅游地。老年人的旅游观念也在不断更新，旅游景点较少且节奏较慢的“慢游”线路、注重游玩和休息相互协调的品质线路越来越受到老年人的青睐。调查数据显示，因为出游时间灵活，老年人的出游频率明显高于其他年龄层；老年人更偏爱长线游（单次出游时间超过3天），33%的老年人单次出游时间在8天及以上，23%的老年人表示对单次出游时间无明确偏好（多少天都无所谓）；老年人出行更偏好乘坐飞机，43.2%的老年人选择乘坐飞机出行，选择乘坐火车出行的老年人占39.2%，选择自驾车出行的老年人占12.8%。

资料来源　龚铁军. 湖南省老年人旅游市场发展的现状及对策 [EB/OL]. [2017-11-28]. http://tour.rednet.cn/c/2017/11/28/4487745.htm.

问题：

旅游不再只是年轻人的时尚，越来越多的老年人加入旅游大军，并将旅游作为一种全新的生活方式。谈谈你对老年旅游市场的看法并分析其市场特征。

理论知识

一、旅游市场营销宏观环境的概念

旅游市场营销宏观环境是指采用间接的形式，以旅游市场营销的微观环境为媒介作用于旅游企业市场营销行为的因素。旅游市场营销宏观环境是旅游企业市场营销活动的前提和背景，是旅游企业不可控的变量，每个旅游企业都处于特定的宏观环境之中，都不可避免地受到它的影响和制约。

二、旅游市场营销宏观环境的构成

（一）社会环境

社会环境因素涉及面广，包括家庭结构、教育发展水平、社会变迁等，社会环境的变化对旅游业的发展具有较大影响。社会的飞速发展和变迁，促进了家庭、社会教育、社区、工作环境、人际关系、生活方式、交往方式、流行与时尚等的变化，改变了人们的消费观念和消费方式，也对旅游市场营销提出了新的挑战。因此，旅游企业应该了解与分析社会环境，有针对性地制定不同社会环境下的市场营销策略。

1.家庭结构

社会的发展和经济结构的变化，导致了社会文化的变迁，也带来了社会组织结构的变动。近年来，我国的家庭结构已迅速分化为更多的核心家庭，几世同堂的大家庭大为减少，三口或四口之家成为主要模式，家庭结构的变化凸显了家庭规模微型化和结构扁平化的特征。以家庭为单位的消费需求正在迅速扩大，家庭的消费结构正在转变，在家庭收入水平有了较大提高和生活水平得到明显改善后，文化消费等精神消费需求增加，家庭成员共同出游成为现代旅游的新特点。

2.教育发展水平

教育发展水平也是社会环境的重要组成部分。受教育程度或文化修养不同的人，会表现出不同的审美观，从而使个人的消费原则、消费心理、消费结构和方式也有所区别。随着我国教育事业的发展，教育发展水平的不断提高，人们的文化素质正在不断提升。消费者在精神需求方面的投资大量增加，旅游市场需求也有较快增长，消费者对旅游企业服务水平的要求越来越高，这些都为旅游企业提供了更多的市场机会。

3.社会变迁

社会变迁给人们的生活方式、工作方式、交往方式、信息传递方式等许多方面都带来了变化，并表现出了一些新的特点，如人们的闲暇时间大量增加，对生活质量的要求较高，生活方式多元化、个性化，向往自然生活状态等，这些都对旅游企业的产品开发和市场营销活动提出了更高的要求。

（二）经济环境

经济环境是指国民经济发展的总体概况、国际与国内的经济形势及经济发展趋势等。企业是国民经济的细胞，是微观的经济实体，依存于一定的经济环境而存在。国内生产总值、消费者收入水平、消费结构等是构成经济环境的主要因素，它们与旅游消费直接相关；产业结构、经济增长率、货币供应量、消费者支出模式等也与旅游市场营销紧密相关。经济发达程度决定了旅游业发展的规模和速度，经济状况的改善会推动旅游事业的发展。

1.国内生产总值

国内生产总值（GDP）是指一个国家（或地区）所有常住单位，在一定时期内生产的全部最终产品和服务价值的总和。国内生产总值是衡量一个国家总体经济状况的重要指标。2017年，我国国内生产总值达827 122亿元，比2016年增长6.9%，这是自2010年以来我国经济增长首次加速。2022年1月17日，在国务院新闻办公室举行的2021年国民经济运行情况新闻发布会上，国家统计局介绍了2021年国民经济运行情况。经初步核实，2021年国内生产总值1 143 670亿元，按不变价格计算，比2020年增长8.1%，两年平均增长5.1%。分季度看，一季度同比增长18.3%，二季度增长7.9%，三季度增长4.9%，四季度增长4.0%。分产业看，第一产业增加值83 086亿元，比2020年增长7.1%；第二产业增加值450 904亿元，比2020年增长8.2%；第三产业增加值609 680亿元，比2020年增长8.2%。

2.消费者收入水平

收入是指消费者个人从各种来源取得的全部收入，包括工资、退休金、红利、租金、奖金、馈赠等。消费者的购买力来自其收入，收入是影响社会购买力、市场规模、消费支出规模的重要因素。消费者的收入不会全部用来购买旅游产品，因此旅游企业在分析消费者收入水平时，必须注意区分消费者的家庭收入、个人可支配收入、个人可随意支配收入等指标。个人可随意支配收入一般用来购买奢侈品及度假旅游产品等，它是进行旅游市场营销环境分析的关键指标之一。旅游企业还应研究各个社会阶层的收入水平，针对不同阶层的收入水平制定不同的市场营销策略。此外，各个地区的经济发展水平和工资水平也有一定差别，在分析时也要注意这种地域差别。

3.消费结构

消费结构是指人们在消费过程中所耗费的各种消费对象的构成，即各类消费支出在总费用支出中所占的比重。当消费者的收入较低时，用于满足基本生活需求的支出较多，用于满足精神需求的支出则较少；消费者的收入增加后，用于满足基本生活需求的消费占全部收入的比重降低，消费者的生活水平提高，有更多的旅游消费支出。从我国目前的情况来看，随着住房制度、医疗保险制度、用工制度、教育制度等改革的不断深入，消费者用于住房、医疗保险、子女教育等的投入明显增加，人们的消费结构呈现出了新的特点，这也在一定程度上制约了人们的旅游消费。旅游企业要重视这些变化，分析消费者旅游需求的特点，有针对性地推出旅游产品、制定营销策略。

（三）政治法律环境

政治法律环境是指一个国家或地区的政治局势、方针政策、法律法规、国际关系等的整体状况。政治法律环境对旅游企业来说是不可控的，它具有强制性和约束力，旅游企业只有适应环境的特点，使自己的行为符合一个国家的政策、法律法规的要求，才能获得生存和发展的空间。

1.政治局势

政治局势是指旅游企业市场营销活动所在国家或地区的政治稳定状况。政治局势是否稳定，会给旅游企业的市场营销活动带来重大影响。如果一个国家或地区的政局稳定、人民安居乐业、生产发展秩序良好，则会形成有吸引力的旅游环境；相反，如果一个国家或地区的政局不稳定、社会矛盾尖锐、秩序混乱，甚至出现战争、暴乱、政权更替、恐怖事件等，旅游者的生命和财产安全就难以得到保证，就无法吸引旅游者。

2.方针政策

一个国家在不同时期，根据社会经济发展的不同要求，会提出不同的政治经济政策，以指导经济的发展，引导企业的行为。这些方针政策不仅会影响本国旅游企业的市场营销活动，而且会影响外国旅游企业在本国的市场营销活动。例如，一个国家的旅游业发展政策、外汇政策、税收政策、工资政策、物价政策等，都会对消费者的收入水平、旅游企业的利益等产生直接或间接的影响，从而制约旅游企业的市场营销活动。

3.法律法规

在现代经济社会中，企业必须诚实守信、依法经营。法律法规是旅游企业经营管理行为的基本依据。各个国家为了促进经济社会的健康和谐发展，保护自然环境，形成公正、合理的市场竞争秩序，维护消费者及企业的合法权益，都要制定相关的法律法规，并以此来约束和规范企业的经营管理行为。因此，旅游企业在开展市场营销活动时，要了解并遵守相关国家的法律法规，这样才能受到法律法规的有效保护；否则，就会遭受制裁，使企业利益受到损失。改革开放以来，为了适应经济社会发展的需要，我国制定了一系列法律和法规，以指导和规范企业的行为。例如，《中华人民共和国民法典》《中华人民共和国产品质量法》《中华人民共和国消费者权益保护法》《中华人民共和国反不正当竞争法》《中华人民共和国价格法》《中华人民共和国环境保护法》《中华人民共和国广告法》等，都是旅游企业必须遵守的法律。

4.国际关系

国际关系是指国家之间在政治、经济、文化、军事等方面的关系状态。现代科学技术的发展和经济全球化把世界各国更紧密地联系在一起，使国际经济合作和贸易关系飞速发展。出境旅游已成为旅游业发展的一种趋势，开展国际市场营销活动是旅游企业的必然选择。因此，国际关系也会影响旅游企业的市场营销活动。

案例窗 3-2　海南旅游营销玩出“国际范”

2016年，海南省入境旅游客源市场获得了20%的增长，一举摆脱了2009—2015年入境旅游人数逐年下滑的困局，实现强势“逆袭”，这与海南省打出了一套促进入境旅游发展的“组合拳”密不可分。

有一种旅游营销方式，叫创意引领。

旅游经济是“眼球”经济，是注意力经济。为进一步提高海南国际旅游岛在外国人群体中的知名度和美誉度，让更多外国人发现海南、爱上海南、赴海南旅游，2016年，海南省分别在北京、上海、广州、成都四地举行了“发现海南”系列国际推介会，实现了不走出国门一样可以开发境外旅游市场的宣传效果，获得了兄弟省市的高度认可，也进一步打开了近百万在华外国人旅游度假需求的市场。海南省的旅游营销以“体验海南”为主题，策划了不同形式的推介活动。第31届香港国际旅游展上惊艳亮相的“海南厨房”、2017年海南国际旅游岛推介会的“老盐柠檬水”，都让当地群众亲身体验到了海南的魅力。

美丽中国3-1

海南风光

有一种旅游营销方式，叫量身定制。

“大而全”的填鸭式营销早已经不适应当今旅游营销的发展。为此，海南省走出了一条“小而精”的营销路子，根据入境旅游市场的不同情况有所侧重地推介旅游产品，实现精准营销。在俄罗斯，着重推介滨海度假、中医理疗、康体养生等对当地人具有较大吸引力的旅游产品；在法国巴黎，琼歌琼舞《定安娘子》表演、环海南岛自行车赛以及冲浪等体育旅游产品，让热爱艺术和运动的法国人对海南充满向往；在日韩市场，重点推出高尔夫旅游、亲子旅游……从文化和旅游资源的差异性入手展示海南省的旅游产品，能够使受众的印象更深刻，接受度也更高。

资料来源　赵优．海南旅游营销玩出“国际范”[N]．海南日报，2017-06-21（9）．

案例分析：海南创新机制体制、更新营销理念、推进国际化元素改造、积极开拓入境旅游市场，有利于入境旅游市场的规范化及持续发展，会对人们的旅游消费需求、旅游企业的盈利及品牌塑造等产生直接或间接的影响。

（四）文化环境

文化是精神财富与物质财富的总和，包括信仰、艺术、道德、风俗习惯等，文化会使人们形成不同的价值观念、风俗习惯、宗教信仰等，并表现为种种具体的市场需求，而旅游市场营销的根本目的正是满足人们的需求和欲望。因此，旅游市场营销必须适应文化环境，必须随着文化环境的变化而变化，并且可以促进文化环境的变化。旅游企业在开展国际旅游市场营销活动时，不能以本国文化为参照，而应自觉考虑异国文化的特点，使旅游市场营销与社会文化因素之间相互适应。对文化环境的分析，也是旅游市场营销环境分析的重要内容。

1.价值观念

价值观念是人们对社会生活中各种事物的态度、评价和看法，它对人们的思想和行为产生了直接的制约作用。社会经济活动的主体是人，人的价值观念、情感意志等制约着人们的经济活动。在不同的社会和文化背景下，人们的价值观念差别很大，进而影响了消费者的消费心理、消费需求和购买行为。例如，有的人追求物质与精神享受，强调较高的生活品质，把收入主要用于消费，甚至超前消费；有的人提倡节俭的生活方式，喜欢攒钱和储蓄，在消费时考虑自身的支付能力，量入为出。针对具有不同价值观念的消费者，旅游企业的销售人员应采取不同的营销策略。

2.风俗习惯

风俗习惯是指一定区域的人们根据自己的生活内容、生活方式和自然环境，在特定的社会物质条件下长期形成的并世代沿用的风尚、礼节，以及由于反复练习而巩固下来并成为习惯的行为方式的总称。不同的国家和地区、不同的民族有不同的风俗习惯，在饮食、服装、家居、婚丧嫁娶、节日、人际关系、信仰、禁忌等方面都有各自的特点，并且会影响到居民的消费心理、消费偏好、消费模式等。入乡随俗，入境问禁，入门问讳。旅游企业在开展市场营销活动时，必须了解不同国家和地区、不同民族的风俗习惯，以免触犯禁忌，给旅游企业和旅游者造成不必要的损失。

3.宗教信仰

宗教信仰不同的人有不同的文化倾向和戒律。宗教信仰影响着人们认识事物的方式、价值观念和行为准则，影响着人们的消费需求和消费行为。旅游企业在开展市场营销活动时，应全面了解不同地区、不同民族、不同旅游目的地和旅游消费者的宗教信仰，从而制定符合其特点的市场营销策略。否则，一旦触犯宗教禁忌，不仅会使旅游企业失去市场机会，而且会引起其他矛盾。

（五）技术环境

技术环境是指一个国家或地区的技术水平、技术政策、新产品开发能力以及技术发展动向等因素的集合，是影响旅游企业营销过程及效率的重要因素之一。技术对企业经营的影响是多方面的，技术的进步将使社会对企业的产品或服务的需求发生变化，从而为企业提供有利的发展机会，然而一项新技术的发明或应用也可能同时意味着“破坏”。

科学技术的发展也为旅游企业的市场营销管理提供了更先进的技术和手段，使旅游企业有了更多的选择，提高了旅游企业市场营销活动的效率。例如，现代通信技术和媒体传播技术的发展，使电视、广播、互联网、报纸等媒体的信息传播功能更强大，速度更快，影响范围更广；电脑及其他现代办公设备的广泛使用，对旅游企业改善经营管理、提高服务水平具有很大的作用。

（六）人口与地理环境

旅游消费市场是由具有现实与潜在购买力的人群组成的，人口环境状况决定了市场规模与购买力的大小。旅游活动是在特定的地域进行的，地理条件和自然环境状况也是制约旅游企业发展的决定性因素。

1.人口数量与增长速度

人口数量是决定市场规模和容量的一个基本要素。人口数量与市场容量、消费需求有着密切的关系。1970年，世界总人口为36.7亿，国际旅游人数为1.587亿人次，国际旅游人数占世界总人口的4.3%；1980年，世界总人口达到44.3亿，国际旅游人数增加到2.85亿人次，国际旅游人数占世界总人口的6.4%；2000年，世界总人口已超过60亿，并以每年8 000万至9 000万的规模高速增长；2019年，世界总人口超过75亿。截至2022年3月29日，世界总人口达78.98亿，其中中国人口总数居世界第一位，印度居第二位，美国居第三位。人口数量的增加为旅游市场规模的扩大提供了可能性，但人口的过快增长也会影响和制约经济的发展，增加社会负担，使社会购买力下降，进而抑制旅游业的发展。

2.人口结构

人口结构又称人口构成，是指将人口以不同的标准进行划分而得到的一种结果。划分标准主要包括年龄、性别、人种、民族、宗教、受教育程度、职业、收入等。从目前的情况看、人口结构变化的一个显著特点是人口老龄化。随着我国经济社会的快速发展、人民生活水平的提高和医疗卫生保健事业的发展，我国人口老龄化进程逐步加快。因此，旅游企业应深入分析不同年龄层次的消费者对旅游产品的需求，推出有针对性的旅游产品。例如，结合人口老龄化趋势，旅游企业应注意老年旅游市场的开发，推出符合老年人特点的旅游产品和服务项目，以吸引老年旅游消费者。

在性别结构方面，主要表现为女性旅游消费者大量增加。从世界范围来看，随着妇女解放运动的发展，女性参加工作的机会增多、收入提高、经济独立，女性的旅游消费需求快速增长，这就要求旅游企业必须考虑女性出游的特点和要求，推出受女性青睐的旅游项目，如购物旅游、美容旅游等。

此外，不同职业群体的消费能力、消费心理、消费特点、闲暇时间不同，对旅游方式的选择也存在差异。旅游企业应充分了解不同职业群体的特点，合理设计旅游产品，选择有效的旅游宣传方式，以取得良好的沟通传播效果。例如，企业经营者业务繁忙，出差机会较多；教育工作者、科技工作者外出进行学术交流的机会多；自由职业者能够支配自己的时间，出游安排有较大的灵活性等。

3.人口分布

人口分布是指人口在不同地域的密集程度。受自然环境、地理条件、经济发展水平等因素的影响，人口的分布是不均匀的。我国人口的分布规律是东南多，西北少。东南地区的面积占全国面积的43%，人口约占全国人口的94%；西北地区的面积占全国面积的57%，人口却只占全国人口的6%左右。由东南向西北随着海拔高度的增加，人口密度呈阶梯递减的趋势，并且这种趋势还在加强。从旅游活动的规律来看，随着地理距离的增加，客源呈衰减的趋势，因为距离越远，相对旅游时间越长，旅游费用越高。因此，旅游企业在开展市场营销活动时，要注意加强对近距离市场客源的争取。在国外旅游市场方面，我国旅游企业可优先考虑对韩国、日本、东南亚等较近国家和地区的市场营销；同时，消费者对异域风光及独特的自然环境、风土人情等往往有浓厚的兴趣，这也为旅游企业提供了较好的市场机会。

4.地理环境

旅游业与地理环境的关系密切。地理环境是指一个区域的地形、地貌、气候、自然资源等因素，这些地理特征对旅游市场营销有多方面的影响。多数旅游景点的开发依托于自然资源的特殊优势，如独特的地形地貌、奇特的山川湖泊、优美的自然风光等，这对旅游消费者而言具有较大的吸引力。但是如果自然环境遭到破坏，则可能会导致一些旅游产品消失，因此旅游企业要增强环境保护意识，践行生态文明理念。此外，地理环境也会影响到一个区域的交通状况，如果景区有突出的特色，交通又十分便利，就会吸引更多的旅游者。

实践训练

危机公关及事件营销

背景资料：

1990年8月2日，英国航空公司149航班经历了一场“风暴”：当149航班在海湾例行停靠时，受科威特战争的影响，所有乘客及机组人员都被羁绊在该地。直到5个月后，乘客及机组人员才返回家园。此事件给英国各行业，尤其是旅游业造成了巨大的冲击。1990年底，由于局势动荡不安，加上受恐怖主义的威胁，不少家庭大幅削减旅游开支，全世界有几百万人停止了乘坐飞机。一系列的打击使英国入境旅游市场损失惨重，如何摆脱困境、解决燃眉之急成了各家旅行社最关心的问题。

2001年9月11日，美国发生恐怖袭击事件，这不仅令美国本土的旅游业严重萎缩，也大大降低了美国居民出国旅游的意愿。世界旅游组织2001年底公布的统计报告显示，当年受上述事件影响，前往美洲、中东和北非旅游的人数大为减少。

2015年11月13日晚，法国巴黎发生系列恐怖袭击事件，超过百人殒命，另有数百人受伤。对世界旅游胜地巴黎来说，这无疑是一场浩劫。

实训内容：

以小组为单位，通过查找资料，运用所学理论知识，对上述事件进行分析，并设计解决问题的营销方案和对策。

实训目标：

1.学会做好危机公关及事件营销。

2.分析政治法律环境对游客出行的影响。

实训组织：

1.以3～4人为一个小组，由组长确定小组成员的分工，指定1位发言人在老师提问时向全班报告自己小组的结论。

2.小组成员分头查找网络或书籍资料，并在小组内分享、讨论，准备好阐述资料。

实训记录：

1.英国149航班事件、美国“9·11”恐怖袭击事件、法国巴黎系列恐怖袭击事件的起因及经过：

____

____

2.上述事件对旅游业的重大影响：

____

____

3.谈一谈解决此类危机的营销方案和对策：

____

____

效果评价：

1.以小组为单位组织交流、研讨。

2.每个小组推荐1名成员做主题发言，各组结合案例进行分析，给出小组意见与看法。

3.从小组互评与教师评价两个方面进行评分，见表3-3。

表3-3 “危机公关及事件营销”训练项目评价表

项目主题（分值）	评价指标（分值）	标 准	小组互评（40%）	教师评价（60%）	综合得分（100%）
危机公关及事件营销（100分）	课堂研讨表现（40分）	小组研讨组织得当，全员参与，研讨运用相关知识、方法、技术等准确			
	主题阐述（60分）	阐述的内容具有可行性、效果良好，观点新颖、独特，能挖掘事件的经过，并从危机公关及事件营销方面提出有针对性的建议			

4.教师与学生依据最后得分情况，确定最优陈述小组。

思政探索

北京市文化和旅游局为您推荐“2021网红打卡地”

背景资料：

2021年12月6日，“2021北京网红打卡地推荐榜单”发布。本次评选活动由北京市文化和旅游局、北京市商务局、北京市委网信办、北京广播电视台共同指导，北京市旅游行业协会、北京演出行业协会、北京动漫游戏产业协会联合主办，旨在培育发展一批网红打卡新地标，使之成为展示北京城市活力和消费时尚的都市新窗口，成为来京游客和北京市民文旅休闲消费的出行新指南。

2021年，在文化和旅游消费环境整体向好、消费潜力进一步提升的背景下，北京出台《北京培育建设国际消费中心城市实施方案（2021—2025年）》，提出了包括文旅消费潜力释放行动在内的“十大专项行动”，未来5年将打造更多优质旅游消费产品，累计推出300个北京网红打卡地。

2020年，北京首次推出100家网红打卡地。2021年，北京市文化和旅游局再次指导策划开展了“2021北京网红打卡地”评选活动，并新增设夜间经济、科技创新和数字经济、新消费场景三大板块，共十大主题分类，所涉业态非常丰富。本次评选活动通过北京时间、文旅北京、北京旅游、美团、携程、百度地图、小红书、马蜂窝、猫眼娱乐等平台进行广泛宣传，从启动时就引起了社会的广泛关注，全网共海选征集到打卡地提名线索2 000余条，经整理筛选，最终300家入围投票候选名单。2021年10月15日至29日，全网参与投票数超过568万人次，最终评选出北京网红打卡地推荐名单100家和提名推荐196家。

中国共产党早期北京革命活动纪念馆（北大红楼）、《新青年》编辑部旧址（陈独秀旧居）等红色景点，2021年盛大开园的北京环球度假区、重新开张的吉祥大戏院，以及亮马河国际风情夜游、白塔之光酒店（莲咖啡）、天坛福饮、美克洞学馆等人们熟悉的新消费场所入选。

为助推网红打卡地进一步提升品质、创新发展，培育北京网红打卡地新消费品牌，北京市文化和旅游局等相关部门积极搭建平台，联合社会力量，多维度支持网红打卡地。在发布活动现场，网络头部企业和金融机构还为北京网红打卡地送上了三个“服务大礼包”：一是高德地图、百度地图为北京网红打卡地制作专题页面，便于浏览导引，并分别提供价值1 000万元的往返网红打卡地出行补贴；二是美团为到访网红打卡地的游客提供价值2 000万元的红包补贴和流量扶持，并为网红打卡地免费配置美团充电宝机柜；三是北京银行推出“2021北京网红打卡地金融服务季，金融服务温暖送上门”活动，为网红打卡地提供额度优、利率低、速度快的授信支持，以及一揽子培育活动和商户信用卡优惠引流服务。

资料来源　北京市文化和旅游局.北京市文化和旅游局为您推荐“2021网红打卡地”［N］. 中国旅游报，2021-12-08（4）.

思政目标：

围绕“北京市文化和旅游局为您推荐‘2021网红打卡地’”开展研讨，引导学生剖析网红打卡地的旅游营销价值，坚定文化自信，强化守正创新意识。

研讨要求：

请结合以上资讯，从文化自信、守正创新的角度谈一谈对“北京市文化和旅游局为您推荐‘2021网红打卡地’”的认识，并结合一个网红打卡地，分析其入选的旅游营销价值。

1.以小组为单位组织交流、研讨。

2.每个小组推荐1名成员做主题发言，各组围绕“北京市文化和旅游局为您推荐‘2021网红打卡地’”分享看法与体会。

3.从小组互评与教师评价两个方面进行评分，见表3-4。

表3-4　“北京市文化和旅游局为您推荐‘2021网红打卡地’”训练项目评价表

项目主题（分值）	评价指标（分值）	标　准	小组互评（20%）	教师评价（80%）	综合得分（100%）
北京市文化和旅游局为您推荐“2021网红打卡地”（100分）	课堂研讨表现（40分）	小组研讨组织得当，全员参与，研讨运用相关知识、方法、资讯等准确			
	主题阐述（60分）	阐述的内容丰富、效果良好，观点新颖、独特，能从文化自信、守正创新的角度阐述对网红打卡地的看法，以及网红打卡地的营销价值			

4.教师与学生依据综合得分情况，确定最优陈述小组。

在线课堂3-3

旅游市场营销微观环境

任务3　旅游市场营销微观环境

任务目标

知识目标：掌握旅游市场营销微观环境的概念及构成。

能力目标：能够准确分析旅游市场营销微观环境对旅游市场营销的影响。

素养目标：培养创新精神，坚定文化自信。

任务导入

肯德基的“神秘顾客”

“神秘顾客”是由经过严格培训的调查员，在规定或指定的时间里扮演成顾客，对事先设计的一系列问题逐一进行评估或评定的一种商业调查方式。由于被检查或需要被评定的对象事先无法识别或确认“神秘顾客”的身份，故该调查方式能真实、准确地反映客观存在的实际问题。

一次，上海肯德基有限公司收到了三份肯德基总部寄来的鉴定书，对其外滩快餐厅的工作质量分三次进行了评分，得分分别为83分、85分、88分。餐厅经理感到十分不解，并未见到总部派人前来检查工作，这三个分数是如何得出的呢？

原来，这是肯德基采用“神秘顾客”法来监督其分店的服务。公司总部雇了一批人，经过专门培训，让他们扮成顾客，进入店内感受服务工作的过程和质量，并进行检查评分。这些“神秘顾客”来无影、去无踪，出现没有时间规律，使得餐厅的所有员工时时感受到某种压力，工作上严谨、规范、热情、周到，丝毫不敢放松和懈怠，从而提高了服务工作的质量。

问题：

1.旅游企业是否适合采用“神秘顾客”法进行市场调查？你认为什么情况下应用该方法效果较好？什么情况下不适宜采用该方法？

2.如何在旅游企业运用“神秘顾客”法进行市场调查？

理论知识

一、旅游市场营销微观环境的概念

旅游市场营销微观环境是与旅游企业的市场营销活动直接发生关系的具体环境，也是旅游企业生存和发展的基本环境。市场营销管理的目标是向目标市场提供有吸引力的产品和服务，而这一目标的实现会受到微观环境中各种因素的影响。

二、旅游市场营销微观环境的构成

（一）旅游企业内部环境

旅游企业内部环境的优劣，反映了一个企业应对激烈竞争和适应市场变化与环境变化的能力。旅游企业内部环境由企业组织结构、企业文化、企业资源等组成。旅游市场营销活动的进行不是孤立的过程，它必须与旅游企业内部诸多职能部门，如董事会、财务部、采购部、客房部、餐饮部、娱乐部等的工作紧密联系和相互配合。这些部门与营销部门在实际工作中会由于各自利益、活动范围和作业目标的不同而产生或大或小的矛盾与冲突。这就需要旅游企业内部各部门在决策层的统一领导和指挥下进行必要的协调，消除各种消极因素，相互配合，从而使旅游企业的整个营销活动得以高效开展。

（二）购买者

购买者是旅游企业服务的对象。旅游产品的购买者可以分为四类：旅游者、公司购买者、政府购买者和中间商购买者（营销中介）。每一类购买者都有自身的特点，旅游企业必须认真研究影响每一类购买者的因素，并在市场细分的基础上，进行企业目标市场的选择。

营销中介是指处于旅游生产者与旅游者之间，参与产品流通，促成贸易达成的集体或个人。由于旅游产品的使用权与所有权相分离，并且旅游者具有空间流动性，因此单靠旅游企业自身的力量是无法做好营销工作的，旅游企业必须利用一切可以利用的营销力量，最大限度地把本企业的产品以适当的方式、适宜的价格，在适当的地点、适当的时间销售给适当的顾客。营销中介一方面要把相关产品信息告知旅游消费者，另一方面要方便旅游者实现旅游目的。营销中介具有如下特点：购买的数量大；购买目的是获取利润；对价格、行业动态十分了解。

（三）竞争者

旅游企业在市场营销过程中，不仅要密切注意购买者的行为，而且要十分重视对竞争者行为的研究。因为大量竞争者的涌入会使旅游企业的市场份额变得相对狭小，甚至消失；旅游企业的产品也常常会由于竞争者推出了相似或更优的产品而不能获得相对优势，导致竞争失败。从购买者决策过程的角度分析，任何一个旅游企业在向目标市场提供服务时，都会遇到竞争者（包括愿望竞争者、一般竞争者、产品形式竞争者、品牌竞争者）。对竞争者进行辨认和跟踪，并采取相应的竞争策略，对旅游企业来说十分必要。

1.愿望竞争者

愿望竞争者（desired competitor）是指提供不同产品以满足消费者的不同需要的竞争者。每个理性的消费者都有许多需要，消费者只有认识到这些需要的存在，才会考虑购买问题。但是在一定时期内，每个消费者的实际购买力相对于其尚未满足的需要而言总是有限的，因此消费者的这些需要无法同时满足，从而在客观上形成了一个按轻重缓急排列的购买阶梯。例如，某个消费者迫切感到要买代步工具，从而不得不暂时放弃不是特别迫切的买衣服的想法。这样，本来互不相干的代步工具与衣服的经营者之间，由于消费者的这一抉择而形成了一种竞争关系，成为愿望竞争者。

2.一般竞争者

一般竞争者（generic competitor）是指以不同的方法满足消费者同一需要的竞争者。这是一种平行的竞争关系。例如，某个消费者经过一段时间的紧张工作之后，迫切想外出旅游，这样就使得具有不同特色的旅游目的地（山岳型、海岸型等）之间为满足旅游者的需要而形成了一般竞争者的关系。

3.产品形式竞争者

产品形式竞争者（product form competitor）是指生产同种产品，但提供不同规格、型号、款式的竞争者。也就是说，各个竞争者产品的基本功能相同，但形式、规格、性能等不同。例如，旅游者到达某一旅游目的地之后，需要解决住宿问题，这样不同档次的酒店之间便形成了产品形式竞争者的关系。

4.品牌竞争者

品牌竞争者（brand competitor）是指生产相同规格、型号、款式的产品，但品牌不同的竞争者，也称“企业竞争者”。这是企业最直接而明显的竞争对手。这类竞争者的产品的内在功能和外在形式与本企业的产品基本相同，但品牌不同。例如，某外国旅游者来北京旅游，欲住在五星级酒店，这使得不同品牌的五星级酒店（如希尔顿酒店、嘉里大酒店等）之间形成了品牌竞争者的关系。

虽然每个旅游企业都可能遇到上述四类竞争者，但实际做出竞争决策时，旅游企业往往只能把目光集中在主要竞争对手身上。一般来说，旅游企业应首先考虑应对品牌竞争者，因为品牌竞争者的威胁最大；其次考虑解决产品形式竞争者带来的问题；接下来考虑与一般竞争者之间的矛盾；最后考虑与愿望竞争者之间的关系。这样有利于旅游企业把握竞争重点，缩短战线，集中优势力量取得竞争胜利。旅游企业在分析竞争者时，切记不要犯“营销近视病”，即只看到经营与自己完全相同产品的竞争者，却忽视那些产品虽有差异，但在使用价值上有部分替代关系的竞争者。还有一些企业，虽然所从事的行业完全不同，却仍可能由于满足了消费者同一方面的需要，或者因为要争夺同一目标市场的消费者而存在竞争关系。旅游企业应该了解竞争者的发展目标和发展动向，准确判断竞争者的反应模式，从而制定正确的营销战略和策略。

（四）公众

公众是指对实现企业营销目标有实际或潜在利害关系和影响力的团体和个人。旅游企业面临的公众主要包括以下七类：

1.金融公众

金融公众是指影响旅游企业获取资金能力的财务机构，包括银行、投资公司、保险公司、信托公司、证券公司等。

2.媒体公众

媒体公众是指报纸、杂志、广播、电视等联系旅游企业和公众的大众媒介。

3.政府公众

政府公众是指负责管理旅游企业的业务和经营活动的有关政府机构，包括旅游行政管理部门、市场监督管理部门、税务机关、司法机关、公安机关等。

4.群众团体

群众团体包括各种保护消费者权益的组织、环境保护组织、少数民族组织等。

5.地方公众

地方公众是指旅游企业所在地附近的居民和社区组织。

6.内部公众

内部公众是指旅游企业内部的所有员工。由于旅游产品的生产与消费具有同一性，消费者需要参与旅游服务的生产过程，因此旅游企业的员工同时扮演着生产者、销售者、推销员、服务员等多种角色。

7.一般公众

一般公众是指一般社会公众。他们既是旅游企业产品的潜在购买者，又是旅游企业产品的潜在投资者，旅游企业应力求在他们心中树立起良好的企业形象。

公众与旅游企业的市场营销活动具有直接或间接的关系。旅游企业应高度重视公众的利益，了解公众的需求，采取有效措施满足公众的各项合理要求，有选择地参与一些力所能及的公益活动，努力塑造并保持旅游企业良好的公众形象，从而为旅游企业的市场营销活动创造良好的环境。

案例窗3-3 **西湖免费开放的成功模式**

美丽中国3-2

杭州风光

2001年，杭州市政府批准实施的《杭州市城市总体规划（2001—2020年）》中提出了城市东扩、旅游西进、沿江开发、跨江发展的城市空间发展战略。2002年9月，老年公园、柳浪闻莺公园、少儿公园和长桥公园的围栏被拆除，几个独立的小公园在打通后成为环湖大公园，向游客24小时免费开放。此后的10年间，西湖相继取消了130多个景点（占景点总数的70%以上）的门票，免费开放的景区面积超过20平方千米。对于西湖的“心意”，游客用“脚”做出了反馈。相关数据显示：2002年，杭州市旅游总人数为2 757.98万人次，旅游总收入为294亿元；2011年，杭州市旅游总人数达到7 487.27万人次，旅游总收入为1 191亿元。可见，西湖景区免门票10年，不亏反赚。

2020年，一场疫情影响了无数人的生活，也冲击着众多的行业。面对这种情况，西湖景区决定在2020年5月1日前向游客免费开放岳王庙等16处收费公园景点。2020年，杭州市全年旅游业恢复到2019年的八成以上。全年旅游人数1.76亿人次，旅游总收入3 335亿元，分别恢复到2019年同期的83%和84%。旅游休闲产业增加值下降16.3%，降幅较前三季度收窄10.5个百分点。

从整个杭州市来看，“舍”去一张门票钱，激活了“吃、住、行、游、购、娱”全方位的旅游休闲消费，“得”的是旅游产业结构的优化，以及城市现代服务业的整体发展。

资料来源 佚名. 国内旅游营销经典案例［EB/OL］.［2016-08-25］. https：//www.sohu.com/a/109215338_467981；杭州市文化广电旅游局.2020年杭州市旅游经济运行分析［EB/OL］.［2021-02-10］. http://www.hangzhou.gov.cn/art/2021/2/10/art_1229063408_3845291.html.

案例分析：西湖免费开放的成功模式，为国内其他景区的免费开放提供了丰富的经验。在诸多影响因素和条件相似的情况下，西湖免费开放的实践经验和示范效应可以帮助其他景区在免费开放的过程中少走弯路，可以为那些已经采取免费开放模式或者即将采取免费开放模式的景区提供有益的借鉴。需要指出的是，每处景区都有自己的特点和实际情况，在借鉴西湖景区免费开放模式时一定要因地制宜、因势利导，避免机械复制或生搬硬套。

实践训练

故宫实行限流措施

美丽中国3-3

北京故宫

背景资料：

2015年6月13日是故宫博物院正式实行限流8万人次的第一天。故宫博物院此次限流的目标是：实现单日接待观众不超过8万人次，全面推行实名制售票，旅行社团队全部实行网络预订门票，取消旅行社团体现场购票，提倡散客通过网络预订门票，逐步提高网络预售比例。

受新冠肺炎疫情影响，故宫博物院年接待游客人数由2019年的1 900多万降至2020年的300多万。2020年5月1日故宫博物院恢复开放时每日限流5 000人，5月12日上调至每日8 000人，7月上调至1.2万人。2021年春节期间，故宫博物院在大年初一至初六正常开放，每日预约限3万人。未来，故宫博物院每日限流将缩减至4万人。

资料来源 林志千. 对故宫限流多些理解［EB/OL］.［2015-06-15］. http: //gov.163.com/15/0615/14/AS5JSV5N00234IJO_mobile.html；北青综合. 故宫院长王旭东：未来故宫将每天限流4万人［EB/OL］.［2021-04-17］. http://news.ynet.com/2021/04/17/3237472t70.html.

实训内容：

以小组为单位，通过查找资料，从游客、旅游企业、公众等角度谈谈对故宫实行限流措施的看法，重点分析故宫限流模式可否推广到国内其他知名景区。

实训目标：

1.理解旅游企业市场营销管理的新思路。

2.培养学生对微观环境进行分析的能力。

3.培养学生对旅游市场信息进行判断的能力。

实训组织：

1.以3～4人为一个小组，由组长确定小组分工，指定1位发言人在老师提问时向全班报告本小组的结论。

2.小组成员分头查找网络或书籍资料，并在小组内分享、讨论，准备好阐述资料。

实训记录：

1.故宫为什么要实行限流措施？

2.从游客、旅游企业、公众等角度谈谈对故宫实行限流措施的看法：

____

____

3.故宫限流模式可否推广到国内其他知名景区？

____

____

效果评价：

1.以小组为单位组织交流、研讨。

2.每个小组推荐1名成员做主题发言，给出小组意见与看法。

3.从小组互评与教师评价两个方面进行评分，见表3-5。

表3-5 “故宫实行限流措施”训练项目评价表

项目主题（分值）	评价指标（分值）	标　准	小组互评（30%）	教师评价（70%）	综合得分（100%）
故宫实行限流措施（100分）	课堂研讨表现（40分）	小组研讨组织得当，全员参与，研讨运用知识、方法、技术等准确，能够从游客、旅游企业、公众等角度对故宫实行限流措施进行专题研讨			
	主题阐述（60分）	阐述的内容具有可行性、效果良好，观点新颖、独特，能够针对故宫限流模式的推广提出有针对性的看法			

4.教师与学生依据综合得分情况，确定最优陈述小组。

思政探索

故宫年票为何“一票难求”

背景资料：

“故宫年票秒没，根本抢不到”“付了3次款才成功，终于买到了”“终于抢到了故宫年票，明年继续用镜头记录故宫的四季之美”“5万张根本不够抢，能不能多放一些年票”……2022年故宫博物院年票开售之后，不少网友在故宫博物院官方微博留言，表达自己购买年票的感受。

2021年12月1日20时，2022年故宫博物院年票开售，不少网友提前登录故宫博物院售票网站、“故宫博物院观众服务”微信公众号“蹲守”，由于短时间内购买年票的观众数量过多，超出销售系统的承载能力，系统出现技术故障。12月2日11时30分，2022年故宫博物院年票恢复销售。当天14时30分，记者登录故宫博物院售票网站发现，原计划出售1个月的年票已经售罄。

2022年故宫博物院年票分全价300元、半价150元两种，每年限用10次。那么，故宫年票到底值不值？

“故宫迷”北京市民张先生说：“目前，故宫旺季票价为60元、淡季为40元。2021年，我总共去了6次故宫，共花费300多元。花300元买年票可以去10次，这样看还是相当划算的，所以我毫不犹豫购买了年票。”

当然，也有游客认为买年票不划算。90后王莅媛说，她帮同事抢到了2022年故宫年票，但自己并未购买，“感觉自己去不了10次，不划算”。

相较2021年的2万张年票，2022年故宫博物院推出5万张年票，依然供不应求。故宫博物院年票到底为何如此受欢迎？

春天拍满树的玉兰海棠，夏天看故宫猫慵懒打盹，秋天观火红的柿子挂枝头，冬天赏紫禁城雪景……对摄影爱好者来说，故宫的一年四季都充满魅力。2021年11月7日，北京迎来入冬后的首场降雪，吸引不少游客争相预约购买故宫门票。一时间，“紫禁城的初雪”迅速登上网络平台热搜话题榜，引发全国网友热议。

“无论是四季景观变化，还是恢宏大气的建筑，故宫总能带给摄影爱好者无限的创作空间。”摄影爱好者颜国良玩摄影已超过50年，他告诉记者，自己从2020年开始关注故宫年票，这次购买年票的经历可谓一波三折。“12月1日晚上，我一直刷官网，却始终无法登录。第二天上午10点又开始登录系统，大概登录了20多次，只有4次进去了，但都付不了款。本来已经失望了，没想到最后竟然抢到了一张，很惊喜。”颜国良说，他购买的是半价年票，花150元一年可以去10次故宫，感觉很划算。“明年我要多去几趟故宫，用镜头记录故宫之美。”

除了独特的美景，故宫博物院的精品展览对游客也有很大吸引力。近几年，故宫博物院推出了“丹宸永固——紫禁城建成六百年”“千古风流人物——故宫博物院藏苏轼主题书画特展”“敦行故远：故宫敦煌特展”等一系列精品展览。同时，故宫博物院根据观众需求的变化不断调整展览陈列，优化展览设计，形成了原状陈列、常设专馆、专题展览相结合的展览格局，让收藏在博物馆的文物和优秀传统文化活起来，真正融入人民群众的日常生活中。

“故宫敦煌特展很震撼，让人不禁感叹古代匠人的智慧和技艺。”90后魏茹晨是一名“故宫迷”，为了看到更多精品展览，她购买了2022年故宫年票。她还是一名汉服爱好者，在她看来，身穿汉服走在故宫，能够近距离感受古代生活、了解中华优秀传统文化。“我希望明年能多进几趟故宫，多拍一些美美的古风照片。”

为了更加生动地讲好中国故事，增强对公众特别是对青少年的吸引力，故宫博物院近年来持续推进“活力故宫”建设，通过推出故宫角楼咖啡以及“奉旨旅行”行李牌、“朕就是这样汉子”折扇、紫禁城祥瑞摆件等创意十足的文创产品，联合腾讯、QQ音乐等品牌开展跨界营销，让拥有600余年历史的故宫彰显出更多青春活力。与此同时，故宫博物院还不断推出内容丰富的宣教活动，并通过《上新了·故宫》《我在故宫修文物》《紫禁城》等节目或纪录片生动讲述中华文化和故宫历史，让故宫更接地气，也吸引了更多年轻人走进故宫、爱上故宫。

北京联合大学中国旅游经济与政策研究中心主任曾博伟认为，故宫经常推出新展览、新文创，游客每隔几个月就会发现故宫的新变化。对游客来说，故宫的吸引力是具有持续性的。同时，故宫利用官网、微博、微信公众号等多渠道开展宣传，有效吸引了公众的注意力，这些都促成了故宫年票“大卖”。

赏古代名画、了解故宫建筑和藏品、参观精品展览……如今，随着“数字故宫”项目不断推进建设，游客通过“数字故宫”微信小程序就能“游览”故宫。特别是在疫情防控常态化背景下，“数字故宫”让游客足不出户便可深入了解故宫的文化内涵。

据了解，故宫正在筹备新一期1.5万件高清文物影像的对外发布上线工作，“全景故宫”将新增200个采集点位，“故宫名画记”将新增200件绘画作品的超高清影像，1 000篇相关学术论文将上线，“数字故宫”微信小程序2.0版本也将上线。

故宫博物院有关工作人员认为，2022年年票如此受欢迎，可能与从2021年12月10日开始故宫试行所有开放日对未成年人免门票有关。“双减”政策实行以来，参观博物馆成为很多家长带领孩子开阔眼界、增长知识的重要方式，不少父母会选择在周末带孩子到故宫游览，了解悠久的中华历史和优秀的传统文化。“未成年人免门票后，家长购买年票、陪孩子游览的需求更加强烈。”

曾博伟说：“随着旅游消费的不断升级，游客不再满足于走马观花式的观光游，而是更加青睐富有文化内涵的深度游。作为讲述中华历史和中国故事的重要载体，故宫自然会受到游客追捧。此外，在疫情防控常态化背景下，中长距离旅游受到影响，不少北京市民更加关注身边的美景和游览场所，去故宫欣赏美景、了解历史的意愿自然会更加强烈了。”

资料来源　黄高原.故宫年票为何“一票难求”[N]. 中国旅游报，2021-12-09（2）.

思政目标：

围绕“故宫年票为何‘一票难求’”开展研讨，引导学生分析故宫旅游市场营销的微观环境，坚定文化自信。

研讨要求：

请结合以上资讯，从文化自信的角度谈一谈对“故宫年票为何‘一票难求’”的认识，并结合故宫文创等产品，分析故宫旅游市场营销的微观环境。

1.以小组为单位组织交流、研讨。

2.每个小组推荐1名成员做主题发言，各组围绕“故宫年票为何‘一票难求’”分享看法与体会。

3.从小组互评与教师评价两个方面进行评分，见表3-6。

表3-6　“故宫年票为何‘一票难求’”训练项目评价表

项目主题（分值）	评价指标（分值）	标　准	小组互评（20%）	教师评价（80%）	综合得分（100%）
故宫年票为何“一票难求”（100分）	课堂研讨表现（40分）	小组研讨组织得当，全员参与，研讨运用故宫的相关知识、方法、资讯等准确			
	主题阐述（60分）	阐述的内容丰富、效果良好，观点新颖、独特，能从文化自信的角度分析故宫旅游市场营销的微观环境			

4.教师与学生依据综合得分情况，确定最优陈述小组。

项目小结

旅游市场营销环境是指影响旅游市场营销管理能力的企业外部和内部因素组成的企业生态系统，它由旅游市场营销宏观环境和旅游市场营销微观环境共同构成。旅游市场营销宏观环境是指采用间接的形式，以旅游市场营销的微观环境为媒介作用于旅游企业市场营销行为的因素，它由社会环境、经济环境、政治法律环境、文化环境、技术环境、人口与地理环境等构成。旅游市场营销微观环境是与旅游企业的市场营销活动直接发生关系的具体环境，也是旅游企业生存和发展的基本环境，它由旅游企业内部环境、购买者、竞争者、公众等构成。

旅游市场营销的宏观环境和微观环境虽然分别存在于不同的空间范围内，但两者在旅游市场营销活动中缺一不可。存在于旅游企业微观环境中的可控因素，不能离开存在于旅游企业宏观环境中的不可控因素。旅游企业为了实现自己的营销目标，必须千方百计地将微观可控因素与宏观不可控因素协调起来。这种协调必须通过充分发挥旅游企业的营销能动性、恰当运用旅游市场营销的可控因素、自觉适应客观环境的要求来实现。这种使旅游市场营销的可控因素主动、自觉地适应不可控因素的过程，就是旅游市场营销环境动态平衡的过程，而这种协调与适应的目的在于更好地满足目标市场消费者的需求，实现旅游企业的可持续发展。

边听边记 3-1

项目小结

挑战自我

头脑风暴法——选择开设最成功的主题餐厅

主题餐厅是指以一系列围绕一个或多个历史的主题或其他主题为吸引标志，向顾客提供饮食所需的基本场所。主题餐厅的最大特点是赋予一般餐厅某种主题，围绕既定的主题来营造餐厅的经营氛围。餐厅内所有的产品、服务、色彩、造型以及活动都为主题服务，主题成为顾客识别餐厅的标志和产生消费行为的刺激物。

问题：

你和你的同学决定在旅游区周边开设一家主题餐厅，但这个旅游区已经开设了很多餐厅，这些餐厅能够提供各种价位及种类的餐饮服务。假设你们拥有开设主题餐厅的足够资源，那么你们所面临的问题是开设什么样的主题餐厅才可能成功。

要求：

1. 小组所有成员花5～10分钟，形成你们认为可能开设成功的主题餐厅。每个小组成员都要尽可能地发挥自己的想象力，对任何提议都不能加以批评。

2. 指定1位小组成员把所有提议写下来。

3. 用10～15分钟，讨论各个提议的优点与不足，最终确定一个使所有成员意见一致的最可能成功的方案（可配套做成PPT）。

4. 运用SWOT分析法对最终确定的主题餐厅的优点与不足、机遇与挑战进行讨论。

拓展空间

旅游消费别冷落了“游”和“娱”

《北京旅游绿皮书：北京旅游发展报告（2018）》显示，2017年，北京旅游总收入和接待总人次稳定增长，但旅游六要素中“游”和“娱”的消费水平不足，旅游消费存在结构失衡的问题。

近年来，随着生活水平的不断提高，旅游已经成为大众的主要生活方式，旅游消费对经济增长的贡献也越来越大。以北京为例，数据显示，2017年，北京实现旅游总收入5 469亿元，同比增长8.9%；旅游总人数达2.97亿人次，同比增长4.3%；旅游购物和餐饮消费额占社会消费品零售总额的24.7%。旅游消费对市场的拉动作用由此可见一斑。

不过，旅游六要素的消费并非呈现“齐步走”、皆大欢喜的态势，大有“几家欢乐几家愁”的味道，有的“吃”得满嘴流油，有的则“吃”不饱。

正如《北京旅游绿皮书：北京旅游发展报告（2018）》中所说，旅游行业延续了过去几年的良好增长态势，但也出现了旅游消费不足、“食、住、行、游、购、娱”六方面消费比重失衡等问题。2017年，北京入境旅游市场人均花费为1 306.7美元，其中“行、购、食、住”方面的花费累计占比达80%以上，“游”和“娱”方面的花费占比较小。国内游方面这样的情况更加突出，外地游客人均消费2 600元，但文化娱乐消费占比不足2%，“行、购、食、住”方面的花费累计占比在90%以上。

笔者认为，在旅游消费中，“游”和“娱”两个环节之所以受到冷落，主要有两个原因：一是不少游客的旅游观念还处在浅层次的观光层面，对“游”和“娱”重视不够。比如，很多人外出旅游，都抱着走马观花的心态，过于关注当地的美食，或者购买当地的土特产，而没有把“游”和“娱”放在心上。二是旅游市场的发展不均衡，只重视美食和特色产品的推销，而忽视了对旅游文化的提炼和宣传，特别是在“游”和“娱”的产品开发上力度不够，附加值较小，最终导致旅游市场缺乏吸引力，难以使游客产生共鸣。

试想，人们到某地旅游，如果把时间都花在交通、住宿、吃饭和购物上，留给“游”和“娱”的时间非常有限，那么应如何踏踏实实地领略当地秀美的风光和厚重的文化遗产呢？再如，旅游本是放松身心、休闲娱乐的好方式，结果游客在娱乐休闲上没有什么特色体验，反而在购物上眼花缭乱，在旅途中筋疲力尽，那么应如何感受“游”和“娱”的快乐呢？

因此，在旅游消费中，这种冷落“游”和“娱”的现象亟待改观。希望游客能够转变观念，把心思多用在“游”和“娱”上；同时，也希望各地能够从《北京旅游绿皮书：北京旅游发展报告（2018）》中得到一些启示，在“游”和“娱”的设计上开动脑筋、增加供给，提高“游”和“娱”在旅游六要素中的份额，不断增加游客的消费量。

资料来源　唐卫毅. 旅游消费别冷落了“游”和“娱”[N]. 中国旅游报，2018-09-12（3）.

思考：

旅游六要素缺一不可，无论哪项偏弱，都会直接影响旅游消费的整体结构以及游客的感受。如果“游”和“娱”缺失，会对旅游活动产生什么弊端？请结合案例，谈谈如何转变游客观念，使游客把更多的心思用在“游”和“娱”上。

4 项目四 旅游市场调研与预测

项目概述

在现代市场营销观念的指引下，旅游企业要想获得竞争优势、取得合理利润，必须从研究市场出发，对市场进行各种定性与定量的调研分析，预测目前和未来旅游市场需求规模的大小。旅游市场调研与预测为旅游企业及时掌握必要和可靠的信息、做出正确的市场营销决策提供了依据，其作用日益重要。

交互式课件4-1

旅游市场调研与预测

动画4-1

旅游市场调研与预测

项目结构

- 旅游市场调研与预测
  - 了解旅游市场调研与预测
    - 任务目标
      - 知识目标
      - 能力目标
      - 素养目标
    - 任务导入：2021年国内游客满意度达到历史最高水平
    - 理论知识
      - 旅游市场调研的定义及特点
      - 旅游市场调研的意义
      - 旅游市场调研的内容
      - 旅游市场调研的类型和过程
      - 旅游市场预测
    - 实践训练：中国旅游业发展趋势分析
    - 思政探索：又一中国旅游国际标准获得立项
  - 旅游市场调研与预测的方法
    - 任务目标
      - 知识目标
      - 能力目标
      - 素养目标
    - 任务导入：中国游客文明调查：游客素质进一步提升
    - 理论知识
      - 旅游市场调研的方法
      - 旅游市场预测的方法
    - 实践训练：旅游市场预测涉及的主要变量及其划分标准
    - 思政探索：全球旅游业结构性复苏呈现四个趋势性变化
  - 调查问卷的设计
    - 任务目标
      - 知识目标
      - 能力目标
      - 素养目标
    - 任务导入：调查显示：中国最舍得为旅游买单的是60后
    - 理论知识
      - 调查问卷的设计原则
      - 调查问卷的结构
      - 调查问卷的题型
      - 调查问卷数据的处理技巧
    - 实践训练：旅游景区客源市场及游客满意度情况调查
    - 思政探索：调查显示中国民众经新冠肺炎疫情更加支持政府

在线课堂 4-1

了解旅游市场调研与预测

任务 1　了解旅游市场调研与预测

任务目标

知识目标：了解旅游市场调研的定义及特点；了解旅游市场预测的概念及基本原则。

能力目标：能够运用旅游市场调研的知识，制订旅游企业的市场调研计划。

素养目标：培养学生对旅游市场的敏感性、前瞻性，坚定制度自信。

任务导入

2021年国内游客满意度达到历史最高水平

2022年1月，中国旅游研究院线上发布《2021年全国旅游服务质量调查报告》。报告认为，2021年，国内旅游服务质量稳步提升；国内游客满意度为82.47，同比增长1.88%，达到历史最高水平，成为疫情防控常态化形势下旅游经济高质量发展的最大亮点。

报告指出，2021年，“不合理低价游”等行业治理措施成效显著，目的地推广、基础设施建设、公共服务完善等基础性工作扎实推进，国内旅游服务质量稳步提升。53.9%的受访者认为出游体验好于2020年，游客对国内旅游目的地形象感知、游中服务、实际体验与游客需求匹配的满意度均呈现明显增长态势。

报告显示，2021年，游客普遍反馈，国内旅游服务改善显著、本地游及周边游自由度提高、创意产品有新意、性价比提高等因素提升了出游体验。但也有10.4%的游客表示，2021年出游体验不如以前，长线游受限、疫情导致旅游中断、节假日高峰出游体验不佳是主要原因。

报告建议，2022年，要推进更加精准化的疫情防控政策实施，全面保障本地、近程、散客、自驾等出游需求品质，加快释放观光、休闲和度假等弹性需求；不断深化本地休闲和异地旅游的文化参与，释放文化赋能、旅游带动的新动能；继续加大乡村文化和旅游惠民政策支持力度。

资料来源　李志刚. 2021年国内游客满意度达到历史最高水平［N］. 中国旅游报，2022-01-13（1）.

问题：

1.如何看待《2021年全国旅游服务质量调查报告》中国内游客满意度等方面的市场调研？

2.旅游企业应如何利用预测信息开发本地、近程、散客、自驾旅游市场？

理论知识

一、旅游市场调研的定义及特点

（一）旅游市场调研的定义

美国著名营销专家菲利普·科特勒认为，市场营销调研是企业系统地计划、收集、分析和报告那些与公司所面临的某种特定市场营销情况有关的资料和调查结果的活动。根据菲利普·科特勒的定义，我们认为，旅游市场调研是指运用科学的方法和手段，有目的、有系统地收集、记录、整理、分析和总结与旅游市场变化有关的不同旅游者的消费需求以及旅游市场营销活动的信息、资料，旨在帮助旅游经营者识别各种有利的市场机会，准确把握目标市场的规律，从而为旅游经营决策者提供客观决策依据的活动。

（二）旅游市场调研的特点

1.旅游市场调研是一种营销管理工具

旅游市场调研的目的在于适应旅游市场营销活动的全过程，对旅游目标市场的所有问题进行分析调查。使用旅游市场调研这种营销管理工具，可以提高旅游市场营销的针对性和有效性。

2.旅游市场调研可以协助问题解决

通过旅游市场调研，旅游管理者能够得到有关旅游者及市场行为的准确而丰富的资料，这些资料可以作为旅游市场营销决策的依据，协助旅游企业解决问题。

3.旅游市场调研必须遵循科学规范的原则

旅游市场调研活动繁杂琐碎，容易受调研人员能力和态度的影响，因此调研人员应遵循科学规范的原则，保证调研资料客观、完整。

二、旅游市场调研的意义

随着世界旅游业的发展，旅游市场的地理区域不断扩大，旅游企业需要比以往了解更多的旅游市场信息。同时，随着现代信息技术的突飞猛进，企业拥有自己的数据库和信息系统已变得越来越容易。然而，信息的收集和分析毕竟是一个动态的过程，即便建立了强大的旅游信息支持系统也不可能一劳永逸，因此旅游企业必须通过系统的旅游市场调研，掌握旅游市场的动向。旅游企业只有不断进行有针对性的旅游市场调研，更新系统信息，维护系统资源，才能了解旅游市场需求及竞争者的最新动态，进而制定出正确的旅游市场营销战略。因此，旅游市场调研对旅游企业而言具有重要意义。具体来说，旅游市场调研的意义表现在以下几个方面：

第一，旅游市场调研能使旅游企业与旅游市场环境、目标顾客保持持续的接触，及时探明目标顾客的需求变化特点，掌握市场供求平衡情况，从而为旅游企业编制旅游经营计划、制定科学的旅游市场营销决策提供依据。社会化分工体系的建立使现代旅游服务企业如同井底之蛙，越来越拘泥于在自己的服务领域埋头生产，从而错过了很多在其他领域投资发展的良好机遇。定期的市场调研能够使旅游企业从更广阔的视角去认识市场环境和目标顾客，从中发现潜在的机遇和风险，及时做出策略调整。

第二，旅游市场调研可以降低旅游企业决策失误的风险。俗话说：耳听为虚，眼见为实。由于旅游企业信息系统中的信息来源非常广泛，因此一些外来的间接信息难免会在传输过程中失真。旅游市场调研对这类信息有检验和更新的作用，在一定程度上避免了旅游企业在错误的前提下决策而引发的市场风险。

第三，旅游市场调研是市场营销活动顺利进行的保证。在制定了营销和管理策略之后，旅游企业往往只能保证策略在企业内部被无条件实施和执行，而在企业之外的市场上，策略实施效果如何、进展是否顺利，则很难找到明显的指标加以衡量。旅游市场调研的开展可以从对细小的市场因素的调查中找到企业策略的微观效果，如顾客感受、中间商建议等，并能发现策略实施过程中不尽如人意或需要改善的因素，从而及时改进或以此为鉴提出新的策略。因此，旅游企业开展经营活动，要进行充分的市场调研，不断收集和获取新的信息，从而提高企业在市场中的竞争能力。

第四，旅游市场调研能够充实和完善旅游市场信息系统，有助于旅游企业开拓新市场。旅游企业通过旅游市场调研，系统、连续地收集各方面的信息资料并输入旅游市场信息系统中，使之不断充实和完善，再凭借全面、完整的旅游信息系统，开展旅游市场预测。当一种旅游产品在某个特定的客源市场上还未达到饱和状态时，旅游企业就应着眼于新的客源市场，寻找新的旅游产品开发契机。

三、旅游市场调研的内容

（一）旅游市场供求关系调研

旅游市场供求关系是旅游市场营销领域中一个重要的元素，它把游客（顾客）、公众和旅游市场营销人员通过信息联系起来。这些信息具有以下功能：一是识别、定义旅游市场机会和可能出现的问题；二是制定、优化营销组合并评估其效果。因此，旅游市场供求关系调研的内容不仅包括游客（顾客）的心理和行为，而且包括旅游市场的潜在需求量、旅游消费者的分布及旅游消费者的特性等，涉及旅游市场营销活动的所有阶段。

（二）旅游产品调研

旅游产品调研是旅游市场供求关系调研的更深层次。旅游产品调研包括两方面内容：一是旅游产品的生命周期，旅游企业据此可以了解旅游产品适应市场的时限；二是旅游产品的特性与功能，旅游企业据此可以了解旅游产品适应市场的能力。

（三）旅游消费者购买行为调研

旅游消费者购买行为即旅游消费者为满足其个人或家庭生活而做出的购买旅游产品的决策过程。旅游消费者的购买行为是复杂的，并且会受到很多因素的交互影响。旅游企业通过对旅游消费者购买行为的调研，可以掌握旅游消费者购买行为的规律，从而制定有效的市场营销策略，实现旅游企业的营销目标。

（四）旅游广告及促销调研

旅游广告及促销调研即测验、评估旅游广告及其他各种促销手段的效果。旅游企业据此可以发现最佳促销方法，进而实现旅游消费者的有效购买。

（五）旅游营销环境调研

旅游营销环境调研即研究与旅游行业息息相关的人口、经济、社会、政治及科技等因素的变化对市场结构及营销策略的影响。

（六）旅游销售情况预测

旅游销售情况预测即对旅游业的大环境、旅游产品的销售量进行长期与短期的预测，从而为长期经营计划及短期经营计划的编制提供参考。

四、旅游市场调研的类型和过程

（一）旅游市场调研的类型

1.根据调研目的划分

根据调研目的的不同，旅游市场调研可以分为探测性调研、描述性调研和因果关系调研。

探测性调研是指在对旅游企业发生的问题缺乏认识，甚至一无所知的情况下，为了弄清楚问题的性质、产生的原因而进行的小规模调研。探测性调研有两种方法：一是收集相关资料进行经验分析；二是向熟悉情况的人士征询意见。

描述性调研是指对旅游市场上存在的客观情况如实加以描述和反映，从中找出各种因素之间的内在联系。

因果关系调研是指为了确定旅游企业各种变动因素之间的关系而进行的调研。

2.根据调研时间划分

根据调研时间的不同，旅游市场调研可以分为一次性调研、定期性调研、经常性调研和临时性调研。

（二）旅游市场调研的过程

旅游市场调研的过程如图4-1所示。

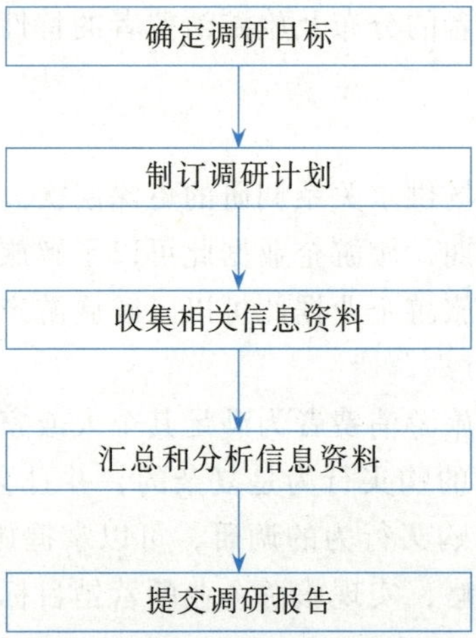

图4-1　旅游市场调研的过程

1.确定调研目标

旅游市场调研的第一步工作是确定本次调研的目标，调研目标是否准确是旅游市场调研能否成功的重要条件。根据调研目标的不同，旅游市场调研可以分为探索性调研、结论性调研、描述性调研、因果性调研、预测性调研。

2.制订调研计划

调研计划的内容可以随具体情况的不同而有所变化，但一般都应包括以下几个方面：①摘要；②调研目的；③调研内容和范围；④调研方针与方法；⑤调研进度安排和经费预算；⑥附录。

3.收集相关信息资料

收集相关信息资料是旅游市场调研实质性的工作阶段。信息资料包括第一手资料和第二手资料。第一手资料是指为特定目的而收集的原始信息资料；第二手资料是指在某处已经存在并且已经为某种目的或发生过的事情编辑起来的资料。

4.汇总和分析信息资料

获取的市场信息，无论是第一手资料还是第二手资料，都必须进行汇总和分析，这样对旅游企业才有实用价值。市场调研人员应首先对资料进行校核，校核后的资料要按内容进行分类、编码，在此基础上，利用统计方法对资料进行必要的分析。

5.提交调研报告

调研报告的格式一般由导言、正文、结论及建议、附件组成。

（1）导言

导言主要是说明市场调研的必要性，介绍调研项目的基本状况。

（2）正文

正文是调研报告的主体部分，包括概述旅游市场调研的目的、说明市场调研的方法，以及详细说明市场调研结果。

（3）结论及建议

结论及建议可以采取提出多种方案的形式给出，同时要对每一种方案的可能性及其将给旅游企业带来的收益进行说明，供旅游企业有关人员决策时参考。

（4）附件

附件是用来论证、说明正文有关情况的资料。

此外，调研人员应特别注意对调研过程中的突发事件的处理，如对被调查者恰好不在、被调查者拒绝合作、被调查者做出带有偏见性或不诚实的回答等问题的处理。

案例窗4-1　《中国共享住宿发展报告2020》发布

2020年7月21日，国家信息中心分享经济研究中心发布《中国共享住宿发展报告2020》，全面分析了2019年度共享住宿的发展情况，并对新冠肺炎疫情下共享住宿行业面临的发展困境和最新态势进行了全面跟踪和分析。

报告显示，2019年，我国共享住宿行业的交易规模约225亿元，同比增长36.4%；共享住宿行业的参与人数达到2亿，同比增长53.8%；主要平台企业融资额约1.5亿元，同比大幅下降95.5%。

报告显示，2019年房源量排名前十位的城市分别是：北京、上海、成都、广州、三亚、重庆、厦门、杭州、西安、青岛。间夜量排名前十位的城市分别是：北京、成都、重庆、上海、厦门、三亚、广州、西安、丽江、杭州。此外，2019年订单量排名前十位的城市分别是：北京、成都、广州、杭州、上海、丽江、三亚、西安、重庆、厦门。

但是，受新冠肺炎疫情影响，2020年前五个月，我国共享住宿市场交易额同比下降72.1%。随着疫情逐步得到控制，共享住宿市场自2020年3月开始回暖，市场交易额、订单量和接待人数逐渐恢复。报告预测，共享住宿行业发展长期看好，但近期仍然存在诸多不确定性。一方面，随着疫情防控的常态化和经济的全面恢复，服务消费升级不断加快，从长期来看，行业繁荣发展的基本面并不会发生根本改变；另一方面，全球疫情存在不确定性，疫情对旅游住宿服务行业的冲击持续存在，从近期来看，共享住宿行业也面临不确定性。

资料来源　伍策，尚槿.《中国共享住宿发展报告2020》新出炉［EB/OL］.［2020-07-22］. http：//travel.china.com.cn/txt/2020-07/22/content_76298933.html.

案例分析：我国共享住宿行业的发展需要更有力的政策扶持。未来，我们需要做好前期已出台政策的落地实施，进一步加强政策宣贯，注重营造更好的营商环境，充分利用“互联网+”政务平台提供便民服务；同时，应从刺激消费需求、丰富旅游住宿服务供给、创新服务方式以及加强政府与平台企业合作等多个方面，进一步加大政策引导和扶持力度。

五、旅游市场预测

（一）旅游市场预测的概念

旅游市场预测是指根据既成的市场事实，利用已有的知识、预测技术和经验，对影响市场变化的各种因素进行研究、分析、判断和估计，以掌握市场发展变化的趋势和规律的过程。

（二）旅游市场预测的基本原则

1.连贯性原则

连贯性原则要求市场调研人员把事情的来龙去脉弄清楚。

2.类推原则

类推原则是指合并同类项、同理可推的原则。

3.相关性原则

相关性原则要求市场调研人员尽量详细列举出关键点的相关影响因素。

（三）旅游市场预测的内容

1.对生产者的预测

旅游企业各个部门，尤其是对客服务的一线部门，应定期预测下一个阶段的生产能力，如市场生命周期、客房出租率、餐位周转率、员工出勤率、资金周转额、接待量、基本损耗费用、成本与利润、市场占有率等。

2.对消费者的预测

对消费者的预测包括对旅游市场需求量、潜在需求量、人均消费额、顾客的消费习惯、顾客的构成，以及顾客的兴趣、爱好、对产品价格的承受力等的预测。

3.对竞争者的预测

对竞争者的预测是指通过各种合法手段获取竞争对手尽量多的隐性信息。

（四）旅游市场预测的步骤

旅游市场预测的步骤如图4-2所示。

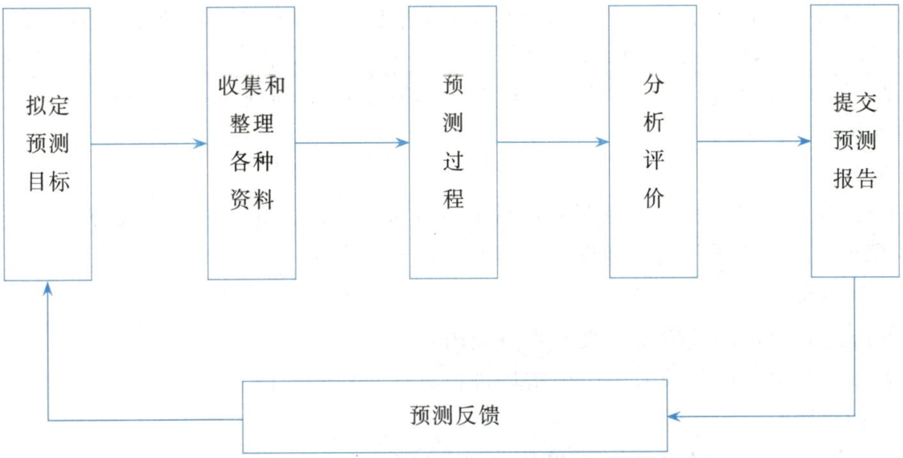

图4-2　旅游市场预测的步骤

（1）拟定预测目标。拟定预测目标的过程：预测要解决什么问题→选择不同的预测对象→编制预算→调配部门力量→保证组织实施。

（2）收集和整理各种资料。注意针对性、准确性、系统性、可比性。

（3）预测过程。对数据进行计算、归纳、总结、判断。

（4）分析评价。将做出的预测同旅游企业内外部的现实情况进行比较和分析。

（5）提交预测报告。要求有具体的预测值，同时要提出对经营管理的影响和建设。

（6）预测反馈。

实践训练

中国旅游业发展趋势分析

背景资料：

2019年，国内旅游人数达60.06亿人次，比2018年同期增长8.4%；入境旅游人数达14 531万人次，比2018年同期增长2.9%；出境旅游人数达15 463万人次，比2018年同期增长3.3%；全年实现旅游总收入6.63万亿元，同比增长11.1%。

有分析认为，旅游消费外流是对内需的分流，既阻碍了国内旅游消费需求的释放，也给国内一些企业和相关商品市场的发展造成了危害。在中国迫切需要通过提振内需来拉动经济增长的情况下，旅游消费外流对整体经济形势有不利影响。尤其是，旅游消费外流具有联动效应。例如，出境旅游消费会带来住宿、餐饮、购物等方面的消费，因此出境旅游消费会引发连带的消费外流。

其实，目前出境游和国内游两个市场之间的替代性并不强。中国社会科学院财经战略研究院的专家认为，国内游以短途、自驾自助、休闲观光为主，呈现出游距离近、出游频次多等特征。国内游和出境游满足的是不同市场消费群体的需求，或者是同一市场消费群体不同时段的需求。特别是在现行节假日政策下，能够开展出境游的假期有限。

资料来源　吕昱江．旅游贸易逆差达千亿美元引热议　供求双侧打造旅游消费工程待加力［N］．中国经济导报，2015-04-21（B01）；文化和旅游部数据中心．中华人民共和国文化和旅游部2019年文化和旅游发展统计公报［EB/OL］．［2020-06-20］．https：//www.mct.gov.cn/whzx/ggtz/202006/t20200620_872735.htm.

实训内容：

以小组为单位，利用网络调研资料进行分析、研讨，并针对“出境游会分流国内旅游需求”这一论题分正方和反方进行小组辩论。

实训目标：

1.理解旅游市场调研的定义、特点及内容。

2.能够对出境游和国内游两个市场进行有针对性的分析。

实训组织：

1.以3～4人为一个小组，由组长确定小组分工。

2.小组成员分头查找网络或书籍资料，并准备好辩论资料。

实训记录：

1.对国内游和出境游两个市场进行调研分析。

____

____

2.正方观点：

____

____

3.反方观点：

____

____

效果评价：

1.以小组为单位展开辩论，重点考核学生对旅游市场调研的定义、特点及内容的掌握，能够用数据及事实资料说明观点。

2.每个小组推荐1名成员做主题发言，给出小组意见与看法。

3.从小组互评与教师评价两个方面进行评分，见表4-1。

表4-1　　“中国旅游业发展趋势分析”训练项目评价表

项目主题（分值）	评价指标（分值）	标　准	小组互评（30%）	教师评价（70%）	综合得分（100%）
中国旅游业发展趋势分析（100分）	课堂研讨表现（40分）	小组研讨组织得当，全员参与，研讨运用相关知识、方法、技术等准确			
	主题阐述（60分）	阐述的内容具有可行性、效果良好，观点新颖、独特，能把握旅游市场调研的定义、特点及范围			

4.教师与学生依据综合得分情况，确定最优辩手。

思政探索

又一中国旅游国际标准获得立项

背景资料：

2021年11月，由文化和旅游部旅游质量监督管理所（全国旅游标准化技术委员会）牵头提案的ISO 14785《旅游及其相关服务-线上线下旅游咨询服务与要求》国际标准，以100%的投票赞成率获批国际标准化组织（ISO）立项。

2021年，文化和旅游部旅游质量监督管理所（全国旅游标准化技术委员会）组织浙江省文化和旅游厅等单位，成立了旅游国际标准化专业研究团队，顺应旅游领域的数字化、网络化、智能化发展趋势，聚焦旅游服务质量提升，以推进在线旅游咨询服务标准为出发点，向国际标准化组织提报《旅游及其相关服务-线上线下旅游咨询服务与要求》国际标准。该标准旨在引导全球各类旅游咨询服务中心充分运用数字技术，通过邮件、电话、第三方社交媒体、触摸屏等途径，提供准确、安全的线上线下旅游服务信息咨询，消除国际旅游信息咨询障碍，促进旅游业高质量发展，这对于加快推动旅游信息技术的发展，提升在线旅游预订、咨询等服务品质，推动国际旅游便利化具有重要意义。

下一步，文化和旅游部旅游质量监督管理所（全国旅游标准化技术委员会）将组织浙江省文化和旅游厅等单位，以中国牵头的旅游咨询办公室国际标准化工作组（ISO/TC 228/WG 3）为平台，持续推进旅游领域标准提案研究，不断在旅游国际标准领域贡献“中国智慧”。

资料来源　李志刚，靳畅．又一中国旅游国际标准获得立项［N］．中国旅游报，2021-11-23（2）．

思政目标：

围绕“又一中国旅游国际标准获得立项”开展研讨，引导学生学习国际标准，坚定制度自信。

研讨要求：

请结合以上资讯，从制度自信的角度谈一谈《旅游及其相关服务–线上线下旅游咨询服务与要求》国际标准的时代价值，分析该标准对旅游市场调研与预测的意义。

1.以小组为单位组织交流、研讨。

2.每个小组推荐1名成员做主题发言，各组围绕“又一中国旅游国际标准获得立项”分享看法与体会。

3.从小组互评与教师评价两个方面进行评分，见表4–2。

表4–2 “又一中国旅游国际标准获得立项”训练项目评价表

项目主题（分值）	评价指标（分值）	标　准	小组互评（20%）	教师评价（80%）	综合得分（100%）
又一中国旅游国际标准获得立项（100分）	课堂研讨表现（40分）	小组研讨组织得当，全员参与，研讨运用相关知识、方法、资讯等准确			
	主题阐述（60分）	阐述的内容丰富、效果良好，观点新颖、独特，能从制度自信的角度阐述《旅游及其相关服务–线上线下旅游咨询服务与要求》国际标准的时代价值，分析该标准对旅游市场调研与预测的意义			

4.教师与学生依据综合得分情况，确定最优陈述小组。

在线课堂4–2

旅游市场调研与预测的方法

任务2　旅游市场调研与预测的方法

任务目标

知识目标：掌握旅游市场调研与预测的方法。

能力目标：能够运用旅游市场调研的方法收集旅游市场信息。

素养目标：树立实事求是的工作态度，强化守正创新意识。

任务导入

中国游客文明调查结果：游客素质进一步提升

中国旅游报社发布了2016年开展的“展示天下奇观·感受美丽中国”国内大型文明旅游活动成果。其中一项有20多万人参加的调查活动的统计数据显示：游客素质有了进一步提升；不文明行为主要体现在环境卫生、公共秩序和文物保护等方面；游客文明旅游认知强于行为，律己行为强于律他行为；游客主要从景区、官方、电商、媒体获得文明旅游信息；习俗宣传是文明旅游建设的重点。

调查报告对下一步文明旅游建设提出了有针对性的措施：一是加大宣传力度，努力实现文明旅游教育全民化；二是提高社会监督水平，努力实现文明旅游制度规范化；三是提高景区从业人员的素质，努力实现文明旅游管理精准化。

本次活动由中国旅游报社联合全国26个省（自治区、直辖市）旅游主管部门、上海威瀚商务咨询有限公司重庆分公司（天下奇观网站）、北京零点有数数据科技股份有限公司共同举办。活动包括有奖问卷、数据分析、有奖签名等环节，共有225 292人通过天下奇观网站参加文明旅游有奖问卷活动，北京零点有数数据科技股份有限公司采集数据共计2 136条。此次活动有力地宣传了文明旅游公约及其他文明旅游的注意事项。活动面向国内展示各省（自治区、直辖市）景区的奇观，宣传祖国美丽河山，引导广大游客热爱祖国，增强文明旅游意识，规范文明旅游行为，养成文明旅游习惯，进而净化旅游环境，提高旅游质量，推动旅游事业发展。

600多家景区积极参与

活动期间，天下奇观网站免费为全国各地的报名景区搭建平台，展播景区视频，发布景区信息，开展文明旅游宣传，帮助景区在平台上自主推广，让各个景区利用平台的特殊功能向游客开展文明旅游温馨提醒活动。漠河北极村景区、台儿庄古城景区、上海野生动物园、宜昌三峡人家风景区等76家景区通过各种形式宣传了本次活动。例如，印发“特别提醒”宣传页在景区派发，在景区大门、路口、要道设置“特别提醒”易拉宝展架，通过景区电子显示屏、景区官网、微博、微信等平台宣传本次活动。

本次活动共有630家景区报名，共展示了556个景区，其中国家5A级旅游景区71个、国家4A级旅游景区322个、国家3A级旅游景区97个、国家2A级旅游景区19个。所展示的景区都符合奇特、美丽的标准，各具特色，异彩纷呈。这些视频让公众感受到了祖国山河的美，达到了通过展示美丽中国培育公众讲文明的自觉性的目的。

权威调查机构参与问卷调查

中国旅游报社协同北京零点有数数据科技股份有限公司，以文明旅游为主线，在问卷设计、信息采集、数据分析和报告撰写四个层面进行深度合作，问卷试题均经过相关部门审核。通过将北京零点有数数据科技股份有限公司旗下App采集的2 136条数据，同天下奇观网站中的225 292份数据进行整合、分析，形成最终的研究报告。

征得大量文明旅游经典用语

活动期间，公众通过天下奇观网站和天下奇观App参加有奖签名活动。共计3 000多名热心群众积极参与，通过审核的签名共2 835张。此次有奖签名活动既渲染了文明旅游的气氛，又宣传了文明旅游的经典用语。

资料来源　王一宁．中国旅游报发布中国游客文明调查结果：游客素质进一步提升［EB/OL］．［2017-01-19］．http：//images2.wenming.cn/web_wenming/jwmsxf_294/wmly/201701/t20170119_4017674.shtml.

问题：

此次中国游客文明调查运用了哪些市场调研方法？

理论知识

一、旅游市场调研的方法

（一）抽样调查

抽样调查是一种非全面调查的方法，即从全部调查研究对象中抽选一部分单位进行调查，并据以对全部调查研究对象做出估计和推断。

1.抽样调查的原则

抽样调查的原则包括：①有效原则；②可测量原则；③简单原则。

2.抽样调查的基本术语

（1）总体

总体是指根据研究目的确定的研究对象的全体。

（2）个体

个体是指总体中的每一个研究对象，又称单位。

（3）样本

样本是总体的一部分，它是由从总体中按一定程序抽选出来的那部分个体组成的集合。

（4）样本容量

样本中个体的数量称为样本容量。

（5）抽样框

抽样框是指用以代表总体，并从中抽选样本的一个框架。抽样框在抽样调查中处于基础地位，它对推断总体具有相当重要的作用。对于抽样调查来说，样本的代表性如何，抽样调查最终推算的估计值的真实性如何，首先取决于抽样框的质量。

（6）抽样比

抽样比是指在抽选样本时，所抽取的样本单位数与总体单位数之比。

（7）置信度

置信度也称可靠度，或置信水平、置信系数。由于抽取的样本具有随机性，抽样得出的结论总是不确定的，因此可以采用一种概率式的陈述方法，也就是数理统计中的区间估计法，得出估计值与总体参数在一定误差范围内的概率有多大，这个相应的概率就是置信度。

（8）抽样误差

在抽样调查中，通常依据由样本得出的估计值对总体的某个特征进行估计，当两者不一致时，就会产生误差。因为由样本得出的估计值是随着抽选样本的不同而变化的，即使估计值完全正确，它和总体指标之间也会存在差异，这种差异纯粹是由抽样引起的，故称为抽样误差。

（9）偏差

所谓偏差，也称偏误，通常是指在抽样调查中，除抽样误差以外，由其他原因引起的误差。

（10）标准差

标准差是总体各单位标准值与其平均数离差平方的算术平均数的平方根。标准差反映了组内个体间的离散程度。

3.抽样调查的种类

（1）随机抽样

随机抽样即按照保证总体中的每个单位都有同等的机会被抽中的原则抽取样本的方法。它的最大优点是在根据样本推论总体时，可以客观测量推论值的可靠程度，从而使这种推论建立在科学的基础上。因此，随机抽样在社会调查和社会研究中的应用比较广泛。常用的随机抽样方法主要有单纯随机抽样、分层抽样、系统抽样、整群抽样、多阶段抽样等。

①单纯随机抽样。单纯随机抽样又称简单随机抽样，这是一种最基本的抽样方法，又可分为重复抽样和不重复抽样。在重复抽样中，每次抽中的单位仍放回总体，样本中的单位可能不止一次被抽中。在不重复抽样中，每次抽中的单位不再放回总体，样本中的单位只能被抽中一次。单纯随机抽样的具体方法有：

第一，抽签法。将总体的全部单位逐一做标签，搅拌均匀后进行抽取。

第二，随机数表法。首先将总体的所有单位编号，然后任意规定抽样的起点和抽样的顺序，最后从随机数表中抽取样本单位号码，直到达到所需的样本容量为止。

单纯随机抽样必须有一个完整的抽样框，当总体很大时，制作这样的抽样框工作量巨大，加之影响因素很多，总体名单根本无法得到，因此在大规模社会调查中很少采用单纯随机抽样。

②分层抽样。首先依据一种或几种特征将总体分为若干个子总体，每一个子总体称为一个层；然后从每层中随机抽取一个子样本，这些子样本合起来就是总体的样本。各层样本数的确定方法有三种：

第一，分层定比法，即各层样本数与该层总体数的比值相等。例如，样本容量 $n=50$，总体单位总数 $N=500$，则 $n/N=0.1$，0.1即为样本比例，每层均按这个比例确定该层样本数。

第二，奈曼法，即各层应抽样本数与该层总体数及其标准差的积成正比。

第三，非比例分配法，即当某个层次包含的个案数在总体中所占比例太小时，为使该层的特征在样本中得到足够的反映，可人为地适当增加该层样本数在总体样本中的比例，但这样做会增加推论的复杂性。

总体中赖以进行分层的变量为分层变量，理想的分层变量是调查中要加以测量的变量。分层的原则是增加层内的同质性和层间的异质性。常见的分层变量有性别、年龄、受教育程度、职业等。分层抽样在实际抽样调查中应用广泛，在样本容量相同的情况下，分层抽样比单纯随机抽样的精度高，而且管理方便、费用少、效度高。

③系统抽样。系统抽样又称等距抽样，即单纯随机抽样的变种。在系统抽样中，先将总体从1~N编号，并计算抽样距离K（$K=N/n$，其中，N为个体总数，n为样本容

量）；然后在1~K中抽取一个随机数k_1，作为样本的第一个单位，接着抽取k_1+K、k_1+2K……，直到抽够n个单位为止。系统抽样要预防出现周期性偏差，因为周期性偏差会降低样本的代表性。例如，军队人员名单通常按班排列，10人一班，班长排第一名，若抽样距离也取10，则样本或全由士兵组成或全由班长组成。

④整群抽样，又称聚类抽样。首先将总体按照某种标准分群，每个群为一个抽样单位；然后用随机的方法从中抽取若干个群，抽中的样本群中的所有单位都要进行调查。与分层抽样相反，整群抽样的分类原则是使群间异质性小、群内异质性大。分层抽样时各群（层）都有样本，整群抽样时只有部分群有样本。整群抽样时只需要列出入样群的单位，这样可以节约大量财力、人力。整群抽样的代表性低于单纯随机抽样。

前四种抽样方法均为一次性直接从总体中抽取样本，故统称为单阶段抽样，又称单级抽样。

⑤多阶段抽样。多阶段抽样又称多级抽样，即先将抽样过程分为几个阶段，然后结合使用上述方法中的两种或数种。例如，首先用整群抽样从北京市某中等学校中抽出样本学校，其次用整群抽样从样本学校中抽选出样本班级，最后用系统抽样或单纯随机抽样从样本班级的学生中抽出样本学生。当研究总体广泛且分散时，多采用多阶段抽样，以降低调查费用。由于每级抽样都会产生误差，因此经多级抽样产生的样本，误差也会相应增大。

（2）非随机抽样

非随机抽样是指抽样时不遵循随机原则，而是按照研究人员的主观经验或其他条件来抽取样本的一种抽样方法。这种方法的适用场合包括：严格的概率抽样几乎无法进行；调查目的仅是对问题的初步探索或提出假设；调查对象不确定或根本无法确定；总体内各单位间的离散程度不大，且调查人员有丰富的调查经验。

4.抽样调查的程序

（1）界定总体

界定总体即明确调查的全部对象及范围，这是抽样调查的前提和基础。

（2）制定抽样框

抽样框可以提供抽样所用被调查对象的详细名单。在没有现成名单的情况下，可由调查人员自己编制。

（3）选择调查样本

首先确定抽样技术（是随机抽样还是非随机抽样），其次确定具体的抽样方法，最后确定样本数量。在上述问题都确定后，按要求选择调查样本。

（4）实施调查

对选定的样本运用不同的调查方法逐个进行调查，从而取得第一手资料。

（5）测算结果

测算结果即用样本指标推断总体指标的结果，具体方法包括百分比推算法和平均推算法等。测算结果是抽样调查的最后一个步骤，也是抽样调查的目的所在。

（二）文案调查

文案调查是利用企业内部和外部现有的各种信息、情报，对调查内容进行分析研究的一种调查方法。

1. 文案调查的作用

为实地调查奠定基础，明确指明应调查的问题，节省实地调查的费用及时间，协助鉴定实地调查的准确性。

2. 文案调查资料的来源

①企业内部档案，包括各项财务报表、销售记录、访问报告、平日剪报、同行资料、照片等。

②外部机构调查资料，包括政府、金融机构的统计调查报告，学术或民间机构发表的市场调查报告。

③外部刊物及索引类资料，如工商企业名录等。

④专业书籍及杂志等。

3. 文案调查的程序

（1）确定市场调查的基本目的。

（2）拟订详细的市场调查计划。

（3）收集相关资料。

（4）过滤资料。

（5）不同资料间的调整、衔接。

案例窗 4-2 **中国A级旅游景区发展呈现六大特征**

文化和旅游部资源开发司编写了《2019—2020年中国旅游景区发展报告》。该报告分为2019年中国A级旅游景区发展概况和2019年中国A级旅游景区分析报告两部分。

报告显示，截至2019年底，全国共有A级旅游景区12 402家，其中，国家5A级旅游景区280家，国家4A级旅游景区3 720家，国家3A级旅游景区6 198家，国家2A级旅游景区2 101家，国家1A级旅游景区103家。

报告指出，2019年全国A级旅游景区发展呈现以下六大特征：

一是景区数量增速放缓。低A级旅游景区数量锐减。除华东地区以外，其他地区A级旅游景区数量增速均减缓。自然生态类A级旅游景区占主导，其次是历史文化类A级旅游景区。内资民营企业性质A级旅游景区数量占比最高，事业单位性质A级旅游景区数量减少、占比下降。

二是景区游客接待量增速持续下降。各等级旅游景区游客接待量增速均下降。华东和东北地区A级旅游景区游客接待量保持小幅上升。历史文化类A级旅游景区游客接待量最大，其次是自然生态类A级旅游景区。事业单位性质A级旅游景区接待能力最强，其次是内资国营性质A级旅游景区。

三是景区旅游收入增速略有下降。除3A级旅游景区外，其他等级旅游景区收入增速均下降。除华东和东北地区以外，其他地区A级旅游景区收入增速均下降。自然生态类A级旅游景区收入占比最大，其次是历史文化类A级旅游景区。内资国营企业性质A级旅游景区收入最高，其次是事业单位性质A级旅游景区。

四是景区门票价格四连降。5A级旅游景区平均门票价格降幅最大。地区间A级旅游景区平均门票价格差距缩小。现代游乐类A级旅游景区平均门票价格最高，其次为自然生态类、产业融合类、历史文化类和其他类A级旅游景区。行政单位性质A级旅游景区平均门票价格最低，其次为其他非企业和事业单位性质A级旅游景区。

五是景区就业量小幅增长。高A级旅游景区吸纳直接就业能力最强。南方地区A级旅游景区吸纳直接就业能力较强。产业融合类和现代游乐类A级旅游景区劳动密集程度较高。内资企业性质A级旅游景区直接就业量大。

六是景区建设投资保持高速增长。中低等级旅游景区投资增速放缓。华东地区A级旅游景区投资力度进一步加大。产业融合类和现代游乐类A级旅游景区建设投资额度较大。内资企业是A级旅游景区建设的投资主体。

资料来源　李志刚. 中国A级景区发展呈现六大特征［N］. 中国旅游报，2020-12-18（1）.

案例分析：从《2019—2020年中国旅游景区发展报告》可知，中国旅游景区发展整体向好，但近年来，受新冠肺炎疫情的影响，我国旅游景区的整体发展、经营收入受到一定的负面影响。

（三）访问面谈

访问面谈是旅游市场调研中最重要、最能直接获取信息的方法。访问面谈的程序如下：

1.约见

一般来说，约见的内容主要包括以下几个方面：

①确定访问对象。

②告知访问事由。在约见访问对象时，必须告诉对方访问的原因、有何事商谈等。

③约定访问时间。约定访问时间也是约见潜在顾客的一项重要内容，若访问时间选择不当，就会给推销洽谈蒙上阴影。

④选择访问地点。选择访问地点的基本原则是方便顾客。

约见的方法一般包括电话约见、信函约见、电函约见、委托约见、广告约见，以及登门约见、名片约见等。

2.面谈

面谈是一项艺术性、技巧性较强的工作，没有固定不变的模式。随着面谈对象、环境的变化，每一次面谈都有不同的特点和要求。

（1）确定正确的洽谈方针

要保证洽谈的顺利进行，必须确定正确的洽谈方针。既要为实现自身目标而采取各种策略，又不能损害他人利益，应使双方互惠互利。

（2）营造和谐的洽谈气氛

只有洽谈气氛和谐，双方才能开诚布公地交谈。

（3）自然适时地切入正题，适当追问

与顾客之间初步建立了和谐友好的洽谈气氛后，双方就可以进入正式洽谈阶段。调研人员应巧妙地把话题转入正题，从而顺利提出面谈内容，并适当进行追问。

（4）记录回答内容

在访问期间做记录，应使用应答者语言，不要摘录或解释应答者的回答。记录的内容应包括与面谈访问目标有关的一切内容。

（5）结束访问

友好道别，预约下次会面时间，避免仓促离开。

二、旅游市场预测的方法

（一）定性预测法

定性预测法，也称判断预测法或调研预测法，是指根据预测者个人的知识、经验和主观判断，对企业未来的发展趋势做出估计和判断的一种预测方法。定性预测法要求预测者经验丰富、业务水平高、分析判断能力强。定性预测法的具体方法有：

1.管理人员判断法

管理人员判断法，又称管理估计法或经验预测法，是指旅游组织内的管理人员凭借个人经验和直觉，对组织未来的人力资源需求情况进行预测，对组织的发展方向进行判断的方法。管理人员判断法分为自下而上和自上而下两种方式。

①自下而上。由直线部门的经理向自己的上级主管提出用人要求和建议，这一要求只有征得上级主管的同意后方可落实。这种方式适用于短期预测和组织服务比较稳定的情况。

②自上而下。由公司经理先拟出公司总体用人目标和建议，然后由各级部门自行确定用人计划。旅游组织进行总体调整时采用这种方式尤其方便。

2.消费者购买意向调查法

消费者购买意向调查法，也称买主意向调查法，是指通过一定的调查方式（如抽样调查、典型调查等），选择一部分或全部潜在购买者，直接向他们了解未来某一时期（即预测期）购买商品的意向，在此基础上对商品需求或销售做出预测的方法。在缺乏历史统计数据的情况下，采用这种方法可以取得数据资料，做出市场预测。消费者购买意向调查法在满足以下三个条件的情况下比较有效：一是购买者的购买意向明确清晰；二是这种意向会转化为顾客购买行为；三是购买者愿意把其意向告诉调查者。

3.专家意见法

专家意见法，也称专家调查法，是指组织各领域的专家运用专业方面的知识和经验，通过直观归纳，对预测对象过去和现在的状况、发展变化过程进行综合分析与研究，从而对预测对象未来的发展趋势及状况做出判断的方法。专家意见法主要包括个人判断法、头脑风暴法和德尔菲法。

个人判断法是指主要依靠个别专家，对预测对象未来的发展趋势及状况做出判断的方法。头脑风暴法是指通过专家间的相互交流，引起“思维共振”，从而产生组合效应，形成宏观智能结构，进行创造性思维的方法。德尔菲法由美国兰德公司于1946年首先应用于预测领域，是指调查人员首先针对所要预测的问题征求专家的意见，并进行整理、归纳、统计，然后匿名反馈给各个专家，再次征求意见，再集中、再反馈，直至得到一致意见的方法。

（二）定量预测法

定量预测法是指依据准确、系统、全面的调查统计资料和经济信息，运用统计方法和数学模型，对企业的发展规模、水平、速度和比例关系进行预测的方法。定量预测法要求预测者熟悉查阅统计资料的方法，掌握基本的统计分析方法。定量预测法的具体方法有：

1.时间序列分析预测法

时间序列，也称时间数列或动态数列，是指将某种统计指标的数值，按时间先后顺序排列形成的数列。时间序列分析预测法就是首先编制时间序列，然后根据时间序列反映出来的发展过程和趋势进行类推，借以预测下一段时间或以后若干年内可能达到的水平的方法。

时间序列分析预测法的操作步骤如下：

①收集与整理某种社会现象的历史资料；

②对这些资料进行检查鉴别，并排成数列；

③分析时间序列，从中寻找该社会现象随时间变化而变化的规律，得出一定的模式；

④以此模式预测该社会现象将来的情况。

时间序列分析预测法是根据过去的变化趋势预测未来的发展，它的前提是假设事物的过去会延续到未来。“事物的过去会延续到未来”这个前提包括两层含义：一是不会发生突然的跳跃变化，是以相对小的步伐前进；二是过去和当前的现象能够反映现在和将来活动的发展变化趋势。因此，在一般情况下，时间序列分析预测法对于短期预测的效果比较显著，但如果延伸到更远的将来，就会有很大的局限性，导致预测值偏离实际较大，进而使决策失误。

2.回归分析预测法（因果预测法）

回归分析预测法是指在分析市场现象的自变量和因变量之间相关关系的基础上，建立变量之间的回归方程，并将回归方程作为预测模型，以此进行预测的方法。回归分析预测法是一种具体的、行之有效的、实用价值很高的市场预测方法，在对市场现象未来的发展状况和水平进行预测时，如果能将影响市场预测对象的主要因素找到，并且能够取得其数量资料，就可以采用回归分析预测法进行预测。依据相关关系中自变量个数的不同，回归分析预测法可分为一元回归分析预测法和多元回归分析预测法。在一元回归分析预测法中，自变量只有一个；在多元回归分析预测法中，自变量有两个或两个以上。依据自变量和因变量之间相关关系的不同，回归分析预测法可分为线性回归分析预测法和非线性回归分析预测法。

回归分析预测法的操作步骤如下：

第一，根据预测目标，确定自变量和因变量。明确了预测的具体目标，也就确定了因变量。例如，预测的具体目标是下一年度的销售量，那么销售量就是因变量。通过市场调查和查阅资料，寻找与预测目标相关的影响因素，即自变量，并从中选出主要的影响因素。

第二，建立回归分析预测模型。依据自变量和因变量的历史统计资料进行计算，并在此基础上建立回归方程，即回归分析预测模型。

第三，进行回归分析。回归分析是对具有因果关系的影响因素（自变量）和预测对象（因变量）进行数理统计分析。只有当自变量与因变量确实存在某种关系时，建立的回归方程才有意义。因此，作为自变量的影响因素与作为因变量的预测对象是否相关、相关程度如何，以及判断这种相关程度的准确性有多大，就成为进行回归分析必须解决的问题。

第四，检验回归分析预测模型，计算预测误差。回归分析预测模型是否可用于实际预测，取决于对回归分析预测模型的检验和对预测误差的计算。回归分析预测模型只有通过检验，且预测误差较小，才能作为最终预测模型进行预测。

第五，计算并确定预测值。利用回归分析预测模型计算预测值，并对预测值进行综合分析，确定最终的预测值。

实践训练

旅游市场预测涉及的主要变量及其划分标准

实训内容：

以小组为单位，通过查找资料，分析旅游市场预测涉及的主要变量及其划分标准。

实训目标：

掌握旅游市场预测涉及的主要变量及其划分标准。

实训组织：

1.以3~4人为一个小组，由组长确定小组分工。

2.每组指定1个发言人对旅游市场预测涉及的主要变量及其划分标准进行有针对性的阐述。

实训记录（见表4-3）：

表4-3　旅游市场预测涉及的主要变量及其划分标准

主要变量	划分标准
地区	
城市大小	

续表

主要变量	划分标准
人口密度	
气候	
年龄	
性别	
家庭人数	
家庭生命周期	
收入	
职业	
受教育程度	
宗教	
种族	
国籍	
社会阶层	
生活方式	
个性	
购买时机	
追求利益	
购买渠道	
品牌忠诚度	
使用状况	
使用率	

效果评价：

1.以小组为单位组织交流、研讨。

2.每个小组提交1份补充完整的划分标准，结合各组的填写内容，开展研讨。

3.从小组互评与教师评价两个方面进行评分，见表4-4。

表4-4　　“旅游市场预测涉及的主要变量及其划分标准”训练项目评价表

项目主题（分值）	评价指标（分值）	标　准	小组互评（30%）	教师评价（70%）	综合得分（100%）
旅游市场预测涉及的主要变量及其划分标准（100分）	课堂研讨表现（40分）	小组研讨组织得当，全员参与，研讨运用相关知识、方法、技术等准确			
	主题阐述（60分）	阐述的内容具有可行性、效果良好，观点新颖、独特，填写得当			

4.教师和学生依据综合得分，确定最优填写内容。

思政探索

全球旅游业结构性复苏呈现四个趋势性变化

背景资料：

2022年3月2日，世界旅游城市联合会与中国社会科学院旅游研究中心在北京联合发布《世界旅游经济趋势报告（2022）》。

报告预测，2022年全球旅游业结构性复苏将呈现四个趋势性变化：一是复苏产生变局。以新兴经济体、亚太板块驱动旅游经济增长的格局已被打破，旅游业更加依赖于城市。二是复苏产生断层。发达国家和欠发达国家的断层在加深，头部企业和中小企业的差异在加剧，轻资产企业和重资产企业之间产生分层。三是产业集中度提升。旅游经济向公共医疗水平高的国家集中，旅游市场向国内和周边集中。四是复苏伴随技术、认知和可持续发展变革。科技手段前所未有地全面融入，旅游数字化发展趋势加速。世界范围内正在产生一批新的IP，市场在重新认识目的地和吸引物。减碳行动正在对旅游业产生深刻影响，可持续旅游已由疫情前的可选项变为必选项。

报告显示，2021年全球旅游总人次达66.0亿人次，全球旅游总收入达3.3万亿美元，分别恢复至2019年的53.7%、55.9%。全球旅游总收入相当于GDP的比例回升至3.8%，与2019年相比下降了3.1%。2021年T20国家旅游总收入占全球比重的80.2%，比2020年提高11.8%，比2019年提高1.4%。预计2022年，国内旅游复苏情况将好于国际旅游，发达经济体旅游复苏情况将好于新兴经济体。

资料来源　黄高原. 全球旅游业结构性复苏呈现四个趋势性变化［N］. 中国旅游报，2022-03-03（1）.

思政目标：

围绕“全球旅游业结构性复苏呈现四个趋势性变化”开展研讨，强化学生的守正创新意识。

研讨要求：

请结合以上资讯，从守正创新的角度，谈一谈对“全球旅游业结构性复苏呈现四个趋势性变化”的理解，并对疫情防控常态化下旅游业的创新发展提出建议。

1.以小组为单位组织交流、研讨。

2.每个小组推荐1名成员做主题发言，各组围绕“全球旅游业结构性复苏呈现四个趋势性变化”分享看法与体会。

3.从小组互评与教师评价两个方面进行评分，见表4-5。

表4-5 “全球旅游业结构性复苏呈现四个趋势性变化”训练项目评价表

项目主题（分值）	评价指标（分值）	标准	小组互评（20%）	教师评价（80%）	综合得分（100%）
全球旅游业结构性复苏呈现四个趋势性变化（100分）	课堂研讨表现（40分）	小组研讨组织得当，全员参与，研讨运用相关知识、方法、资讯等准确			
	主题阐述（60分）	阐述的内容丰富、效果良好，观点新颖、独特，能从守正创新的角度对疫情防控常态化下旅游业的创新发展提出建议			

4.教师与学生依据综合得分情况，确定最优陈述小组。

在线课堂4-3

调查问卷的设计

任务3 调查问卷的设计

任务目标

知识目标：掌握调查问卷的结构及调查问题的设计方法。

能力目标：培养学生自主设计调查问卷的能力。

素养目标：树立实事求是的工作态度，强化守正创新意识。

任务导人

调查显示：中国最舍得为旅游买单的是60后

2021年4月在北京发布的一项调查结果显示，中国的60后群体已经成为个人旅游消费主力。2020年，有超过23.9%的60后个人旅游消费开支超过5 000元。

2021年4月28日，中国社会科学院财经战略研究院、中国社会科学院旅游研究中心及社会科学文献出版社共同在北京发布了《旅游绿皮书：2020—2021年中国旅游发展分析与预测》，书中披露了一组通过网络开展的全国性调查数据。

调查通过主问卷和补充问卷配合的方式展开。经过样本回收与清洗，共收集主问卷（A卷）8 686份，其中有效问卷6 383份，聚焦于旅游活动、旅游时间和旅游消费；共收集补充问卷（B卷）8 413份，其中有效问卷5 837份，聚焦于旅游动机、旅游障碍和旅游关注因素等。

本次调查发现，中国的60后已经成为个人旅游消费主力，80后成为家庭旅游消费主力。调查通过9个消费区间来了解受访者的旅游消费情况，分别为“0元”“1 000元及以下”“1 001～3 000元”“3 001～5 000元”“5 001～8 000元”“8 001～10 000元”“10 001～20 000元”“20 001～40 000元”“40 000元以上”，根据这9个区间形成了“0元以上”“1 000元以上”“3 000元以上”“5 000元以上”“8 000元以上”“10 000元以上”“20 000元以上”“40 000元以上”8个累计分类区间。

从8个累计分类区间来看，不同年龄段受访者的旅游消费存在差异。

在个人旅游消费开支方面，数据显示，2020年，有超过23.9%的60后个人旅游消费开支超过5 000元，70后、80后、90后、00后的这一比例分别为20.8%、23.8%、19.4%、7.9%。相比其他年龄段受访者，60后在财富积累和休闲时间方面都更为富足，是个人旅游消费主力。

在家庭旅游消费开支方面，80后是消费主力。2020年，超过46%的80后受访者的家庭旅游消费开支超过5 000元，23.9%的80后受访者的家庭旅游消费开支超过万元。

资料来源　张尼．豪横！中国最舍得为旅游买单的居然是60后［EB/OL］．［2021-04-28］．https：//www.chinanews.com.cn/sh/2021/04-28/9466642.shtml.

问题：

以调查数据为依据，查找相关资料，谈谈为何最舍得为旅游买单的是60后。旅游企业应该如何利用此项数据，做好旅游产品策划？

理论知识

一、调查问卷的设计原则

调查问卷的设计原则如下：

第一，要得到被调查者的合作，设计的问题应触及被调查者的兴趣点。

第二，问题要明确易懂，利于双方交谈。

第三，要帮助被调查者构思答案。

第四，要防止偏见。

第五，不能刁难被调查者，尽量提便于被调查者回答的问题。

第六，答案要便于数字处理。

二、调查问卷的结构

调查问卷一般由以下五部分组成：

(一) 开头

开头主要用来指导被调查者正确填写问卷。

(二) 主体

主体是问卷的核心，包括提出相关问题、提供回答方式、获得所需资料。

(三) 背景

背景是调查内容的一部分，主要用于了解被调查者的基本情况。

(四) 问卷编码

进行问卷编码的目的是便于汇总整理。

(五) 备注

备注应注明调查人姓名、调查时间、调查地点等。

三、调查问卷的题型

(一) 开放式问题

开放式问题是指在设计调查问题时，不设计备选答案，让被调查者用自己的语言来回答和解释有关想法的问题类型。调查人员没有对被调查者的回答进行任何限制，而是让其自由回答，这有利于调动被调查者的兴趣，从而得到较为深入的观点和看法。开放式问题的常用形式有：自由回答式、语句完成式、文字联想式、故事完成式。

典型例子如下：

您认为本次旅游安排还有哪些方面需要改进？

在设计开放式问题时，我们还可以采用回想法。这种方法一方面可以了解旅游者对某种旅游产品的印象、记忆程度；另一方面可以了解旅游者对行业的知晓范围。

典型例子如下：

请说出您所知道的知名酒店的名称。

(二) 封闭式问题

封闭式问题是指调查人员在提出问题的同时，还将问题的一切可能答案或几种主要答案全部列出，让被调查者从中选出一个或多个答案作为自己的回答，而不做答案以外的回答的问题类型。封闭式问题的常用形式有二项选择式和多项选择式。

1.二项选择式

二项选择式的典型例子如下：

你是希尔顿酒店的VIP会员吗？　　是□　　不是□

对于二项选择式问题的设计，还可以采用倾向偏差询问法，这种方法常在调查意见、态度的程度时使用。

典型例子如下：

我们社是国内百强旅行社之一，您是否愿意成为我们社的会员，享受更多的优惠政策？

是□　　否□

2.多项选择式

多项选择式的典型例子如下：

您这次来访的主要目的是什么？

游乐□　　会议□　　宴会□　　商务□

（三）混合型问题

混合型问题是封闭式问题与开放式问题的结合，它实质上是一种半封闭、半开放的问题类型。这种问题类型综合了开放式问题和封闭式问题的优点，具有非常广泛的用途。

混合型问题的典型例子如下：

请问您所知道的知名旅游城市有哪些？

A.北京　　B.上海　　C.西安　　D.桂林　　E.其他（请注明＿＿＿＿＿＿＿＿）

从理论上讲，调查问卷中对问题的设置还有很多方法，上述几种方法是较为常见的方法，其他方法多是从上述几种方法引申变化而来的。

四、调查问卷数据的处理技巧

（一）校验

①检验所有问卷的完整性。

②检验访问工作的质量。

③检验有效问卷的份数是否符合调研方案要求达到的比例。

（二）输入

调研人员应掌握不同的数据输入方法，并进行输入和统计。

（三）制表

所制表单包括单向表和双向交叉表两类。

（四）数据分析

进行数据分析时，可以采用的方法如下：

①累计百分比法。

②频数分布法。

③平均值法。

④集中趋势法。在统计学中，集中趋势是指一组数据向某一中心值靠拢的程度，它反映了一组数据中心点所在的位置。

案例窗4-3　　**旅游从业人员基本情况及培训意愿调查问卷**

尊敬的受访者：

您好！

我们正在进行一项有关旅游从业人员基本情况及培训意愿方面的调查，您所提供的资料将有助于我们向您提供更好的服务，希望能够得到您的支持！您所提供的个人资料我们将为您严格保密。

1.请问您的户籍：

□本地户籍 □外地户籍

2.请问您的性别：

□男 □女

3.请问您的年龄：

□20岁以下 □20～25岁 □26～30岁 □31～35岁

□36～40岁 □41～45岁 □46～50岁 □51～55岁 □56～60岁

4.请问您的文化程度：

□小学 □初中 □高中 □中专 □大专

□大学本科 □硕士研究生 □博士研究生

5.请问您的专业是：

□旅游 □外语 □管理 □经济

□其他（请注明____________________）

6.您来自哪里？

□广东 □湖南 □江西 □福建 □广西 □湖北 □江苏

□浙江 □河北 □河南 □安徽 □上海 □北京 □四川

□云南 □陕西 □香港 □澳门 □其他（请注明____________________）

7.您来本地从事旅游工作的途径是：

□学校分配 □自身选择 □单位委派 □兼职实习 □其他（请注明______________）

8.您在进入旅游行业工作之前是否有工作经验：

□已有旅游行业从业经验 □有在其他行业从业经验 □无任何工作经验

9.您在旅游行业上岗工作之前是否接受过培训：

□接受过岗前培训 □接受过专业对口教育 □无培训

10.您在旅游行业就职期间，曾经接受过：

□单位培训 □旅游系统培训 □自己进修 □以上都没有

11.您在旅游行业工作已有____年，您在现单位的工作时间已有____年，您在旅游行业内已就职过____家旅游企业。

12.您得到各种培训信息的渠道一般是：

□电视 □报纸 □杂志 □网络

□家人、朋友或同事 □单位

13.您一年内是否有转行的打算？

□有 □无

14.您目前的英语水平为：

□中学水平 □大学英语四级 □大学英语六级

□其他水平（请注明__________________________）

15.如果有可能，您在选择个人培训时，会重点考虑什么因素？（可多选）

□取得学历证书　□取得资格证书或技能证书　□取得岗位证书

□提高能力　□结识朋友　□其他（请注明＿＿＿＿＿＿）

16.在从业过程中，您觉得目前本行业最需要的是哪些方面的培训？

□英语　□其他外语（请注明＿＿＿＿＿＿）

□岗位技能（请注明＿＿＿＿＿＿）　□旅游基础知识

□相关专业知识（请注明＿＿＿＿＿＿）　□其他（请注明＿＿＿＿＿＿）

17.您目前的月收入水平为：

□500元及以下　□501～1 000元　□1 001～2 000元

□2 001～3 000元　□3 001～4 000元　□4 001～5 000元

□5 001～8 000元　□8 001～10 000元

□10 001～20 000元　□20 000元以上

18.如果可以接受培训，您愿意选择什么时间进行培训？

□周末假期　□春节、劳动节和国庆节　□行业淡季

□年假　□晚上或其他业余时间

19.您愿意接受的培训费用标准是：

□500元及以下　□501～1000元　□1 001～2 000元　□2 001～3 000元

□3 001～4 000元　□4 001～5 000元　□5 001～10 000元　□10 000元以上

20.您希望的培训时间长度为：

□1周以内　□1个月以内　□1～3个月　□3个月～半年

21.请问您以前从事以下哪种行业？

□政府机关　□制造业　□建筑业　□交通运输、仓储及邮电业

□金融保险业　□房地产业　□批发、贸易和零售业　□餐饮业

□社会服务业　□农、林、牧、渔业及采掘业　□文教体育、卫生及艺术

□一直从事旅游业　□在校学生　□其他（请注明＿＿＿＿＿＿）

22.请问您目前就职或兼职的单位属于下列哪类？请按类别填写获得的岗位资格证书。

□旅游景区　□旅游酒店　□旅行社

在旅游景区工作，您获得过哪些岗位资格证书？（请填写）

a）＿＿＿＿＿＿ b）＿＿＿＿＿＿ c）＿＿＿＿＿＿ d）＿＿＿＿＿＿

在旅游酒店工作，您获得过哪些岗位资格证书？（请填写）

a）＿＿＿＿＿＿ b）＿＿＿＿＿＿ c）＿＿＿＿＿＿ d）＿＿＿＿＿＿

在旅行社工作，您获得过哪些岗位资格证书？（请填写）

a）＿＿＿＿＿＿ b）＿＿＿＿＿＿ c）＿＿＿＿＿＿ d）＿＿＿＿＿＿

23.您在未来3～5年内，对自己所做的培训计划侧重于：

□学历方面　□学识方面　□能力方面

24.您在目前单位的岗位是：

□高层管理人员（总经理/副总经理/总监）

☐中层管理人员（部门经理/副经理）

☐主管/管理/专业人员

☐普通员工

☐兼职员工

再次感谢您的合作与参与！预祝您工作、学习愉快！

案例分析：旅游从业人员基本情况及培训意愿调查问卷中有封闭式问题，也有开放式问题，亦有混合式问题，调查人员可以从多个角度考虑调查内容。

实践训练

旅游景区客源市场及游客满意度情况调查

实训内容：

以小组为单位，通过查找资料，对所在城市的知名景区进行专题问卷设计、调查。

实训目标：

1.培养学生对市场调查问卷的设计能力。

2.培养学生对市场信息的分析能力。

实训组织：

以调查问卷为依据，通过制作PPT分析调查结果，并对景区客源市场的现状及游客满意度等进行有针对性的阐述。

实训记录：

旅游景区客源市场及游客满意度情况调查问卷（示例）

调查员基本信息：

调查时间：　　　　调查单位详细地址：

调查员姓名：　　　班级：　　　　　　学号：

以下选项可单选或多选，请根据实际调研结果综合分析后填写。

1.您的年龄为（单选）：

☐65岁及以上　　☐45～64岁　　☐25～44岁

☐15～24岁　　☐14岁及以下

2.您的文化程度为（单选）：

☐本科及以上　　☐大专　　☐中专或高中

☐初中　　☐小学及以下

3.您的职业为：

☐公务员　　☐企事业管理人员　　☐专业技术人员

☐服务/销售人员　　☐工人　　☐农民

☐军人　　☐离退休人员　　☐学生　　☐其他

4.您在景区的平均消费额度为：

□500元及以下 □501～1 000元 □1 001～2 000元

□2 001～3 000元 □3 001～4 000元 □4 000元以上

5.您前往景区的主要目的是：

□游览/观光 □休闲/度假 □探亲访友 □商务

□会议 □文化/体育/科技交流 □其他

6.您对景区的总体印象是：

□很好 □好 □一般 □差 □很差

7.您是否参加了旅行团：

□是 □否

8.您是否到周边其他景点游览：

□否

□是，游览了________、________等景点。

9.请您对景区的旅游接待设施进行客观评价（请用5分制表示，5分表示很好，1分表示差）。

评价内容	很好	好	一般	尚可	差
（1）住宿	5	4	3	2	1
（2）交通	5	4	3	2	1
（3）餐饮	5	4	3	2	1
（4）康乐	5	4	3	2	1
（5）购物	5	4	3	2	1
（6）其他设施	5	4	3	2	1

10.请您对景区的资源特色及适宜人群做简要分析：____________________

效果评价：

1.以小组为单位进行实地调研，得出数据分析报告及PPT。

2.每个小组推荐1名成员陈述调查结果。

3.从小组互评与教师评价两个方面对数据分析、PPT制作情况进行评分，见表4-6。

表4-6 “旅游景区客源市场及游客满意度情况调查”训练项目评价表

项目主题（分值）	评价指标（分值）	标 准	小组互评（20%）	教师评价（80%）	综合得分（100%）
旅游景区客源市场及游客满意度情况调查（100分）	课堂研讨表现（20分）	小组研讨组织得当，全员参与，研讨运用相关知识、方法、技术等准确			
	主题阐述（80分）	阐述的内容具有可行性、效果良好，能从调查中挖掘数据依据，数据可信度高，并进行有针对性的分析，PPT制作合理、全面			

4.教师与学生依据综合得分情况，确定最优数据分析报告及PPT。

思政探索

调查显示中国民众经新冠肺炎疫情更加支持政府

背景资料：

美国《华盛顿邮报》刊文引用一名学者的调查结果说，中国政府对新冠肺炎疫情的应对举措使中国民众更加信任和支持政府。

文章中说，加拿大约克大学一名社会学教授在2020年4月下旬之后对中国31个省、自治区、直辖市的19 816名民众进行了一对一的线上调查，调查得到了600多名中国大学生的帮助。

调查结果显示，98%的受访者表示信任中央政府，90%以上的受访者说信任地方政府。与之相比，2018年的有关调查显示，中国民众对中央政府和地方政府的信任度分别为95%和69%。

文章认为，这是中国民众对政府的真实态度。

资料来源　新华社．美媒刊文：调查显示中国民众经新冠肺炎疫情更加支持政府［EB/OL］．［2021-05-14］．http：//m.xinhuanet.com/2021-05/14/c_1127447108.htm.

思政目标：

围绕“调查显示中国民众经新冠肺炎疫情更加支持政府”开展研讨，培养学生的爱国情怀。

研讨要求：

请结合以上资讯，从爱国情怀的角度谈一谈对“调查显示中国民众经新冠肺炎疫情更加支持政府”的体会。

1.以小组为单位组织交流、研讨。

2.每个小组推荐1名成员做主题发言，各组围绕“调查显示中国民众经新冠肺炎疫情更加支持政府”分享看法与体会。

3.从小组互评与教师评价两个方面进行评分，见表4-7。

表4-7　“调查显示中国民众经新冠肺炎疫情更加支持政府”训练项目评价表

项目主题（分值）	评价指标（分值）	标　准	小组互评（20%）	教师评价（80%）	综合得分（100%）
调查显示中国民众经新冠肺炎疫情更加支持政府（100分）	课堂研讨表现（40分）	小组研讨组织得当，全员参与，研讨运用相关资讯、典型案例等准确			
	主题阐述（60分）	阐述的内容丰富、效果良好，观点新颖、独特，能从爱国情怀的角度分析疫情常态化下中国政府的责任担当			

4.教师与学生依据综合得分情况，确定最优陈述小组。

项目小结

旅游市场调研是指运用科学的方法和手段，有目的、有系统地收集、记录、整理、分析和总结与旅游市场变化有关的不同旅游者的消费需求以及旅游市场营销活动的信息、资料，旨在帮助旅游经营者识别各种有利的市场机会，准确把握目标市场的规律，从而为旅游经营决策者提供客观决策依据的活动。

边听边记4-1

项目小结

旅游市场预测是指根据既成的市场事实，利用已有的知识、预测技术和经验，对影响市场变化的各种因素进行研究、分析、判断和估计，以掌握市场发展变化的趋势和规律的过程。

挑战自我

人走茶“热”——重视答复“宾客意见书”

雨花台饭店每日例行收集“宾客意见书”，并将所有意见书上交给主管销售的周副总。一日，周副总发现了一封充满失望和不满的意见书。新疆五环外贸公司的一位陈先生出差期间下榻在雨花台饭店，住店期间饭店的服务一直非常周到，陈先生十分满意。然而在离店结账时，总台电脑显示陈先生曾在饭店的歌舞厅消费180元，但事实上，陈先生并未去过饭店的歌舞厅，陈先生要求复查。但复查两次后，电脑都显示陈先生有此消费。无奈之下，陈先生只得付了这笔冤枉钱。陈先生越想越气，临走时在“宾客意见书”中写了一首打油诗：“饭店确实豪华，收费确实离谱。从未进过舞厅，还是被剁一刀。”

周副总发现这封意见书后，心生疑窦，于是亲自调查核实，发现原来是舞厅收银员记错了房号。周副总一方面责成处理舞厅收银员的失职行为，另一方面着手联系陈先生，先是在电话里表达了歉意，后又送去了鲜花和正式的致歉信，并将多收的180元如数奉还，从而获得了一个“回头客”。

资料来源　饶勇. 现代饭店营销创新500例［M］. 广州：广东旅游出版社，2000.

问题：

请结合案例内容，针对雨花台饭店的顾客满意度信息收集谈谈自己的看法。

要求：

课外时间独立完成，给出有针对性的答案。

拓展空间

旅游市场营销信息系统

1.旅游市场营销信息系统的定义及特点

旅游市场营销信息系统是一个由人、机器和程序组成的相互联系的有机整体，用于收集、挑选、分析、评估和分配信息，供营销决策者改进、执行和控制营销计划。

旅游市场营销信息系统具有整体性、目标指向性、运行有序性三大特点。

2.旅游市场营销信息系统的构成

一个完整的旅游市场营销信息系统由四个子系统构成：内部报告系统、营销情报系统、营销调研系统和营销分析系统（如图4-3所示）。

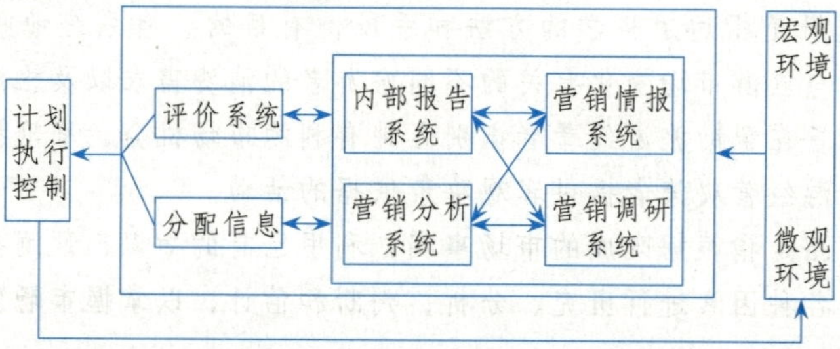

图4-3 旅游市场营销信息系统

3.旅游市场营销信息系统的作用

旅游市场营销信息系统的作用包括：能够在有限的时间内最大限度地收集信息，有利于提高旅游企业对市场的反应能力；能够使信息在最短的时间内得到最大面积的传播，有利于旅游企业采取标准、统一的行动；信息交流与沟通快捷，有利于旅游企业得到长期且准确的预报。

5 项目五 旅游者购买行为分析

项目概述

购买行为是个人、群体或组织挑选、购买、使用和处置产品、服务来满足自身需要和欲望的过程。旅游者购买行为会受到文化、社会、个体、心理等因素的综合影响。分析旅游者购买行为，有利于旅游企业提供有针对性的产品和服务。

交互式课件 5-1

旅游者购买行为分析

动画 5-1

旅游者购买行为分析

项目结构

- 旅游者购买行为分析
  - 认识旅游者购买行为
    - 任务目标
      - 知识目标
      - 能力目标
      - 素养目标
    - 任务导入 “一元旅游”再揭旅游业界痼疾
    - 理论知识
      - 旅游者购买行为的定义与特点
      - 旅游者购买行为的“黑箱”模式
      - 分析旅游者购买行为的意义
    - 实践训练 专线产品——“好摄之旅”
    - 思政探索 西江千户苗寨的见证 产业化带动旅游大提质
  - 旅游者购买行为的影响因素
    - 任务目标
      - 知识目标
      - 能力目标
      - 素养目标
    - 任务导入 王先生对旅游产品的选择和购买
    - 理论知识
      - 文化因素
      - 社会因素
      - 个体因素
      - 心理因素
    - 实践训练 跟着电影去旅行
    - 思政探索 做精导游服务 带好导游队伍——记“全国文化和旅游系统劳动模范”张晓旭
  - 旅游者购买决策的过程
    - 任务目标
      - 知识目标
      - 能力目标
      - 素养目标
    - 任务导入 从旅游社交网站说起
    - 理论知识
      - 认识需求
      - 收集信息
      - 判断选择
      - 购买决策
      - 购后行为
    - 实践训练 江西风景独好·“两天半”周末旅游线路设计
    - 思政探索 景区数字化 面向未来塑造核心竞争力

在线课堂 5-1

旅游者购买行为概述

任务1　认识旅游者购买行为

◎ 任务目标

知识目标：理解旅游者购买行为的定义与特点。

能力目标：提高对旅游者购买行为的认知、分析及把握能力。

素养目标：培养学生换位思考的习惯，坚定文化自信，培养爱岗敬业的职业素养，强化守正创新意识。

◎ 任务导入

"一元旅游"再揭旅游业界痼疾

为了招揽游客，"一元旅游"频频露面。"一元旅游"如同天上掉下来的馅饼，但馅饼背后可能存在陷阱，不仅涉嫌低价倾销，还可能诱骗游客另行购物。《中华人民共和国旅游法》第三十五条规定："旅行社不得以不合理的低价组织旅游活动，诱骗旅游者，并通过安排购物或者另行付费旅游项目获取回扣等不正当利益。"因此，"一元旅游"实际上涉嫌违法。然而，一些旅游电商与旅行社依然以超低团费揽客，强迫消费屡禁不止，不文明旅游现象依然存在。

由于门票、住宿、餐饮费用不断上涨，旅游市场的竞争日益白热化，旅行社多采取压低旅游报价的手段吸引客源，然后从降低旅游服务质量、频繁安排购物等环节中补足。多数导游不在旅行社拿工资，或者底薪非常少，他们的收入主要依赖于游客购物、参观自费景点，从中获取佣金、回扣。在这样的大背景下，旅游行业仍然存在乱象并不难理解。旅行社大幅提高团费，吸引不到客源；沿袭低报价潜规则，增加购物频率，游客又不满意。如何化解这一矛盾已成为行业的焦点。

资料来源　叶祝颐．"一元旅游"再揭旅游业界痼疾［N］．中国商报，2015-04-01（P02）．

问题：

1．"一元旅游"揭示的旅游服务及消费者购买行为的痼疾有哪些？

2．谈谈旅行社如何在遵守《中华人民共和国旅游法》的背景下，找到服务质量与价格竞争力之间的平衡点。

理论知识

一、旅游者购买行为的定义与特点

（一）旅游者购买行为的定义

在社会生活中，任何人都必须不断消费各种物质生活资料，以满足自身生理和心理的需要。因此，购买行为是人类社会中最具有普遍性的一种行为活动。旅游者购买行为是指旅游者为了满足其旅游需要，在旅游动机的驱使下产生的，以货币换取旅游产品和服务的实际行动。

现代旅游市场营销观念认为，旅游者是旅游市场营销活动的主体，旅游企业只有以旅游者为导向，才能避免市场营销工作的盲目性。在旅游市场日趋国际化、对游客的争夺空前激烈的今天，赢得旅游者已成为旅游企业得以生存的关键。

（二）旅游者购买行为的特点

1.综合性

与日常购买行为相比，旅游者购买行为更具有综合性。它不是对单项物质产品和服务的购买，而是对餐饮、住宿、交通、游览、娱乐等产品及其他服务的综合性购买。例如，旅游者到达旅游目的地，入住酒店时，并不是单纯地住宿，还要进行餐饮、康乐、会议等各项活动。

2.多样性

尽管每一次购买行为都包括餐饮、住宿、交通、游览及购物等环节，但由于旅游者的旅游动机不同，因此他们会选择不同形式的旅游活动，购买方式也千差万别。不同形式的旅游活动有不同的购买水平、购买范围，每种旅游活动购买的物质产品和服务也大不相同。另外，不同旅游者的旅游动机也可能相同，但由于其他主观因素和客观条件的制约，因此其购买行为也可能不尽相同。例如，中老年旅游者在做出购买行为决策时，多从健康的角度考虑，因此会选择如泡温泉、森林浴等不同的旅游活动。

3.不可重复性

旅游产品是一种综合性的产品，形成旅游产品的旅游吸引物、旅游设施设备以及旅游从业人员提供的服务不能转移到旅游者的居住地进行消费。同时，旅游者购买的只是对旅游产品的使用权，并没有取得对旅游产品的所有权，一旦旅游活动结束，旅游者对旅游产品的使用权将不复存在。因此，旅游者不可能将旅游产品带回居住地反复享用。

4.高档次性

旅游者购买行为的产生主要是为了满足发展和享受的需要，因此，旅游者购买行为必然具有高档次性。在旅游过程中，旅游者对物质产品和服务的要求也必然远远高于对生活必需品的要求。例如，旅游者在异地旅游时往往会出于安全、卫生、舒适，甚至炫耀的考虑而居住高星级的宾馆。

案例窗 5-1 **“慢火车”旅行折射旅游观念变化**

目前，旅游已成为一种流行的生活方式。在疫情防控常态化以及消费升级的背景下，品质游已经取代走马观花式旅游，成为市场发展新方向。游客更加注重品质和体验，愿意为高品质、好服务买单。可见，人们的旅游观正在发生迭代升级，不再一味追求景点观光，而更注重在“慢生活”中享受休闲度假的时光。

“慢生活家”卡尔·霍诺曾经指出，“慢生活”不是磨蹭，更不是懒惰，而是让速度的指标“撤退”，让生活变得细致。这是相对于当前社会快节奏生活的另一种生活方式，这里的“慢”是一种回归自然、轻松和谐的意境。以“慢火车”旅行为例，有关数据显示，我国仍有81对“慢火车”奔跑在湘西、云贵等35个少数民族地区的530个车站，每年运送旅客超过1 200万人次，其中一些铁路沿线地貌复杂、风光旖旎，是资深“驴友”的“网红打卡点”。

然而，必须正视的是，现阶段“慢生活”只是部分人群的一种生活态度。对绝大多数工薪阶层和普通市民来说，“慢生活”仍是一种奢侈品。人们能否享受“慢生活”，首先取决于经济因素和时间因素。

试想，一个整天为自己及全家老小温饱问题劳碌奔波的人，哪有条件去追求“慢生活”。同样，一个整天为任务指标所困、经常加班加点工作的人，哪有精力去享受“慢生活”？可见，若想让“慢生活”成为更多人认同并乐于尝试的消费行为，当今社会必须给人们提供一个宽松和谐的“慢环境”。

换言之，“慢火车”旅行，需要“慢环境”伴行。在经济环境方面，应不断提高中低收入人群的工资收入，不断缩小贫富差距；同时，采取宏观调控手段，发挥价格杠杆的调节作用，稳定和降低物价，增强公众消费能力，使更多人群拥有享受“慢生活”的经济条件。在时间环境方面，应进一步改革和完善带薪休假制度，增加劳动者可自行调节和安排的带薪休假日；同时，监督用人单位严格执行带薪休假制度，规范和约束节假日加班行为，让人们拥有充裕的时间和空间去享受“慢火车”旅行。

资料来源　张西流．“慢火车”旅行折射旅游观念变化［N］．中国旅游报，2022-01-20（3）.

案例分析：对许多人来说，旅行的意义就是为紧张的日常生活“降降速”，抽出时间，放空疲惫的心灵，放慢忙碌的脚步，去发现日常生活之外的美景和人情。正因为如此，虽然飞机、高铁已经十分便捷，但是乘坐“慢火车”对许多喜爱享受慢生活的游客来说，仍具有十足的魅力。

二、旅游者购买行为的“黑箱”模式

旅游者购买行为研究的核心问题是了解旅游者对各种营销刺激的反应，其中最具有代表性的就是“黑箱”模式。所谓“黑箱”，是指那些既不能打开，又不能从外部直接观察其内部状态的系统。

旅游者购买行为的“黑箱”模式如图5-1所示。

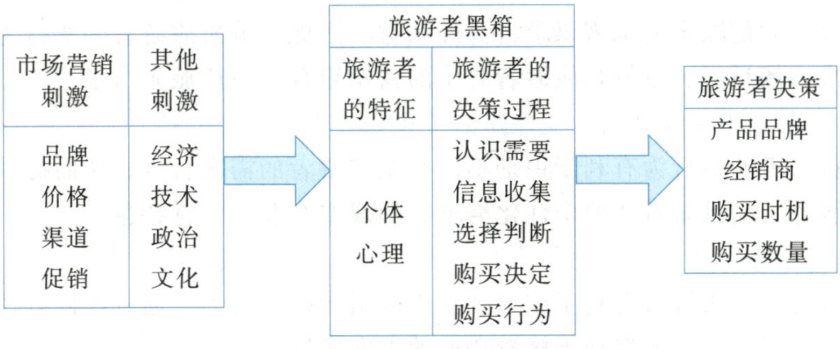

图5-1　旅游者购买行为的“黑箱”模式

资料来源　刘长英．旅游市场营销［M］．北京：北京大学出版社，2015.

从图5-1可知，旅游者购买行为的刺激因素包括两类：一类是市场营销刺激，即旅游市场上各类旅游产品的品牌、价格、渠道、促销等信息对旅游者的刺激；另一类是其他刺激，包括旅游者所处的经济、技术、政治、文化等社会环境的刺激。图5-1还表明，旅游者购买行为的“黑箱”由旅游者的特征和旅游者的决策过程两部分组成，刺激经过“黑箱”后显示的最终结果是旅游者对产品品牌、经销商、购买时机、购买数量的决策。

著名学者库尔特·勒温（Kurt Lewin）运用下列公式来表示消费者的购买行为：

$$CB=f(p,s,e)$$

式中：CB——消费者的购买行为；

p——消费者因素；

s——社会因素；

e——环境因素。

将上述消费者购买行为公式运用到旅游市场营销领域，其含义就是：旅游者购买行为是旅游者因素、社会因素和环境因素共同作用的结果。公式中的旅游者因素包括个体特征和心理特征两个方面。其中，个体特征包括旅游者的性别、年龄、职业、健康状况、生活方式、居住地等因素；心理特征包括旅游者的需求、动机、学习、态度等因素。公式中的社会因素和环境因素包括文化与亚文化、社会阶层、相关群体、角色等因素。

三、分析旅游者购买行为的意义

在我国，旅游企业将旅游市场营销工作更多地放在了展示旅游目的地资源形象方面，从而忽略了游客的体验与口碑。如果旅游企业只是被动地适应旅游者的需求，必然会付出巨大的成本，旅游企业与旅游者之间应建立一种更主动的关系。旅游企业通过分析旅游者购买行为，可以了解购买行为的特征，从而更好地为旅游者服务。分析旅游者购买行为的意义具体表现在以下三个方面：

（一）分析旅游者购买行为是旅游市场营销决策的基础

分析旅游者购买行为是旅游市场营销的重要任务，是旅游企业进行科学营销决策的基础。现代旅游市场营销奉行的是以顾客为中心的经营理念，要求旅游企业通过发现顾客需求、满足顾客需求来谋求自身的利益。因此，分析旅游者购买行为有助于旅游企业找准市场目标，以符合旅游者要求的营销组合去适应旅游市场。

（二）分析旅游者购买行为是旅游企业提供个性化服务的条件

分析旅游者购买行为有利于识别不同类型旅游者的需求特点，从而提供不同的旅游产品和服务，满足旅游者的个性化需求，形成本企业的经营特色。

（三）分析旅游者购买行为是旅游企业引导购买行为的前提

分析旅游者购买行为有利于旅游企业正确引导购买行为，通过提供有针对性的营销刺激，使购买行为朝着有利于旅游企业的方向发展。

实践训练

专线产品——“好摄之旅”

背景资料：

随着传统旅游形式的发展和深化，小众旅游群体的出游需求越来越引起旅游企业的关注。通过对长白山及周边地区的深入调研、邀请摄影专家考察，并全方位考虑摄友们的特殊需求后，上海某旅行社为摄影爱好者精心设计出了一条长白山冬季“好摄之旅”专线——长白山西坡、北坡、魔界4日游。该行程涵盖了长白山全部精华摄影点，能够拍摄雪山、雾凇、冰雕、雪雕，天气条件允许时还可以登临长白山主峰，拍摄到冬日的雪域之巅——天池。走西坡——拍摄原始风貌；入魔界——记录雾凇盛景。最值得一提的是“入魔界”，为了保证摄影团能在早晨五点半准时出发，拍到魔界的日出和雾凇，司机要在前一天夜里每隔3小时发动一次车，以保证发动机不被低温冻住。此外，此次“好摄之旅”全程无购物，配备专业向导为摄友们推荐好的拍摄点，并在每个拍摄点停留充足的时间，以便全心创作。

结束白天的拍摄后，晚上的住宿安排在长白山蓝景国际生态交流中心，摄友们可以体验身在温泉中、头发结雾凇的奇特感受。餐饮方面，旅行社安排了最地道的东北菜，如猪肉炖粉条、小鸡炖蘑菇、大拉皮等，让摄影爱好者们在近距离拍摄长白山美景的同时，感受到东北风味。摄影行程结束归来，旅行社又举办了“长白山摄影大赛”等活动，取得了较好的反响。此后，该旅行社陆续推出了“好摄之旅”系列产品，并加以推广。

- 好摄之旅·长白山西坡、北坡、魔界4日游
- 好摄之旅·霞浦4日游
- 好摄之旅·罗平油菜花、元阳梯田、建水古城6日游
- 好摄之旅·婺源赏花3日游
- 好摄之旅·青岛婚纱摄影4日自由行（含3 966元达令婚纱摄影套系）
- 好摄之旅·三亚婚纱摄影5日自由行（含4 988元圣瓦伦丁婚纱摄影套系）

实训内容：

以小组为单位，分组对“好摄之旅”旅游产品的开发进行点评，对旅行社提供个性化服务、引导购买行为方面的工作进行重点研讨。

实训目标：

理解旅游者购买行为的定义、特点和意义。

实训组织：

1.查找相关行业资料，对个性化旅游产品是否会拉动旅游需求进行研讨。

2.用调查的数据、资料说明小组的看法，进行小组阐述。

实训记录：

1.个性化旅游产品包括哪些？

____

____

2.个性化旅游产品是否会拉动旅游需求？

效果评价：

1.以小组为单位进行训练。

2.每个小组推荐1名成员做主题发言，给出小组意见与看法。

3.从小组互评与教师评价两个方面进行评分，见表5-1。

表5-1 "专线产品——'好摄之旅'"训练项目评价表

项目主题（分值）	评价指标（分值）	标准	小组互评（20%）	教师评价（80%）	综合得分（100%）
专线产品——"好摄之旅"（100分）	课堂研讨表现（40分）	小组研讨组织得当，全员参与，研讨运用知识、方法、资讯等准确			
	主题阐述（60分）	阐述的内容具有可行性、效果良好，观点新颖、独特，能对旅游消费者购买行为进行有针对性的分析			

4.教师与学生依据综合得分，确定最优陈述小组案。

思政探索

西江千户苗寨的见证　产业化带动旅游大提质

背景资料：

"游客非常喜欢刺绣，这些绣品都能卖个好价钱。"雷山县西江千户苗寨苗绣传习所内，非物质文化遗产苗绣县级代表性传承人李玉芳未曾想到，世代相传的手艺，如今成为其收入的主要来源。

李玉芳的家建在山腰上，房屋是典型的苗族吊脚楼。在西江，这样的房屋有上千座，依山就势而建，参差错落。入夜，万家灯火汇聚成灯光的海洋，美不胜收。

清澈的白水河上，几座风雨桥连接着两岸。游走在苗寨大街小巷，酸汤鱼、银球茶、银饰、苗族服饰等店面随处可见，广场上歌舞升平；嘎歌古巷里，游客在贵州绿茶品茗店中，一边听着苗族古歌一边品茗，感受浓厚的节日氛围。

曾经，西江千户苗寨由于位于雷公山深处，生产生活资源匮乏，交通不便。2008年，乘着第三届贵州旅游产业发展大会的东风，西江走上旅游开发的道路。

"阿浓苗家"餐饮店店长李银是享受到旅游发展红利的一员。"随着游客量的增多，生意越来越好，我们成立了公司，还开了分店，员工有百余人，都是当地或周边村民。"李银说，店里的食材都是订单式采购，从周边村合作社购买，春节临近，又到了旅游旺季，采购量也增多了。

近年来，西江充分用好生态环境和民族文化两个宝贝，不断加快西江景区旅游配套基础设施建设，提升旅游服务水平。同时，逐渐构建以旅游业为龙头，带动茶叶、民族工艺、特色产业互动发展的“一业”带“三产”的发展模式，真正有效实现茶、旅两大产业有机融合和农文旅深度发展。

通过旅游开发，当地注册登记的各类经营主体已超过千家，涉及“吃、住、行、游、购、娱”等旅游产业链，不仅解决了周边村寨3 000多名村民的就业问题，还带动了附近多个村寨发展养殖业、种植业。

西江千户苗寨是黔东南州全力推动旅游产业化实现新突破的一个缩影。当前，黔东南州通过大力培育市场主体，推动旅游业态升级，促进“旅游+”产业融合发展，提高旅游行业整体质量和效益，推进旅游产业化，奋力实现旅游大提质，创响“民族原生态·锦绣黔东南”旅游品牌。

资料来源　王光莉．西江千户苗寨的见证　产业化带动旅游大提质［N］．贵州日报，2022-01-18（12）．

思政目标：

围绕“西江千户苗寨的见证　产业化带动旅游大提质”开展研讨，使学生坚定文化自信，培养爱岗敬业的职业素养，强化守正创新意识。

研讨要求：

请结合以上资讯，从文化自信、爱岗敬业、守正创新的角度，查找相关资料，谈一谈对“旅游+”产业融合发展的见解。

1.以小组为单位组织交流、研讨。

2.每个小组推荐1名成员做主题发言，各组围绕“西江千户苗寨的见证　产业化带动旅游大提质”分享看法与体会。

3.从小组互评与教师评价两个方面进行评分，见表5-2。

表5-2　“西江千户苗寨的见证　产业化带动旅游大提质”训练项目评价表

项目主题（分值）	评价指标（分值）	标　准	小组互评（20%）	教师评价（80%）	综合得分（100%）
西江千户苗寨的见证　产业化带动旅游大提质（100分）	课堂研讨表现（40分）	小组研讨组织得当，全员参与，查找运用西江千户苗寨的相关资讯、案例等准确			
	主题阐述（60分）	阐述的内容丰富、效果良好，观点新颖、独特，能从文化自信、爱岗敬业、守正创新的角度阐述对“旅游+”产业融合发展的见解			

4.教师与学生依据综合得分情况，确定最优陈述小组。

在线课堂 5-2

影响旅游者购买行为的因素

任务2 影响旅游者购买行为的因素

任务目标

知识目标：掌握影响旅游者购买行为的因素。

能力目标：能对影响旅游者购买行为的因素进行分析；能将影响旅游者购买行为的因素运用于营销策划活动中。

素养目标：培养一切以旅游者的需求为中心的思考习惯，践行工匠精神。

任务导入

王先生对旅游产品的选择和购买

王先生：35岁，重庆某船运公司部门经理，月薪8 500元，从小在北方长大。

王太太：32岁，某中学历史老师，月薪4 000元，在重庆长大。

儿子：8岁，上小学二年级。

爷爷：60岁，爱好书画，退伍军人。

一个周末的夜晚，王先生一家在客厅里看电视。当电视画面中出现一群孩子在日本迪士尼乐园游玩的场景时，儿子大叫了起来："妈妈，我也要去那玩。"妈妈平静地回答说："儿子，那个迪士尼乐园在日本，一个很远很远的地方，怎么去玩啊？"儿子生气了，大声叫道："不行，不行，我要去日本，我要去那玩。"

"行，放假了爸爸带你去玩。"爸爸敷衍道。

妻子对丈夫说："你不是每年有一次带薪假期吗？"

"咋啦？"丈夫不解地反问道。

"咱们家房子也买了，儿子现在还小，爸爸有退休工资，日子还算稳定。你看人家老李家，每年都出去玩一次，咱们还是结婚前出去过几次，现在咱们是不是也该出去看看，让儿子也长长见识。"妻子答道。

"嗯。"丈夫做出了回应，但没有说什么。

"暑假快到了，你看能不能把你的带薪假期移到暑假，咱们暑假出去玩一次。"妻子把想说的话说了出来。

"好吧，不过到哪里去玩呢？"丈夫表示赞同。

"这样吧，你查一些资料，看哪里比较好玩。"妻子对丈夫说。

接下来，王先生在上班的同时，特别留意了一些旅游信息，偶尔上网查一些资料。王先生开始查了一些国内著名旅游线路的资料，如九寨沟—黄龙、昆明—大理—丽江—香格里拉、丝绸之路等，这些旅游线路对他有相当大的吸引力。王先生在电视里看过九寨沟的一些画面，那里的水美得可以让人忘记一切；他想去丽江，看看丽江的水、丽江的桥以及当地人安逸祥和的生活方式；他还想到丝绸之路去看看，去追寻张骞的足迹，去领略中华古老而灿烂的文化。王先生想去的地方太多了，一时拿不定主意。王先生想到了妻子，妻子是中学历史老师，喜欢看人文景点，特别是一些历史遗迹。王先生想，还是找一条自然资源和人文资源相结合的旅游线路吧。

问题：

1.哪些因素影响了王先生对旅游产品的选择和购买？是如何影响的？

2.在本案例中，哪些是主要影响因素？哪些是次要影响因素？

理论知识

如果旅游从业人员能够了解什么样的因素会影响旅游者的购买行为，就能更好地调整旅游产品、价格、销售渠道及促销策略，从而赢得旅游者的青睐，使旅游者做出购买行为。

旅游者购买行为主要受文化因素、社会因素、个体因素以及心理因素等方面的影响（见表5-3）。

表5-3 影响旅游者购买行为的因素

文化因素	社会因素	个体因素	心理因素
文化背景 亚文化	社会阶层 相关群体 角色	年龄 职业 生活方式 健康状况 居住地	需求 动机 学习 态度

一、文化因素

（一）文化背景

文化是某个团体所共有的，是塑造人类行为以及人类留给下一代的一组价值、规范、态度与其他含义的象征。我们诞生在某种文化中，然后不断学习、吸收这种文化，文化对个人的影响是潜移默化的。旅游者受到不同社会文化的影响，必然会形成不同的价值观念、行为偏好及认识事物的方法等，这些因素决定了旅游者的行为方式，从而也影响了旅游者的购买行为。因此，对旅游者文化背景的了解有助于旅游市场营销人员提高旅游者对其产品的接受程度。旅游企业可以通过有形的旅游产品体现出文化的特征，也可以通过塑造无形的文化环境影响旅游者的购买行为。

（二）亚文化

每一种文化都包含不同的小文化，根据人口特征、地理位置、政治信仰、宗教信仰、国家和伦理背景等，可以将一种文化分成几种亚文化。在亚文化内部，人们的态度、价值观和购买决策更加相似。亚文化的差异可能导致人们在购买什么、怎样购买、何时购买、在哪儿购买等方面产生明显的差异。因此，旅游企业要想获得营销机会并成功销售产品，必须了解一种文化，甚至是一种亚文化。

二、社会因素

（一）社会阶层

根据经济收入、社会地位、受教育程度、声望、价值观等的不同，可以将人们分成不同的社会阶层。不同社会阶层的人在生活方式、购买行为等方面具有不同的特点。由于旅游者的购买行为往往能够显示其社会地位，因此对旅游者而言，处于怎样的社会阶层之中将直接影响其购买行为。旅游者在购买旅游产品时，往往会考虑自己所处社会阶层中其他旅游者的购买选择。所以，旅游企业有必要了解不同社会阶层人士的消费观念，这样才能有效提供满足不同阶层人士需要的旅游产品。

（二）相关群体

人活在世上，总会受到不同群体的影响，如朋友、亲戚、家人、邻居、明星等，这些群体统称为相关群体。相关群体的态度会影响旅游者的态度，进而影响旅游者的购买行为。

其中，家庭成员对购买行为的影响是非常重要的。人一生中的大部分时间都是在家庭中度过的，个人的价值观、信念、态度和言谈举止等无不会受到家庭成员的影响。不仅如此，家庭还是一个购买决策单位，家庭购买决策制约和影响着每个家庭成员的购买行为；反过来，家庭成员又会对家庭购买决策施加影响。同时，家庭所处的不同发展阶段也会对一个家庭的购买行为产生重大影响，如无子女的青年家庭往往对旅游十分感兴趣，而刚生小孩的家庭可能较少关注旅游。

（三）角色

每个人在社会上都扮演着不同的角色；同时，在不同的场合，人们的角色也可能不同。角色代表了一定的身份，旅游者的购买行为要与其角色相适应。例如，跟父母出去旅游和跟同学出去旅游，你的购买行为就会不一样。跟父母出去旅游，你可能会依赖父母帮你安排一切；跟同学出去旅游，你就需要独立购买自己想要的旅游产品。

三、个体因素

（一）年龄

不同年龄的旅游者购买的旅游产品会有一定的差别。一般来讲，年轻人喜欢富有刺激性、冒险性，以及体力消耗较大的旅游活动；老年人则偏好节奏舒缓、舒适并且体力消耗较小的旅游活动。同时，年龄是划分旅游市场的传统标志之一，旅游企业应针对不同年龄群体的需求，提供不同的旅游产品。

（二）职业

职业决定了人们的收入和社会地位，不同职业的人群对旅游产品的追求不同，职业的差异也决定了旅游者购买能力的差异。同时，不同职业的人所拥有的闲暇时间也不一样，如教师的闲暇时间较多并且主要集中在寒暑假，旅游企业可根据不同职业的特点，设计出满足不同职业人群需要的旅游产品。

（三）生活方式

生活方式不同，旅游者的购买行为也不同。例如，平时花钱如流水的人在购买旅游产品的时候可能不会注意价格问题，而平时很节俭的人比较在意旅游产品的价格，喜欢购买便宜又实惠的旅游产品。

（四）健康状况

旅游过程中需要付出一定的体力，旅游者的身体健康状况决定了旅游者能否完成当次旅游活动，因此，旅游者一般会根据自己的健康状况购买适合自己的旅游产品。例如，患有心脏病的人一般不会选择蹦极、过山车等刺激性的旅游产品，他们只能在身体条件允许的范围内选择刺激性小的旅游产品。健康状况不同的旅游者对交通工具、住宿设施及饮食的要求也有很大差异。健康状况有时也会影响到旅游者的心理状况，从而间接影响旅游者的购买行为。

（五）居住地

居住地也是影响旅游者购买行为的重要因素。一方面，居住地的地形、地貌、气候及水文等构成了该地区居民生活经历中的重要部分，这方面的生活经历会促使旅游者寻找地理要素上有差异的旅游目的地。另一方面，居住地的地理位置表明了旅游者距离旅游景点的远近。近距离的旅游目的地由于出行方便、时间和金钱上支出少，因此能够吸引更多的旅游者；远距离的旅游目的地可以给旅游者带来吸引力，但也会带来遥远感，旅游者在时间和金钱上的问题较突出。

四、心理因素

（一）需求

需求是由于旅游者在心理和生理上缺乏某种东西而产生的。人首先要产生旅游需求，然后才可能做出购买行为。马斯洛的需求层次理论将人类的需求从低到高分为五种，分别是：生理需求、安全需求、社交需求、尊重需求和自我实现需求（如图5-2所示）。

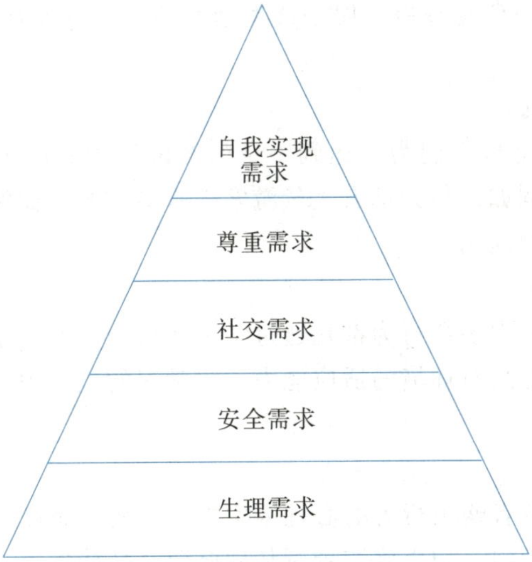

图5-2　马斯洛需求层次理论

在线课堂5-3

游客异议的理论分析

马斯洛认为，当低层次的需求得到相对满足后，就会出现高一层次的需求，如此逐步上升。例如，人们对食物的需求属于生理需求，当生理需求得到满足后，人们就会出现安全需求。

（二）动机

旅游动机的产生以旅游需求的产生为基础，旅游动机是做出购买行为的先导，但并不一定能转化成购买行为。人们总是同时具有多种需求，如果其中某种强烈的需求得不到满足，就会有一种内在动力驱使人们采取行动，这就是所谓的“动机”。一般来说，旅游动机可分为以下五种：

1.身心方面的动机

身心方面的动机主要是指为了缓解身体上的疲劳、排除心理上的压力以及寻求精神上的乐趣而产生的旅游动机。人们在日复一日乏味、繁忙、长时间的工作后，不仅会感到身体疲劳、精神疲惫，心理上也容易产生压抑感，这一切都会损害人们的身心健康，影响人们的正常工作。为了让自己的身体更加健康，人们会寻求放松心情的机会，于是便产生了旅游动机，包括度假、疗养、参加体育活动、参加消遣娱乐活动、观光等。旅游企业可以通过打“健康牌”来吸引旅游者购买。

2.文化方面的动机

人们总是有各种各样的好奇心，为了探索自然和社会奥秘，认识和了解异国他乡的历史、民族文化、风土人情、经济政治、宗教信仰，丰富自己的知识，从而产生了旅游动机。

3.社会方面的动机

社会方面的动机是指为了进行社会交往，保持与社会的经常接触而产生的旅游动机，如探亲访友、旧地重游、开展社交活动、宗教朝圣等。

4.地位和声望方面的动机

人们认为，旅游产品档次的高低，体现了旅游者的社会地位及身份的高低。为了体现个人成就，得到别人的赏识，获得良好的声誉，旅游者往往会通过一定档次的旅游产品来体现自己的地位及身份。属于这类动机的旅游行为有事务旅游、会议旅游、考察旅游以及求学旅游等。

5.经济方面的动机

经济方面的动机是指人们为了达到一定的经济目的而产生的旅游动机，包括贸易、经商、购物等。例如，每天都有大量游客去香港旅游，而游客去香港旅游的主要目的是购买物美价廉的商品。

（三）学习

学无止境，人类的大多数行为都是通过学习获得的。通过学习，旅游者可以获得丰富的知识和经验，提高对环境的适应能力。在学习的过程中，旅游者的购买行为也在不断调整和改变。

（四）态度

态度也是影响旅游者购买行为的心理因素之一。所谓态度，是指个体对特定对象所持有的稳定的心理倾向。如果旅游者对某种旅游产品持肯定态度，就会对这种旅游产品“穷追不舍”；如果旅游者对某种旅游产品持否定态度，就可能会采取躲避或拒绝的行动。所以，态度会影响旅游者对旅游产品的判断与评价，影响旅游者的购买意向，进而影响旅游者的购买行为。

实践训练

跟着电影去旅行

背景资料：

2015年9月，由徐峥执导并领衔主演的电影《港囧》正式上映。徐峥结合在香港拍摄期间的生活经历精心设计了旅游路线。徐峥表示，希望观众在看完《港囧》之后，能够亲自体验一次非凡香港之旅。

美丽中国5-1

香港风光

2020年1月，徐峥自导自演的喜剧电影《囧妈》上映。在这部电影中，徐峥意外坐上了开往俄罗斯的K3次列车。复古的颜色，质朴的模样，一路的美景，让人感受到了浪漫随性的文艺气息。《囧妈》上映后带火了这趟K3次列车，激发了人们对坐着火车慢旅行的向往。

K3次列车从中国北京始发，途经蒙古国，终点是俄罗斯莫斯科，运行横贯欧亚大陆，是中国铁路开行里程最长的旅客列车。K3次列车每星期三由北京站发车，每星期四经由乌兰巴托站，于星期一到达莫斯科雅罗斯拉夫尔站。绵延的华北山峦、广阔的蒙古草原、清澈的贝加尔湖、美丽的白桦林等都是这条线路上的优美风光。一路向北，坐着火车去俄罗斯是不错的选择。

资料来源　佚名.《港囧》抢先看　跟徐峥体验非凡香港［EB/OL］.［2015-09-21］. https://travel.163.com/15/0921/18/B42B0K1S00063KE8.html；佚名. 跟着《囧妈》带火的旅游火车，一路向北［EB/OL］.［2020-02-11］. https://baijiahao.baidu.com/s?id=1658217872899440394&wfr=spider&for=pc.

实训内容：

以小组为单位，分析两部影片对旅游者购买行为的影响。小组成员分工合作，寻找一例影视旅游营销的经典案例，并截取部分影视片断或制作专题PPT进行分析介绍。

实训目标：

通过对旅游者消费动机的分析，把握旅游者购买决策的影响因素，培养学生的市场营销能力。

实训组织：

1.以3~4人为一个小组，由组长确定小组分工。

2.查找与旅游相关的影视资料，并做好阐述准备。

实训记录：

1.分析两部影片对旅游者购买行为的影响：

2.旅游营销的经典案例：

3.该案例的营销价值分析：

____

____

效果评价：

1.以小组为单位组织交流、研讨。

2.每个小组推荐1名成员做主题发言。

3.从小组互评与教师评价两个方面进行评分，见表5-4。

表5-4 “跟着电影去旅行”训练项目评价表

项目主题（分值）	评价指标（分值）	标 准	小组互评（20%）	教师评价（80%）	综合得分（100%）
跟着电影去旅行（100分）	课堂研讨表现（40分）	小组研讨组织得当，全员参与，研讨运用知识、方法、资讯等准确			
	主题阐述（60分）	阐述的内容具有典型性、效果良好，观点新颖、独特，能挖掘影视旅游的亮点，并能从旅游体验及消费决策的角度阐述影视旅游的推介作用			

4.教师与学生依据综合得分，确定最优陈述小组。

思政探索

做精导游服务　带好导游队伍
——记“全国文化和旅游系统劳动模范”张晓旭

背景资料：

“我非常高兴以一名文旅人、导游员的身份走进校园，带着同学们来一场‘红色文化之旅’，一起学习红色文化，传承太行精神，把山西的红色故事讲给更多人听。”2021年12月3日，张晓旭随山西省文化和旅游厅主办的“红色旅游进校园公益活动”走进太原市第二十四中学的课堂。从左权将军到太行奶娘、从沁源围困战到长乐村伏击战，她带领同学们重温发生在太行山抗日根据地的英雄故事，理解太行精神的科学内涵和精神实质，感悟太行精神的时代价值。

张晓旭于2008年加入导游队伍，现任山西荣时旅行社有限公司副总经理、导游员。2019年，她在第四届全国导游大赛中获得“金牌导游员”称号。2021年，她被评为“全国文化和旅游系统劳动模范”。在10多年的导游职业生涯里，她始终秉承“游客为本，服务至诚”的行业精神，坚守初心，讲好山西故事，传播中国声音，努力做一名优秀的文化使者。

游客至上，扎实做好导游工作

张晓旭始终认为，只有加强“四史”学习教育，不断筑牢思想根基、升华理想信念，才能真正讲活历史故事，用活红色资源。“在平时的工作中，我总喜欢探索和挖掘发生在那个烽火年代的故事，以小见大地反映红色文化的精神内涵。”她说。

导游是服务型职业，责任重大，使命光荣。张晓旭已经累计接待旅游团300余个，服务游客上万人次。在经年累月的工作中，她早已将带团流程、景点讲解等烂熟于胸，但仍然秉承“把每一次带团都当作第一次”的理念，始终坚持“游客至上”，用细心、耐心、诚心为游客提供热情周到的服务。

为了让自己的讲解更具特色，张晓旭坚持勤奋学习、刻苦钻研。只要有时间，她就会去图书馆看书学习、查阅资料。她注重收集历史故事，尽量将故事内容融入导游词，深入浅出，让游客耳目一新。为了让游客在山西获得美好、有趣的旅游体验，她还不断丰富才艺，大同数来宝、太原莲花落，她都信手拈来。

2019年9月，张晓旭代表山西省1.8万名导游员参加第四届全国导游大赛，获“金牌导游员”称号。同年10月，山西省文化和旅游厅在全省导游行业开展了向金牌导游张晓旭学习的活动。她说，这既是荣誉，也是动力，更是一份沉甸甸的责任。

坚守匠心，传播好山西声音

在日常工作中，除了带团，张晓旭还在品牌旅游产品设计、导游员团队建设以及宣传山西文化和旅游资源等方面下功夫，努力承担更多责任。

为了落实好“游山西・读历史”山西旅游品牌建设工作，张晓旭带领团队设计推出了亲子系列产品“寻觅三晋地质之旅”、中老年产品“一路奇迹阅晋陕”、青年客户产品“新山西新玩法”等各类山西旅游线路，获得了行业认可，也让更多游客认识了山西、了解了山西、爱上了山西。

疫情对每一位文旅人来说都是极大的考验。2020年，张晓旭一边通过互联网会议平台开展培训，让员工“停工不停学”，一边带领公司骨干参与山西省文化和旅游厅主办的“谁不说俺山西美，金牌导游带您游”活动，参与“游山西・读历史”大型访谈类节目《山河天地间》等，变身网络旅游达人，带着数百万粉丝一同“云”游山西，用实际行动履行优秀导游员的职责。

2021年10月，在张晓旭的带领下，山西荣时旅行社有限公司导游部推出了以“提高服务质量，打造个人IP”为主题的培训课程，旨在为导游员提供新思路、新渠道，努力让每位导游在适应行业升级的同时提高个人能力。

勇于创新，发挥榜样引领作用

张晓旭始终铭记重托，不忘为山西的文化和旅游事业添砖加瓦。2020年，在各级领导的关心和支持下，张晓旭导游创新工作室正式挂牌成立。

张晓旭说，成立导游工作室，是想通过这个平台充分发挥“传帮带”作用，总结工作经验，探索成长规律，带动更多优秀导游组成团队，创新学习形式，将从业经验、基础知识、行业正能量传递给新生代导游。

导游是一份相对自由的职业，也正是因为这样的工作特点，导游很难养成自觉、主动学习的习惯。为此，工作室邀请优秀导游联合开展培训，努力吸引更多导游加入学习队伍，提高大家的业务能力和执业荣誉感。

“工作室成立以来，我们采用线上、线下相结合的方式，开展培训活动400余课时。”张晓旭说。

在大家的密切协作下，工作室制作培训课件30余套，编辑专业书籍200余册，培训体系日臻完善，培训内容更加丰富务实，实现了导游工作各个环节的闭环培训和实操应用。

工作室还组建了3个“传帮带”小组，培训新晋导游20余人。新晋导游可独立带团比例达到80%，团队满意度达到90%以上。4个月内，工作室就收获锦旗21面、表扬信17封。

张晓旭将个人的职业理想和文旅事业发展融为一体，从一名向导、讲解员，成长为历史文化的传播者、文明旅游的倡导者、游客安全的守护者、绿色环保的志愿者，在多种角色转换中肩负起导游职业的使命和担当，用实际行动发扬和践行了导游的时代精神。

张晓旭认为，在文旅融合的时代背景下，导游不仅要用人文关怀去提升服务水平，更要尊重文化、善于学习、敢于创新，用文化自信去提升职业能力，只有不断发扬工匠精神，才能成长为一名优秀的导游。

资料来源 王文华. 做精导游服务 带好导游队伍——记“全国文化和旅游系统劳动模范”张晓旭［N］. 中国旅游报，2022-01-18（6）.

思政目标：

围绕“做精导游服务 带好导游队伍——记‘全国文化和旅游系统劳动模范’张晓旭”开展研讨，使学生理解爱岗敬业的内涵，践行工匠精神。

研讨要求：

请结合以上资讯，从爱岗敬业、工匠精神的角度，谈一谈对“用文化自信去提升职业能力，不断发扬工匠精神，成长为一名优秀导游”的体会。

1. 以小组为单位组织交流、研讨。

2. 每个小组推荐1名成员做主题发言，各组围绕“全国文化和旅游系统劳动模范”张晓旭的事迹分享看法与认识。

3. 从小组互评与教师评价两个方面进行评分，见表5-5。

表5-5 “做精导游服务 带好导游队伍——记‘全国文化和旅游系统劳动模范’张晓旭”训练项目评价表

项目主题（分值）	评价指标（分值）	标准	小组互评（20%）	教师评价（80%）	综合得分（100%）
做精导游服务 带好导游队伍——记“全国文化和旅游系统劳动模范”张晓旭（100分）	课堂研讨表现（40分）	小组研讨组织得当，全员参与，研讨运用知识、案例等准确			
	主题阐述（60分）	阐述的内容丰富、效果良好，观点新颖、独特，能从爱岗敬业、工匠精神的角度阐述对“用文化自信去提升职业能力，不断发扬工匠精神，成长为一名优秀导游”的体会			

4.教师与学生依据综合得分情况，确定最优陈述小组。

任务3 旅游者购买决策的过程

在线课堂 5-4

旅游者购买决策的过程

任务目标

知识目标：掌握旅游者购买决策的过程。

能力目标：通过对旅游者购买决策过程的研究，把握旅游者购买行为背后的规律，提高学生的市场营销能力。

素养目标：培养对旅游者购买决策的分析能力，强化守正创新意识。

任务导入

从旅游社交网站说起

旅游社交的基础是旅游，游记、攻略、点评等都是凝聚用户的方式。通过这些方式吸引并留住用户，将旅游这种低频需求转化成频度稍高的需求，为用户提供消费决策支持，是旅游和社交的结合点。通过建立旅游社交网站形成一个闭环，用户从产生兴趣、选择到购买，在企业旗下的网站都能完成，不会流失。

现今的旅游网站在满足用户需求方面仍有许多不尽如人意之处，除了在线预订部分，其他项目仍有较大的改进空间。

1.选择目的地

可能是在某个电视节目或某本书上看过，于是心驰神往，也可能是朋友推荐说那里不错，还可能是正好看到去某地的特价机票。想去的理由很多，如果能结合自己的经济情况、偏好等可衡量的筛选条件，选择会更简单。

2.查阅目的地攻略

攻略的呈现方式多是个人帖，零散不全面。

3.行程中和行程后

对于自己想做的事，一方面是随手记录和分享，边走边拍照边发图；另一方面是memory，用来回忆旅程中的人和事。理想的状态是不用辛苦地筛选和编辑照片，也不会因为忘了写游记而让这段记忆有所疏漏。但现在的旅游社区更关注的是图片和攻略的质量，这好像是旅游社区和用户行为间不可调和的矛盾，网站不断引导用户上传精美的图片和事无巨细的攻略，试图营造旅游社区美好的氛围，而用户通常分享的可能是用手机拍的路边摊贩，上传的攻略也没有经过细想。

旅游的需求一直在变，曾经的旅行社，现在的自由行，出国也不是什么难事了。除了时间和经济方面的因素，如果互联网产品能解决用户在旅游时遇到的大多数问题，让没有安全感的人不再担心因准备不充分而发生意外，不再为订房、订票、做攻略而忙得焦头烂额，能够充分享受旅游的每时每刻，就会有更多的人愿意在路上，并将旅游当作生活的一部分。到那个时候，旅游网站的美好时代才真正来临。

资料来源　王洛堇. 从旅游社交网站说起［EB/OL］.［2012-03-11］. http：//www.wangxuntian.com/% E4%BB% 8E% E6%97%85%E6%B8%B8%E7%A4%BE% E4%BA% A4%E7%BD% 91%E7%AB% 99%E8%AF%B4%E8%B5%B7/.

问题：

网上收集信息的渠道越来越多，但这种收集信息的渠道也有不少问题，那么如何在网上找到自己需要的有用的东西呢？

理论知识

旅游者产生想要外出旅游的动机后，就会采取一定的措施，这种将旅游动机转化为购买行为的过程，我们称为旅游者购买决策过程。旅游者购买决策过程是一系列相互关联的购买行为的一个动态表现，从产生购买行为之前一直延续到产生购买行为之后的很长一段时间，贯穿于整个购买行为中。通过对旅游者购买决策过程的分析，旅游销售人员可以了解旅游者在购买过程中的心理特点，从而针对这些特点采取适当的措施，影响旅游者的购买决策过程，促使销售活动顺利进行。

旅游者购买决策的过程一般分为五个步骤：认识需求、收集信息、判断选择、购买决策、购后行为（如图5-3所示）。

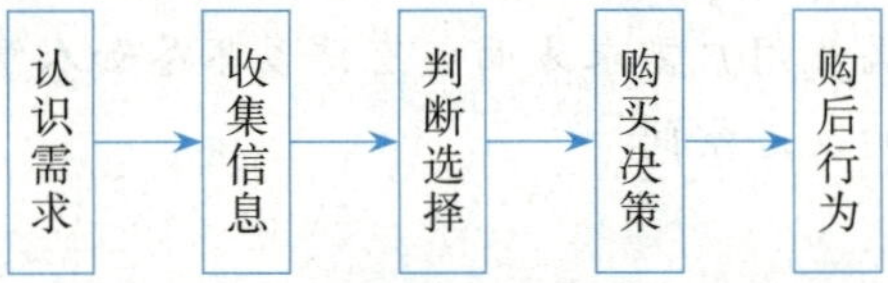

图5-3　旅游者购买决策的过程

一、认识需求

旅游者首先要认识到自己所需要的旅游产品的功能，然后才会选择购买，因此认识需求是旅游者购买决策过程的第一个阶段。

旅游者对旅游的需求可能是由内部因素引起的，如在高强度的工作压力下，身心疲惫而需要外出娱乐、休闲；也有可能是由外部因素引起的，如某个娱乐节目在介绍九寨沟的美景，这时旅游者就会萌发出想要去九寨沟的冲动。由内部因素引起的需求源于旅游者的生理需求，而外部因素包括一切能够激发旅游消费动机的因素。

一般来说，旅游者的旅游需求是以下两个方面共同作用的结果：

一是理想状态与感知状态之间差距的大小。例如，某位游客跟团出游，他希望旅游过程中的饭菜美味精致，但现实中所在那家饭店的饭菜只有美味，却没有做到精致。这时候，理想状态与感知状态之间存在差距，但综合各方面因素进行考虑，这个差距相对来说还是比较小的。同时，由于没有受到其他因素影响，因此这种差距并没有让这位游客产生更换另外一间饭店的想法。

二是需求的相对重要性。虽然现实状态与理想状态之间产生了巨大的差距，但是如果该旅游消费相对于其他消费来说重要性和紧迫性不大，那么游客也不一定会进入下一步决策程序。

对旅游市场营销人员而言，他们必须了解自己的旅游产品可以满足旅游者的哪些内在需求，以及通过哪些外在刺激来激发旅游者对旅游产品的需求。一项旅游产品能够满足旅游者的需求越多，就越受旅游者的欢迎。在这一阶段，旅游市场营销人员要努力唤起和强化旅游者的需要，并协助旅游者确认需要，从而创造需求。

二、收集信息

旅游者认识到自己的旅游需求后，就会对自己所需要的商品或者服务产生兴趣，从而有意识地去收集与该商品或者服务相关的信息，这时候便会自动进入购买决策的另一个阶段——收集信息。收集信息是旅游者购买决策的调研阶段。当然，对于再次购买的商品或者服务，旅游者就会自动省略这个阶段，因为在这个阶段，旅游者需要收集的信息在过去已经收集过，并被旅游者掌握。

每个人收集信息的方法是不一样的，一般来说，旅游信息的来源主要有以下三个方面：

（一）旅游市场

旅游者在旅游市场中获得的信息主要包括旅游销售人员介绍的信息、旅游产品广告信息，以及网络上有关旅游产品的介绍和评论等。不过，这些信息对旅游者来说，可能会与自己理想中的状态产生一定的差距，旅游者可以选择相信，也可以根据自己的实际经验做出判断。不过，旅游者的旅游信息通常都是在旅游市场中获得的。

（二）相关群体

相关群体主要是指家庭成员、亲友、邻居、同事等。通过相关群体获得的信息都是典型的从外部获得的信息，这些信息掺杂了很多主观感受，信息的准确度不高，但仍然有很多人喜欢从这个渠道获得信息。

（三）个人经验

旅游者还可以通过自己的旅游经历、联想获得信息。

旅游信息来源如图 5-4 所示。

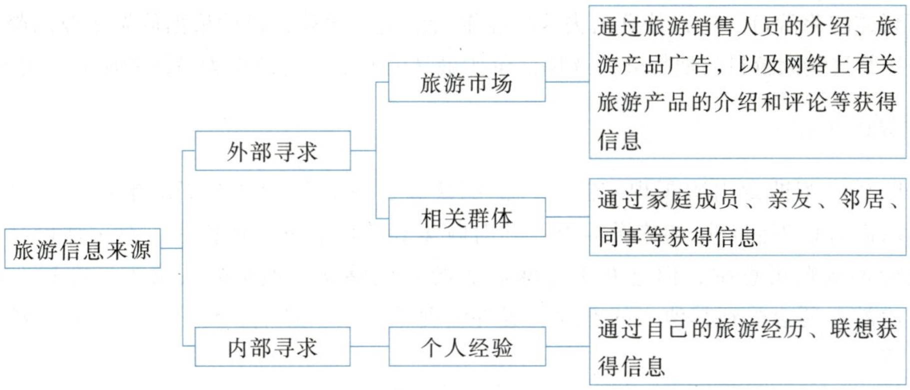

图 5-4　旅游信息来源

总之，不同来源的信息对旅游者购买决策有不同程度的影响。旅游者获得的信息越多，越有利于其做出购买决策。

三、判断选择

判断选择是指旅游者通过不同的渠道收集到自己想要的信息后，对信息进行分析、整合、判断，从而形成自己的观念和倾向。旅游者在判断选择的过程中会涉及一系列标准，而这些标准一般由商品的客观属性和旅游者的态度共同产生，称为旅游者对属性的态度。旅游者对属性的态度会对商品的选择产生重大影响，而且旅游者的想法和态度是十分复杂的。例如，在选择餐厅时，旅游者会从餐厅的价格、菜系、地理位置、就餐环境的舒适度等方面进行考虑，并且每个人考虑的重点都是不一样的。

总体来说，旅游者对旅游产品的属性、价格和优惠、旅游企业的品牌形象有更多的关注。

（一）旅游产品的属性

这是指旅游产品能够满足旅游者某种需要的功能。不同的属性受旅游者关注的程度是不一样的，旅游者关心的是与自己的需求相关联的产品的属性。

（二）价格和优惠

旅游产品的价格是影响旅游者判断选择的一个最基本的评估标准。对于收入较低的旅游者，价格往往是他们选择是否消费的最重要的标准。价格能够影响旅游者对旅游目的地的选择，对交通方式、住宿和餐饮标准的选择等。同时，优惠也会影响旅游者的判断，如果之前去日本旅游双飞8天需要7 999元，而现在只需要5 999元，那么可能会有更多的人选择去日本旅游。

（三）旅游企业的品牌形象

旅游者经常把旅游企业的品牌形象作为衡量旅游产品质量的指标，他们认为旅游企业的品牌形象越好，旅游产品的质量也越好。旅游者愿意将各种旅游品牌综合在一起进行评价，最终选择品牌形象更好、产品质量更优的企业。同时，旅游者对获奖商标、著名企业的青睐度也更高。

对于准备出游的旅游者来说，他会将自己收集到的信息罗列出来，然后选出几个自己感兴趣的旅游目的地，计算出去这些旅游目的地的预算，最后根据旅游企业品牌形象的好坏给这些旅游目的地打分，选择性价比最高的旅游目的地作为最终的旅游目的地。

四、购买决策

购买决策即做出购买现实旅游产品的决策，它是旅游者购买决策过程的中心环节。旅游者认识到自己的旅游需求，并对收集到的信息进行评价后，对于评价高的产品就会形成购买意图，但这并不意味着旅游者能够立刻做出购买决策。在这个过程中，旅游者还会受到其他人的态度、意外情况等因素的影响，综合考虑后才会做出购买决策。

（一）其他人的态度

其他人的态度会对旅游者做出购买决策的行为产生影响，而这个影响的强度取决于两个方面：一是旅游者是否认可其他人提出的建议，如果旅游者完全不同意其他人的观点，那么其他人对旅游者的影响就非常小；二是其他人对旅游者的影响力，例如，妻子想要去日本旅游，但是丈夫坚决反对，这时候妻子就极有可能改变或者放弃去日本旅游的意图。

（二）意外情况

购买决策一般是在预期情况下确定的，如果遇到意外情况，购买决策也可能会被更改甚至取消。例如，临时需要加班，或者突然被聘用单位解雇，或者旅游目的地政局不稳定，或者旅游目的地突然发生自然灾害等，都属于意外情况，最终都会迫使旅游者的购买决策发生变化。

五、购后行为

购后行为从表面上来说是指购买旅游产品后的行为。购后行为是购买决策的“反馈”阶段，它不仅意味着本次购买行为的结束，也是下次购买或者不购买行为的开始。如果旅游者认为自己买到了预想中的旅游产品，就会对这次购买的旅游产品产生好感，甚至会再次购买；如果旅游者不满意该旅游产品的服务和质量，接下来就会选择购买其他旅游产品。

旅游者对其购买行为的满意度，是其对旅游产品的期望和旅游产品的可察觉性能的函数，用公式表示如下：

$$S=F(E,P)$$

式中：S——旅游者对其购买行为的满意度；

E——旅游者对旅游产品的期望；

P——旅游产品的可觉察性能。

若 $E=P$，则旅游者感到满意；

若 $E<P$，则旅游者感到很满意；

若 $E>P$，则旅游者感到不满意。

旅游者对其购买行为的满意度决定了旅游者以后是否会重复购买该旅游产品，以及对该品牌的态度，进而会影响其他旅游者，形成连锁反应。

实践训练

江西风景独好·“两天半”周末旅游线路设计

背景资料：

国务院印发文件，明确提出“鼓励错峰休假和弹性作息”，鼓励有条件的单位在夏季推行“周五下午+周末”的两天半小短假。如果有那么一天，两天半小短假降临在你身上，那么在江西到底该怎么玩呢？

为此，2015年8月20日至9月30日，江西省举办了“江西风景独好·‘两天半’周末旅游线路设计大赛”。

这次“江西风景独好·‘两天半’周末旅游线路设计大赛”吸引了众多业内人员

和爱好者的参与，大赛组委会共收到参赛线路269条，涵盖了“最佳山水”“最佳养生”“最佳徒步”“单景区‘两天半’深度体验之旅”等11类线路。

此次大赛恰逢“两天半休假”这一社会热点，因此参与度和传播度都非常高，甚至吸引了上海、浙江和吉林等外地居民的参与。在征集的269条线路中，“最佳山水”旅游线路参赛作品最多，达50条；“最佳红色”“最佳摄影”“最佳亲子”“最佳自驾”“最佳养生”“最佳乡愁”“最佳宗教文化”旅游线路参赛作品均有20~30条。此外，“最佳高铁”和“最佳徒步”等旅游线路也吸引了许多人参赛。

本次参赛线路涉及的景区不仅有庐山、井冈山、三清山和龙虎山等传统著名景区，还有篁岭、庐山西海、富田古村、灵山、大茅山和怪石林等后起之秀，几乎涵盖了江西的主要旅游景区，可谓丰富多彩。

此外，本次参赛的旅游线路更加注重单个或者两个景区的深度体验之旅，让旅游不再停留在“到此一游”，共有18条“单景区‘两天半’深度体验之旅”线路在此惊喜涌现。这一方面得益于交通工具（特别是高铁）的快速发展；另一方面得益于江西旅游服务业的日臻完善。

为了让旅游线路更加贴近市场、贴近游客、贴近需求，本次征集的269条线路将展示在“江西风景独好”微信公众号上，由大众投票选出十佳“两天半”周末旅游线路和十佳单景区“两天半”深度体验之旅线路。

据悉，投票环节将评选出入围奖50名（每类10名），获奖者均可获得丰厚奖金。此外，在大众投票期间，还将每天从微信和微博中随机抽取幸运粉丝，被抽中的粉丝可根据自身喜好选择一条十佳线路免费进行体验。

资料来源　刘定乐．“两天半”如何玩转江西　十佳线路请你设计［EB/OL］．［2015-08-21］．http：//jx.cnr.cn/2011jxfw/xwjj/20150821/t20150821_519607434.shtml.

实训内容：

1.以小组为单位，研讨“江西风景独好·‘两天半’周末旅游线路设计大赛”的积极意义。

2.教师组织一场针对当地旅游线路的市场营销活动，每个小组运用“旅游者购买决策过程”的知识点，将自己策划的旅游线路推销出去。

实训目标：

通过对旅游者购买决策过程的研究，把握旅游者购买行为背后的规律，提高学生的市场营销能力。

实训组织：

1.查找有关江西的旅游资源，研讨举办“江西风景独好·‘两天半’周末旅游线路设计大赛”的积极意义。

2.向班里的同学展示自己小组的旅游线路策划及推广方案。

实训记录：

1.“江西风景独好·‘两天半’周末旅游线路设计大赛”的积极意义：

____

____

2.旅游线路：

____

____

3.推广方案：

____

____

效果评价：

1.以小组为单位组织交流、研讨。

2.每个小组推荐1名成员做主题发言。

3.从小组互评与教师评价两个方面进行评分，见表5-6。

表5-6 “江西风景独好·‘两天半’周末旅游线路设计”训练项目评价表

项目主题（分值）	评价指标（分值）	标准	小组互评（20%）	教师评价（80%）	综合得分（100%）
江西风景独好·“两天半”周末旅游线路设计（100分）	课堂研讨表现（40分）	小组研讨组织得当，全员参与，研讨运用相关知识、方法、技术等准确			
	主题阐述（60分）	阐述的内容具有可行性，效果良好，观点新颖、独特，重点考核对“江西风景独好·‘两天半’周末旅游线路设计大赛”的积极意义的评价情况、旅游线路策划及推广方案的设计情况			

4.教师与学生依据综合得分，确定最优陈述小组。

思政探索

景区数字化 面向未来塑造核心竞争力

背景资料：

上海市文化和旅游局按照《关于全面推进上海城市数字化转型的意见》的有关要求，开展首批上海市数字景区评选工作，共有21家单位入选。数字景区、智慧旅游一直都是文旅行业的热门话题，近年来，众多景区全面推进数字化转型，紧紧围绕人民群众对美好生活的需求，面向未来塑造可持续发展的核心竞争力。

游客体验是试金石

“如果让我在心里打分，上海科技馆在我去过的科技馆中排名靠前，有各种互动体验，赏心悦目、寓教于乐，四五岁的孩子在这里待半天，也不觉得枯燥。”嘉兴游客小多特地将上海科技馆列为上海旅游打卡项。

中共二大会址纪念馆运用沉浸式影片、历史图文、实景还原等手段，再现了当年开会的场景。据了解，12位历史人物的背景展墙使用了双层夹胶通电玻璃，通过电源控制来调节通电玻璃的透明度，增强了展厅的通透感。展厅外的阳光长廊以及石库门风貌完整呈现在游客面前，营造出了历史与现实交织的沉浸式体验。

数字景区和智慧景区到底有什么区别呢？此次上海市数字景区评选标准提出，数字景区是综合运用物联网、大数据、云计算、人工智能等现代信息技术，建立有效统一的管理、服务、营销等信息系统，实现旅游要素数字化、运营管理智慧化、旅游服务个性化，以提升景区游客体验度和满意度，实现可持续发展的一类景区。

北京联合大学特聘教授张凌云认为："数字景区和智慧景区都是指景区信息化建设。数字化是智慧化的基础，智慧化是数字化发展的高级阶段，与城市的智慧治理密切相关，是一个系统工程。"

游客体验是数字景区发展的试金石。张凌云说："无论技术怎么发展，对景区数字化而言，最重要的都是了解和关注游客需求，重视游客的感受，增加和延长价值链，增强游客的旅游体验。"

数字经济丰富了旅游景观

北京交通大学现代旅游研究院院长张辉认为，数字文旅的发展从产业层面而言，既包括数字产业化，又包括产业数字化。

景区数字化也包括数字产业经济催生的景观，之前杭州推出的"数字经济旅游十景"成为与自然景观、人文景观并列的数字景观类型，纳入杭州会奖旅游产品体系，常态化、市场化向商务和研学游客预约开放。在西湖十景的基础上，发展"杭式产业"新十景，既有国际范儿，又有杭州味道。

"数字经济旅游十景"之一的云栖小镇，不仅是数字产业集聚地，而且是中国平台经济发展的见证者，这个被称为"杭州硅谷"的小镇成为数字旅游新场景，目前已通过4A级旅游景区资质评估。作为创新的试验场，游客在云栖小镇可以实地体验刷脸入园、无人超市等便捷服务，还能一窥杭州"城市大脑"运转的密码。

在张辉看来，数字景区的发展需要结合网络直播、短视频、平台电商等在线新经济，开发旅游直播、旅游带货等线上内容生产新模式，支持VR、AR、MR、5G+4K/8K超高清、全息互动投影、无人机等技术在文旅领域的应用，丰富虚拟体验内容，开发旅游演艺、光影艺术沉浸式体验展等体验项目。

总之，从产业发展的层面，需要推动数字文旅产业与新型制造业、消费品工业、智慧农业、现代服务业等融合发展，形成更具体验感和现代感的景观。

落实"以人为本"理念

从最初的铺设无线网，到门票预约，再到博物馆等景区的数字化呈现，游客切身感受到了数字景区在发展过程中的进步。

景区从业者普遍认为，从景区管理的角度而言，数字景区建设使游客获得了更简单、更便捷的服务体验，同时游客投诉解决时间大大缩短，提升了游客的满意度。

景区旅游大数据平台建设的优势也体现在信息发布、实时数据统计、旅游电子商务、旅游预测预警等方面。景区可以利用大数据，根据实时监控的人流、车流数据进行指挥调度，实现景区设施资源的前置性配置，有效避免产能过剩或不足的情况产生。

每个景区的情况不同，对中小景区而言，智慧旅游是一个因地制宜的渐进过程，需要根据景区的具体需求和实际情况选择实用可行的信息化技术及软硬件产品。

长城文创（北京）文化有限公司负责人林美玲认为："Z世代消费者对颜值、品质、社群的追求，倒逼目的地和景区深度挖掘特色文化，旅游产品的呈现方式更加多元、创新。"

当前，数字化的速度与技术迭代非常快，数字景区智慧旅游的发展也是一个循序渐进的过程。最近，很多文旅从业者都感受到了元宇宙概念的火爆，也希望元宇宙能够与文旅产业进行深度嫁接。

"我想我们大多数文旅从业者面对元宇宙概念的火热，兴奋、好奇、质疑都有，但是谁也不想错过这个风口。"林美玲认为，景区数字化，需要着眼于技术迭代与深层次的消费需求。就景区文创产品的开发而言，数字化生产方式还是要落实到景区的IP打造及其衍生品的研发上。

在现实层面，数字技术可以使门票、文创产品与数字藏品联姻，吸引潜在游客；将来，数字藏品的文化价值也许不会局限于小小的屏幕。关键的一点是，林美玲说："景区数字文创产品还是要有内容，坚持以人为本。"

资料来源　曹燕. 景区数字化　面向未来塑造核心竞争力［N］. 中国旅游报，2022-01-18（4）.

思政目标：

围绕"景区数字化　面向未来塑造核心竞争力"开展研讨，培养学生重视质量、守正创新的意识。

研讨要求：

请结合以上资讯，从质量意识、守正创新的角度查找相关资料，谈一谈景区数字化对游客消费决策的影响。

1. 以小组为单位组织交流、研讨。

2. 每个小组推荐1名成员做主题发言，各组围绕"景区数字化　面向未来塑造核心竞争力"分享看法与体会。

3. 从小组互评与教师评价两个方面进行评分，见表5-7。

表5-7　"景区数字化　面向未来塑造核心竞争力"训练项目评价表

项目主题（分值）	评价指标（分值）	标　准	小组互评（20%）	教师评价（80%）	综合得分（100%）
景区数字化 面向未来塑造核心竞争力 （100分）	课堂研讨表现（40分）	小组研讨组织得当，全员参与，研讨运用相关资讯、案例等准确			
	主题阐述（60分）	阐述的内容丰富、效果良好，观点新颖、独特，能从质量意识、守正创新的角度阐述景区数字化对游客消费决策的影响			

4. 教师与学生依据综合得分情况，确定最优陈述小组。

项目小结

购买行为是个人、群体或组织挑选、购买、使用和处置产品、服务来满足自身需要和欲望的过程。旅游者购买行为是指旅游者为了满足其旅游需要，在旅游动机的驱使下产生的，以货币换取旅游产品和服务的实际行动。

旅游者购买行为研究的核心问题是了解旅游者对各种营销刺激的反应，其中最具有代表性的就是“黑箱”模式。旅游者购买行为的刺激因素包括两类：一类是市场营销刺激，即旅游市场上各类旅游产品的品牌、价格、渠道、促销等信息对旅游者的刺激；另一类是其他刺激，包括旅游者所处的经济、技术、政治、文化等社会环境的刺激。分析旅游者购买行为是旅游市场营销决策的基础，是旅游企业提供个性化服务的条件，是旅游企业引导购买行为的前提。

旅游者购买行为受文化因素、社会因素、个体因素、心理因素的影响。其中，文化因素包括文化背景和亚文化；社会因素包括社会阶层、相关群体和角色：个体因素包括年龄、职业、生活方式、健康状况和居住地；心理因素包括需求、动机、学习和态度。

将旅游动机转化为购买行为的过程，我们称为旅游者购买决策过程。旅游者购买决策的过程一般分为五个步骤：认识需求、收集信息、判断选择、购买决策、购后行为。认识需求是旅游者购买决策过程的第一个阶段。旅游者认识到自己的旅游需求后，就会对自己所需要的商品或者服务产生兴趣，从而有意识地去收集与该商品或者服务相关的信息，我们把这个阶段称为收集信息。收集信息是旅游者购买决策的调研阶段。旅游信息的来源主要包括旅游市场、相关群体和个人经验。判断选择是指旅游者通过不同的渠道收集到自己想要的信息后，对信息进行分析、整合、判断，从而形成自己的观念和倾向。购买决策即做出购买现实旅游产品的决策，它是旅游者购买决策过程的中心环节，这个环节还会受到其他人的态度、意外情况等因素的影响。

边听边记5-1

项目小结

挑战自我

文明看世界　景美人更美

近年来，在各有关部门的联合治理下，中国公民出境游素质稳步提升，中国游客日益展现出文明有礼的大国公民风采。

“不以规矩，不能成方圆。”我国政府在陆续开放新的出境游目的地、丰富公民出境游选择的同时，也更加重视制定出台规范旅游市场的政策法规。《导游管理办法》《关于促进交通运输与旅游融合发展的若干意见》等文件的实施，有助于进一步明确行业规范。同时，地方层面也有相应的条例出台。南京市于2018年3月1日实施的《南京市旅游条例》，明确规定了对八种不文明行为的惩治措施。在出台政策、完善规章制度的基础上，各地方还着力加强对政策、规章的宣传，切实保障落实成效。天津、浙江等地公安机关出入境管理部门在《中国公民出国（境）旅游文明行为指南》的基础上，吸收不同国家的法律法规、风俗习惯等内容，印制成内容翔实的宣传资料，在办证窗口免费发放或随出入境证件一并邮寄给申请人，从而取得了良好的文明知识宣传普及效果。

各部门对出境游的管理抓关键、重实效。一是抓重点人群。将文明出境游观念贯穿于日常教育，逐步提升游客的文明旅游素养。二是抓重点时段。国内很多景点通过调整高峰和低谷时期景区门票的价格，以及限制高峰时期人流量等措施来避免景区超负荷运转，在提高出游质量的同时也有助于景区的可持续发展。三是抓重点环节。紧紧抓住出境游客必经的护照关、出境关、交通关等环节，加强相关审查和教育引导。

善用信用机制，激励守信、惩戒失信，充分发挥正面榜样作用和反面警示作用，是近年来文明出境游管理的重要方式。在全国旅游行业内征集文明旅游先进事迹，宣传各地开展文明旅游的做法，挖掘"好游客""好导游"的典型事迹并进行广泛宣传，弘扬文明旅游正能量。交通管理部门致力于发挥交通运输信用体系的作用，持续推进民航客运、高铁客运"旅客黑名单"制度建设。这一制度将乘客的不文明行为纳入个人信用记录，限制其选择高品质的运输服务与公共出行方式，提高了违规、违法的成本。

在文明出境游的治理中，媒体也是不可缺少的一环。近年来，各级媒体充分开展网络宣传和场所宣传，在营造风清气正的文化氛围中发挥了重要作用。以"每个人都是一道亮丽的风景线"为主题制作的一批文明旅游公益广告、《人民日报》推出的"文明出游展风采"专栏等，都取得了良好的社会反响。

资料来源 张贺，林哲艳. 文明看世界 景美人更美 [N]. 人民日报，2018-02-16 (6).

问题：

请结合所在学校的实际情况，利用课余时间，开展一次"大学生文明旅游"公益宣传活动。

拓展空间

以所在城市的某个景区为代表，开展景区概况、景区资源调查，并收集游客在OTA（在线旅游）的网络游记、评价文本，进行景区游客消费满意度调查。

要求：

查找景区统计数据、文献资料，对景区的现状及旅游资源优势进行分析，重点对门票价格、景区环境、配套设施、交通状况、服务人员的态度、景区文化等方面进行系统调查。同时，结合景区游客消费满意度调查，提出有针对性的改进策略。

6 项目六 旅游产品策略

项目概述

旅游产品策略是研究旅游市场营销策略的重要基础，其解决的是根据旅游者的需求“创造价值”的焦点问题。随着旅游业的迅速发展，旅游产品的生命周期趋短，更新频率加快。旅游产品策划的对象已不单纯是观光旅游产品，而是多元整合型、体验型旅游产品。旅游者也越来越关注旅游产品的质量、旅游产品的人性化设计。旅游企业应该从旅游者的实际需求出发，设计受市场欢迎的旅游产品，并运用旅游产品生命周期理论，实施旅游产品组合策略、品牌策略。

交互式课件 6-1

旅游产品策略

动画 6-1

旅游产品策略

项目结构

- 旅游产品策略
  - 认识旅游产品的整体性
    - 任务目标
      - 知识目标
      - 能力目标
      - 素养目标
    - 任务导入：海南离岛免税“金名片”越擦越亮
    - 理论知识
      - 产品的整体概念
      - 旅游产品
    - 实践训练：“乌镇模式”走出古镇保护与文旅融合发展的中国样本
    - 思政探索：鸣沙山月牙泉景区——让游客在风景中体验美好和温度
  - 旅游产品生命周期
    - 任务目标
      - 知识目标
      - 能力目标
      - 素养目标
    - 任务导入：主题公园如何延长生命周期
    - 理论知识
      - 旅游产品生命周期的概念
      - 旅游产品生命周期各阶段的特点及营销策略
    - 实践训练：泰山风景区的创新发展
    - 思政探索：主题公园的“四化”发展之路
  - 旅游产品组合策略
    - 任务目标
      - 知识目标
      - 能力目标
      - 素养目标
    - 任务导入：昆明旅行社做“集采”旅游产品降价不降质
    - 理论知识
      - 旅游产品组合的概念
      - 旅游产品组合决策的步骤
    - 实践训练：河源文旅展团登上广东国际旅游产业博览会
    - 思政探索：文旅产业如何把握“元宇宙”发展机遇
  - 旅游产品品牌策略
    - 任务目标
      - 知识目标
      - 能力目标
      - 素养目标
    - 任务导入：黄山风景区品牌建设成效突出　向世界旅游精品迈进
    - 理论知识
      - 家族品牌策略
      - 他人品牌策略
    - 实践训练：实景演出《印象·刘三姐》
    - 思政探索：杭州第一世界酒店：打造星级饭店最佳亲子标杆

在线课堂6-1

认识旅游产品的整体性

任务1　认识旅游产品的整体性

任务目标

知识目标：掌握产品的整体概念，以及旅游产品的定义、层次。

能力目标：能对核心产品、形式产品、期望产品、附加产品、潜在产品进行划分，并策划相应的旅游产品组合。

素养目标：培养旅游产品策划的创新思维，提高质量意识，践行工匠精神。

任务导入

海南离岛免税“金名片”越擦越亮

2018年9月1日9时50分，位于海棠湾的三亚国际免税城正门前排起了长长的队伍，不少市民和游客一大早便在店外等候营业。不久，大门徐徐打开，免税城内的服饰、箱包、香水、化妆品、手表等专柜前很快人潮涌动。这是离岛免税购物政策效应在海南持续释放的生动缩影。

海南离岛免税购物政策自2011年4月20日起实施，历经多次调整，政策效应不断释放，从而促进了海南旅游业提质增效，为海南经济的发展注入了新的活力。如今，离岛免税购物政策已然成为擦亮海南的一张“金名片”，并助力海南打造国际旅游消费中心。

政策效应持续释放

2009年初，海南向国务院提出离岛免税购物政策申请；2011年，离岛免税购物政策顺利获批。

2012年11月，离岛免税购物政策经历了首次调整。每人每次免税购物限额由原来的5 000元人民币调整至8 000元人民币，增加了美容、保健器材等3类免税商品，并逐步放开了一些商品的单次购物数量。

2015年3月，离岛免税购物政策再度调整，离岛免税品类由21大类增至38大类，满足了游客对进口产品的不同需求。

2016年2月，离岛免税购物政策迎来又一次完善和创新。除了取消非岛内居民旅客购物次数的限制，每人每年累计免税购物限额不超过16 000元人民币外，三亚海棠湾免税店和海口美兰机场免税店还获准开设网上销售窗口。

2017年1月，为进一步促进海南旅游业的发展，国务院批准海南离岛旅客免税购物实施第四次调整，将免税购物对象扩大到乘坐火车离岛旅客。

2018年12月，离岛免税购物政策执行新标准：含海南省在内的离岛旅客，每人每年累计免税购物限额增至3万元人民币，不限次；免税清单中增加部分家用医疗器械商品。

2020年7月，离岛免税购物额度从每年每人3万元人民币提高至10万元人民币，且不限次数；离岛免税商品品类由38类增至45类。

促进海南旅游业提质增效

"这已经是我第二次购买免税品选择乘坐火车携运出岛了，真的很方便。"来自广州的游客王女士说，"只要提前一天在网上下单或者在实体店购买免税品，第二天坐车前携带身份证和车票到提货点就可以提上货，还可以享受进入软卧候车室休息和提前上车的服务，我对购物提货流程感到很满意。"

自离岛免税购物政策实施以来，已有越来越多的国内外游客来海南观光购物，海南的旅游链得到了充分延伸。免税购物在促进海南旅游业提质增效、拉动内需并影响游客消费结构等方面的作用日益显现。事实证明，海南实施离岛免税购物政策后，岛内的旅游购物实现了从低质低端逐步向时尚高端的转型，旅游产品结构正逐步优化，旅游竞争力明显提高。

助力打造国际旅游消费中心

在对海南旅游要素重要性排名的调查中，免税购物已超越民俗文化和传统美食，成为海南省仅次于自然景观和气候环境的第三大重要旅游资源。

海口海关的统计数据显示，自离岛免税购物政策实施以来，销售额、购物人次及销售件数均保持快速增长。2021年，该关共监管海南离岛免税购物金额495亿元人民币，购物人数672万人次，购物数量7 045万件，人均购物金额7 368元人民币，与2020年相比分别增长80%、49.8%、107%、20.2%。其中，化妆品、手表、首饰的销售额居前三位。

海南离岛免税销售的火热，是境外消费回流、政策效应显现等"叠加"效应影响下的必然结果。

目前，海南离岛免税经营主体共5家，离岛免税店已增至10家，随着海口美兰国际机场二期投入使用，免税店经营面积达22万平方米，各免税门店品牌数量超过720个。新品牌进驻、新产品上架，不断推动着海南离岛免税品品牌、品种、价格与国际同步，为消费者提供了更多购物选择。

与此同时，海南旅游产品不断丰富。海南旅游产品结构由过去的以观光为主向观光、购物并举发展，海南旅游从3S变成了4S，除阳光、沙滩、大海又增加了免税购物，从而有效增强了海南旅游对海内外旅客的吸引力。

资料来源　梁振君，林诗婷．海南离岛免税"金名片"越擦越亮［N］．海南日报，2018-09-17（7）；周晓梦．海南离岛免税市场旺［N］．海南日报，2022-01-17（1）．

问题：

1.从游客旅游需求的角度分析海南旅游产品创新体现在哪些方面。

2.旅行社如何结合离岛免税购物政策，对旧的旅游线路进行"翻新"？

理论知识

一、产品的整体概念

按照人们通常的理解，产品是指具有某种物质形态和用途的劳动生产物。这是从生产者的角度去看待产品，主要强调产品的物质形态和用途，因此是狭义的产品概念。现代市场营销学是从消费者的角度理解产品的，因此比传统的产品概念有更广泛的含义。现代市场营销学认为，产品是指能提供给市场，被人们使用和消费，并可满足人们的某种欲望和需要的任何东西，包括实物、劳务、场所、组织、思想等。从这个角度出发，产品应包括核心产品、形式产品和附加产品三个层次（如图6-1所示）。

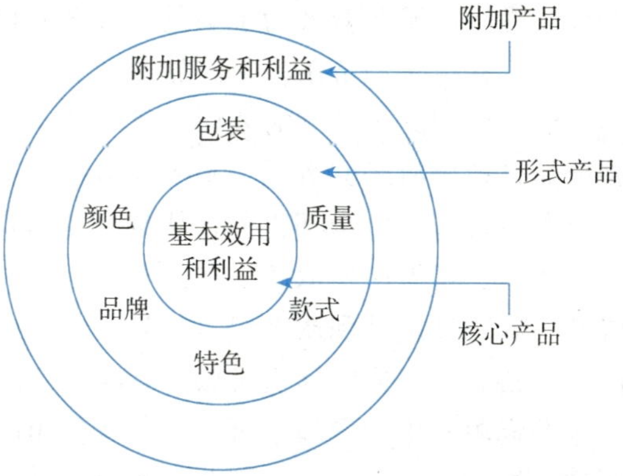

图6-1　产品的构成

（一）核心产品

核心产品是指产品能够向消费者提供的最基本的效用和利益。任何产品都有一定的使用价值，这种使用价值体现了产品的实质，而核心产品就是这种使用价值最主要的载体。人们通过对核心产品的消费，可以获取一定的效用和利益。毫无疑问，核心产品是产品整体概念中最重要的部分，是产品能够进行交换的基础。

（二）形式产品

企业需要将核心产品转变成有形的产品，以便卖给消费者，即满足消费者需要的各种产品形式，如产品的质量、款式、特色、品牌、颜色、包装等，这就是形式产品。可见，形式产品是核心产品的外在表现。在激烈的市场竞争中，消费者主要通过形式产品对各种产品加以比较和认识。

（三）附加产品

附加产品又称延伸产品，是指消费者在购买产品时所得到的附加服务和利益。附加产品是产品的延伸部分，包括提供信贷、免费送货、技术培训、安装维修、售后服务等。在产品供不应求的卖方市场上，企业只注重核心产品，产品照样能卖出去，但随着市场竞争的加剧，形式产品和附加产品在产品整体概念中的地位显得越来越重要。未来竞争的关键不在于企业能生产什么产品，而在于企业产品所提供的延伸价值，如包装、服务、广告、用户咨询、购买信贷、及时交货和人们用价值来衡量的一切东西。因此，现代企业必须树立产品的整体概念，充分认识消费者需要的整体性，通过销售具有综合服务能力的整体产品，使消费者多方面的需求得到满足。只有这样，企业才能在激烈的市场竞争中求得生存和发展。

二、旅游产品

（一）旅游产品的定义

旅游产品是旅游市场的核心。旅游产品是一个综合性概念，有广义和狭义之分。本书主要研究广义的旅游产品，即总体层次上的旅游产品（包括吃、住、行、游、购、娱等方面）。广义的旅游产品是从旅游供给或旅游者的角度进行定义的，其中典型的定义主要有：旅游产品是指旅游经营者为了满足旅游者的物质与精神需要，向旅游市场提供的一种特殊产品；在市场经济条件下，旅游产品是指旅游服务诸行业为了满足旅游者在旅途中的生活需要和旅游活动需要而提供的各类服务的总称；从旅游目的地的角度出发，旅游产品是指旅游经营者凭借旅游吸引物、交通和旅游设施，向旅游者提供的用以满足其旅游活动需要的全部服务；从旅游者的角度出发，旅游产品是指游客花费一定的时间、费用、精力所换取的一次旅游经历。狭义的旅游产品是指旅游商品，包括旅游消费品、旅游日用品和旅游纪念品等。

本书认为，旅游产品是指通过交换能够满足旅游者在旅游过程中所需要的产品和服务的总和。它既包括旅游资源、旅游设施、可供旅游者使用的各种物品，也包括各种形式的旅游服务。例如，饭、菜作为餐饮服务业的主要产品，可以满足旅游者吃的需求；宾馆的客房作为一种旅游产品，可以满足旅游者住宿的需求；交通工具可以帮助旅游者实现空间位移，从而满足旅游者行的需求；旅游景点、旅游商品和娱乐设施能够满足旅游者在游、购、娱等方面的需求。此外，通信、保险、金融、医疗等均可作为一种旅游产品，满足旅游者在旅游过程中的某种需求。因此，只要在旅游市场上形成一种需求，就会相应地产生一种旅游产品去满足这种需求。也就是说，旅游产品除了包括有形的实物产品，还包括无形的服务，在一定程度上甚至可以说，无形的服务更能决定一个旅游企业的成败，无形的服务在旅游产品中所占的比重将越来越大。

（二）旅游产品的基本特征

在市场营销策划活动中，我们应该特别关注旅游产品的综合性、无形性和风险性。

1.综合性

从旅游产品的构成来看，旅游产品是由旅游资源、旅游设施、旅游服务等诸多要素组合而成的，其中既有有形部分，也有无形部分，这体现了旅游产品的综合性。

2.无形性

旅游产品的主体内容是旅游服务，旅游服务的购买和消费是看不见、摸不着的，只能通过旅游者的体验来感觉产品质量的好坏，这体现了旅游产品的无形性。

3.风险性

旅游产品是一种较为脆弱的产品，容易受到很多因素的影响，从而造成了旅游产品供给、需求和价格的剧烈变化，使旅游产品的价值和使用价值的实现面临很大的风险，这体现了旅游产品的风险性。

（三）旅游产品的分类

有关旅游产品的分类，除了前文提过的人们普遍采用的分类方法（观光旅游产品、度假旅游产品、专项旅游产品、生态旅游产品），还有多种分类方法。按旅游产品的组成状况分类，有整体旅游产品和单项旅游产品；按旅游产品的形态分类，有团体包价旅游产品、散客包价旅游产品、半包价旅游产品、小包价旅游产品、零包价旅游产品。此外，旅游产品还可以按距离、计价形式、费用来源和旅游方式等分类。

案例窗 6-1　　休闲农业开发——亚龙湾国际玫瑰谷

亚龙湾国际玫瑰谷位于中国海南省三亚市亚龙湾国家旅游度假区内，占地面积达2 755亩，是一个以“美丽·浪漫·爱”为主题，以玫瑰文化为载体，以玫瑰产业为核心，集乡村田园风情、玫瑰种植、玫瑰衍生产品开发、玫瑰文化展示、休闲旅游度假于一体的旅游综合体。

亚龙湾国际玫瑰谷的“千亩玫瑰区”引种、试种玫瑰品种超过1 500个，大规模种植了国内最畅销的玫瑰切花品种16个，包括卡罗拉、坦尼克、金奖章、梅朗口红、粉和平、豆蔻年华、亚历克红、萨曼莎、维西利亚、戴安娜、玛利亚等。

特色项目：千亩玫瑰花田观赏、生产加工体验、玫瑰衍生产品体验、玫瑰文化知识传播、玫瑰主题婚纱摄影和写真、热带花卉观赏、亲子园瓜果蔬菜采摘体验、玫瑰花采摘体验。

休闲推荐：玫瑰生产标准示范；热带玫瑰文化科普馆；玫瑰精油、玫瑰护肤品、玫瑰鲜花饼、玫瑰花茶等玫瑰衍生产品展示区。

资料来源　根据相关资料整理。

案例分析：亚龙湾国际玫瑰谷属于专项旅游产品，其以农田、水库、山林的原生态为主体，突出玫瑰文化，打造国际浪漫风情休闲度假地，助推海南走向“世界蜜月岛”，让玫瑰成为未来海南走向世界顶级度假胜地的一张新名片。

（四）旅游产品的五个层次

1.核心产品

核心产品一般是指旅游吸引物和旅游服务，它是旅游者开展旅游活动最主要的对象和内容，也是构成旅游产品最基本的部分。

2.形式产品

形式产品主要包括旅游产品的质量、特色、风格、声誉及组合方式等，是促进旅游产品的核心价值满足旅游者的生理需求或向心理效应转化的部分，是旅游经营者向旅游者提供的实体和劳务的具体内容。

3.期望产品

期望产品是指旅游者在购买产品时期望得到的与产品密切相关的一整套属性和条件。例如，旅游者住进酒店时，希望床单是干净的，毛巾是新的，提供免费的无线网络等。

4.附加产品

附加产品是指旅游者购买旅游产品时获得的优惠条件、付款条件及旅游产品的推销方式等，是旅游者进行旅游活动时得到的各种附加价值的总和。

5.潜在产品

潜在产品是指在核心产品、形式产品、期望产品、附加产品之外，能满足旅游者的潜在需求但尚未被旅游者意识到，或者已经被旅游者意识到但尚未被旅游者重视或旅游者不敢奢望的一些产品价值，它能够给旅游者带来惊喜和愉悦感。

实践训练

“乌镇模式”走出古镇保护与文旅融合发展的中国样本

背景资料：

1999年5月，桐乡市委、市政府做出了乌镇古镇保护与旅游开发的重大决策，组建了乌镇古镇保护与旅游开发管理委员会。多年来，政府始终把环境保护与治理放在首位，把外部环境的治理与居住环境条件的改善作为保护的一项重要内容。其中，乌镇第二期保护工程坚持“保护最彻底，功能最完备，环境最优美，管理最科学”的四最目标，实施了三大工程，在保护古镇的同时，实现了原汁原味的中国江南水乡与世界一流休闲体验型度假区的完美结合。

中外游客在古朴的乌镇水阁间，领略中国最后的枕水人家的神秘风采；乌镇居民则在自家几百年的老建筑里，享受着现代化的文明。如今，在几百年的乌镇老建筑里，有了自来水、卫生间、直饮水和宽带网络，古老的历史与现代文明有机融合在一起。

党的二十大报告提出，“推进文化自信自强，铸就社会主义文化新辉煌”。近年来，各地不断加大对文化资源的旅游开发力度，乌镇就是一个典型的例证。

美丽中国6-1

乌镇风光

乌镇在古镇工作保护中取得的成果不仅获得了中外游客和当地居民的认可，还获得了中外专家的肯定和赞誉。联合国教科文组织亚太地区主任认为：“乌镇在发展中国家中成功走出了一条能从当地经济社会条件出发，依靠市场运作机制达到保护历史与开发当地旅游和谐发展的新路子，形成了独有的‘乌镇模式’”。

如今的乌镇已拥有中国历史文化名镇、国家5A级旅游景区、全国环境优美乡镇、浙江省旅游风情小镇等众多殊荣，被称为“中国最后的枕水人家”。历史、自然、艺术、人文、科技的相辅相成塑造了乌镇文旅融合发展的独特格局。

从旅游小镇到度假小镇，再到文化小镇，乌镇是浙江标志性的文旅品牌。通过“戏剧+旅游”“互联网+旅游”“研学+旅游”“购物+旅游”等多元渠道，桐乡持续打造着文旅融合的乌镇新模式。

丰厚的历史文化资源是桐乡文旅融合的优势与底蕴所在。近年来，乌镇的发展始终离不开“文化”二字，从最初的保护文化、挖掘文化，到如今的发展文化、创新文化，乌镇完成了从旅游观光小镇到旅游文化小镇的蜕变。

世界互联网大会的永久入驻又为乌镇的文旅产业发展带来了新的思考。在乌镇，互联网不只是“高精尖”的代名词，更是人们日常生活的智慧需求，乌镇互联网医院、浙江大数据交易中心、5G车联网、百度无人驾驶汽车，乌镇人似乎更早驶入了互联网时代的快车道。从长远来看，旅游业在乌镇产业体系中的比重会下降，但走的肯定是高端路线，自成体系。乌镇将把互联网的最新科技成果与旅游相结合，打造新型文旅产业。

资料来源　段菁菁．“乌镇模式”走出古镇保护与发展的中国样本［EB/OL］．［2012-05-31］．http：//news.cnnb.com.cn/system/2012/05/31/007336903.shtml；佚名．聚焦文旅多元融合的“乌镇实践”！桐乡乌镇上榜省文化和旅游融合发展典型案例特辑［EB/OL］．［2021-11-15］．https：//baijiahao.baidu.com/s?id=1716508500480133730&wfr=spider&for=pc；张小乙．挖掘新动能激发新活力 推进文旅深度融合发展［N］．中国旅游报，2022-11-01（3）．

实训内容：

以小组为单位，通过查找资料，研讨“乌镇模式”对所在地区旅游业进行旅游产品创新有何借鉴意义，并举例说明。

实训目标：

理解“乌镇模式”的核心营销价值。

实训组织：

1.以3～4人为一个小组，由组长确定小组分工，指定1位发言人在老师提问时向全班报告自己小组的结论。

2.小组成员分头查找网络或书籍资料，并在小组内分享、讨论，准备好阐述资料。

实训记录：

1.“乌镇模式”有哪些核心内容？

____

____

2.“乌镇模式”对所在地区旅游业进行旅游产品创新有何借鉴意义？

____

____

3.举例说明：

____

____

效果评价：

1.以小组为单位组织交流、研讨。

2.每个小组推荐1名成员做主题发言。

3.从小组互评与教师评价两个方面进行评分，见表6-1。

表6-1　“‘乌镇模式’走出古镇保护与文旅融合发展的中国样本”训练项目评价表

项目主题（分值）	评价指标（分值）	标　准	小组互评（20%）	教师评价（80%）	综合得分（100%）
“乌镇模式”走出古镇保护与文旅融合发展的中国样本（100分）	课堂研讨表现（40分）	小组研讨组织得当，全员参与，研讨运用相关知识、方法、技术等准确			
	主题阐述（60分）	阐述的内容具有可行性，效果良好，观点新颖、独特，能依据“乌镇模式”的特点与当地旅游业的特点进行阐述			

4.教师与学生依据综合得分，确定最优陈述小组。

思政探索

鸣沙山月牙泉景区——让游客在风景中体验美好和温度

背景资料：

一场雪后，位于甘肃省敦煌市的鸣沙山月牙泉景区内显得格外安静，月牙泉澄澈的水面映照着被白雪覆盖的鸣沙山，宛如仙境。游客徜徉其中，赞叹不已。

近年来，鸣沙山月牙泉景区突出“文化符号”“旅游热地”“智慧化应用”等元素，以其独特的自然风光、生态保护的创新手法和个性化的景区运营为游客提供全方位、高品质的旅游体验。

打造品牌

“沙岭晴鸣”和“月泉晓澈”两大景观犹如一对恋人相依相伴、厮守千年，鸣沙山月牙泉景区因此被誉为爱情圣地。“近年来，景区积极打造爱情主题的产品和场景，挖掘文化特色，举办端午滑沙听雷、清明风筝节、七夕相约月泉畔、中秋赏灯游园等民俗活动，吸引了众多游客。”敦煌市鸣沙山月牙泉旅游发展有限公司副总经理王有霞说。

如何挖掘当地特色，增强游客的互动体验，是鸣沙山月牙泉景区一直在思考的问题。颇有意思的是，景区竟有“红骆驼停，绿骆驼行”的骆驼专用交通信号灯，这也是一个“网红”项目。据介绍，骆驼行走的路线和游人步行道、车辆行驶道是相交的，为此，景区设计出了一款人、车、驼分流用的信号指示灯，牵驼人牵着骆驼按照信号灯的指示停、行有序，车辆礼让骆驼和行人，行人停留等候红灯时可驻足观赏沙漠中行走的驼队。这一创意信号灯是全国首个动物图案的红绿灯，也成了游客必到的打卡点。

除此之外，景区还推出了带有鸣沙山、月牙泉、骆驼图案的文创雪糕，好看、好吃、好玩，颜值与内涵并重，吸引游客纷纷前来购买。景区还引进了热气球等体验项目，游客可以在空中鸟瞰大漠戈壁的沉寂。

在探索文化和旅游的融合方面，鸣沙山月牙泉景区寻求多元化合作、多渠道发展，致力于将景区打造成集沙泉之恋爱情圣地文化、沙漠骆驼文化、大漠奇观诗词文化于一体的综合性文化和旅游度假景区。为此，景区面对客群分层消费需求的变化，挖掘资源优势，把“沙文化”通过餐饮等产品展示出来。

其中，三月三敦煌诗会、定制研学游等细分产品颇受市场欢迎。2021年暑期，不少学生走进景区，学习生态环保、沙漠生存等知识，体验泥塑、沙画等非遗内容，了解中华文明的博大厚重。

同时，鸣沙山月牙泉景区注重创造性地开展文化和旅游宣传推广，通过举办国家体育赛事“走出去”和“引进来”，传播甘肃丝绸之路体育文化，讲好甘肃体育故事，努力塑造“文化圣殿·人类敦煌”文化和旅游品牌。近年来，景区相继举办了传承大秀《国秀·敦煌》、首届中国敦煌科幻创作邀请赛颁奖典礼暨科幻产业发展论坛，借助品牌实现跨界合作，景区的知名度、美誉度和影响力不断提升。

形成合力

2021年底，根据疫情防控工作的要求，鸣沙山月牙泉景区闭园30多天。“居家期间，我们每天都在群里打卡、学习，上报工作总结，沟通工作流程。”景区讲解组专员焦蓉说。开园后，她早早来到工作岗位，整理仪容仪表、开班前会，之后又带领着同事们开展仪态训练、实地讲解演练，不知不觉已到中午。焦蓉和她的同事们忙碌着，丝毫不敢松懈。

为精准“把脉”服务质量，从内强素质、外树形象上着手，鸣沙山月牙泉景区每天组织前线40余名服务人员练形体、练礼仪，全面提高服务岗位人员的综合素质，提高讲解接待水平。

在景区内，还有这样一群人，他们拿着维修工具，哪里有故障，哪里就有他们的身影，他们就是物业部维修员。甘吉龙就是其中一员，每天早上一到景区，他便换上工服，背上工具箱，到景区各处检查、维护设施设备。

甘吉龙说，每天物业部副经理都会分派当天的工作任务，提出工作计划。维修班安全员对安全施工要求、安全操作程序进行再强调、再明确，执行“一人作业、一人监护”的制度，按照区域进行全面巡检，发现问题立即处理，不断提高维修班全员的安全意识，防患于未然，杜绝安全事故发生。

鸣沙山月牙泉景区从2021年6月起持续开展环境卫生整治，保洁人员每天不定期进行“沙山洗脸”工作，对景区卫生死角进行清理，用机扫车辆对路面进行清扫、细冲；安全质检部工作人员不定时检查安全生产、服务标准情况，严格管控服务质量。

鸣沙山月牙泉景区还成立了专门的营销团队，开通抖音、快手等平台账号实时发布景区动态，涵盖景区美景、项目营销、IP打造、企业文化、风采展示等内容，不断加强与游客的互动。

景区还动员工作人员参与营销，建立“全员营销”体系，向“提质增效”聚焦发力，主动参与到活动策划中，构建全员营销格局；同时制定相应的奖励机制，激发员工的工作积极性。

借力科技

2016年，鸣沙山月牙泉景区开始实施智慧旅游景区建设。景区不断加大智慧景区建设力度，先后投入建成实名制售检票、无现金收银管理、大数据平台、人脸识别、景区“天眼”监控、智慧厕所等各类智能系统，为智慧景区创新发展夯实了基础，提升了游客的体验感。

“旅游高峰期，‘智慧化’最能体现出重要作用。比如有了5星级卫生间、自动抽纸巾、鞋套机等设施设备，游客不会再因如厕难、排队时间长等问题进行投诉，还能通过语音提示功能避免不文明行为。”王有霞说。

王有霞介绍，鸣沙山月牙泉景区依托大数据平台，及时获取游客流动信息，实现人流量动态平衡管理；通过“天眼”监控系统，实时获取游客位置，提高游客游览的安全性，同时方便失物查找；积极配合防疫工作，向敦煌市疫情防控领导小组提供人员流调信息，确保流调信息的准确性。

未来，鸣沙山月牙泉景区将继续投入力量，创新主题产品、建设智慧景区、提升服务水平，让更多游客在欣赏美景的同时体验美好和温度。

资料来源　牛莹，冯豆，张陇堂. 甘肃鸣沙山月牙泉景区推进高质量发展——让游客在风景中体验美好和温度［N］. 中国旅游报，2022-01-04（4）.

思政目标：

围绕“鸣沙山月牙泉景区——让游客在风景中体验美好和温度”开展研讨，提高学生的质量意识，践行工匠精神。

研讨要求：

请结合以上资讯，从工匠精神、质量意识的角度查找相关资料，谈一谈鸣沙山月牙泉景区的核心产品、形式产品、期望产品、附加产品、潜在产品。

1.以小组为单位组织交流、研讨。

2.每个小组推荐1名成员做主题发言，各组围绕“鸣沙山月牙泉景区——让游客在风景中体验美好和温度”分享看法与体会。

3.从小组互评与教师评价两个方面进行评分，见表6-2。

表6-2　“鸣沙山月牙泉景区——让游客在风景中体验美好和温度”训练项目评价表

项目主题（分值）	评价指标（分值）	标　准	小组互评（20%）	教师评价（80%）	综合得分（100%）
鸣沙山月牙泉景区——让游客在风景中体验美好和温度（100分）	课堂研讨表现（40分）	小组研讨组织得当，全员参与，研讨运用资讯、案例等准确			
	主题阐述（60分）	阐述的内容丰富、效果良好，观点新颖、独特，能从工匠精神、质量意识的角度阐述鸣沙山月牙泉景区的核心产品、形式产品、期望产品、附加产品、潜在产品			

4.教师与学生依据综合得分情况，确定最优陈述小组。

在线课堂6-2

旅游产品生命周期

任务2　旅游产品生命周期

任务目标

知识目标：理解旅游产品生命周期的概念、特点。

能力目标：学会判别旅游产品的投入期、成长期、成熟期、衰退期。

素养目标：树立旅游产品生命周期的整体营销观念，坚定文化自信，强化守正创新意识。

任务导入

主题公园如何延长生命周期

我国虽然已经建成了许多不同类型的主题公园，但其中有不少项目出现了生命周期短的问题。任何产品都有生命周期，主题公园也不例外。

美丽中国6-2

上海迪士尼乐园

上海迪士尼乐园的前景值得看好，原因有以下四点：一是有迪士尼这个世界级品牌做保证；二是有上海这个经济发达城市及长江三角洲这个中国第一大经济增长极为客源依托；三是有巨大的度假休闲消费人群；四是有极为便利的交通等基础设施。

主题公园延长生命周期的方式主要有两种：一是以迪士尼、环球影城为代表，每一个主题公园都有独特的创意，并且在较短的时间内一次性或分期建设到位，形成足够大的规模和成熟、丰富的产品体系，保持强大的吸引力和竞争力，再通过一定程度的更新，创造适度的新鲜感，增加营销的噱头，从而吸引游客的眼球；二是以深圳欢乐谷等为代表，在较长的时间内，分期开发、滚动开发，通过“建不完的欢乐谷”使新产品次第问世，从而延长产品的生命周期。

与上述相反，国内有些主题公园盲目跟风、一哄而上，由于创意不足、文化表现力差、规模较小、肤浅粗糙，因此其生命周期必然很短，必然难逃“流星”的命运。

题材雷同的现象在我国主题公园建设初期比较普遍。就目前而言，题材雷同、主题克隆现象虽然已经有了比较大的改观，但求大、求全的现象依旧存在。“不求唯一，但求第一”仅仅体现在口号上，实际情况很难支撑所谓的“第一”标准。

互动游戏6-1

主题公园连连看

此外，主题公园也成为名人故里之争的一个重要载体。除了创造性思维贫乏之外，以文化为表、经济为里的区域竞争白热化是产生这一现象的主要原因。各地争相通过发掘本地的历史、文化资源来建立自信、树立品牌、谋取利益，必然试图通过主题公园的建设来“抢占”文化资源，以取得对文化资源独占的“合理性”，其中不乏恶意竞争、浮躁粗俗的案例。

随着上海迪士尼乐园、北京环球度假区的相继开园，国内主题公园游热度攀升，全家人畅游主题公园成为节假日休闲度假的新选择。虽然新冠肺炎疫情使得我国的主题公园遇到了停业、管控、在建项目停工等困难，但我国对疫情的良好控制、国内经济循环的政策支持，使得我国成为全球最具活力的主题公园市场，中国主题公园正在释放巨大潜力。

在全球前十大主题公园集团中，中国企业华侨城、华强方特、长隆位列其中，占据三席；从游客增长率来看，中国主题公园位居前三，表现抢眼。

我国文化底蕴深厚、源远流长，在资源、条件已经具备的当下，我国的主题公园有望实现从引进借鉴、消化吸收到打造并输出中国IP的进化，最终实现创新并引领世界主题公园产业的升级发展。

资料来源　刘思敏. 主题公园如何延长生命周期［N］. 中国建设报，2013-02-27（3）；佚名. 中国已成为全球最重要的主题公园市场［EB/OL］.［2022-03-18］. https://baijiahao.baidu.com/s?id=1727630098011196296&wfr=spider&for=pc.

问题：

以主题公园为例，谈谈景区在旅游产品更新与换代方面如何跟上旅游者需求转变的步伐。

理论知识

一、旅游产品生命周期的概念

旅游产品从投放市场开始，到最后被市场淘汰为止的全部过程所经历的时间，称为旅游产品的生命周期。例如，古老的宗教旅游被现代的疗养、度假等新的旅游形式所取代，从古代的士人漫游到现代社会的多种专项旅游，无不体现了旅游产品的生命周期。旅游产品的生命周期包括四个阶段：投入期、成长期、成熟期和衰退期。如果以时间为横坐标，销售额（量）、利润额为纵坐标，则产品的销量、利润等指标表现为一条曲线。

要正确理解产品生命周期的概念，必须注意以下几个问题：

①产品的生命周期不同于产品的使用寿命。产品的使用寿命专指产品的耐用程度，而产品的生命周期是指产品的市场经济生命，起决定作用的是消费者的需求程度。

②我们研究的产品生命周期，严格地讲，是指产品品种的生命周期。产品种类（如交通工具、酒店等）、产品品种（如汽车、飞机等）、产品品牌（如东方航空公司、中国国际航空公司等）的生命周期各不相同。产品种类的生命周期最长，有些产品种类受许多宏观因素的影响，其周期变化无法预测，几乎可以无期限地延续下去。产品品牌的生命周期很不规律，企业可以长期使用，也可以经常变化，同种产品在不同的企业中，其生命周期会有很大差别。产品品种的生命周期最典型，其发展变化过程有一定的规律可循。

③产品的生命周期只是一种理论上的描述。产品生命周期的四个阶段，实际上是按一个产品在市场上的正常发展规律来划分的。产品在市场上的状况受很多因素的影响，许多产品并未按产品生命周期的正常规律发展。有的产品一经上市就急速成长，但很快就进入衰退期，生命周期曲线陡峭而短促；有的产品进入成熟期或衰退期后，又再次出现一个增长期（如某饭店在进入衰退期后，经过重新装修，还会赢得市场的青睐，重新进入一个增长期）。

图6-2显示了产品生命周期的不同形态。图6-2（1）说明，当某种产品进入衰退期时，由于采取了改进措施，该产品又进入了一个新的生命周期，但这个生命周期比前一个生命周期持续的时间短；图6-2（2）说明，某种产品在其生命周期不断延伸的过程中，其销量和利润都在不断递增；图6-2（3）说明，有些产品在市场上快速成长，又快速衰退，这主要是一些时尚流行商品；图6-2（4）说明，有些产品从投入市场到成熟需要经历一个十分漫长的过程，这主要是受购买力的制约；图6-2（5）说明，某种产品在进入成熟期后，销量逐步稳定在一定的水平上。这些不同的表现形

态，并不是对产品生命周期理论的否定；相反，它们都可以用产品生命周期理论做出恰当的解释。所以，对大多数产品来说，生命周期理论是完全适用的。

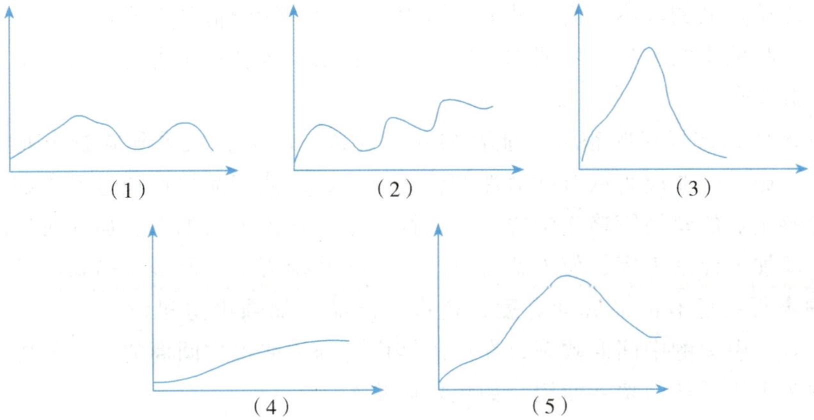

图6-2　产品生命周期的不同形态示意图

④产品生命周期各阶段的判定是很困难的，并没有一个统一的标准，也没有定量分析模型，基本上属于定性分析判断，其分析依据便是产品生命周期各阶段的特点，因此这种判断带有很大的主观随意性。市场营销人员很难识别出目前的产品属于生命周期的什么阶段，也不能肯定什么时候可以转到下一个阶段。对产品生命周期的判断通常有以下几种方法：

第一，经验判断法。这是指市场营销人员凭借丰富的市场经验，依据产品进入市场后销售额的变化情况，来判断产品处于生命周期的哪个阶段的方法。

第二，销售增长率比值法。这是一种借助经济指标进行分析的方法，即横坐标为时间，用Δx表示时间的改变量；纵坐标为销量，用Δy表示销量的改变量，用$\Delta y/\Delta x$的值判断产品所处的生命周期阶段。

如果$0<\Delta y/\Delta x<1\%$，则产品处于投入期；

如果$\Delta y/\Delta x>10\%$，则产品处于成长期；

如果$1\%<\Delta y/\Delta x<10\%$，则产品处于成熟期；

如果$\Delta y/\Delta x<0$，则产品处于衰退期。

第三，类比法。这是指根据先期进入市场的同类产品的生命周期发展过程，做出类比推理和判断的方法。

第四，社会普及程度判断法。这是指根据一定市场范围内的社会普及程度判断该产品在该地区市场上所处的生命周期阶段的方法。一般而言，产品普及率小于5%为投入期，5%～50%为成长期，50%～90%为成熟期，90%以上为衰退期。

二、旅游产品生命周期各阶段的特点及营销策略

（一）投入期

1.投入期的特点

处于投入期的旅游产品，如新推出的旅游线路、新开业的酒店、新增加的餐饮产品或种类等，由于刚刚进入市场，消费者对其还缺乏了解，因此销量较低。例如，改

革开放之初西餐的推出，由于消费者对西餐的就餐方式及礼仪不甚了解，怕闹出笑话，因此不敢光顾。同时，投入期产品的开发费用较高，又需要投入一定的促销费用，因此旅游产品的成本较高，从而导致旅游企业利润较低甚至亏损。此外，在投入期，由于产品的市场前景还不明朗，因此竞争者很少或者竞争者还不屑于加入。

2.营销策略

在投入期，市场风险很大，能否顺利度过这一时期，关系到旅游企业的生死存亡。因此，旅游企业应采取有针对性的营销策略，以使产品快速通过投入期。在这一阶段，旅游企业的营销策略应围绕一个“快”字。具体策略如下：加强对产品的介绍和宣传，即加大促销力度，使消费者熟悉、信赖并购买企业所推出的新产品；利用企业已有的声誉或已有的品牌知名度，提携新产品；加强渠道建设，选择得力的中间商，制定有吸引力的中间商政策，在产品推广过程中取得中间商的支持与协助；施以有效的刺激手段诱使消费者使用，如免费体验等。

（二）成长期

1.成长期的特点

在成长期，产品销量大幅度上升，利润额飞速增长，成本逐步下降，呈现出光明的市场前景。由于有利可图，竞争者也开始加入。

2.营销策略

在成长期，旅游企业的营销目标有两个：一是继续维持较高的销售增长速度；二是逐步扩大市场占有率。在这一阶段，旅游企业的营销策略应突出一个“好”字。具体策略如下：

（1）提高质量

提高旅游产品质量及服务质量，进一步改进旅游产品的功能，增加旅游产品的品种，提供更多能够满足旅游者需要的服务项目。

（2）努力开拓新市场

除了维持并增加已有市场的老顾客以外，还要采用适当的营销策略，扩大市场区域范围，进一步做好市场细分，以争取更多的消费者。

（3）提高知名度

促销宣传的重点应由介绍旅游产品转为树立旅游产品形象，宣传旅游产品特色，提高旅游产品及旅游企业的知名度，创立名牌，增强旅游者对旅游企业和旅游产品的信任感。

（4）适当调整价格

在销量不断增加、成本不断下降的基础上，可适当降低价格，以吸引对价格敏感的消费者，同时抑制竞争；对前期价格较低的产品和服务，可适当提高价格，以提升产品形象。

（三）成熟期

1.成熟期的特点

在成熟期，市场基本达到饱和，旅游产品拥有很高的市场占有率，是旅游产品销售的主要阶段，此时产品的销量最高且相对稳定，但增长速度放慢，一般年销售增长速度为1%～5%，企业利润也达到了最高点。这一时期的竞争最激烈，达到了白热化的程度，但后期，在竞争中实力不济者开始退出市场。

2.营销策略

成熟期是旅游企业获利的黄金时期，旅游企业应尽可能地延长成熟期，确保已有的市场占有率和有利的竞争地位。因此，在这一阶段，旅游企业的营销策略应突出一个“长”字。具体策略如下：

（1）开拓市场

开拓市场一般有深度和广度两种途径。从深度上开拓市场，主要是开辟新的细分市场，寻找新顾客，或增加现有旅游者对旅游产品的消费量，争取竞争者的顾客。从广度上开拓市场，主要是拓展市场的空间区域。

（2）改进产品和服务

①完善产品质量。旅游企业应提供符合市场需要的旅游产品，在吃、住、行、游、购、娱等方面全方位满足旅游者的需要；加强基础设施与配套设施的建设，加强对环境的治理和整顿，给旅游者提供一个清新整洁的旅游环境。

②提高服务质量。旅游企业应规范服务技巧，注重员工培训，提高员工素质，加强旅游接待服务标准化建设，增设尽可能多的服务项目，让旅游者满意。

③加强旅游新产品的研制和开发。在这一阶段，由于市场已经饱和，销售增长率趋缓甚至开始下降，而日益变化的旅游市场需求又使得旅游企业无法预知衰退期何时到来，因此旅游企业应使用差异化营销策略，加大新产品的研发力度，满足细分市场的需求，从而达到延长旅游产品成熟期的目的。

（3）改变市场营销组合

旅游企业可以变换市场营销组合中的一个或几个变量来刺激市场需求，如调整产品价格；加强渠道建设，适当调整中间商政策，调动中间商的积极性，开辟多种销售渠道，增加销售网点；改变促销组合方式，加大促销投入力度。同时，旅游企业应注意到竞争对手对这种变化的反应，防止竞争对手反戈一击或模仿，导致竞争格局改变。

（四）衰退期

1.衰退期的特点

在衰退期，产品在市场上已经“超龄”、老化，正逐步被市场淘汰，主要表现为：产品销量开始下降，成本费用开始上升，企业利润明显下降，竞争格局已明朗，胜负已成定局。

2.营销策略

由于消费者的兴趣转移，因此这类产品的销售量开始下降，经营成本上升，维持衰退期的产品通常有很大的市场风险，可能要付出高昂的代价。维持衰退期的产品不仅会使旅游企业的利润受到损失，还会消耗旅游企业的时间和精力，甚至会使旅游企业在声誉上受到一定的影响。能否及时、有效地调整营销策略，关系到旅游企业的生死存亡。在这一阶段，旅游企业的营销策略应突出一个“转”字。具体策略如下：

（1）持续营销策略

持续营销策略即继续沿用以往的营销策略，针对原来的目标市场，使用相同的渠道、定价策略和促销手段，直到该产品完全退出市场为止。

（2）集中性营销策略

集中性营销策略即把企业的资金和资源集中在最有利的细分市场和销售渠道上，尽可能取得更大的利润，这样也有利于缩短其他衰退期产品退出市场的时间。

（3）榨取营销策略

榨取营销策略即企业并不放弃衰退期产品，而是尽可能地降低生产成本和各种费用。这样，虽然产品的销量下降了，但通过大幅度降低成本，企业仍能获得一定的利润。

（4）放弃营销策略

对于毫无希望的衰退期产品，企业应立即放弃经营，但应考虑是完全放弃还是逐步放弃，以及放弃的时机。

案例窗6-2　老景区　新玩法　频频上新　天下第一泉风景区，永远在C位

连续喷涌17年，趵突泉频频“出圈”

《今日中国·山东篇》以海陆空直播的方式，全方位展示建党百年来的山东风采。其中，天下第一泉——趵突泉成为其中浓墨重彩的一个篇章。

作为济南七十二名泉之首，趵突泉与遍布济南老城区的四大泉群，汇成护城河绕城穿行，家家泉水，户户垂杨，润泽了这座城市灵秀的气质，也成为泉城济南的标志和象征。趵突泉的每一块石头、每一个建筑都有说不尽的故事，当然最神奇的就是那喷涌的三股水。

济南是一座宜居之城，山水入城、湖光山色、泉水叮咚……市民生活在举世无双的天然泉水博物馆里，享受着泉水的滋养，赏泉、亲泉、戏泉……与泉水共生。如今，通过节水保泉，趵突泉已连续喷涌17年，创造了近50年来持续喷涌时间最长的纪录。

“泉水游”上新，潮玩引人关注

泉水是济南的灵魂，人们亲泉而居，与水相伴，用泉水烧饭、泡茶、洗浣……济南开放有多处泉水取水点，白石泉取水点便是其中之一。除白石泉外，济南还在城区设立了百余处泉水直饮点，方便市民游客饮用。

近年来，老城老景区新玩法频频上新，现在再提起济南，已不仅仅是一句“大明湖畔夏雨荷”。护城河是连接泉水与城市的一条纽带，将济南老城区的各大景点（如大明湖、趵突泉、五龙潭、黑虎泉等）串联在一起，要想品味灵动的济南老城，最妙的就是坐上护城河上的画舫。除了游览美景，还可体验济南的特色美食“泉水宴”。济南府船宴将济南特色“泉水宴”搬到了游船上，把美景、美味、美色相结合，为广大市民和游客提供了一个体验天下第一泉风景区泉文化的绝佳方式。

此外，2020年底“趵突泉”文创雪糕上市，“国潮范儿”的造型和细腻的口感十分圈粉，吸引无数市民游客纷纷打卡。

文化品牌创新，古城焕发别“young”魅力

为了创新文化活动品牌，更好地传承泉城济南的民俗文化，2021年5月28日，由济南天下第一泉风景区服务中心和济南文旅集团旅游开发有限公司共同承办的2021天下第一泉民俗文化月正式启动。

济南拥有丰富的民俗文化，如何在新的时代条件下将其重新发扬光大，一直是这座古城的重要课题。2021年的民俗文化月以“新民俗　新非遗”为主题，将传统文化与国潮相结合，致力于打造独具泉城特色的品牌文化活动。本次民俗文化月也吸引了大批游客前来体验，其中不少游客是民俗文化月的“铁粉”。

“参加这个民俗文化月活动以后，我才知道原来济南有这么多民俗和非遗，太了不起了。”在济南生活了10多年的外地青年小林，过去对济南的了解仅止于泉水，通过参加民俗文化月活动，他对这座城市有了更深入的了解。

除了内容更加丰富、新颖，2021年的民俗文化月活动在形式上也坚持创新，将传统与时尚结合，并首次在大明湖景区的南丰祠设置了大明湖分会场，重磅打造“天下第一泉民俗文化月国潮文化市集”“大宋风华——二安文化华服盛典”等活动，期待吸引更多的年轻群体了解泉城特色民俗，传承优秀传统文化。

“近年来，天下第一泉风景区还顺应时代潮流，成立了天下第一泉文创中心。目前，文创中心在趵突泉、大明湖各设一处门店，其开发的文创产品持续火爆，成为景区宣传推广济南文化的又一利器。”景区相关负责人表示，创新文化传承新机制，让传统文化融入现代生活，坚定文化自信，提升城市形象，是泉城服务者不变的初心。

资料来源　刘烨. 老景区　新玩法　频频上新　天下第一泉风景区，永远在C位［N］. 济南日报，2021-06-07（3）.

案例分析：党的二十大报告中强调，“讲好中国故事、传播好中国声音，展现可信、可爱、可敬的中国形象，推动中华文化更好走向世界。”在旅游市场竞争日趋激烈的大背景下，老景区只有注重整合资源、深挖文化，聚焦文化品牌创新、旅游产品创新等，才能焕发新活力。

实践训练

泰山风景区的创新发展

背景资料：

泰山是第一批国家级重点风景名胜区，自古以中华圣山的形象给人以厚重的历史感和神圣感，尤其是在华北平原这一少有山岳风景的地区，泰山一柱擎天显得尤为突出，因此泰山景区拥有巨大的客源市场。此外，泰山还积极加强同周边景区的合作，发挥优势开拓市场。2010年，泰安市精心策划，构建以泰山游为龙头、以城市游为龙体、以周边游为龙爪、以水浒游为龙尾的龙之旅格局，给泰山旅游赢得了更加广阔的市场。随着泰山旅游的快速发展，泰安市还将开发重点转向天外村、桃花屿及周围山岳景区的建设，同时加快对泰山人文旅游资源的开发，如泰山国际登山节、方特欢

美丽中国6-3

泰山风光

乐世界等，使得泰山的旅游形式更加丰富多彩，泰山旅游的吸引力得到迅速提升。

但是，泰山以观光旅游产品为主，每到旅游旺季，整个泰山景区人满为患，泰山御道游客人均占用面积约0.9平方米，远远低于山岳旅游人均8平方米的适宜标准。景区容量饱和带来的不仅仅是资源环境的破坏，而且可能使景区声誉受损，进而对旅游地的生存与发展产生威胁。

泰山景区以互联网思维为指引，依托“智慧泰山”建设，综合应用人工智能、物联网、云计算技术，打造了以信息网络为基础，防火智能调度、假日智能指挥、旅游智慧服务为核心的智慧泰山综合管理体系，涵盖景区保护、管理、服务各个层面，在景区智能化保护、可视化管理、智慧化运营中发挥着重要作用。

2021年7月，中国旅游景区协会和华侨城创新研究院联合发布《中国旅游景区欢乐指数月度报告》(2021年6月)，泰山风景名胜区欢乐指数（THI）6月排名居全国第三位、自然景观类第一位。

2021年10月1日至3日，泰山累计接待游客109 948人（平均每小时进山1 527人），泰山景区未形成全山大客流，旅游秩序良好，为历年国庆长假秩序最佳。其中，除9月30日、10月1日夜间两次逼近局部客流管控红线——岱顶瞬时最大承载量1.9万人外，另外2条红线均未达到（单日最大承载量8.55万人、瞬时最大承载量5.25万人）。

资料来源　葛成唯，李涛. 关于旅游目的地生命周期与深度发展研究——以泰山景区为例［J］. 现代商业，2013（9）；宋磊，王娟. “智慧泰山”助力景区提质升效［EB/OL］.［2020-05-05］. http：//sd.people.com.cn/n2/2020/0505/c386909-33994531.html；吉喆.泰山未现大客流　旅游秩序历年最佳［EB/OL］.［2021-10-04］. http：//sd.people.com.cn/n2/2021/1004/c394409-34943521.html.

实训内容：

以小组为单位，通过查找资料，以旅游产品生命周期理论为依据，谈谈作为世界自然与文化双重遗产的泰山景区如何保持旅游发展的持续生命力。

实训目标：

1.掌握旅游产品生命周期的特征。

2.学会运用旅游产品生命周期理论对旅游产品进行有针对性的分析。

实训组织：

1.以3～4人为一个小组，由组长确定小组分工，指定1位发言人在老师提问时向全班报告自己小组的结论。

2.小组成员分头查找网络或书籍资料，并在小组内分享、讨论，准备好阐述资料。

实训记录：

1.旅游产品生命周期包括哪几个阶段？

____

____

2.以旅游产品生命周期理论为依据，谈谈作为世界自然与文化双重遗产的泰山景区如何保持旅游发展的持续生命力：

____

____

3.有何具体建议？

____

____

效果评价：

1.以小组为单位组织交流、研讨。

2.每个小组推荐1名成员做主题发言。

3.从小组互评与教师评价两个方面进行评分，见表6-3。

表6-3　“泰山风景区的创新发展”训练项目评价表

项目主题（分值）	评价指标（分值）	标　准	小组互评（20%）	教师评价（80%）	综合得分（100%）
泰山风景区的创新发展（100分）	课堂研讨表现（40分）	小组研讨组织得当，全员参与，研讨运用知识、方法、技术等准确			
	主题阐述（60分）	阐述的内容具有可行性，效果良好，观点新颖、独特，能根据旅游产品生命周期理论对旅游景区的发展与营销进行合理阐述			

4.教师与学生依据综合得分，确定最优陈述小组。

思政探索

主题公园的“四化”发展之路

背景资料：

随着北京环球度假区开门迎客，国内主题公园市场再掀热潮，中国已经成为全球主题公园投资的一片沃土。

历经30多年的发展，我国主题公园从无到有、从有到优，数量激增，大型主题公园日益成为城市经济转型和区域旅游发展的发动机和助推器。主题公园以其独有的文化内涵、丰富的科技含量和强大的娱乐功能，成为文旅产业深度融合的典型代表。

虽然中国主题公园发展前景广阔，但其质量和内容还有巨大的提升和创新空间。迪士尼拥有米老鼠、唐老鸭、狮子王等大批著名IP形象，环球影城拥有哈利·波特、侏罗纪公园、小黄人、变形金刚、功夫熊猫等IP顶流，默林娱乐集团旗下有杜莎夫人蜡像馆、乐高乐园、小猪佩奇等超级IP加持。反观国内，本土主题公园普遍缺乏文化内涵、故事创新、产权保护及产业链深耕，对中华优秀文化的挖掘和融合能力仍然较弱，同质化、弱IP等问题仍是国内主题公园的普遍问题。从行业格局看，“外有强敌环伺，内有群雄逐鹿”是国内本土主题公园生存环境的真实写照。

因此，未来国内主题公园的发展应着力做好“四化”：

一是主题公园主题化。一个成功的主题公园，主题和故事IP是其“灵魂”所在。中国传统文化中拥有“哪吒”“白蛇传”“牛郎织女”“梁祝”等许多传统故事，这些IP形象同样有着巨大的潜在粉丝群。深挖中国传统文化内涵，结合现代时尚潮流元素，打造中国品牌符号，讲好中国文化故事，是中国特色的主题公园长盛不衰的必由之路。国内主题公园形成了体育、冰雪、森林、亲子、海洋、航空航天等多种主题，应进一步采取小群多路、短小精悍、遍地开花、参与性强的沉浸式IP发展策略，提高知识产权的创新、运营和保护意识，积极借鉴和创新外来文化本土化的发展模式。

二是主题公园产业化。在政策、金融、资本、人才、技术、基础研究等领域加大支持力度，指导主题公园创新产品、业态、商业模式，探索“主题公园+一产”“主题公园+二产”“主题公园+三产”“主题公园+科技”等产业融合模式，加快主题公园与红色文化、夜间经济、研学旅行、城市度假等业态深度融合，结合购物、餐饮、娱乐、影视和住宿等多元消费形式，推动主题公园向零售业、保险业、技术咨询、管理输出、文化演艺等方向延伸。

三是主题公园商业化。如今的主题公园早已不再是单纯的“门票经济”，游客二次消费收益所占比重越来越大，IP授权衍生品和配套设施消费成为主题公园营收的关键所在。国内主题公园应以IP流量运营为核心，借助IP研发孵化、授权合作、衍生服务等手段，优化选品、陈列、销售、激励等各环节要素，提高二次消费占比。

四是主题公园科技化。以信息技术、人工智能、物联网、大数据、云计算、区块链等为代表的新技术，正在加快驱动主题公园从设计策划、规划开发、建设运维、管理运营、游客体验、周边业态、增值服务等全产业链条发生深刻变革，渠道、终端、服务、品牌、商品、会员、交易、体验的交互水平和深度将持续提升，未来与现实、实景与虚拟、娱乐与探索呈齐头并进之势。沉浸式、互动化高科技游乐体验及新型演艺内容的制作和呈现手段，将赋予主题公园更广阔的发展空间。

资料来源　吴若山，王显韬. 主题公园的“四化”发展之路［N］. 光明日报，2021-10-17（5）.

思政目标：

围绕“国内主题公园的‘四化’发展之路”开展研讨，使学生坚定文化自信，强化守正创新意识。

研讨要求：

请结合以上资讯，从文化自信、守正创新的角度，查找主题公园的相关资料，运用产品生命周期理论谈一谈国内主题公园的“四化”发展之路。

1.以小组为单位组织交流、研讨。

2.每个小组推荐1名成员做主题发言，各组围绕“国内主题公园的‘四化’发展之路”分享看法与体会。

3.从小组互评与教师评价两个方面进行评分，见表6-4。

表6-4　“主题公园的‘四化’发展之路”训练项目评价表

项目主题（分值）	评价指标（分值）	标　准	小组互评（20%）	教师评价（80%）	综合得分（100%）
主题公园的“四化”发展之路（100分）	课堂研讨表现（40分）	小组研讨组织得当，全员参与，研讨运用“生命周期理论”等相关资讯、案例等准确			
	主题阐述（60分）	阐述的内容丰富、效果良好，观点新颖、独特，能从文化自信、守正创新的角度，运用生命周期理论阐述国内主题公园的“四化”发展之路			

4.教师与学生依据综合得分情况，确定最优陈述小组。

在线课堂6-3

旅游产品组合策略

任务3　旅游产品组合策略

任务目标

知识目标：了解旅游产品组合的概念；熟悉旅游产品组合决策的步骤。

能力目标：能够针对旅游企业的外部、内部环境及现有产品，制定旅游产品组合策略。

素养目标：培养旅游市场研判习惯，提高危机意识，强化守正创新意识。

任务导入

昆明旅行社做“集采”　旅游产品降价不降质

一款售价458元/套的轿子雪山自由行套餐，是2021年11月昆明的旅行社卖得最好的旅游产品。套餐包括双人景区门票、摆渡车、缆车和轿子雪山大酒店1晚住宿。零售价774元的套餐，为何能降价近四成？原来是昆明的旅行社做了一场“集采”。

由于省内出现中风险地区，2021年11月3日晚，云南省紧急暂停旅行社、在线旅游企业经营跨省团队旅游及“机票+酒店”业务。与以往不同，这次跨省游熔断后，昆明不少旅行社并没有闲下来，27家旅行社跟着昆明市旅行社行业协会北上了。旅行社负责人考察了轿子雪山、寻甸凤龙湾小镇、星河温泉等昆明北部旅游资源，并围绕优惠政策，与景区、住宿企业进行激烈“谈判”。

客源，是谈判的关键。在昆明市旅行社行业协会的指导下，旅行社自愿参与，变散为聚，合力做大游客量，向景区、住宿企业争取到品质不降但低于零售价的“集采”折扣，从而降低成本，努力自救。

旅行社“集采”到两个短线自由行套餐：一个是销售正火的轿子雪山自由行套餐，另一个是“凤龙湾小镇+星河温泉”自由行套餐。每个套餐由1家旅行社运作，其他旅行社则只管销售。到轿子雪山看雪、观雾凇加上“集采”形成的价格优势，让轿子雪山自由行套餐成了最近卖得较好的“云南人游云南”产品。昆明中国国际旅行社业务负责人朱晓雷说：“购买套餐比游客单独买景区门票、酒店住宿更划算，所以这个套餐的销售全面开花。”在云南锦爱旅游集团有限公司业务负责人杨晓林看来，对负责销售的旅行社来说，投入不多、风险不大并且比做周边游利润高，旅行社自然有了参与的积极性。

昆明旅行社（国际）有限公司负责轿子雪山自由行套餐的运作。“合力已见成效。2021年11月中旬以来，有200个房间的轿子雪山大酒店每个周末都满房。在昆明、红河、楚雄等地，周末家庭成了出游主力。轿子雪山初雪后，每天购买该套餐的游客至少有200人。”旅行社负责人说。

资料来源　李思凡. 昆明旅行社做“集采”　旅游产品降价不降质［EB/OL］.［2021-12-01］. http：//yn.people.com.cn/n2/2021/1201/c372456-35030287.html.

问题：

结合上述案例，谈谈昆明的旅行社是如何进行旅游产品“集采”，并做好产品组合的。

理论知识

一、旅游产品组合的概念

旅游产品组合是指旅游企业通过对不同规格、不同档次和不同类型的旅游产品进行科学的整合，使旅游产品的结构更趋合理，更能适应市场需求，从而以最小的投入尽可能地占领更广阔的市场，实现旅游企业的最佳经济效益。

旅游产品组合应以最有效地利用资源、最大限度地满足市场需要和最有利于竞争为原则。常见的旅游产品组合有四种类型：①全面全线型组合，即针对旅游市场的所有旅游需要提供的旅游产品组合，包括各种类型的旅游线路；②市场专业型组合，即向某一特定的市场提供其所需要的产品；③产品专业型组合，即只经营一种类型的旅游产品来满足多个目标市场的同一类需求；④特殊产品专业型组合，即针对不同目标市场的需求提供不同的旅游产品组合。

二、旅游产品组合决策的步骤

（一）分析旅游企业的外部环境

进行旅游产品组合决策，首先要对旅游企业所处的外部环境进行分析，收集外部环境中对旅游企业有利的市场机会和对旅游企业构成威胁的不利因素，从而帮助旅游企业做出正确的产品组合决策。

（二）分析旅游企业的内部资源

对旅游企业的内部资源进行分析的主要目的是，通过对旅游企业自身能力范围的分析，准确标示出旅游企业能够提供的旅游产品的种类，从而为旅游企业设计有效的旅游产品组合创造条件。如果没有对内部资源进行分析，旅游企业对自身的能力就可能没有一个准确的认识，高估或低估企业资源都会导致企业做出错误的决策。例如，某地一家经营状况非常好的经济型酒店，在一阵上规模、上档次的风潮中，盲目扩大规模，提升档次和价位，结果导致企业资金链断裂，正常经营受到影响，客源下降，危机重重。

（三）分析现有产品及业务

对现有产品及业务进行分析是旅游产品组合决策的重要内容。通过分析现有产品及业务，旅游企业可以对各项产品进行分类和评估，然后根据其经营效果的好坏，决定对其投入的比例。对盈利的或有市场前景的旅游产品追加投入；对亏损的或没有发展希望的旅游产品维持或减少投入，以便使旅游企业的资源得到合理配置。分析现有产品及业务的方法主要有：三因素分析法、波士顿矩阵法、GE矩阵法等。这里我们重点介绍三因素分析法。

三因素分析法是指用销售增长率、市场占有率和利润率三个因素，对各类产品进行分析和评价的方法。具体做法如下：首先将三个因素作为三个向量，建立三维坐标，这样就得到了一个立体空间位置；然后将企业的各种产品或业务根据三因素进行量化判断，在这个三维空间中找到合适的位置，从而决定其发展策略。

假如某旅游企业有A、B、C、D四类产品，利用三因素分析法对它们分析如下（如图6-3所示）：

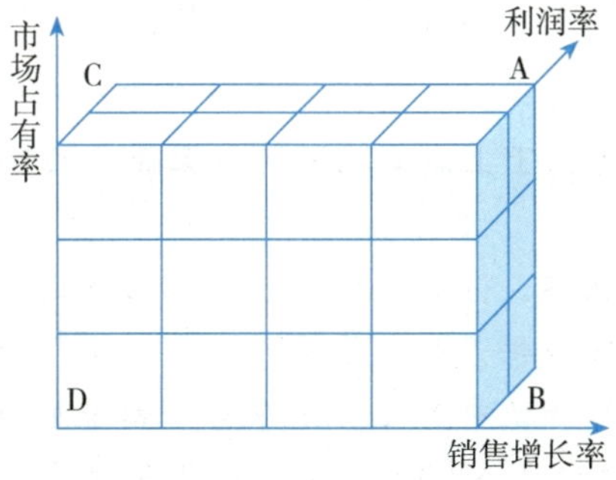

图6-3　三因素分析法

1.A产品

A产品具有较高的销售增长率和较高的市场占有率，在市场上显现出了蓬勃的生命力。因为该产品已经具有较高的销售增长率，所以应避免以牺牲市场占有率去换取更大利润的做法，同时应加大对该产品的投资力度。

2.B产品

B产品具有较高的销售增长率和较低的市场占有率，处于成长期。在维持并不断提高其销售增长率的同时，B产品也会发展成为A产品那样的高利润来源产品。相反，如果B产品的销售增长率长期停滞不前甚至下降，则应慎重考虑其发展策略。

3.C产品

C产品具有较低的销售增长率和较高的市场占有率，处于成熟期。由于C产品有较高的市场份额，能为企业带来大量的现金收益，因此旅游企业应采取多种营销手段维持C产品的市场占有率，同时慎重投资。

4.D产品

D产品具有较低的销售增长率和较低的市场占有率，处于衰退期，旅游企业应考虑放弃D产品。

（四）制定产品组合策略

1.扩大产品组合策略

扩大产品组合策略有两种方式：一是拓展产品组合的宽度，即在原产品组合中增加一个或几个产品大类，扩大生产经营范围；二是增加产品组合的深度，即在原有的产品线内增加新的产品项目。

2.缩小产品组合策略

缩小产品组合策略有两种方式：一是缩小产品组合的宽度，即剔除那些获利小、发展前景暗淡的产品大类，缩小生产经营范围；二是减少产品组合的深度，即企业出于求精、求专的考虑，有意放弃某些产品项目。

3.完善产品组合策略

完善产品组合策略有三种方式：一是向上延伸，即在原有中、低档产品和服务的基础上，推出高档产品和服务，以提高企业形象，增加销量；二是向下延伸，即在原有高档产品和服务的基础上，推出中、低档产品和服务，以占领这部分市场，为更多的消费者服务，但要注意避免负面影响；三是双向延伸，即在原有中档产品的基础上，发展高、低档产品和服务，以完善产品的结构。

案例窗6-3　　　　餐饮变革要突破边界

某个周末，笔者走进位于上海安福路的一家简易西餐厅，看到近50个餐位基本坐满。

在上海，这类产品混搭、价位适中的餐厅很受欢迎。这类餐厅供应的品种通常不多，一天有四个时段提供产品，早餐以套餐为主，午餐以简易西餐（包括沙拉、意大利面和三明治）加饮料为主，下午茶以咖啡加西点为主，晚餐是简易西餐。早餐和下午茶的人均消费在60元左右，午餐和晚餐的人均消费在150元左右。

那家餐厅的火爆，让笔者想到国内的高档酒店。近年来，不少高档酒店推出了面向大众的促销活动。对此，业内也有多种看法。有观点认为，高档酒店放下的只是身段，却并没有触及本质的改革与创新。有酒店老总表示，在餐饮产品方面，高档酒店没有特色，缺乏品牌意识。比如，餐饮场所的设计千篇一律，特色西餐厅、全日咖啡厅、中餐厅、大宴会厅是标配，顶层设有酒吧或行政酒廊，大堂设有酒吧，可提供送餐服务；部分高档酒店多了一个提供日式料理或泰餐的特色餐厅；餐厅和酒吧分别配备厨师和服务团队。这些雷同的前端设计，对消费者难以产生吸引力。

在营销方面，有观点认为，对于消费者需求的变化，一些高档酒店没有予以积极回应。比如，没有像社会餐厅那样，在线上和线下与消费者进行交流，没有专注产品质量的更新迭代，没有对各个餐厅进行再利用，而这些本应成为高档酒店餐饮改革创新的方向。

近期，笔者品尝了几家高档酒店的创新菜品。其中，有一家位于上海郊区的高档酒店，原本餐饮人均消费只有100多元，经过专业人士的指导，酒店聘请了一些名厨推出特色菜，将人均消费标准提高到250元。酒店还研发了高档餐饮套餐（人均消费800元），也销售火爆。2020年，该酒店实现营收超过2019年的30%。另外一家位于市中心、由国际品牌管理的高档酒店，经过专家指导，推出了适合不同人数、不同档次的中式套餐组合，在网端展示促销，售卖火热，2020年餐饮营收远超2019年。以上两个案例说明，一方面，高档酒店的营销渠道不能过于封闭，线上线下联合营销已是必然；另一方面，光有渠道还不够，还要有过硬的产品，满足消费者的口味需求这一点永远不会变。

资料来源 袁学娅. 餐饮变革要突破边界［N］. 中国旅游报，2021-03-18（6）.

案例分析：旅游不仅是推产品、讲故事，更是对人的研究。因此，开发满足不同受众群体需求的组合旅游产品非常重要。酒店餐饮市场潜力巨大，关键是要打破原有的界限和标准，研发过硬的产品。

实践训练

河源文旅展团登上广东国际旅游产业博览会

背景资料：

2021年9月10日至12日，2021广东国际旅游产业博览会在广州举行。广东省河源市近20家文旅企业组成河源展团亮相展会，推介河源“两晚三天”经典旅游线路，向全世界游客和客商发出“河源等您来”的诚挚邀约。

位于河源的万绿湖是粤港澳重要的水源地。河源恐龙文化资源十分丰富，拥有全国乃至全世界都罕见的“三位一体”的珍贵恐龙化石资源。河源文旅企业首次喊出“中国万绿湖　世界中华龙”宣传新口号，希望吸引更多国内外游客到河源观光、休闲、度假。

为了更好地带动文旅消费，2021年，河源市精心打造了河源“两晚三天”经典旅游线路，线路涵盖恐龙文博园、万绿湖风景区、陂角村、仙坑村、阮啸仙故居、佗城古镇等多个景点景区，经典的旅游线路和丰富的出游体验让不少游客感受到河源文旅不一样的魅力。此次展会，河源文旅企业对河源“两晚三天”经典旅游线路进行了重点推介，并推出了河源文旅惠民消费卡“两晚三天”套卡及优惠活动，为广大游客献上超值旅游体验。

河源文旅企业还将特色非遗项目龙川手擎木偶戏带到了现场，让游客近距离感受非遗的魅力。惟妙惟肖、活灵活现的木偶戏表演不仅吸引了众多观众驻足欣赏，还点

美丽中国6-4

飞阅大美
河源旅游
风光片

燃了现场观众的体验激情。河源市文化广电旅游体育局相关负责人表示，河源展团旨在全方位推介河源丰富的文化旅游资源，多维度展现河源文旅形象，从而吸引更多海内外游客到河源感受河源文旅魅力，进一步加快文旅深度融合，提振文旅市场信心，满足人民群众的文化旅游需求。

资料来源　谢少娜. 河源文旅展团登上2021广东国际旅游产业博览会［EB/OL］.［2021-09-13］. http://www.heyuan.gov.cn/ywdt/szxw/content/post_454862.html.

实训内容：

请用旅游产品组合的相关知识，谈一谈城市旅游产品组合、推介。

实训目标：

1.掌握制定旅游产品组合策略的方法。

2.学会运用旅游产品组合策略对旅游产品进行有针对性的分析。

实训组织：

1.以3～4人为一个小组，由组长确定小组分工，指定1位发言人在老师提问时向全班报告自己小组的结论。

2.小组成员分头查找网络或书籍资料，并在小组内分享、讨论，准备好阐述资料。

实训记录：

1.广东河源文旅宣传新口号是什么？

2.在广东国际旅游产业博览会上，河源文旅展团是如何推介城市旅游产品的？

3.结合学校所在城市旅游资源的特色，对其旅游产品组合、推介提出建议。

效果评价：

1.以小组为单位组织交流、研讨。

2.每个小组推荐1名成员做主题发言。

3.从小组互评与教师评价两个方面进行评分，见表6-5。

表6-5　“河源文旅展团登上广东国际旅游产业博览会”训练项目评价表

项目主题（分值）	评价指标（分值）	标　准	小组互评（20%）	教师评价（80%）	综合得分（100%）
河源文旅展团登上广东国际旅游产业博览会（100分）	课堂研讨表现（40分）	小组研讨组织得当，全员参与，研讨运用知识、方法、技术等准确			
	主题阐述（60分）	阐述的内容具有可行性，效果良好，观点新颖、独特，能根据河源市旅游产品的特点，谈旅游产品组合、推介。			

4.教师与学生依据综合得分，确定最优陈述小组。

思政探索

文旅产业如何把握“元宇宙”发展机遇

背景资料：

关于“元宇宙”的定义，目前尚无定论，清华大学新媒体研究中心发布的《2020—2021年元宇宙发展研究报告》指出，“元宇宙”是整合多种新技术而产生的新型虚实相融的互联网应用和社会形态，它基于扩展现实技术提供沉浸式体验，基于数字孪生技术生成现实世界的镜像，基于区块链技术搭建经济体系。

笔者结合前人观点，认为“元宇宙”是虚拟世界与现实世界叠加、并生、共存的新世界，依托数字技术构建现实世界的孪生体——数字孪生世界，数字孪生世界将与现实世界通过虚拟现实、增强现实、扩展现实等技术叠加在一起，形成虚实映射、实时连接、动态交互的世界。在这个崭新的世界中，人具有数字身份，包括人的孪生体、脑机接口、人的数字生活记录等，共同创造人的新身份，并且这个身份也随着人的发展和场景的变化而随时变化。虚实相生是“元宇宙”的关键特征，体现在六个核心要素上，包括沉浸感、虚拟身份、数字资产、真实体验、虚实互联和完整社会系统。

每当站在时代更替的关键时刻，每当处在历史的十字路口，时代更替所带来的红利是我们不能不关注的。文化和旅游产业与“元宇宙”的联系非常紧密，“元宇宙”也将为文旅产业的发展带来前所未有的机遇，这个关键时刻也是文化和旅游产业顺应时代发展，快速调整自我和发展自我的关键时刻。

食、住、行、游、购、娱是旅游活动的六大要素。这些方面均将受到“元宇宙”的深远影响。场景消费、体验消费将成为“元宇宙”中的重要消费方式。

食。“元宇宙”可以为人们提供更优越的饮食环境，更健康的饮食结构，更新奇的饮食特色。特色饮食环境，如宇宙飞船环境、非洲草原环境、宫廷环境等一系列虚拟背景环境，让顾客在品尝美食的过程中收获非同寻常的体验。虚拟美食得到发展，如Tiger Street Food美食节选择线上虚拟举行，用户只需要在网站上设计一个3D人物形象就能进入这个虚拟世界。通过打造个体的数字孪生体，结合个体长期身体指标的监测数据，模拟和预测个体未来的身体状况，并结合个体近期的饮食数据，量身定制个性化营养餐。

住。“元宇宙”可以为人们提供超现实的住宿体验。在“元宇宙”所强调的场景营销中，酒店、民宿从业者要围绕为用户提供超越期待的体验，发挥想象力，才有可能赢得市场先机。围绕场景这一核心，实现主动连接和匹配，在凭借流量赋能商业的同时，借助营销实现流量的留存，最终构成生生不息的循环生态。实际上，民宿行业已经开展了相关实践，在木鸟民宿平台上，电竞民宿、滑梯民宿、婚纱民宿都拥有大量忠实客户，住宿的场景化消费逐渐形成趋势。

行。“元宇宙”将深刻影响交通运输业、汽车行业的服务质量。法拉利在《堡垒之夜》推出了第一款虚幻引擎汽车。韩国现代汽车公司开发了名为“现代出行探险”的趣味互动“元宇宙”游戏，用户可以通过数字化方式体验现代汽车的出行服务产品。数字孪生交通更是可以覆盖交通管理、交通运输监管、交通运输服务等领域，为人们出行提供决策依据。

游。“元宇宙”可以为人们游览提供更多的资源，更多样化的体验。2021年11月，张家界成为全国首个设立“元宇宙研究中心”的景区。西安大唐不夜城景区宣布正在打造全球首个基于唐朝历史文化背景的元宇宙项目——《大唐·开元》，该项目像一个通往数字虚拟世界的工具，让游客不管身在何处都可以在线来“大唐不夜城”游览娱乐。

购。“元宇宙”可以为人们购物提供更加便捷多样的方式。Facebook就推出了“虚拟试衣间”，对人的孪生模型进行试装，以呈现尺寸大小、颜色搭配等试装效果。“Digital Light Canvas”（光之魅影）是新加坡滨海湾金沙购物中心打造的大型交互式装置，能为顾客提供实时互动体验空间。地面铺设了一个直径15米的圆形LED屏，该LED屏具有感应功能，当人们进入地面LED互动区域时，脚下的行进轨迹便会生成水墨笔迹，形成与参与者的实时互动。

娱。“元宇宙”可以为人们的娱乐体验提供更多样的选择。迪士尼乐园计划用人工智能、虚拟现实、机器人、物联网等技术，将虚实共生的园内外整体体验向更高层级的沉浸感和个性化推进。环球影城的虚拟现实体验项目一定程度上折射出了“元宇宙”虚拟体验的初步形态。Roblox（罗布乐思）积极布局VR领域，早在2016年就开放了VR功能，并逐步实现了VR游戏的跨平台、跨设备适配，玩家们可以通过电脑、手机、Xbox、Oculus等终端设备体验VR游戏。

资料来源　李颖，邹统钎，杜烨琳，等. 文旅产业如何把握“元宇宙”发展机遇［N］. 中国旅游报，2022-01-24（3）.

思政目标：

围绕“文旅产业如何把握‘元宇宙’发展机遇”开展研讨，强化学生的守正创新意识。

研讨要求：

请结合以上资讯，从守正创新的角度，查找“元宇宙”相关资料，运用旅游产品组合理论，谈一谈对文旅产业把握“元宇宙”发展机遇的认知。

1.以小组为单位组织交流、研讨。

2.每个小组推荐1名成员做主题发言，各组围绕“文旅产业如何把握‘元宇宙’发展机遇”分享看法与体会。

3.从小组互评与教师评价两个方面进行评分，见表6-6。

表6-6　“文旅产业如何把握‘元宇宙’发展机遇”训练项目评价表

项目主题（分值）	评价指标（分值）	标　准	小组互评（20%）	教师评价（80%）	综合得分（100%）
文旅产业如何把握“元宇宙”发展机遇（100分）	课堂研讨表现（40分）	小组研讨组织得当，全员参与，研讨运用旅游产品组合理论相关资讯、案例等准确			
	主题阐述（60分）	阐述的内容丰富、效果良好，观点新颖、独特，能从守正创新的角度查找“元宇宙”相关资料，运用旅游产品组合理论，阐述对文旅产业把握“元宇宙”发展机遇的认知			

4.教师与学生依据综合得分情况，确定最优陈述小组。

在线课堂6-4

旅游产品品牌策略

任务4　旅游产品品牌策略

任务目标

知识目标：掌握旅游产品家族品牌策略、他人品牌策略的基本内容。

能力目标：能对家族品牌策略、他人品牌策略进行有针对性的分析。

素养目标：树立品牌价值理念，提高质量意识，坚持守正创新。

任务导入

黄山风景区品牌建设成效突出　向世界旅游精品迈进

黄山风景区是世界文化与自然双重遗产、世界地质公园、国家5A级旅游景区、国家级风景名胜区。多年来，黄山风景区在发展、保护、管理等方面，不断改革、探索、创新，不仅把“牌”打出去，而且正朝着创建“安徽旅游龙头、中国一流景区、世界旅游精品”的“强牌”之路迈进，成效显著。

美丽中国6-5

黄山风光

黄山风景区确立了“科学规划、统一管理、严格保护、永续利用”的工作方针，坚持走可持续发展之路。在景区管理上，通过实行标准化来实现精细管理与保护。

目前，黄山风景区的系统管理共提炼出12个子系统，包括规划管理系统、生态植被保护系统、环卫保洁系统、数字管理系统、旅游管理系统、经营管理系统等。支撑这12个子系统的是规划四级报批、水网高山覆盖、垃圾洗涤下山等36个支点。

与此同时，为了把保护黄山、发展旅游与周边农民的切身利益联系起来，黄山风景区管委会投入了近百万元资助周边村镇调整产业结构，兴办乡镇企业。

黄山风景区还投入了近百万元为周边农民建水库、修路、架桥、改善医疗和办学条件等。昔日黄山脚下的山村汤口，现已发展成为著名的旅游镇，80%的农民走上了富裕道路。

资料来源　佚名. 黄山风景区品牌建设成效突出　向世界旅游精品迈进［EB/OL］.［2010-10-23］. http：//www.wangchao.net.cn/lvyou/detail_353224.html.

问题：

以黄山为例，谈谈黄山对国内同类型旅游景区品牌塑造的可借鉴之处。

理论知识

如今，旅游者已经不仅仅局限于单纯的旅游观光，而是更加注重自身在旅游过程中的参与性，这种参与性的实质就是追求旅游体验的过程。旅游产品品牌的建设，首先要重视旅游产品或服务的文化性，充分挖掘目的地文化的内涵；其次要重视寻求旅游产品区别于其他品牌的独特性；最后要重视服务中的文化内涵，提高旅游从业人员的文化涵养。旅游产品品牌策略的内涵非常丰富，下面我们重点介绍家族品牌策略、他人品牌策略的内容。

一、家族品牌策略

企业自主拥有所有权的品牌称为家族品牌。企业生产或经营的产品或服务全部使用家族品牌的策略，称为家族品牌策略。同时，企业还要决定自己的产品或服务是分别使用不同的品牌名称，还是统一使用一个或几个品牌名称，因此家族品牌策略还包括以下几种：

（一）统一品牌策略

统一品牌策略即企业的所有产品均使用统一的品牌进入市场。

该策略的优点是：可以节省大量的广告宣传促销费用；有利于推出新产品，新产品可凭借原有品牌的优势，顺利进入市场并得到消费者的认可；有助于企业创名牌，企业集中宣传一个品牌，更容易提高品牌的知名度。

该策略的不足之处是：如果各个产品或服务间的质量参差不齐，就会影响整个品牌的声誉，有时还会限制企业的多元化发展。

该策略的适用条件是：只有当品牌知名度较高时，品牌才具有“介绍和提携”的功能；各产品线之间，无论质量还是形象，都要有较强的一致性。

（二）个别品牌策略

个别品牌策略即企业各种不同的产品或服务分别使用不同的品牌名称进入市场。例如，万豪国际集团拥有丽思·卡尔顿、万豪、万怡等众多品牌，其中，丽思·卡尔顿品牌属于奢华酒店，万豪品牌属于高级酒店，万怡品牌属于精选酒店，不同的品牌代表了不同级别及功能的产品。使用个别品牌策略，既能给企业带来利益，也能给企业带来风险，企业应根据内部和外部的环境因素加以选择和运用。

该策略的优点是：针对不同旅游产品和目标市场的特点，使用不同的品牌，可以更好地满足消费者的需要，给消费者带来多种利益；避免了市场上一种产品或服务营销失败给其他产品带来负面影响；有利于旅游企业搞多元化经营；能使消费者认为企业在不断创新，规模大，实力强。

该策略的不足之处是：企业需要花费较高的宣传促销费用；同类产品使用不同的品牌，可能会导致品牌间的竞争，使企业的总体销量无法提高。

该策略的适用条件是：企业规模大，实力雄厚，能承受较高的宣传促销费用；企业产品或服务的类型较多，规格档次各不相同，各有不同的目标市场。

（三）统一品牌和个别品牌并用策略

统一品牌和个别品牌并用策略即在产品的个别品牌前或后冠以统一品牌（通常为成功品牌）。使用这一策略，既可以利用声誉远播的统一品牌来宣传产品，又突出了个体间的差异，便于消费者识别。

案例窗6-4

华侨城集团有限公司

华侨城集团有限公司于1985年从深圳湾畔的一片滩涂起步，坚持市场导向，构想出了一条以人为本的可持续发展之路，成为一个跨区域、跨行业经营的大型国有企业集团，培育了旅游及相关文化产业经营、房地产及酒店开发经营、电子及配套包装产品制造等国内领先的主营业务。2009年11月，华侨城集团有限公司主营业务实现整体上市。至此，分别位居行业前列的几大核心主业和优质资源得到充分整合，经营机制创新又迈上了一个新的台阶，企业高速运转的引擎中又注入了新的动力和活力。

多年来，华侨城集团有限公司立足于“优质生活创想家”的品牌定位，培育了康佳、欢乐谷、锦绣中华·民俗村、世界之窗、东部华侨城、欢乐海岸等一系列行业领先品牌。

新时代，华侨城集团有限公司积极践行文旅融合、新型城镇化、乡村振兴等国家战略，主题公园、文化演艺、特色小镇、美丽乡村、都市文化旅游综合体、精品酒店等多业态齐头并进，文化旅游产业规模和品质不断提升。2018年，华侨城集团有限公司获评“中国特色小镇投资运营商年度品牌影响力TOP50第一名”“改革开放四十周年四十品牌”等系列荣誉，被誉为“中国文化旅游行业的航空母舰”；2019年、2020年，华侨城集团有限公司连续两年位列“中国特色小镇运营商综合实力TOP50”“中国文旅小镇运营商TOP10”榜单双榜首位，领先行业发展。

旅游产业是华侨城集团有限公司最核心的优势产业。2006年，深圳华侨城旅游度假区被评为“全国文明风景旅游区”，2007年又被评为“首批国家5A级旅游景区”。2007年7月，深圳东部华侨城项目建成试营业，并获得中国首家“国家生态旅游示范区”荣誉称号。同时，华侨城集团有限公司还成功实现了中国第一个主题公园连锁品牌——欢乐谷的南、北、西、东跨区域开发和运营。

在战略转型和业绩快速增长的双重推动下，华侨城集团有限公司在旅游产业的布局上焕发出新的活力。截至目前，华侨城集团运营和管理景区近80家，酒店50余家，旅游演出23台，旅行社10家，参与建设和运营的特色小镇及美丽乡村近30个。

华侨城集团有限公司以旅游业为纽带，对区域内的资源进行全面整合提升，积极响应国家全域旅游战略。除了以总部深圳为核心的粤港澳大湾区，华侨城集团有限公司还在中国旅游资源最丰富的区域，如云南、海南、陕西、四川、山西、北京、河北等地，广泛布局全域旅游新业务，串珠成链，培育产业新动能，激发产业新活力，致力于成为“中国全域旅游示范者”，显示了华侨城集团有限公司在创新发展中的智慧。

美丽中国6-6

华侨城风光

此外，华侨城集团有限公司积极践行人才扶贫、基金扶贫、旅游扶贫、产业扶贫、短板扶贫、文化扶贫的精准扶贫“六大路径”，激活贫困地区内生动力，并在长期帮扶实践中探索形成了“文旅融合+美丽乡村”“产业扶贫+乡村振兴”等模式，成为精准扶贫的文旅央企样本。由华侨城集团有限公司定点帮扶的贵州省三穗县、天柱县分别于2019年4月、2020年3月退出贫困县序列，顺利脱贫摘帽。后扶贫时代，华侨城集团有限公司以“六个迈向”助力贵州黔东南苗族侗族自治州、内蒙古科尔沁右翼中旗、甘肃临夏回族自治州等地区巩固拓展脱贫攻坚成果，在云南、海南、西藏、广东等地区开展美丽乡村建设，助力乡村振兴。

作为“中国文化产业的领跑者”，华侨城集团有限公司还致力于将艺术融入城市公共空间，至今已在全国60多个城市布点以华侨城创意文化园、OCAT馆群为代表的多个大型文旅综合项目和文化场馆，集团及旗下各企业还通过举办OCT凤凰花嘉年华、南京华侨城红枫嘉年华等文化创意及公共艺术活动，为大众提供艺术滋养；注重文化遗产保护与传承，坚持保护性开发原则，通过“传统文化+旅游+生态”的保护模式，打造了以深圳甘坑客家小镇为代表的多个项目，将文化古镇保护与现代旅游相融合。

资料来源 华侨城集团有限公司．华侨城概况［EB/OL］．［2022-03-01］．https://www.chinaoct.com/hqc/gyhqc/hqcgk/index.html.

案例分析：华侨城集团有限公司的成功说明了开发者及运营者应具有勇敢思辨的探索精神、千锤百炼的实干作风和强烈的社会责任感。

二、他人品牌策略

他人品牌按所有者的不同，可分为制造商品牌和中间商品牌。我国旅游企业的品牌大多属于制造商品牌。由于我国中间商的分类和国外有所不同，因此我国的中间商品牌较少，这应该引起各旅游中间商的重视。旅游中间商应注意发展自己的品牌，突出自己的优势。

他人品牌策略的核心在于品牌的归属，即企业用属于其他企业所有的品牌发展自己的产品和服务。他人品牌策略可以使企业利用他人品牌的知名度促进本企业产品形象、地位的提升。企业可通过与著名企业合资、联营、连锁等方式取得他人品牌的使用权。

实践训练

实景演出《印象·刘三姐》

背景资料：

《印象·刘三姐》是中国漓江山水剧场的核心工程，由中国著名导演张艺谋、王潮歌、樊跃任总导演，国家一级编剧梅帅元任总策划、制作人，历经五年半的努力制作而成。它集漓江山水风情、广西少数民族文化及中国精英艺术家创作之大成，是全国第一部全新概念的山水实景演出。

《印象·刘三姐》体现了一种淋漓尽致的豪华气派。传统演出是在剧院有限的空间里进行的，这场演出则以自然造化为实景舞台，放眼望去，漓江的水、桂林的山，都化为中心舞台，给人以超然的感受。传统的舞台演出是人的创作，而“山水实景演出”是人与自然共同的创作。

山峰的隐现、水镜的倒影、烟雨的点缀、竹林的轻吟、月光的披洒随时都会加入演出，成为最美妙的插曲。晴天的漓江，清风倒影特别迷人；烟雨漓江，给人们的却是另外一种美的享受。

歌圩几乎全部被绿色覆盖，里面种植着茶树、凤尾竹等，加上所植草皮，绿化率达到了90%以上。其中，灯光、音响系统均采用隐蔽式设计，与环境融为一体，水上舞台全部采用竹排搭建，不演出时可以全部拆散、隐蔽，不会对漓江水体及河床造成影响。

观众席依地势而建，梯田造型，180度全景视觉，可观赏江上2 000米范围内的景物及演出，既与环境协调，也考虑到了行洪的安全。另外，在100多亩的建设用地上，鼓楼、风雨桥以及贵宾观众席等建筑散发着浓郁的民族特色。据建设单位介绍，整个工程不用一颗铁钉，令人叹为观止。

用张艺谋的话说，“它是一场秀”，它秀的是桂林山水，秀的是民俗风情，秀出了天人合一的境界。它运用规模庞大的环境艺术灯光工程、独特的烟雾效果工程及隐藏式的音响，展现出了“红色、绿色、蓝色、金色、银色”五大主题，将刘三姐的山歌、民族风情、漓江渔火、山水圣地等元素进行创新组合，还原于自然，给人以强烈的视觉及听觉冲击，达到了如诗如梦的效果。世界旅游组织推荐说：“今天，不管我们从世界上任何角落来到桂林，不管交通费用有多贵，看一场《印象·刘三姐》都是值得的！”

美丽中国6-7
《印象·刘三姐》

资料来源　佚名. 印象·刘三姐：全世界第一部全新概念的山水实景演出［EB/OL］.［2015-04-14］. https：//wenku.baidu.com/view/bf24ce31e518964bce847c46.html.

实训内容：

以小组为单位，通过查找资料，结合旅游产品品牌的相关知识，研讨以桂林漓江真山实水为背景的《印象·刘三姐》与文化演艺结合后，打造了哪些独特的旅游产品品牌。

实训目标：

1.了解旅游产品品牌策略。

2.理解旅游产品品牌塑造的重要性。

实训组织：

1.以3～4人为一个小组，由组长确定小组分工，指定1位发言人在老师提问时向全班报告自己小组的结论。

2.小组成员分头查找网络或书籍资料，并在小组内分享、讨论，准备好阐述资料。

实训记录：

1.旅游产品品牌策略有哪些？

____

____

2.《印象·刘三姐》与文化演艺结合后，打造了哪些独特的旅游产品品牌？

3.还有哪些城市举办了旅游演艺项目？请举例说明。

效果评价：

1.以小组为单位组织交流、研讨。

2.每个小组推荐1名成员做主题发言。

3.从小组互评与教师评价两个方面进行评分，见表6-7。

表6-7 "实景演出《印象·刘三姐》"训练项目评价表

项目主题（分值）	评价指标（分值）	标　准	小组互评（20%）	教师评价（80%）	综合得分（100%）
实景演出《印象·刘三姐》（100分）	课堂研讨表现（40分）	小组研讨组织得当，全员参与，研讨运用知识、方法、技术等准确			
	主题阐述（60分）	阐述的内容具有可行性、效果良好，观点新颖、独特			

4.教师与学生依据综合得分，确定最优陈述小组。

思政探索

杭州第一世界酒店：打造星级饭店最佳亲子标杆

背景资料：

杭州第一世界大酒店位于杭州湘湖畔，总建筑面积8万平方米，是由宋城集团投资兴建的五星级酒店。酒店以热带雨林为特色，拥有各类主题客房300多间，多个特色主题餐厅可同时容纳3 000人用餐。近年来，该酒店通过文化主题的打造，营造浓厚的休闲氛围，不断满足亲子家庭的度假需求，取得了良好的效果。

审时度势　转型突破

随着人们生活和消费水平的不断提高，散客度假市场越来越受到关注。酒店紧抓机遇，根据家庭游的需求特点，整合酒店周边相关度假产品，以"打造极具体验价值的亲子旅游目的地酒店"为目标，关注宾客需求，从亲子客房的升级、亲子主题餐饮的定制化、亲子活动的寓教于乐、一站式乐享服务四个方面，推动酒店转型升级。

特色产品　创新内容

- 沉浸互动的亲子客房

由个性化亲子布置到热门IP引进授权，再到自有IP沉浸式主题营造，酒店亲子体验客房从1.0版迭代到3.0版，目前已推出12种不同主题类型，并根据四季变化调整主题，创造出不同的场景体验。主题客房可以为小朋友提供多种童话服装以及亲子管家服务，结合游乐互动体验，使房间成为乐园的一部分，让宾客感受童话般的沉浸空间。同时，为住店儿童提供定制的有乐园IP形象的专属拖鞋、牙刷牙膏等礼包，打造舒适、安全、快乐的住宿环境。

为满足二胎以及伙伴出游家庭的需要，酒店独家推出了带有树洞亲子床的梦幻丛林主题房，将亲子乐园产品延展为定制房内产品，不但让乐园IP主人公和场景走进房间，也让童话世界中的树洞屋成为欢乐好梦的空间。

2020年暑期，酒店推出“魔法奇妙屋”主题客房，成为新一代亲子网红产品，假日期间客房出租率一直保持在100%。

- 能看秀可定制的主题餐饮

在亲子主题餐饮方面，酒店从口味到就餐形式不断升级，增加演艺特色，推出系列主题餐饮。比如，可预约不同演出内容和主题布置，定制符合家庭需求的个性生日宴、纪念日等主题场馆和活动；结合不同节日，借助宋城在演艺方面的优势，推出“能看秀的大餐”，宾客可以身着不同的角色服装，品尝美食美酒，还可参与沉浸式大秀。

- 能增进感情的亲子活动

从仪式感活动到专设的儿童成长俱乐部，酒店以自有亲子IP元素“果果、妞妞”为主人公，每季度都以点、线、面的形式推出不同主题的店内亲子互动活动。

宾客进入酒店，就会偶遇穿着特色服装的迎宾员，他们双手合十向宾客赠送特色花环。酒店大堂、餐厅和乐园里的卡通玩偶，也会与宾客互动。在云曼温泉，宾客可以一边体验温泉养生，一边欣赏特色热带雨林风情表演。在儿童成长俱乐部，所有内容都进行了生动的主题化故事包装，专业设计了小戏精训练营、魔法厨房、爱的故事屋等系列亲子体验活动。假日里的欢乐大巡游会从酒店大堂出发，在雨林宫殿的各个区域与宾客互动。孩子们与童话人物手拉手，一起欢乐前往乐园。在这里，孩子们还可以交到志趣相投的朋友，在寓教于乐中收获童年的乐趣。

- 照顾全家的一站式特色服务

为满足宾客对亲子度假产品的需求，酒店将亲子文化产品的打造融入酒店的日常管理中，同时激发员工充分挖掘自身潜力，实现自我价值。

为了扩大宾客“亲子乐享”一站式特色体验的范围，酒店将周边旅游度假产品进行复合型组合，同时提供管家、儿童托管等服务，关注宾客需求，完善贴心服务，让酒店成为众多家庭愿意专程前来度假体验的场所。

资料来源　文化和旅游部市场管理司. 星级饭店管理与服务典型案例汇编［G］. 2021.

思政目标：

围绕“杭州第一世界酒店：打造星级饭店最佳亲子标杆”开展研讨，提高学生的质量意识，坚持守正创新。

研讨要求：

请结合以上资讯，从质量意识、守正创新的角度，查找相关资料，运用旅游产品品牌策略相关理论，谈一谈对“杭州第一世界酒店：打造星级饭店最佳亲子标杆”的看法。

1.以小组为单位组织交流、研讨。

2.每个小组推荐1名成员做主题发言，各组围绕“杭州第一世界酒店：打造星级饭店最佳亲子标杆”分享看法与体会。

3.从小组互评与教师评价两个方面进行评分，见表6-8。

表6-8 “杭州第一世界酒店：打造星级饭店最佳亲子标杆”训练项目评价表

项目主题（分值）	评价指标（分值）	标准	小组互评（20%）	教师评价（80%）	综合得分（100%）
杭州第一世界酒店：打造星级饭店最佳亲子标杆（100分）	课堂研讨表现（40分）	小组研讨组织得当，全员参与，研讨运用旅游产品品牌策略相关理论、资讯、案例等准确			
	主题阐述（60分）	阐述的内容丰富、效果良好，观点新颖、独特，能从质量意识、守正创新的角度，运用旅游产品品牌策略相关理论，阐述对“杭州第一世界酒店：打造星级饭店最佳亲子标杆”的看法			

4.教师与学生依据综合得分情况，确定最优陈述小组。

项目小结

旅游产品包括核心产品、形式产品、期望产品、附加产品和潜在产品五个层次。

旅游产品从投放市场开始，到最后被市场淘汰为止的全部过程所经历的时间，称为旅游产品的生命周期。旅游产品的生命周期包括投入期、成长期、成熟期和衰退期四个阶段，各个阶段均有不同的特点，旅游企业应据此制定相应的营销策略。随着新市场、新需求的不断涌现，旅游产品的生命周期具有越来越短的趋势，因此新产品的开发应该成为旅游企业营销计划中不可缺少的一部分。

旅游产品组合是指旅游企业通过对不同规格、不同档次和不同类型的旅游产品进行科学的整合，使旅游产品的结构更趋合理，更能适应市场需求，从而以最小的投入尽可能地占领更广阔的市场，实现旅游企业的最佳经济效益。旅游产品组合策略包括扩大产品组合策略、缩小产品组合策略、完善产品组合策略。

边听边记6-1

项目小结

品牌作为一种无形资产，已成为企业在竞争中取胜的关键，旅游企业应重视旅游产品的品牌建设。旅游产品品牌策略的内涵非常丰富，主要包括家族品牌策略、他人品牌策略等。

挑战自我

由品质向品牌迈进　北京海洋馆蓄势待发

北京海洋馆在多年资源积淀的基础上，不断赋予这个品牌更多的责任与意义，进而为企业带来更强的生命力与影响力，为游客带来更加难忘的游览体验。

提升竞争力　让北京海洋馆成为业内标杆

坐落在北京动物园内长河北岸的北京海洋馆，犹如一只蓝色的大海螺，静卧在绿树环抱、花团簇拥的沙滩上。

北京海洋馆于1999年3月正式营业，馆内养育着千余种、数万尾淡水和海水生物。其中，国际级、国家级保护品种就有巨骨舌鱼、中华鲟、胭脂鱼、绿海龟、大鲵等几十种数百尾，同时还驯养了白鲸、海豚、海狮等大型海洋哺乳动物。“确保这些珍稀水生生物在人工环境下的健康成长，是一家水族馆安身立命的根本。”北京海洋馆总经理胡维勇表示。

北京海洋馆采用了世界先进的水生物生命支持系统，为各种生物提供了良好的生存环境，同时选派员工去中国科学院水生生物研究所进修学习，以期给游客带来更好的体验氛围，让北京海洋馆成为业内标杆。

打造软实力　强调活动与服务的创新

在现有硬件资源的基础上，北京海洋馆一方面通过场馆的改造、展示物种的更新，给游客带来常看常新的游览体验；另一方面注重软实力的提升，通过会员、科普、商务等一系列市场运作，打造出生物展示之外的另一番天地。

2016年，北京海洋馆结合世界海洋日，推出以“甲壳西游记”为主题的“珍稀特色虾蟹展”。2017年，北京海洋馆开展“海洋文化节”大型主题活动，通过海洋垃圾艺术展、海洋文化创意书画展等多种特色主题活动，使公众共同关注海洋生态环境，保护地球家园。2018年，北京海洋馆以“领略蓝色魅力，共筑海洋情怀”为主题，先后策划了“春节暖心行动　海有你”公益活动、“发现身边的绿色海洋”公益踏青季、“情系蔚蓝　书送希望”图书主题公益活动，让游客无论何时来到北京海洋馆，都会充满新鲜感。

北京海洋馆在满足常规参观游览的同时，也为企业及个人提供定制服务。小到两个人的海底求婚，大到3 000人的集体年会，北京海洋馆在产业创新方面开拓了一条新的途径，产生了很好的社会效益与经济效益。

主打科普牌　延伸到学校与社区

北京海洋馆作为全国海洋科普教育基地和北京市科普教育基地，在保障正常的经营活动的同时，更肩负着“教益学生”的艰巨使命。通过多年的资源积累，北京海洋馆已经形成多种成熟的科普模块，同时通过多种形式，将海洋科普教育工作从馆内延伸到学校与社区。

以“小小科学家探秘北京海洋馆”系列课程为例，北京海洋馆结合馆内特色物种，定制了系列课程。学生不仅可以在每周的课程中得到专业科普老师的生动讲解，而且可以走进海洋馆的养护繁育区，深入了解漂亮海洋生物背后的养护知识。

利用自身的硬件资源，结合在科普教育工作中的经验积累，北京海洋馆已经逐渐形成了自身的科普品牌，让来到北京海洋馆的游客不仅能领略到“新、奇、特”的海洋生物，而且能在潜移默化中了解海洋知识，强化海洋环保理念。

定位“公益年” 各种活动拉开帷幕

“民智则国富”，作为一家面向公众的窗口企业，北京海洋馆在强化经济效益的同时，更不忘自身肩负的社会责任。为了让海洋环保理念深入人心，北京海洋馆先后聘请排球名将赵蕊蕊、知名演员罗海琼和苗圃作为形象大使，依托其阳光积极的形象，宣传海洋环保理念。

都说“海洋般的胸怀可以治愈一切”，北京海洋馆在日常的经营活动中更是有意强化针对特殊人群的关爱。北京海洋馆联合社会慈善机构，先后发起针对自闭症儿童、唇腭裂儿童的关爱行动。用灵动的海洋动物、真诚的关爱，帮助他们逐渐从自己的小世界走出来。

北京海洋馆更将2018年定位为“海洋科普公益年”，新年伊始，各种主题的公益活动陆续拉开帷幕。在春节档期举办的“暖心行动”，在慰问社会保障性行业留守职工的同时，更使他们能在忙碌的工作中感受海洋的魅力。以“发现身边的绿色海洋”为主题的公益科普踏青活动，则通过科普展板与馆内丰富的海洋生物相结合的形式，向游人阐述海洋污染的危害，号召人们保护海洋。

资料来源 薛枫. 由品质向品牌迈进 北京海洋馆蓄势待发［EB/OL］.［2018-07-22］. http：//msgc.chinareports.org.cn/whtd/2018/0722/3162.html.

问题：

试用有关知识点分析北京海洋馆这一产品的发展策略。如果你是北京海洋馆的总经理，你将如何策划这一产品的发展前景？

要求：

课外时间独立完成，给出有针对性的答案。

拓展空间

1. 以当地一家有代表性的旅游景区为蓝本，分析其产品组合状况，并为其制定或完善产品组合策略。

2. 自从深圳世界之窗等主题公园取得成功之后，我国一些城市先后对其进行了克隆，部分景区由于只是简单地复制，没有创新，因此远远没有深圳世界之窗那样火爆，与预期目标相差甚远。加之部分地区的主题公园位置偏僻，除了刚开业的几个月火爆一阵以外，大部分时间业绩一般。请运用相关知识，结合某个主题公园的情况，运用SWOT分析法，谈谈旅游产品品牌应如何建设与创新。

7 项目七 旅游产品价格策略

项目概述

旅游产品价格策略是旅游市场营销组合策略的重要组成部分。价格是旅游市场营销组合中十分敏感又难以控制的因素。一般来说，当新产品投放市场或者旧产品改造之后重新投放市场时，旅游企业都要对其进行合理定价。因为旅游产品的价格直接关系到消费者对产品的接受程度，也影响着企业利润的多少，所以旅游产品价格的制定非常重要。

交互式课件 7-1 旅游产品价格策略

动画 7-1 旅游产品价格策略

项目结构

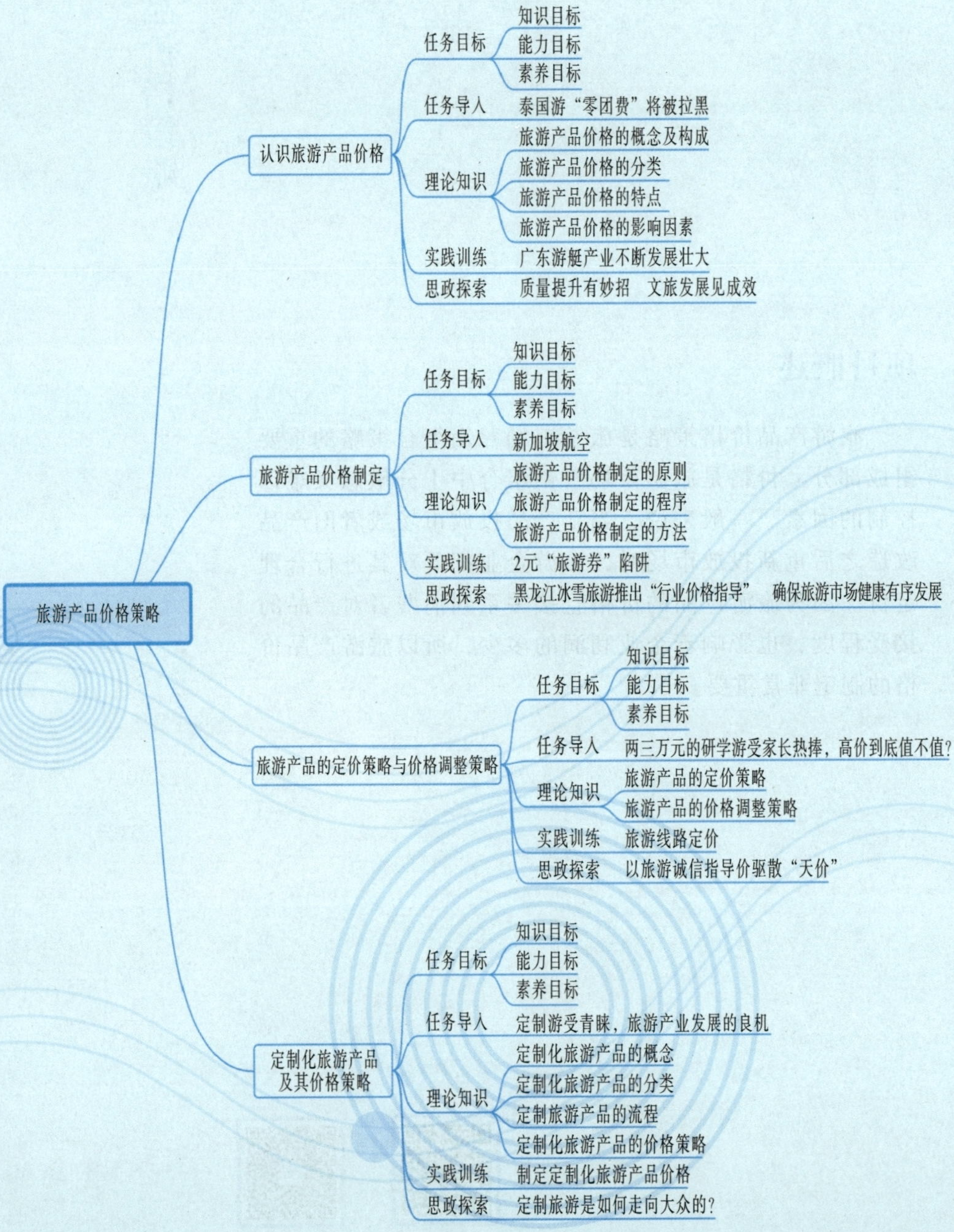
旅游产品价格策略
认识旅游产品价格
任务目标
知识目标
能力目标
素养目标
任务导入
泰国游“零团费”将被拉黑
理论知识
旅游产品价格的概念及构成
旅游产品价格的分类
旅游产品价格的特点
旅游产品价格的影响因素
实践训练
广东游艇产业不断发展壮大
思政探索
质量提升有妙招　文旅发展见成效
旅游产品价格制定
任务目标
知识目标
能力目标
素养目标
任务导入
新加坡航空
理论知识
旅游产品价格制定的原则
旅游产品价格制定的程序
旅游产品价格制定的方法
实践训练
2元“旅游券”陷阱
思政探索
黑龙江冰雪旅游推出“行业价格指导”　确保旅游市场健康有序发展
旅游产品的定价策略与价格调整策略
任务目标
知识目标
能力目标
素养目标
任务导入
两三万元的研学游受家长热捧，高价到底值不值?
理论知识
旅游产品的定价策略
旅游产品的价格调整策略
实践训练
旅游线路定价
思政探索
以旅游诚信指导价驱散“天价”
定制化旅游产品及其价格策略
任务目标
知识目标
能力目标
素养目标
任务导入
定制游受青睐，旅游产业发展的良机
理论知识
定制化旅游产品的概念
定制化旅游产品的分类
定制旅游产品的流程
定制化旅游产品的价格策略
实践训练
制定定制化旅游产品价格
思政探索
定制旅游是如何走向大众的?

在线课堂 7-1

旅游产品
价格概述

任务1　认识旅游产品价格

任务目标

知识目标：理解旅游产品价格的概念、分类和特点；掌握旅游产品价格的影响因素。

能力目标：能对旅游产品价格进行合理的分类；能定量分析旅游产品价格的影响因素。

素养目标：养成洞悉全局的思考习惯，提高质量意识，培养诚实守信的职业素养。

任务导入

泰国游“零团费”将被拉黑

针对中国游客赴泰国旅游过程中经常出现的“零团费”问题，中华人民共和国驻泰王国大使馆已经把中国游客多次投诉的旅行社名单转交给了泰国旅游管理部门，希望通过惩处一两个旅行社，对“零团费”的做法起到警示作用，以促进赴泰游的健康可持续发展。

所谓“零团费”，是指一些旅行社在组团时向中国游客声称，参团不需要提前付团费。实际上，游客在游览过程中往往被强制要求购买昂贵的珠宝、皮革制品等旅游商品，或支付特殊餐费等所谓的“自费项目”，游客得到的服务较差，居住酒店的条件也很差。

由于地理位置邻近以及签证方便，泰国一直是中国人出境游的热门目的地。“零团费”问题对中国游客赴泰游的健康发展有很大的负面影响，会导致中国游客的投诉率增加，在安全方面也存在隐患。中泰两国有关部门将对被游客多次投诉仍未及时改正的旅行社加大惩处力度，包括考虑将其列入黑名单。2016年，泰国政府展开了大规模的“旅游大洗牌”行动，整顿了大量低价游。

资料来源　龙明洁. 泰国游“零团费”将被拉黑　中方将向泰方提供名单［EB/OL］.［2015-05-26］. http://world.huanqiu.com/hot/2015-05/6525575.html.

问题：

泰国游“零团费”的定价策略是什么？有什么负面作用？分析“零团费”在《中华人民共和国旅游法》实施之后依然存在的根本原因。

理论知识

一、旅游产品价格的概念及构成

旅游产品价格是指旅游者为了满足旅游活动的需要所购买的旅游产品的价格，是旅游产品价值的货币表现形式。旅游产品价格主要由单项旅游产品价格和线路旅游产品价格构成。

（一）单项旅游产品价格

单项旅游产品价格是指旅游者在旅游活动中涉及的住宿、餐饮、交通、娱乐、购物等产品中的某一项产品的价格，包括导游服务收费、接送游客服务收费、行李服务收费、订房服务收费、订餐服务收费、订票服务收费，以及代办其他各项服务的收费等。这类价格一般针对散客要求的单项服务。

（二）线路旅游产品价格

线路旅游产品价格是指旅行社组织游客游览期间，安排的各项旅游活动的价格的总和。针对包价旅游的客人，这种价格又称为旅游包价。线路旅游产品可分为标准、经济、豪华三个等级，标准等级线路旅游产品是按照中等和中上等消费水平的游客对旅游服务的一般要求确定的，经济等级线路旅游产品是按照消费水平较低的游客对旅游服务的基本要求确定的，豪华等级线路旅游产品是按照消费水平较高的游客对旅游服务的要求确定的，不同等级的产品定价不同。为了合理定价并拉开不同等级产品之间的价格，每个等级还可分为10人及以上团队、6～9人团队、2～5人团队和1人四个档次，并对每个档次分别制定不同的价格标准。

二、旅游产品价格的分类

（一）按旅游者购买旅游产品的方式划分

1.全包价

全包价，又称统包价，是指旅游者通过旅行社组织，按照旅行社推出的某条旅游线路的价格一次性支付所有货币，就可参加旅游团进行整个旅游活动的一种包价形式。旅行社全包价主要由以下项目构成：

（1）房费

房费即全程旅游的住宿费，它由基本房费和房差费构成。

基本房费即计划旅游目的地各酒店既定的客房日租单价之和。

房差费包括：

①自然单间房差费，即由于旅游团人数、性别构成的不同，而可能引起实用房间数超过预订房间数所发生的房差费。

②客房时差费，即由于客人离店退房时间不同而发生的房差费。

③夜房差费，即由于旅游团在晚餐后到翌日凌晨4时前抵达酒店，并占用客房而发生的房差费。

（2）餐费

餐费即旅游餐饮费，它由基本餐费和地方风味餐费构成。

基本餐费即计划旅游时间内游客每天用餐收费标准之和。

地方风味餐费是指地接旅行社宴请游客品尝地方风味的费用。地方风味餐费通常由当地基本餐费加上标准风味餐差构成。

（3）交通费

交通费即旅游交通费，它由旅游出发地到旅游目的地之间往返的交通费和到达旅游目的地之后游览参观时的交通费构成，一般包括航空机票费、火车票费、长途汽车费和游览包车费等。

（4）门票费

门票费即游览参观点的门票费，它包括各收费景点的门票费，乘坐景点内的电瓶车、索道等运载工具的费用等。当前，我国旅行社推出的全包价，一般只包括各景点的首道门票费，而不包括景点内小景点的门票费和乘坐电瓶车、索道等的费用。

（5）导游服务费

导游服务费是指导游的差旅费和劳务费。旅游团人数越少，导游服务费越高，反之则越低。导游服务费由全程陪同导游服务费加上地方陪同导游服务费构成。

全程陪同导游服务费，也称全陪费，它由全陪导游差旅费加上劳务费构成。全陪导游差旅费按照国内一般公务人员差旅费标准计算，包括全陪导游赴首站至终站陪同期间及返程的全部交通费、住宿费、陪餐费（不含宴会）和差旅补助费。

地方陪同导游服务费，也称地陪费，它主要是指地方陪同导游人员的劳务费。我国各旅游相关单位一般都对导游实行免费接待，因此其交通费、住宿费和陪餐费成本会相应减少。

（6）旅行社管理费

旅行社管理费是根据有关管理规定而发生的业务开支。它包括旅行社维持业务活动必须支付的房租、水电费、设备维修费、保险费、宣传费、旅游零售商的佣金及雇员的工资等。

（7）附加费

附加费是指上述计划费用以外，旅游团在游览期间临时发生的费用，包括汽车超公里费、游船（游艇）临时加收的服务费，以及各游览参观点由于种种原因临时加收的费用。

2.半包价

半包价是指在全包价的基础上，扣除中、晚餐费用的一种包价形式。其目的是降低旅游线路的直观价格水平，提高旅游产品的竞争能力，同时也可以更好地满足旅游者在用餐方面的不同要求。

3.小包价

小包价又称可选择性旅游产品价格，它将全包价旅游费用分为非选择部分和可选择部分两大类。非选择部分包括接送服务、住宿、早餐、城市间交通等的费用，由旅游者在旅游前预付。可选择部分包括导游服务、风味餐、节目欣赏和游览参观等的费用，由旅游者根据自身情况自由选择，既可现付，也可预付。

4.零包价

零包价是一种独特的价格形态，多见于旅游发达国家。旅游者必须随团前往和离开旅游目的地，但在旅游目的地的活动完全由旅游者自己安排。旅游者参加零包价旅游的好处在于，可以获得团体机票价格的优惠。需要注意的是，零包价与零团费是两个不同的概念。

（二）按旅游者对旅游产品的需求程度划分

1.基本旅游价格

基本旅游价格是指旅游者在旅游活动中必须消费的旅游产品的价格。

基本旅游产品能够为旅游者的旅游活动提供基本服务，如果缺少这种服务，则旅游者的旅游活动将无法进行，因此合理确定基本旅游价格极为重要。

2.非基本旅游价格

非基本旅游价格是指旅游者在旅游活动中非必须消费的旅游产品的价格。

非基本旅游产品虽然不直接影响旅游活动的进行，但由于不同旅游者的需求存在差异，因此制定合理的非基本旅游价格，可以在一定程度上满足更多旅游者的需求，从而提高旅游企业的收入。

（三）从旅游企业的营销角度划分

1.旅游差价

（1）旅游差价的概念

旅游差价是指同种旅游产品由于不同地区、不同时间、不同环节、不同质量而引起的一定幅度的价格变化或价格差额。

（2）旅游差价的类别

由于旅游业的综合性和季节性较强，同时也受到旅行社之间价格竞争的影响，因此旅游差价的出现是一种常态。通常，旅游差价主要有地区差价、季节差价、批零差价、质量差价等具体表现形式。

①地区差价。地区差价是指同种旅游产品由于所在地区不同而产生的价格差额。例如，冷热点旅游地区之间存在差价，这种差价对于促进不同地区旅游业的发展起到了积极作用。

②季节差价。季节差价是指同种旅游产品因处于不同季节而产生的价格差额。例如，淡旺季差价可以有效调节淡旺季的供求关系，促进旅游产品价值的实现。

③批零差价。批零差价是指同种旅游产品的批发价格与零售价格的差额。批零差价有两种形式：一种是批发商和零售商之间的批零差价；另一种是旅行社和旅游产品经营者之间的批零差价。

④质量差价。质量差价是指同种旅游产品由于质量不同而产生的价格差额。例如，酒店按星级设定房价，飞机按座位等级制定票价等。

2.旅游优惠价

（1）旅游优惠价的概念

随着市场竞争的加剧，旅行社为了在市场上保持竞争优势，会进行一系列的市场促销活动，这样就出现了旅游优惠价这种特殊形式。

旅游优惠价是指旅游产品供给者在明码公布的价格的基础上，给予一定比例的折扣或优惠的价格。例如，旅行社周年庆时的打折优惠。

（2）旅游优惠价的类别

一般来说，旅游优惠价主要有四种类型：

①同业优惠价，即对同行业者实行的优惠价。

②销售量优惠价，即根据购买数量实行的优惠价。

③老客户优惠价，即对经常购买本企业产品的客户实行的优惠价。

④特殊群体优惠价，即对军人、教师、学生、本地市民、残疾人士等特殊群体实行的优惠价。

三、旅游产品价格的特点

（一）综合性与协调性

旅游产品能够满足旅游者食、住、行、游、购、娱等多方面的需求，因此旅游产品价格必然是旅游活动中食、住、行、游、购、娱等价格的综合表现。同时，由于旅游产品的供给方分属于不同的行业与部门，必须对这些行业与部门进行科学协调，使它们的产品相互补充、有机搭配，因此旅游产品价格又具有协调性。

（二）一次性与多次性

在旅游产品中，餐饮产品、旅游纪念品等是使用权与所有权均出售，所以其价格是一次性的；而旅游景点、旅游交通和客房等，均只出售使用权，不出售所有权，在不同时间的价格有所不同，所以其价格是多次性的。因此，旅游产品价格实质上是一次性与多次性相统一的价格。

（三）波动性与高附加值性

由于旅游需求会受到诸多不可预测因素的影响，因此旅游者的旅游需求及旅游动机也是千变万化的，但旅游供给又相对稳定，于是这种供求之间的矛盾就会造成相同的旅游产品在不同的时间里价格差异较大，从而使旅游产品价格具有较大的波动性。从某种程度上讲，旅游活动就是旅游者获得一次独特心理感受的过程。旅游产品的档次越高，旅游者需要支付的费用也越高，其中便蕴含了较高的附加值。

（四）垄断性与市场性

每个国家或地区的旅游资源都不可能是完全相同的，也就是说，每一种旅游产品都有其个性，这就决定了旅游产品价格具有一定的垄断性，它表现为在特定的时间和特定的空间范围内，旅游产品的价格远远高于其价值，高于凝结于其中的社会必要劳动时间。同时，旅游产品必须接受旅游者的检验，随着旅游者需求的变化，旅游产品价格必须进行相应的调整，这又使得旅游产品价格具有市场性，即随着市场供求的变化而变化。

案例窗 7-1　　**环游世界：中国人富起来的新梦想**

2010年4月29日，携程旅行网、台湾易游网、香港永安旅游三方强强联手，同时推出顶级旅游团“环游世界60天”，售价50万元。这是国内首次真正意义上的环游世界行程，包括大洋洲、南美洲、欧洲、非洲、亚洲、南极洲、北极圈，并成功攻克了行程规划、组织、预订、协调过程中的复杂难题，安排了16段国际航线商务舱、15段区域航线经济舱和2段邮轮，以及游艇、直升机、登山火车等全方位海、陆、空交通服务，参观的都是各大洲最具代表性的景点，入住的都是全世界顶级的酒店，还提供专业的管家和专家式游览、管理服务。“环游世界60天”

顶级行程开售后9分钟内，就报满了计划的20人名额。

由于报名情况超过预期，为了尽量满足客人的需求，主办方将名额由计划的20人增加到29人，并分成两个团出行。这些客人的定金（每人10万元）全部交付后，主办方开始确认和安排航班、地接社等资源，正式启动这个“史上最豪华旅游团”行程，并准备于2011年初起航。2011年4月21日，“环游世界60天”顶级行程顺利完成在各大洲的游历，回到国内。

此后，携程旅行网又推出了“环游世界66天”和“环游世界80天”产品，售价分别达66万元、101万元，并分别在30秒、17秒售完。2019年初，两位消费者私人定制了“2020年环游世界55天”产品，共花费192万元。可见，富裕起来的中国人开始追求环游世界的梦想。

资料来源　佚名. 携程发布20年十大改变中国人的旅游方式［EB/OL］.［2019-10-31］. https：//baijiahao.baidu.com/s？id=1648899673144033310&wfr=spider&for=pc.

案例分析：“环游世界”系列产品成功地为中国高端旅游消费者提供了环游世界服务，实现了富裕起来的中国人环游世界的梦想。携程旅行网因此提高了品牌影响力，提升了出境旅游服务水平，彰显了以创新精神和优质服务为本的在线旅游服务商形象。

四、旅游产品价格的影响因素

从旅行社的角度来看，旅游产品价格的影响因素分为可控因素和不可控因素两大类。

（一）可控因素

1.旅游产品的成本

成本是影响旅游产品价格最直接的因素，它决定了旅游产品在市场中运营的最低价格。在旅游包价中，单项产品成本的变化对整体产品价格的影响很大，具有成本优势的旅行社往往可以制定出具有吸引力的价格。例如，一些旅行社由于自己合股投资建设了景区，因此可以获得更低的门票价格，其旅游线路的成本就会降低，从而能够获得同等条件下更低的旅游包价，这也是近年来旅游资源不断整合、旅游集团不断出现的直接原因。

2.旅游产品的定位

产品定位的目的是向目标消费者传递一种产品形象，而价格是产品形象的直接体现。例如，某家旅行社的某条旅游线路如果定位为高端产品，那么宣传时也要向消费者传递一种高品位的产品形象，而其不菲的价格就向目标市场传递了这样的信息。

3.旅游产品的特色

俗话说：“人无我有，人有我优，人优我特。”具有特色的旅游产品肯定会吸引更多旅游者的注意，那么这类旅游产品的价格通常要比同类旅游产品的价格高。

4.旅行社的营销目标

旅游产品的价格必须服从旅行社的营销目标。如果旅行社以扩大市场占有率为目标，就会以低价策略进入市场；如果旅行社以取得最大利润为目标，就会以高价策略进入市场。

（二）不可控因素

1. 目标消费者的购买能力

假如某条旅游线路能激发目标消费者的购买欲望，但如果价格超出了目标消费者的购买能力范围，那么目标消费者自然不会购买。

2. 旅游市场的供求关系

在旅游旺季，旅游产品往往供不应求，此时，旅游产品价格必然也相应提高。

3. 汇率变动

汇率就是两种不同货币之间的比价，即一国货币单位用另一国货币单位表示的价格。西方国家普遍实行浮动汇率制；发展中国家大多数实行钉住汇率制。我国自2005年7月21日起开始实行以市场供求为基础、参考一篮子货币进行调节、有管理的浮动汇率制度。汇率变动对出境和入境旅游产品的价格具有明显的影响。

4. 替代品价格

在旅游产品的各个组成部分中，具有相同功能的组成部分之间是一种互相替代的关系，因此替代品价格也会影响旅游产品价格。例如，旅游产品与高档消费品之间也是一种互相替代的关系。

5. 国家政策及法律

任何国家都有自己的经济政策，一般来说，政府对旅游产品价格进行直接干预主要有以下两种情况：一是为了保护旅游者的利益，通过法律规定旅游产品的最高限价，如政府在广交会期间对酒店价格的限制；二是为了保护和扶持旅游企业、限制恶性价格竞争而制定最低保护价。

6. 重大突发事件

重大突发事件对旅游产品价格的影响是重大的。例如，汶川地震使得四川旅游业在一段时间内受到极大的影响，旅游产品价格大幅度削减。又如，巴厘岛爆炸事件、新冠肺炎疫情等重大突发事件对旅行社乃至整个旅游行业的打击也是极大的，导致旅游市场一度低迷，旅游产品价格也久久不能抬头。

实践训练

广东游艇产业不断发展壮大

背景资料：

游艇旅游，即海上绿道旅游，其价格变动不但会直接影响游艇旅游业自身的消费和投资水平，而且会通过替代效应、收入效应和财富效应影响其他商品和服务的消费。《2021海之蓝中国游艇市场报告》指出，中国游艇数量已达40 000艘，大型游艇港及周边停泊的大型游艇数量达5 000艘。珠三角、长三角、环渤海城市群纷纷将游艇业作为重要产业列入发展日程。

由《广东省滨海旅游发展规划》（2011—2020年）可知，广东将打造以广州、深圳、珠海为核心，以汕头、湛江、中山、东莞、江门、阳江、茂名、惠州、汕尾等游艇俱乐部群为支撑的滨海游艇旅游黄金海岸带；建成广州南沙、生物岛、珠海平沙和深圳大鹏湾4个游艇基地。此举将进一步推动广东游艇产业发展壮大。

广东省拟定的10条海上绿道旅游试航线路如下：

1.中国近代历史文化游：广州市区—黄埔—东莞虎门—中山

途经景区：孙中山大元帅府纪念馆、黄埔军校旧址纪念馆、南海神庙、长洲岛文化旅游风景区、鸦片战争博物馆、中山故居。

2.岭南水乡游：广州南沙—中山—珠海外伶仃岛

途经景区：南沙湿地、百万葵园、岭南水乡、南朗红树林、外伶仃岛。

3.主题公园欢乐游：深圳大梅沙—蛇口—珠海—横琴岛

途经景区：明思克航母世界、东部华侨城、欢乐海岸、圆明新园、长隆海洋王国。

4.温泉养生康体游：中山—珠海斗门—江门新会

途经景区：锦绣海湾温泉城、珠海御温泉、珠海海泉湾、古兜温泉。

5.滨海高端休闲游：汕尾红海湾—惠州巽寮湾—深圳大梅沙—中山神湾盛世游艇会—江门上川岛

途经景区：汕尾红海湾、惠州巽寮湾景区、深圳大梅沙旅游度假区、中山神湾盛世游艇会、上川岛飞沙滩旅游度假区。

6.蓝色海洋浪漫游

线路1：湛江—茂名放鸡岛—阳江海陵岛。

途经景区：湛江五岛一湾、茂名放鸡岛、阳江海陵岛、南海一号。

线路2：廉江—遂溪—雷州—徐闻。

途经景区：廉江高桥红树林、遂溪江洪仙群岛、雷州赤豆寮岛、雷州天成台旅游度假村、徐闻大汉三墩旅游区。

7.潮汕文化民俗游：潮州—汕头南澳岛—揭阳—汕尾红海湾

途经景区：潮州明代所城（金狮湾、绿岛山庄）、汕头南澳岛、揭阳惠来、汕尾红海湾。

8.内河绿色画廊休闲游：肇庆德庆—云浮云安—佛山三水—顺德—番禺

途经景区：德庆—云安—肇庆百里画廊、肇庆七星岩、三水荷花世界、长鹿农庄、宝墨园。

9.岭南历史文化山水风光游：广州—佛山—清远—韶关

途经景区：广州、佛山三水、清远北江、飞霞风景名胜区、飞来峡水利枢纽风景区、英德宝晶宫国际旅游度假区、曲江马坝人、乳源大峡谷、丹霞山。

10.东江绿色生态游：东莞—惠州—河源

途经景区：鸦片战争博物馆、惠州西湖、罗浮山、龙源温泉度假区、万绿湖。

游艇旅游一直被误认为全都是高端奢侈品。对于豪华游艇、超级游艇，这确实是奢华的，政府部门还要求征收奢侈品消费税，但对于小型游艇、帆船、钓鱼艇等，税费是否合理，将直接影响游艇旅游大众消费市场的发展。所以，分析游艇旅游产品价格的影响因素并进行合理定价，具有重要的现实意义。

资料来源　佚名．广东省海上绿道旅游启动［EB/OL］．［2012-10-12］．https：//travel.163.com/special/gdhsld/；海之蓝游艇．用数据说话，2021中国游艇市场数据来啦！［EB/OL］．［2022-01-27］．https：//weibo.com/ttarticle/p/show？id=2309404730325509996885.

实训内容：

根据广东省海上绿道旅游产品线路规划的背景资料，分析影响游艇旅游产品价格的主要因素，并从10条线路中挑选1条，制订该线路的游艇旅游宣传方案（文本或PPT）。

实训目标：

1.掌握旅游产品价格的影响因素。

2.学会以游客的体验诉求为出发点，宣传旅游产品。

实训组织：

1.以3～4人为一个小组，每个小组花5～10分钟，确定本小组认为最可能影响游艇旅游产品价格的因素，然后挑选1条线路制订旅游宣传方案。

2.指定1位小组成员将所提出的各种方案写下来，并合作完成方案稿。

实训记录：

1.影响游艇旅游产品价格的主要因素是什么？

____

____

2.游艇旅游产品宣传方案：

____

____

3.宣传方案的营销创新点：

____

____

效果评价：

1.以小组为单位发表观点，并提交宣传方案。

2.每个小组推荐1名成员做主题发言。

3.从小组互评与教师评价两个方面进行评分，见表7-1。

表7-1　“广东游艇产业不断发展壮大”训练项目评价表

项目主题（分值）	评价指标（分值）	标　准	小组互评（20%）	教师评价（80%）	综合得分（100%）
广东游艇产业不断发展壮大（100分）	课堂研讨表现（40分）	小组研讨组织得当，全员参与，研讨、运用相关知识、方法、技术等准确			
	主题阐述（60分）	阐述的内容具有可行性、效果良好，观点新颖、独特，能对影响游艇旅游产品价格的主要因素进行分析			

4.教师与学生依据综合得分情况，确定最优宣传方案。

思政探索

质量提升有妙招　文旅发展见成效

“美丽安徽行，品质在我心”。由安徽省文化和旅游厅、安徽省市场监督管理局联合举办的安徽省旅游服务质量江淮行启动仪式在安徽省合肥市举办，仪式上还公布了“2021年安徽省旅游服务质量标杆单位”。

经过申报受理、资料核查、答辩和专家评审等环节，合肥泓瑞金陵大酒店有限责任公司、安徽皖新国际旅行社有限公司、歙县披云山庄有限公司、舒城万佛湖旅游管理实业有限公司、安徽禾泉农庄生态农业有限公司、中国宣纸股份有限公司、亳州宾馆有限责任公司、宿州国际大酒店有限责任公司、安徽青松食品集团研学旅游基地、肥西县三河镇旅游文化有限公司10家单位脱颖而出。这些单位多年来在旅游服务质量建设标准化体系打造和制度创新等方面取得了优异成绩；在抓旅游服务质量上各有妙招，为安徽省文化和旅游行业服务质量的提升起到了示范带动作用。

坚持诚信经营之道　构建景区诚信服务新体系

为切实提升景区旅游服务质量，让游客在景区游得舒心、吃得放心，肥西县三河镇旅游文化有限公司以餐饮业为突破口，经过全面摸排、深度研讨和广泛听取多方意见，在全省率先推出“诚信菜单”，以诚信经营促进游客体验再提升。

一份小小的“诚信菜单”，不断提升着这座千年古镇的美誉度，逐步构建起景区诚信服务新体系。目前，“诚信菜单”的覆盖范围仍在延展，景区已逐步实现住宿、特色旅游纪念品、水上游等商品和服务的定质定量、明码标价。未来，景区还将继续秉持“诚信为本、服务为先”的发展理念，在坚持建设诚信景区的发展道路上不动摇，全力打造“诚信三河、放心三河、优质三河”。

探索质量创新之路　打造“基地+营地”研学业务新模式

安徽皖新国际旅行社创新服务质量方法，以徽文化为内容进行研学探究，率先打造了“基地+营地”研学业务新模式，推出了“皖新号”研学专列，构建了研学旅行标准化运营新体系，塑造了具有徽风皖韵的研学旅行新品牌。面对新冠肺炎疫情对市场的影响，企业积极转变思路和方向，深度挖掘研学旅游市场需求，形成线上研学新模式，同时积极打造研学安全风险防控参照范本，实现“活动有方案、行前有备案、应急有预案”，为研学旅行提供了更加完善的质量保障服务。

坚持融合发展之势　引领酒店文化餐饮新品质

在此次旅游服务质量标杆单位的宣讲中，谈起旅游服务质量提升核心，歙县披云山庄有限公司总经理方东进认为，要坚持以产品为核心，以顾客需求为导向，以文化为载体，在标准规企中争创行业标杆，在质量兴企中追求优质体验，在品牌强企中实现规模发展。

在歙县披云山庄，美食已经成为文化传承的新载体。近年来，企业立足徽文化，积极探索“文化+餐饮”发展新路径，致力于做好徽菜的品牌化、规模化发展，坚持“振兴徽菜、传承文化、安康幸福”的目标，形成了服务基础、服务提供、服务保障三大标准化体系。此外，歙县披云山庄还通过实施“育名队、推名品、建名企”的“三名”工程，培育了一批知识型、技能型、创新型的人才队伍，为企业实现高质量服务提供了人才保障。

做好旅游服务质量提升工作任重道远。5年来，安徽省旅游服务质量江淮行系列活动的开展，坚持横向多部门合作、纵向省市县联动，已先后走进13个市，开展了旅游服务质量进旅游景区、星级饭店、旅行社、机关、广场、社区的“六进”活动。活动旨在讲好安徽文旅高质量发展故事，进一步强化质量意识，树立标杆榜样，提升行业优质服务能力，增强广大市民、游客的获得感、幸福感、安全感。

资料来源　佚名. 质量提升有妙招　文旅发展见成效［N］. 中国旅游报，2022-01-31（4）.

思政目标：

围绕“质量提升有妙招　文旅发展见成效”开展研讨，提高学生的质量意识，培养诚实守信的职业素养。

研讨要求：

请结合以上资讯，从质量意识、诚信经营的角度，谈一谈对“质量提升有妙招　文旅发展见成效”的体会。

1. 以小组为单位组织交流、研讨。

2. 每个小组推荐1名成员做主题发言，各组围绕“质量提升有妙招　文旅发展见成效”分享看法与体会。

3. 从小组互评与教师评价两个方面进行评分，见表7-2。

表7-2　“质量提升有妙招　文旅发展见成效”训练项目评价表

项目主题（分值）	评价指标（分值）	标　准	小组互评（20%）	教师评价（80%）	综合得分（100%）
质量提升有妙招　文旅发展见成效（100分）	课堂研讨表现（40分）	小组研讨组织得当，全员参与，研讨运用相关资讯等准确			
	主题阐述（60分）	阐述的内容丰富、效果良好，观点新颖、独特，能从质量意识、诚信经营的角度分享对“质量提升有妙招　文旅发展见成效”的体会			

4. 教师与学生依据综合得分情况，确定最优陈述小组。

任务2　旅游产品价格制定

在线课堂7-2

旅游产品价格制定

任务目标

知识目标：了解旅游产品价格制定的原则，熟悉旅游产品价格制定的基本程序，掌握旅游产品价格制定的方法。

能力目标：能有效制定旅游产品价格。

素养目标：培养旅游产品价格制定的创新思维，树立法治观念，提高质量意识。

任务导入

新加坡航空

新加坡航空在2018年度Skytrax全球航空公司评选中荣获“全球最佳航空公司”。此外，新加坡航空还在“全球最佳头等舱”、“亚洲最佳航空公司”和“最佳头等舱座椅”三个奖项类别中荣膺榜首。

在颁奖仪式上，新加坡航空首席执行官表示：“全球航空公司大奖是根据乘客直接反馈评选而出的。我们深知，在当前竞争激烈的全球市场中，乘客其实有许多航空公司可以选择。乘客的认可将进一步激励我们提升新航品牌承诺的三大支柱——卓越的服务、优质的产品和便捷的航线网络，以确保我们能够保持竞争优势，持续满足并超越客户的期望。”

动画 7-2

航空服务

自成立以来，新加坡航空便将高水平的产品与优良的飞行服务结合起来，从而赢得了“航空界创新服务领导者”的美誉。2017年11月2日，新加坡航空推出了新的客舱设计，最吸引人的仍然是头等舱，12个套间变成了6个，房间变得更宽敞，有一张独立的床，还有一张真皮沙发、两个独立的盥洗室，以及衣柜、32英寸的显示屏。除了头等舱套房之外，新加坡航空还有78个商务舱座位和44个优选经济舱位。商务舱每个舱段的第一排中间双人座都可以变身为全平躺的双人床。在优选经济舱，乘客可以以相对低廉的价格，享受绝对VIP级别的待遇。

资料来源　佚名．新加坡航空荣获Skytrax 2018年度“全球最佳航空公司”大奖［EB/OL］．［2018-07-18］．http：//travel.sina.com.cn/flights/news/2018-07-18/detail-ihfnsvza0074732.shtml；佚名．新加坡航空推出全新A380客舱设计［EB/OL］．［2017-11-03］．https：//www.sohu.com/a/202156330_100003679.

问题：

根据上述案例分析新加坡航空之“新”。

理论知识

一、旅游产品价格制定的原则

在旅游企业中，特别是私营旅游企业中，一般先由最高决策者或者决策层确立总的定价目标和原则，再由具体部门的人员按定价目标和原则制定出不同的产品价格，最后报给最高决策者或者决策层审批确定。旅游产品价格制定的原则主要有以下几条：

（一）利润最大化原则

在市场经济中，企业进行生产经营活动的直接目的是最大化获取利润。但利润最大化并不等同于制定最高的价格，而是要在一定的市场周期内制定各种不同的符合市场需求的价格。旅游企业应该将追求利润最大化作为一个长期目标，不可盲目追求当前利益，导致定价不合理。

（二）销售量及市场份额最大化原则

旅游企业要达到一定的盈利目标，就必须使自身的产品在市场中达到一定的销售量或市场占有率。在销售量提高的同时，市场份额自然也会相应提高。但旅游企业在制定产品价格时不能盲目追求销售量及市场份额最大化，因为这样容易出现盈利微薄且价格恶性竞争的局面。

（三）应付行业竞争原则

对旅行社来讲，应付行业竞争往往是制定及调整价格的重要原则。大型旅行社或者行业领袖在应付行业竞争时，有很多方式可以选择，而中小旅行社由于自身实力所限，能够采取的应付行业竞争的方式很少。

（四）产品质量保证原则

不管旅游企业如何追求利润和应付行业竞争，有一条根本原则就是，旅游产品必须有质量保证，绝不能以牺牲产品质量来降低市场价格，从而形成价格恶性竞争。当旅游企业长期良好地运营时，高质量的产品和服务往往会给企业带来长期平均成本的降低，最终形成更为突出的竞争优势。

二、旅游产品价格制定的程序

旅游产品价格的制定不能盲目进行，而应在综合考虑目标市场消费能力、单个产品成本、市场环境等各种因素的前提下有步骤地进行。一般而言，旅游产品价格的制定可以按以下五个步骤进行：

（一）判断目标市场的消费能力

由于目标市场的购买力是有限的，并且需求处于变化状态，因此对目标市场的消费能力进行判断，可以为旅游产品价格上限的设定提供依据。如果制定的旅游产品价格高于目标消费者的购买能力，消费者就会无力购买，购买行为就无法发生，销售目标也就不可能实现了。

（二）估算旅游产品成本

估算旅游产品成本是为了给旅游产品确定一个价格下限，旅游产品价格只有处在价格上限与下限之内，旅游企业与目标消费者的需求才能同时得到满足，从而实现交易。

（三）分析市场环境

在不同的市场环境下，旅游产品的价格不同。因此，在设定旅游产品价格的下限之后，旅游企业还不能立即确定市场价格，还应了解市场环境，如竞争对手的价格水平、政府的限价措施、企业面临的各种外界机会和威胁等。

（四）选择定价策略

旅游产品的定价策略主要包括心理定价策略、促销定价策略及新产品定价策略等。旅游企业必须根据不同的关键因素并结合自身的经营目标来选择不同的定价策略。例如，旅行社线路的价格经常以吉利数字6或8为尾数，这样更容易让消费者接受。

（五）确定定价方法

以上四个步骤完成之后，就可以确定定价方法了。定价方法主要有成本导向定价法、需求导向定价法及竞争导向定价法。

案例窗7-2 节后旅游产品价格大跳水

2020年国庆节假期过后，不少旅游产品价格迎来“大跳水”。对于即将到来的旅游淡季，各地政府纷纷推出扶持政策，各家旅游企业也使出浑身解数，除了大打“优惠牌”揽客之外，还将目光放在了温泉、枫叶、冰雪等特色旅游项目上。

跟团游价格平均下调500元，部分线路价格下调30%～60%

2020年10月12日，记者在泉城路一家旅行社了解到，“济南至张家界双飞5日游”在10月中旬至下旬的价格为1 880元，而这条线路在国庆节期间的价格基本在2 280元以上；“桂林至阳朔双飞5日游”在10月下旬的价格为1 399元，而这条线路在国庆节期间的价格为2 280元。销售人员告诉记者：“出游价格普遍下调了，与国庆节期间相比价格平均下调500元，部分热门线路下调了1 000元。”

线上旅游线路的价格也大幅跳水。记者查询携程旅行网发现，国庆节期间火爆的西北游迅速降温，“青海湖+茶卡盐湖+敦煌+张掖+西宁8日7晚跟团游”10月下旬价格已经降到3 500元左右，相比国庆节期间价格下降了60%。张家界8人小团的价格5日已经降到最低1 600元/人起，还可享受2成人立减300元的平台优惠。

携程集团公共事务部高级经理孙为立表示，国庆节后到10月中下旬、11月，国内跟团游、自由行等旅游产品平均价格下降30%～60%不等。加上网上的大规模淡季促销，有些国庆节热门线路的价格近乎腰斩。

同时机票、酒店的价格也大幅下降。10月12日，记者查询多个机票销售平台后发现：节后一周内，多条热门航线的机票价格出现较大折扣，部分航线的机票价格低于高铁票价。以济南为例，济南飞往大连的机票价格为138元，飞往成都的机票价格为423元，飞往西安的机票价格为217元，飞往武汉的机票价格为280元，飞往丽江的机票价格为300元。

为刺激淡季旅游消费，政府、旅企齐助力

为了继续刺激淡季旅游消费，多地地方政府联合旅游平台发放优惠券，优惠券的使用期限延续至国庆节后，涵盖了酒店、景区门票、餐饮等方面。例如，大连市发放了15万张旅游惠民消费券，共计300万元，用于购买景区门票。2020年9月1日到11月18日，在携程旅行手机端指定入口预订大连热门景区门票，最高立减100元。

吉林省开启2020文旅消费季“惠聚江城”促销活动，发放地接大团队奖励，同时通过美团发放文旅消费券。西藏自治区从2020年10月15日起至12月31日，延续执行第三轮“冬游西藏”活动政策，除寺庙景区外，全区国有3A级（含3A级）以上旅游景区免费游览，国有3A级以下和非国有A级旅游景区在淡季价格的基础上减半。

此外，各大旅行社也纷纷推出节后促销让利活动。据了解，目前已有数千家旅行社在携程旅行网推出节后降价和促销产品，携程旅行网还推出了以“超值星期三”“10·11旅游会员日”为主题的大规模特价和优惠券活动。飞猪旅行网则推出了部分“超值特卖产品”，通过整合低价旅游产品吸引游客。途牛旅游网推出了一些价格在100～300元/人的低价跟团游产品，主打“秋季赏枫”主题。

资料来源　丛萍. 节后旅游产品价格大跳水　温泉、冰雪成旅游淡季新引擎［ED/OL］.［2020-10-12］. https://baijiahao.baidu.com/s? id=1680328983885232615&wfr=spider&for=pc.

案例分析：旅游企业在进行产品定价时，需要考虑旅游消费者心理、市场环境等因素。

三、旅游产品价格制定的方法

前文我们讲过，确定定价方法是旅游产品价格制定的最后一个步骤，更是一个具体到量的步骤。下面我们具体介绍一下旅游产品价格制定的方法。

（一）成本导向定价法

成本导向定价法就是以成本为中心和出发点的定价方法，即在产品成本之上再加一定数量或一定比例的收益，最终形成产品的价格。成本导向定价法又可分为两种，即成本加成定价法和目标收益定价法。

1.成本加成定价法

成本加成定价法是指在旅游产品成本之上再加适当的加成百分比进行定价的方法。其计算公式为：

单位产品价格=单位成本×（1+加成率）

其中，加成率是指预期利润占单位产品成本的百分比，时间不同、地点不同、环境不同，加成率也不同。

2.目标收益定价法

目标收益定价法力求为旅游企业带来适当的利润，以弥补投资成本。采用目标收益定价法，首先要确定目标收益率及目标利润，然后预测总成本（固定成本加变动成本）并预测销售量，最后才能确定旅游产品的价格。其计算公式为：

单位产品价格=（总成本+目标利润）÷预期销售量

目标收益定价法适合旅游产品在市场上占有率很高的大型旅游企业或旅游产品具有垄断性的旅游企业采用。

（二）需求导向定价法

需求导向定价法强调依据消费者对产品价值的认知和对产品的需求程度来制定价格，而不是以生产成本为中心制定价格。需求导向定价法又可分为两种，即理解价值定价法和差别定价法。

1.理解价值定价法

理解价值定价法是指以旅游者对旅游产品价值的理解和认知程度为依据制定旅游产品价格的方法。

理解价值定价法的主要依据是：

第一，旅游产品和服务能给旅游者的利益回报。

第二，旅游产品和服务的品牌形象。

第三，旅游产品和服务的独特性。

2.差别定价法

差别定价法也叫需求差异定价法，是指针对不同的消费者，或者在不同的时间和地点，依据基本价格给旅游产品制定不同价格的方法。

差别定价法在具体实施时，主要有以下四种方法：

第一，针对不同的消费群体，制定不同的价格。

第二，针对样式不同的同种产品，制定不同的价格。

第三，在不同的地理位置，制定不同的价格。

第四，在不同的季节，制定不同的价格。

（三）竞争导向定价法

竞争导向定价法是指根据竞争状况的变化来确定和调整价格的方法。竞争导向定价法又可分为两种，即率先定价法和随行就市定价法。

1.率先定价法

率先定价法是指旅游企业根据市场竞争环境，率先制定出符合市场行情的旅游产品价格，以吸引旅游者而争取主动权的定价方法。

率先定价法的适用范围：实力雄厚或产品有特色的旅游企业。

率先定价法的优点：能在激烈竞争的市场环境中获得较大的收益，居于主导地位。

2.随行就市定价法

随行就市定价法又称流行水准定价法，是指根据旅游市场中同类产品的平均价格水平，或以竞争对手的价格为基础制定价格的方法。

旅游企业不论采用率先定价法还是随行就市定价法，都必须认真进行市场调查研究，并在此基础上全面分析竞争对手、竞争环境和企业自身条件等各方面的情况，不能盲目跟随定价。

旅行社因其行业特殊性，在制定旅游产品价格时还应注意以下几点：首先，整体报价中每一个单项产品的价格都不能高于该单项产品对游客的报价。其次，应综合考虑单团规模，不可忽视陪同人员费用。最后，应综合考虑旅游供给的局部短缺与过剩给旅游产品成本带来的影响。

实践训练

2元“旅游券”陷阱

背景资料：

王女士夫妇近期想去港澳旅游，选择某网站上热销的一款旅游券，只需2元钱就可以买到价值3 980元的港澳4天3夜双人游产品。王女士拨打旅游券上的电话咨询，对方说“此类销售受香港特别行政区政府支持”，所以价格便宜，除此之外，每人还要交170元导游费和50元口岸手续费。因为是优惠券，所以不会签订旅游合同。看着网上400多条成交记录，王女士毫不犹豫地下单并报了名。同行的人都是以旅游券的方式参团的，4天行程下来，王女士夫妇被导游带着天天在购物店转，最终买了2万多元的钻石、手表，回来经鉴定都是假货。想要投诉，一查询才知道，旅游券上的“××旅行社”和联系电话都是假的。

其实，以此类旅游券方式经营属于恶性价格竞争，是旅游行政管理部门严厉打击的违法违规行为。商家宣称的“此类销售受香港特别行政区政府支持”的广告不实，香港特别行政区政府对此并不知情。

旅行社以互联网形式经营旅行社业务的，其网站首页应当载明旅行社的名称、法定代表人、许可证编号和业务经营范围。旅游者在网上购买旅游产品时，应留意相关信息并核实。

旅游者购买旅游产品，包括通过网络购买旅游产品，要与旅行社签订旅游合同，约定住宿、车辆、餐饮等标准，载明由旅行社安排的购物次数、购物场所名称、每次最长停留时间以及需要旅游者另行付费的游览项目及价格。

旅游者在购物时，应要求商家开具发票，标明购买商品的名称、数量、单价，旅游者收到发票后要仔细核实并妥善保存。

旅游者参加旅游活动时，应当对旅游产品的品质、旅游服务质量和价格进行综合考虑，不要单纯追求低价，否则自身利益将会受到损害。

资料来源　佚名. 在线旅游价格战的背后更多是降低服务品质［EB/OL］.［2015-03-11］. http://tech.sina.com.cn/i/2015-03-11/doc-icczmvun6639485.shtml.

实训内容：

以小组为单位，通过查找资料，以成本导向定价法为依据，研讨为何不能对“2元钱就可以买到价值3 980元的港澳4天3夜双人游产品”心存侥幸。

实训目标：

1.熟悉成本导向定价法。

2.掌握旅游产品价格制定的方法。

实训组织：

1.以3～4人为一个小组，由组长确定小组分工，指定1位发言人在老师提问时向全班报告自己小组的结论。

2.小组成员分头查找网络或书籍资料，并在小组内分享、讨论，准备好阐述资料。

实训记录：

1. 简述成本导向定价法：

____

____

2. 为何不能对“2元钱就可以买到价值3 980元的港澳4天3夜双人游产品”心存侥幸？

____

____

3. 请以成本导向定价法为依据，对其价格进行有针对性的剖析。

____

____

效果评价：

1. 以小组为单位组织交流、研讨。

2. 每个小组推荐1名成员做主题发言。

3. 从小组互评与教师评价两个方面进行评分，见表7-3。

表7-3 “2元‘旅游券’陷阱”训练项目评价表

项目主题（分值）	评价指标（分值）	标准	小组互评（20%）	教师评价（80%）	综合得分（100%）
2元“旅游券”陷阱（100分）	课堂研讨表现（40分）	小组研讨组织得当，全员参与，研讨运用相关知识、方法、技术等准确			
	主题阐述（60分）	阐述的内容具有可行性、效果良好，观点新颖、独特，能准确把握成本导向定价法			

4. 教师与学生依据综合得分，确定最优陈述小组。

思政探索

黑龙江冰雪旅游推出“行业价格指导” 确保旅游市场健康有序发展

背景资料：

2020年12月1日，在黑龙江省人民政府新闻办公室举行的“黑龙江省加强冬季旅游市场秩序整治”主题新闻发布会上，旅游监管部门提示“低价游存在风险”，广大游客在选择旅游产品时，不仅要看旅行社、导游有没有有效的资质，而且要选择质价相符的旅游产品。

哈尔滨市文化广电和旅游局负责人介绍，“低价游”是明显低于市场价的旅游团组，但最终亏损的部分还是要通过旅游过程中的一些自费项目以及购物活动从游客身上找回来，所以游客在整个旅游过程中会很不舒服，甚至会发生纠纷。为了确保旅游市场的健康有序发展，哈尔滨市针对“低价游”等扰乱旅游市场秩序的行为，采取了多种管理手段。

启动“两点一线管理”。签署《哈尔滨市、牡丹江市冬季旅游会商联动机制》，组建“哈亚雪”旅游线路执法办案专班，沿“哈亚雪”一线联合治理旅游市场乱象，严厉打击不合理“低价游”组团和导游强制销售自费项目的违法违规行为。

实行“片区划分整治”。在六个主城区，开展专班专人专职包片管理，加大对冬季旅游市场的监督检查与处罚力度，处置旅游投诉，启动先行赔付，为冬季旅游市场保驾护航。开展“行业专项督查”，充分发挥旅游联席会议机制的作用，组织公安、交通、卫健、市场监管等部门，针对“黑车黑导黑社”、冬季客运安全、食品安全和商品价格等问题，开展行业专项联合检查，净化旅游市场环境。

此外，哈尔滨还实施了“行业价格指导”，推出通过旅行社报团游览“哈亚雪”旅游线路的诚信指导价格（包含餐费、住宿费、往返交通费、景区门票），对旅行社产品定价，为查办“不合理低价游”提供执法依据。其中：“哈尔滨—亚布力1日游”价格300元，“哈尔滨—亚布力2日游”价格500元，“哈尔滨—亚布力—雪乡2日游”价格900元，“哈尔滨—雪乡2日游”价格800元，“哈尔滨—雪乡3日游”价格1 200元。

哈尔滨市文化广电和旅游局表示，哈尔滨将对不合理低价行为加大惩治力度，对通过低价劣质产品扰乱市场秩序的行为绝不姑息、不容忍、不手软，为广大游客保好驾、护好航，推动旅游市场环境持续向好。

资料来源　焦洋. 黑龙江冰雪旅游推出“行业价格指导”　确保旅游市场健康有序发展［EB/OL］.［2020-12-01］. http://hlj.people.com.cn/n2/2020/1201/c220024-34449625.html.

思政目标：

围绕“黑龙江冰雪旅游推出‘行业价格指导’　确保旅游市场健康有序发展”开展研讨，使学生树立法治观念，提高质量意识。

研讨要求：

请结合以上资讯，从法治观念、质量意识的角度，谈一谈对“黑龙江冰雪旅游推出‘行业价格指导’　确保旅游市场健康有序发展”的认识。

1.以小组为单位组织交流、研讨。

2.每个小组推荐1名成员做主题发言，各组围绕“黑龙江冰雪旅游推出‘行业价格指导’　确保旅游市场健康有序发展”分享看法与体会。

3.从小组互评与教师评价两个方面进行评分，见表7-4。

表7-4 “黑龙江冰雪旅游推出‘行业价格指导’ 确保旅游市场健康有序发展”
训练项目评价表

项目主题（分值）	评价指标（分值）	标 准	小组互评（20%）	教师评价（80%）	综合得分（100%）
黑龙江冰雪旅游推出“行业价格指导” 确保旅游市场健康有序发展（100分）	课堂研讨表现（40分）	小组研讨组织得当，全员参与，研讨运用相关法律知识、资讯等准确			
	主题阐述（60分）	阐述的内容丰富、效果良好，观点新颖、独特，能从法治观念、质量意识的角度，阐述对“黑龙江冰雪旅游推出‘行业价格指导’ 确保旅游市场健康有序发展”的认识			

4.教师与学生依据综合得分情况，确定最优陈述小组。

在线课堂7-3

旅游产品的定价策略与价格调整策略

任务3 旅游产品的定价策略与价格调整策略

任务目标

知识目标：掌握旅游产品的定价策略与价格调整策略。

能力目标：培养学生进行产品定价所需的市场调查能力、资料整理分析能力、价格方案设计能力、定量分析能力、价格策略的运用能力。

素养目标：培养公平、公正、诚实、守信的职业态度。

任务导入

两三万元的研学游受家长热捧，高价到底值不值？

国内有媒体报道，2019年暑期研学游出现天价产品，一个小学生一个暑期出国研学能花费近10万元。而在南京研学游市场，记者发现部分精品研学游产品的价格达到六七万元，价格在两三万元的出境研学游也受到家长热捧。然而，在市场火热的同时，选择却需要更加理性。

寓教于“游”，家长舍得投入

“到底是花2万元送孩子去新西兰名校插班？还是多花1万元去参加美国波士顿名校探访？”市民李女士的女儿即将小学毕业，她想在暑假送孩子出国研学。但面对眼花缭乱的产品，她觉得这个计划不仅“烧钱”，而且“烧脑”——市面上的研学游产品也分不同的档次，既有一两千元的项目，也有动辄六七万元的项目。

一些普通旅游线路只要挂上研学名头，就能从1 000多元飙升至近4 000元。这些问题，李女士坦言在挑选产品时并没有关注到。“我比较在意的是，孩子出去了到底能不能学到东西，家长花这个钱是不是物有所值。”

记者从国内某旅游在线预订平台上发现，从南京出发的出境研学游产品超过180个，价格在2 000元至7.36万元间不等。例如，澳大利亚方向的研学游产品均价在2万元左右，英国方向的研学游产品均价超过3万元。虽然花费不菲，但记者在走访市内多家旅行社时发现，家长们在这方面的投入并不含糊。

“天价”研学游产品到底贵在哪里

南京金航假期国际旅行社有限公司总经理谭斌既是国家高级导游员，也是一名资深的研学游产品研发人，对于“天价”研学游产品，他分析说，有些比较贵的产品，首先在住房、用餐标准上都比较高，请的也是比较知名的老师，课程费用较高，而且这种团队一般人数较少，分摊的费用就比较高。除此之外，还要承担一些前期策划、宣传的成本，但是“动辄10多万元”，显然太夸张了。因为传统旅行社的利润日趋透明，哪怕是植入了课程，只要背负着旅行社的身份，就无法开出这种高价。

谭斌告诉记者，目前研学游产品的费用主要由课程、餐饮、交通等方面的标准合计而成，如果人数多，那么交通成本和辅导员成本就会低一点。“研学游为了保证学生的饮食安全、交通安全、住宿安全和舒适度，会提高各项标准。就我们而言，5天的研学游，根据各项标准和课程内容的不同，价格在1 500～2 200元。行程比较丰满的1日游价格在300～400元。”

记者走访了解到，目前南京市场的研学游产品主要分为两类：一类是南京1日研学游；另一类是华东地区不同城市组合而成的研学游，如南京—扬州—镇江5日游、南京—苏州—杭州5日游、上海—杭州—绍兴6日游。

总之，选择研学游产品既不能一味迷信高价，也不能一味追求低价，要理性消费。

资料来源　李鑫芳，余斯慧. 两三万元的研学游受家长热捧，高价到底值不值？[EB/OL]. [2019-08-02]. https：//www.sohu.com/a/331293702_698472.

问题：

1. 高价研学游产品定价的内在影响因素是什么？

2. 高价研学游产品的市场前景如何？

理论知识

一、旅游产品的定价策略

（一）心理定价策略

心理定价策略是指刺激和迎合消费者购买旅游产品的心理动机的一种定价策略。它包括尾数定价策略、声望定价策略、价格线定价策略等。

1.尾数定价策略

（1）奇零定价策略

奇零定价策略即以一个零头尾数结尾的非整数价格来定价的策略。这种定价策略能够给消费者一种便宜的感觉。

（2）整数定价策略

整数定价策略即采用合零凑整的方法来定价的策略。这种定价策略可以满足旅游者显示自己的地位、声望、财富等心理需要。

2.声望定价策略

声望定价策略是指根据旅游产品在消费者心中的威望，制定较高价格的一种定价策略。名优旅游产品最适宜采用这种定价策略，因为消费者有崇尚名牌的心理，往往以价格判断质量，认为高价代表高质量。

实施声望定价策略的条件包括：其一，旅游企业有较高的声誉，其旅游产品必须是优质产品，并且能够不断改进；其二，价格不能超过旅游者心理和经济上的承受能力。

3.价格线定价策略

价格线定价策略是指针对不同档次的旅游产品制定不同价格的定价策略。价格线非常明确地向目标市场表达了旅游产品档次的差别，在制定价格线时，应充分考虑几种价格水平之间的配合情况。

实施价格线定价策略应注意：其一，档次划分要适当；其二，价格差别既不能过大，也不能过小。

（二）促销定价策略

促销定价策略是一种促销导向的定价策略，是指为了达到促销目的，对旅游产品暂定低价，或暂以不同的方式向消费者让利的策略。采用促销定价策略时，旅游企业应考虑促销活动的需要，使价格与促销活动相互协调。

1.招徕定价策略

招徕定价策略是指旅游企业利用消费者的求廉和从众心理，把某些旅游产品的价格有意定得很低，给予特价优惠，并加大宣传力度，以招徕消费者、扩大销售的定价策略。这种策略容易使消费者对旅游产品的档次产生怀疑，并形成一个低档产品的印象。

2.专门事件定价策略

在遇到重要的节假日时，旅游企业可以借机进行特价促销。一般来说，在旅游淡季采用这种策略更为适宜。

（三）新产品定价策略

1.撇脂定价策略

撇脂定价策略是一种高价策略，是指新产品在上市初期，定价较高，以便在较短的时间内获得最大利润的一种定价策略。

这种定价策略的优点十分明显：首先，可以在短时间内取得较大利润；其次，有较大的降价空间；再次，可以提高旅游产品的身价，创造高价、优质、名牌的印象；

最后，可以限制竞争者的加入。这种定价策略的不足主要是由于价格较高，因此销路难以扩大。

撇脂定价策略的适用条件如下：第一，独特性较强、不易被模仿的新产品；第二，有足够多的消费者能接受这种高价并愿意购买；第三，竞争者在短期内不易打入该产品的市场。

2.渗透定价策略

渗透定价策略与撇脂定价策略截然相反，是指将新产品以低价格投放市场，以迅速占领市场并取得较高市场份额的一种定价策略。

这种定价策略的优点是较易打开产品销路，扩大销售量。这种定价策略的不足是投资回收期较长，价格变化余地小。

渗透定价策略的适用条件如下：第一，目标市场必须对价格敏感；第二，特点不突出的新产品；第三，生产和销售成本必须能随销量的扩大而降低。

3.满意定价策略

满意定价策略也称适宜定价策略，它介于撇脂定价策略和市场渗透策略之间，是一种折中的定价策略。这种定价策略既能保证旅游企业在初期获得一定的利润，又能被消费者接受。这种定价策略的优点是价格较稳定，通常可以获得一定的利润，避免了不必要的竞争。这种定价策略的不足是保守、被动，缺乏适应性。

案例窗 7-3　　**亚马逊的定价策略**

在消费者的观念中，亚马逊一直以价格优势闻名，但一家名为Boomerang的公司发布的研究结果显示，亚马逊的定价策略并不是做到比竞争对手的价格低一点而已。这家公司由亚马逊前员工Guru Hariharan创立，其首先利用软件记录购物网站的价格信息，然后将价格变化自动推荐给客户。这些变化通常基于客户设定的价格匹配规则，以期调整商品的价格，提高销量或利润率。

这项研究发现了亚马逊一些有趣的价格战术。

首先，亚马逊所售产品的价格并不是全网最低的。对从业者来说，这并不令人惊讶，但是可能会让顾客感到吃惊。

根据分析，亚马逊会筛选出网站上最受欢迎的产品，并且会不断调整其价格，以在竞争中获得优势地位。Boomerang记录了亚马逊网站上一款极受欢迎的三星电视机的价格，这款售价350美元的电视机在黑色星期五的6个月前价格一直在下降，在黑色星期五的时候，价格直降到了250美元，远低于竞争者的价格。

其次，人们通常会连同新电视一起买有线光缆，在节假日的时候，亚马逊把光缆的价格提高了33%。因为光缆并不是受欢迎的产品类型，它们在购物者的消费感知中不会产生很大的影响。亚马逊很可能通过这些东西来赚取利润，因为消费者不会像买大件那样仔细比价。

在另一个例子中，亚马逊销售的一款畅销路由器的价格比沃尔玛低20%，但对于不怎么受欢迎的路由器，其售价却比沃尔玛高30%。这个例子再一次证实了亚马逊知道哪些东西才会对消费者的购物观产生更大影响。

亚马逊所售产品并不会在任何时候都是最低价，但是亚马逊会长期让那些高浏览率和畅销的产品保持稍低的价格，这会让人们产生一种错觉，即亚马逊所有的东西都是最低价，甚至比沃尔玛还要便宜。

这项研究是Boomerang公司发布的白皮书里的一部分，在这项关于电子商务的研究中，Boomerang公司通过构建价格的数值模型来描述消费者的消费感知度，称为“消费感知指数”。这个指数旨在分析究竟细微的价格调整，能让亚马逊这样的商家在销售中获得什么样的有利地位。

Boomerang公司还发现，亚马逊会在促销季进行大规模调价，在某个节假日甚至进行了100亿次价格调整，其他商家则是每隔3个月调整一次。

资料来源　谭成好. 亚马逊如何让你误认为它总是价格最低？[EB/OL]. [2015-01-15]. http://www.leiphone.com/news/201501/nbXfNvEhelUjDrB5.html.

案例分析：价格战从未间断，一个具有竞争力的价格是企业产品吸引顾客购买的重要因素。亚马逊的产品定价受平台佣金、产品品质、采购成本、市场供需、预期利润、品牌形象定位、资金周转、竞争对手的价格等诸多因素的影响，是综合运用心理定价策略和促销定价策略的典范。

二、旅游产品的价格调整策略

（一）折扣定价策略

折扣定价策略是指根据不同的交易方式、数量、时间及条件，在基本价格的基础上加上适当的折扣形成实际售价的一种定价策略。折扣定价策略的目的是通过让价稳定老顾客、吸引新顾客，从而加快资金周转。

折扣定价策略的主要形式有：

1. 数量折扣策略

数量折扣策略是指旅游企业为了鼓励旅游中间商或旅游者大批量购买，根据购买数量的多少给予不同折扣的策略，它主要包括两种形式：一是一次性数量折扣，即当旅游产品的购买数量或金额达到规定的要求时，可得到的折扣优惠；二是累计数量折扣，即根据一定时期内累计的购买总量给予的折扣优惠，这种折扣形式常见于酒店与其他企业之间。

2. 现金折扣策略

现金折扣策略是指旅游企业为了鼓励旅游者早付款或者采用指定的付款方式，而给予快速付款或按指定方式付款的旅游者一定价格折扣的策略，它主要包括以下折扣方式：

（1）预订折扣

为了鼓励旅游者提前预订并缴纳预付款，旅游企业可以给予一定的折扣。

（2）时间折扣

为了鼓励旅游者较早付款或在规定的日期付款，旅游企业可以给予一定的折扣。

3.功能折扣策略

功能折扣策略是指旅游企业给旅游中间商或同行业者一定的价格优惠的策略。由于不同的销售渠道具有不同的功能，带来的销售利益也不同，因此旅游企业给予的服务和价格折扣也不尽相同。

4.季节折扣策略

季节折扣策略是指旅游企业给予那些在淡季购买旅游产品的旅游者一定的价格优惠的策略。季节折扣策略可以使旅游企业保持全年经营的相对稳定性，使淡旺季的销售额相对平衡。

（二）价格变更策略

当旅游企业的发展状况不佳，或者面临各种竞争状况又别无他法时，旅游企业应主动进行价格变更，同时要对价格变更后的市场状况和消费者的反应进行分析。

旅游企业进行价格变更，一般分为主动降价和主动提价两种形式。

1.主动降价

主动降价的原因主要有：第一，旅游企业可能面临着生产和服务能力过剩的状况；第二，面临着日趋激烈的竞争，旅游企业的市场份额大幅下降；第三，旅游企业为了开拓新市场，通过削价的方式来扩大市场份额；第四，旅游企业决策者预计削价会扩大销售。

主动降价有可能带来的问题有：第一，降低价格也未必会增加旅游企业的总销售量；第二，降价之后，成本所占的比例会增大；第三，可能引起旅游企业间的价格战；第四，不容易恢复原先的价格。

2.主动提价

主动提价的原因主要有：第一，产品成本增加，旅游企业出于减少成本压力的考虑；第二，通货膨胀，旅游企业出于减少损失的考虑；第三，产品供不应求，旅游企业出于遏制过度消费的考虑；第四，利用旅游者的消费心理，创造优质效应。

主动提价要把握好市场时机，主要的时机有：第一，旅游产品在市场上处于优势地位；第二，旅游产品进入成长期；第三，季节性旅游产品进入销售旺季；第四，竞争对手的旅游产品提价。

3.旅游者对旅游产品价格变动的反应

一定范围内的价格变动是可以被旅游者接受的；如果提价幅度超过可接受价格的上限，就会引起旅游者的不满，使旅游者产生抵触情绪而不愿购买该旅游产品；如果降价幅度低于下限，就会使旅游者对旅游产品的质量产生疑虑，也会对实际购买行为产生抑制作用。

在旅游产品的知名度因广告而提高、旅游者的可支配收入增加、通货膨胀等条件下，旅游者可接受的价格上限会提高；在旅游者对旅游产品的质量有明确认识、收入减少、价格连续下跌等条件下，旅游者可接受的价格下限会降低。

当某种旅游产品降价时，旅游者可能这样理解：旅游产品将会因样式陈旧、质量低劣而被淘汰；旅游企业遇到财务困难，将会停产或转产；旅游产品的价格还要进一步下降；旅游产品的成本降低了。

当某种旅游产品提价时，旅游者可能这样理解：很多人购买这种旅游产品，我也要赶快购买，以免价格继续上涨；提价意味着旅游产品质量的改进；旅游企业将高价作为一种策略，以树立名牌形象；旅游企业想取得更多利润；各种商品价格都在上涨，提价很正常。

实践训练

旅游线路定价

实训内容：

1.组织学生参加当地某旅行社对某条新线路的定价全过程，学习旅游产品定价的具体操作程序，掌握旅游产品定价的常用方法。

2.参与旅行社对已有线路价格的调整过程，学习和掌握价格变更策略，学会将价格变更策略用于促销的技巧。

3.通过对旅游产品定价有关知识的学习和实训，尝试对某条新推出的旅游线路进行定价。

实训目标：

1.帮助学生了解和掌握旅游产品定价的程序和方法。

2.训练学生掌握旅游产品定价所需的市场调查能力、资料整理分析能力、价格方案设计能力、定量分析能力、价格策略运用能力；培养学生撰写实训报告的能力和技巧。

实训组织：

以3～4人为一个小组，参加当地某旅行社对某条新线路的定价全过程，以及该旅行社对已有线路价格的调整过程，尝试对某条新推出的旅游线路进行定价，并在小组内分享、讨论，指定专人进行阐述。

实训记录：

1.旅行社名称及基本情况：

____

____

2.新线路产品情况、定价方法、价格策略、促销技巧：

____

____

3.已有线路产品情况、价格策略、促销技巧：

____

____

4.某条新推出的旅游线路的定价过程：

____

____

效果评价：

1. 分组实地调研，完成训练任务。

2. 每个小组推荐1名成员做主题发言，说明旅游线路定价的实例，阐述小组成员的完成情况。

3. 每个小组在阐述过程中，其他小组及主讲教师对其进行专题评价，见表7–5。

表7–5　“旅游线路定价”训练项目评价表

项目主题（分值）	评价指标（分值）	标　准	小组互评（20%）	教师评价（80%）	综合得分（100%）
旅游线路定价（100分）	知识运用（20分）	理解旅游产品定价的程序和方法			
	技能掌握（30分）	掌握旅游产品定价所需的市场调查能力、资料整理分析能力、价格方案设计能力、定量分析能力、价格策略运用能力			
	职业核心能力表现（20分）	培养旅游产品价格方案设计的创新思维			
	职业道德修养（10分）	乐于奉献的精神、团队精神、责任良知			
	成果展示（20分）	策划方案具有可操作性、效果良好，创意新颖、独特			

4. 教师与学生依据综合得分情况，确定最优陈述小组。

思政探索

以旅游诚信指导价驱散“天价”

背景资料：

2020年8月8日，丽江市文化和旅游局、丽江市旅游协会发布了旅游诚信指导价，包括日均最低消费参考价和主要旅游产品地接诚信指导价。

前些年，一些地方不时爆出“天价虾”“天价鱼”“天价菜”“天价住宿费”等宰客事件，这不仅侵犯了消费者的权益，而且抹黑了地方旅游形象，破坏了旅游市场环境。然而，绝大多数旅游服务项目属于市场调节价范畴，由商家自主定价，如果商家明码标价，那么即便相关商品或服务的价格明显偏高，也还在法律底线之上，消费者往往缺乏有效的博弈手段，监管部门也难以有效介入。

诚然，市场调节价不等于漫天要价，商家自主定价也要遵循基本规则。《中华人民共和国价格法》规定，经营者定价，应当遵循公平、合法和诚实信用的原则；经营者定价的基本依据是生产经营成本和市场供求状况。但这一定价规则给商家定价留出了很大的“自由裁量空间”，很难对商家形成明确有力的约束；消费者也很难准确认知、评估相关商品或服务价格的公平性与合理性。

如果有了旅游诚信指导价，旅游产品价格的公平、合法和诚信便看得见、摸得着；有了基本的标杆，各方在操作、评估旅游产品价格时，就会“有标可依”，心中有数。尽管旅游诚信指导价并不是具有强制属性的政府指导价或政府定价，并且仍然属于市场调节价范畴，但它对于维护旅游市场价格秩序、保护消费者合法权益、促进旅游市场健康发展，依然具有重要意义。

旅游诚信指导价是一种经营自律价。据报道，丽江市旅游协会是旅游业经营者的“娘家人”，是承担行业自律与管理任务的社会团体。丽江市旅游协会参与制定发布旅游诚信指导价，代表了当地旅游业经营者的意见，符合旅游业经营者自主定价的意愿，也契合当地相关旅游服务产品的生产经营成本和实际市场供求状况。可以说，旅游诚信指导价就是一种集体自主定价，是一种行业自律、自我规范、自我服务，并且该指导价涵盖了住宿、餐饮、交通、景点等多个核心旅游服务项目，为旅游业经营者定价提供了清晰的指引。

旅游诚信指导价还是一种消费保护价。不同旅游服务产品的诚信指导价各有其标准，消费者无须货比三家，就能判断出某个商家、某款旅游产品的定价是否“诚信”，是否“靠谱”，并据此做出消费选择。旅游诚信指导价可以保障消费者的知情权、自主选择权和公平交易权，让消费者远离宰客陷阱。

旅游诚信指导价更是一种维权参照价。当发生消费争议、纠纷时，旅游监管、市场监管、公安、法院等可以参照旅游诚信指导价调查、调解、判决，让消费者感受到更多公平正义。

当前，旅游业仍处于恢复阶段，仍面临着不少困难，但越是在困难时期，就越应该注重保护消费者权益，越应该注重呵护旅游环境。相关地方推出的旅游诚信指导价给游客吃下了一颗明白丸、定心丸，也为当地的旅游环境加了分，是一种积极的探索。

资料来源　李英锋. 以旅游诚信指导价驱散“天价”[N]. 经济日报，2020-08-13（3）.

思政目标：

围绕“以旅游诚信指导价驱散‘天价’”开展研讨，引导学生学习《中华人民共和国价格法》等相关法律知识，培养学生诚实守信、遵纪守法的职业素养。

研讨要求：

请结合以上资讯，从诚实守信、遵纪守法的角度，谈一谈对“以旅游诚信指导价驱散‘天价’”的看法，分析其对旅游产品价格调整的意义。

1. 以小组为单位组织交流、研讨。

2. 每个小组推荐1名成员做主题发言，各组围绕“以旅游诚信指导价驱散‘天价’”分享看法与体会。

3. 从小组互评与教师评价两个方面进行评分，见表7-6。

表 7-6　　“以旅游诚信指导价驱散‘天价’”训练项目评价表

项目主题（分值）	评价指标（分值）	标　准	小组互评（20%）	教师评价（80%）	综合得分（100%）
以旅游诚信指导价驱散“天价”（100分）	课堂研讨表现（40分）	小组研讨组织得当，全员参与，运用研讨相关知识、法律、资讯等准确			
	主题阐述（60分）	阐述的内容丰富、效果良好，观点新颖、独特，能从诚实守信、遵纪守法的角度，阐述对“以旅游诚信指导价驱散‘天价’”的看法，分析其对旅游产品价格调整的意义			

4. 教师与学生依据综合得分情况，确定最优陈述小组。

在线课堂 7-4

定制化旅游产品及其价格策略

任务 4　定制化旅游产品及其价格策略

任务目标

知识目标：掌握定制化旅游产品的概念、分类，熟悉定制旅游产品的流程，掌握定制化旅游产品的价格策略。

能力目标：能根据定制化旅游产品的价格策略来设计定价方案。

素养目标：培养定制化旅游产品市场营销的创新思维，坚持守正创新，提高质量意识。

任务导入

定制游受青睐，旅游产业发展的良机

2020 年端午节假期，本地游受到追捧。其中，定制游订单量较清明小长假大幅增长。新冠肺炎疫情使人们对周边游深度挖掘，“重新发现家门口的美景”成为新趋势，不少游客因此选择定制游。

定制游就是根据游客的不同需求，为其量身定制旅游行程。个体个性化、差异化的存在，让每个人的需求层次和内容不尽相同，进而对旅游产品的供给也有不同的要求，这些不同体现在对旅游目的地、酒店、项目等细节的区分上。

同到一个景区，有人意在体验风景、领略人文，有人意在放松心情、放飞心灵，还有人可能只是为了打卡留念。因此，设计一条符合个体个性特点的创意行程，除了需要推进旅游产业供给侧结构性改革，也离不开整个旅游市场更加专业化和精细化的运作。

定制游在国外已流行多年且建立了成熟的体系。在国内，定制游起步较晚，不少人认为定制游是高端游的代名词，只有少数人能够享受。其实，随着个性化旅游需求的增长，以及消费者消费能力的不断增强，定制游已经开始进入“寻常百姓家”，并且该类产品已经成为旅游业的“金矿”。

相比同质化的跟团游，定制游更多体现在细节差异，以及基于个体需求的精耕细作上。定制游的服务提供者要根据消费者的需求，“投其所好”地设计旅游产品并进行过程服务，让消费者有行遂所愿的舒适体验。如此，定制游服务提供者才能赢得良好的口碑，整个行业的发展才能健康稳健。

对旅游服务提供者来说，为一张试卷填写合格的答案并无多大难度与挑战，但每天都为不同的试卷填写合格的答案且最终得到高分并不容易。只有专业化水平更高的服务提供商，才能在市场竞争中抢得先机，才能引领潮流并占据主动。

定制游受到青睐是旅游产业发展的一个必经阶段和必然结果。需求侧发生的改变，需要供给侧做出积极的回应，加快转型升级，进而达到供需两侧协同推进、彼此促进的效果。

有关人士预测，未来几年，定制游将占据国内旅游市场的半壁江山，甚至成为真正的主流。景区怎么发展，旅行社怎么匹配服务，整个旅游行业或许将重新洗牌。以定制游为杠杆，旅游市场或将迎来高光时刻，旅游产业也将迎来新的发展良机。

资料来源　堂吉伟德．定制游受青睐，旅游产业发展的良机［N］．工人日报，2020-07-01（5）．

问题：

1.定制化旅游产品如何赢得游客青睐？

2.线上、线下旅游产品如何实现“定制化”？

理论知识

一、定制化旅游产品的概念

动画 7-3

定制旅游

定制化旅游产品是指按照游客的个性化需求而专门设计的旅游线路、旅行时间、参观游览及食宿服务等产品，即旅行策划机构根据客户的特定需求，从路线、方式和服务等方面着手，为客户量身打造的具有浓郁个人专属风格的旅行产品，提供的是一种个性化、专属化、“一对一”式的高品质服务。

二、定制化旅游产品的分类

（一）高端定制旅游产品

高端定制旅游产品完全为旅游者量身定制，一人成团，专车专导。旅游者可以自由安排出行时间，入住自己喜爱的酒店，乘坐自己喜好的车辆，想去哪就去哪。旅游者的任何合理想法旅游企业都将竭尽全力满足，将旅游者的梦想变成现实是旅游企业永远追求的目标。

（二）定制主题旅游产品

定制主题旅游产品是指由专业的旅游服务团队针对某一特定人群，提炼某一主题概念，提供个性、专属、有针对性的服务的一种旅游产品。相比于传统旅游产品，定制主题旅游产品更具有专属性、私密性、趣味性和深度性。澳大利亚挥杆之旅、意大利文艺复兴之旅、海上邮轮浪漫之旅等都是典型的定制主题旅游产品。

三、定制旅游产品的流程

（一）选择项目

旅游者根据自己的需要选择所需项目。

（二）提交订单

选择好项目后，旅游者就可在网上提交订单。如果有特殊情况，可以通过电话进行咨询或预订。

（三）协商确认

旅游者在网上提交订单后，工作人员会在1小时内与旅游者联系，共同商定出行的具体事宜。行程确认后，工作人员将发给旅游者有关行程的具体安排及费用明细。

（四）付款

行程确定后，旅游者需要付款。旅行途中如果临时增加或减少项目，最终费用会根据实际情况多退少补。

（五）出行通知

付款后，工作人员会将出行通知发送给旅游者。

（六）开心出游

旅游顾问将全程跟踪旅游服务。

（七）归来回访

旅行结束后，工作人员会致电询问旅游者对此次旅行是否满意，欢迎旅游者提出宝贵意见和建议。

案例窗7-4　**按需定制，我的旅游我做主**

不需要自己四处搜索攻略安排行程，手机一键就可在线定制出游方案。最近几年，随着人们旅游消费观念的不断提高和旅游品质的持续升级，有着更私密、更省心、更自由优势的私人定制游开始流行起来。

记者在一家旅游定制平台上进行了一次旅游咨询，只需要提供出发地、目的地、出行日期、人数等信息便可一键下单，最高可同时选择三位旅游定制师分别为这场出游设计方案。

几分钟后，接单的定制师小侯打来电话询问记者关于吃、住、行、玩等方面的具体需求，并对青岛部分景点做了简单介绍。沟通结束后，定制师会根据游客需求设计方案，游客登录在线旅游平台，在“我的订单”中就能看到方案，十分方便快捷。

在小侯发来的“青岛5天4晚纯玩休闲定制游”方案中记者看到，定制师根据记者提出的要求详细设计了包含16个景点、1个主题活动在内的出游方案，整合了核心景区、精品民宿、特色餐饮、落地交通、属地导服等内容，并详细列出了机票、住宿、用车、导游、门票、餐食等项目的费用。

资料来源　张芝萌. 按需定制，我的旅游我做主［N］. 青岛日报，2022-04-18（15）.

案例分析：定制旅游是在精准的目标人群细分、兴趣细分、需求细分的基础上，整合能满足游客个性化需求的旅行供应商与跨行业资源的合作伙伴，遵循以客户体验价值为导向的产品设计原则，按需定制。从定制旅游产品的流程可以看出，从业人员的门槛大幅度提高，跨界的专业组合是优质服务的基本保障。

四、定制化旅游产品的价格策略

在制定定制化旅游产品的价格时，也要讲究一定的策略。定制化旅游产品的价格策略主要有以下几种：

（一）价格隐性化策略

价格隐性化策略是指在开展定制化旅游产品体验营销时，突出价值而淡化价格的策略。在体验营销中，价格已经不再是旅游者是否购买旅游产品的可视性障碍。是否游有所值，是否能够彻底放松心情，才是最重要的。当游客对某种旅游产品一点也不感兴趣的时候，无论其价格多么低廉，旅游者也不会有购买的冲动。也就是说，定制化旅游产品体验营销注重的是对体验消费的引导，而不是单纯的价格吸引，以价值来代替价格，让价格隐性化，既可以突出旅游者所追求的体验价值，还可以消除旅游者在刚进入购买阶段时的紧张感，从而尽可能快地进入购买状态。

（二）递增式定价策略

递增式定价策略是指在定制化旅游产品体验的第一个阶段价格稍低，随着旅游者旅游体验的深入和对价格的淡化，将下一个体验阶段的价格定得稍高一点的策略。例如，游乐场所可以将门票价格定得很低甚至免票进入，然后将基础娱乐项目的价格定得较低，随着旅游者被基础娱乐项目激发出来的激情的增加，旅游者追求刺激的欲望也会越来越强烈。此时，旅游者几乎不会关注价格，将其他娱乐项目的价格定得稍高一点自然也没什么影响。

（三）溢价策略

溢价策略也称理解价值定价策略。在定制化旅游产品体验营销中，旅游者既是一个理性的经济人，也是一个感性的自然人，旅游者因理智和一时冲动而做出选择的概率是同等的。旅游者对价格的认定并不以成本为依据，他会根据自身对所接受旅游体验价值的理解程度来衡量，并且其理解的价格往往会超过产品的成本。

有专家做过一个实验：在一个既没有价格标签也没有收款员或收银台的茶座，顾客享受完之后，完全根据自身的感觉，将钱压在茶杯底下。顾客离开后，才由服务生收钱。结果发现，虽然也有极个别顾客不放钱或放很少钱的现象，但绝大部分顾客所理解的价格远比茶座自身定的价格高。这个例子同样适用于体验性很强的旅游产品，并且证明：在定制化旅游产品的价格策略中，溢价策略通常是非常有效的。

（四）弹性价格策略

在定制化旅游产品体验营销过程中，一方面，旅游者的心情是一个很重要的因素，旅游者对价格的认定会随着心情的变化而不同；另一方面，体验时间、场景等不同，旅游者对价格的接受程度也不同。为了使价格作用发挥到极致，保持定制化旅游产品价格的动态性，使定制化旅游产品的价格富有弹性也是一种有效的做法。

（五）转移价格策略

转移价格策略也称招徕定价策略，是指将一种旅游产品的价格定得较低，以吸引旅游者，然后通过产品之间的连带效应，使旅游者消费其他产品，以补偿前一种产品的损失的策略。旅游产品之间的连带性很强，产品消费往往具有先后顺序。定制化旅游产品经营者应该从整体的角度出发，认真研究客源和定价带来的收益，从而制定公平、高效的利益分配机制。

实践训练

制定定制化旅游产品价格

背景资料：

四川北川药王谷旅游度假区是国内将“定制旅游”的概念较好地诠释出来的景区。药王谷依托一片生长了五六百年的中药材原始森林，同时聘请了当地有名的老中医、老药师，将传统中医理疗手法引入其产品线，为都市亚健康人群提供全套中医体检，并根据每个人不同的体质特点制订不同的调理方案。在这些调理方案中，有药茶、药枕、药浴、药酒、药膳，也有太极拳、五禽戏等，甚至禅修也在其产品组合中。度假区还合理地把产品服务延伸到客人返程后的日常生活中，将客人的调理处方制作成成品汤药，配送至客人指定的地址。一个疗程后，客人还可以通过互联网得到后续的养生调理建议。药王谷的定制旅游产品主要有以下几类：

食疗：景区根据“四季养生”的需要，推出50多种药膳、30多种药酒、20多种药茶。

气疗：景区建有我国第一个中药植物气疗场，引进了红豆杉等20多种具有治疗作用的芳香植物，让游客在其中接受中药植物气体治疗保健。

诊疗：景区与相关中医药大学联合成立“中华药福文化研究会”，定期请有关医疗专家到药王谷“国医堂”问诊。

浴疗：景区开发了多种专业中医药个性洗浴产品，既有室内浴，也有室外生态浴，专业药浴比普通温泉洗浴更具个性化。

枕疗：景区在客房内引进了药物养生的保健产品，包括药材房屋、睡眠药枕、养生护肤品等。

动疗：景区建有五禽戏场、彭祖养生场等场地，用于辅导客人健身。

资料来源　佚名．四川药王谷［EB/OL］．［2021-07-23］．https：//www.scnjw.com/.content/myarticle/myarticle/c79e92d1-eb63-11eb-b44b-04d9f5394155/.

实训内容：

以小组为单位，通过查找资料，研讨药王谷应采用什么样的价格策略才能获得较好的利润。

实训目标：

1.掌握定制化旅游产品的价格策略。

2.理解定制化旅游产品的营销创新之处。

实训组织：

1.以3~4人为一个小组，由组长确定小组分工，指定1位发言人在老师提问时向全班报告自己小组的结论。

2.小组成员分头查找网络或书籍资料，并在小组内分享、讨论，准备好阐述资料。

实训记录：

1.定制化旅游产品的特征：

____

____

2.药王谷采用什么样的价格策略可以获得较好的利润？

____

____

3.药王谷定制化旅游产品的营销创新之处：

____

____

效果评价

1.以小组为单位组织交流、研讨。

2.每个小组推荐1名成员做主题发言。

3.从小组互评与教师评价两个方面进行评分，见表7–7。

表7–7 “制定定制化旅游产品价格”训练项目评价表

项目主题（分值）	评价指标（分值）	标准	小组互评（20%）	教师评价（80%）	综合得分（100%）
制定定制化旅游产品价格（100分）	课堂研讨表现（40分）	小组研讨组织得当，全员参与，研讨运用相关知识、方法、技术等准确			
	主题阐述（60分）	阐述的内容具有可行性、效果良好，观点新颖、独特，能结合药王谷的定制化旅游产品对价格策略进行专题阐述			

4.教师与学生依据综合得分，确定最优陈述小组。

思政探索

定制旅游是如何走向大众的?

背景资料:

深入当地体验，告别走马观花，还不需要自己四处搜寻攻略安排行程——区别于传统跟团游和完全自由行，定制旅游正在走进大众视野，成为日益受到游客青睐的旅游方式。

记者采访了解到，如今的定制旅游与印象中价格不菲的高端定制游并不等同。随着互联网旅游平台纷纷布局，旅游供应商能够降低获客成本，同时也相互竞争，提高服务质量、降低价格，游客用手机一键即可定制，享受全程在线服务。定制旅游是旅游业高质量发展的必然要求，正在走向大众。有业内人士分析认为，新冠肺炎疫情发生后，原本一部分青睐海外旅游的客群被转化到国内市场，他们可能会更注重旅游品质，这进一步催热了国内定制游的发展。

考验定制师的资源匹配能力

“定制旅游并不等同于高端旅游，量身定制是它的核心。”旅游定制师刘海秋告诉记者。在她看来，如果旅游预算有限，又想玩得好，定制师其实正好可以帮游客“把钱花在刀刃上”，“我们拿到的价格比游客自己拿到的价格优惠得多”。

这就考验到定制师的资源匹配能力。刘海秋从2003年开始从事旅游行业，此前一直做的是北京旅游入境地接，疫情后出入境旅游市场低迷，她遂选择成为一名旅游定制师。她认为，旅游定制师是传统旅游从业人员的升级，需要对目的地更熟、资源更广，在对客沟通能力、目的地接待能力、政策法规掌握能力上也都有更高的要求。

多年的旅游从业经验让刘海秋掌握了足够多的北京旅游资源，能够在短时间内将这些资源匹配给不同的游客。刘海秋说：“你要有足够多的资源，才能一对一地输出。”和客户线上线下沟通，和酒店、游客体验项目等对接，安排司机、导游，出门探店……她经常要从早忙到晚。

而这份工作最难的部分，恰恰也是“跟人打交道”。刘海秋说，很多客户只想要“玩得好”，但很难说清楚自己具体的需求，这就需要不断与客户进行沟通。从事旅游业将近20年，她感觉到消费主体的变化，很多游客的需求已经从单纯的“开眼界”，转变为主题深度体验、休闲度假式放松，私人化、定制化、小众化、个性化成了新的旅游趋势。

作为一名旅游定制师，刘海秋致力于让来北京旅游过的人都爱上北京。给游客留下一份独一无二的北京记忆，就是她在工作中获得的最大成就感。

走向大众

“得益于互联网平台的兴起，定制旅游在个性化服务和价格上的优势使其逐渐成为大众喜爱的一种旅游方式。”携程高端定制营销总监戴宇认为，平台模式能让多家供应商相互竞争，从而提高服务质量。目前，携程定制旅行是国内最大的旅游定制平台，有8 000多名旅游定制师。

该平台数据显示，下单定制旅游的用户偏向年轻化，2020年18～35岁年龄段用户占比为55%，比2019年增加了9%；从用户所在城市来看，上海用户最多，占10%，新一线城市用户的占比也逐渐增加；受新冠肺炎疫情影响，成团周期和预订周期都在变短，2020年3天成团的订单占比为73%，2019年为68%。

中国旅游研究院院长戴斌认为，随着大众旅游时代的到来和国民旅游经验的成熟，选择自由行和自助游的人越来越多，但是游客用于信息搜寻、价格比较、目的地决策、小交通和目的地生活方面的成本也越来越高。定制旅游是从消费者出发，依托旅行商的专业化运营，为旅游者提供品质服务的商业模式。

2019年，中国旅游研究院首次发布了国内定制旅游的相关报告。报告指出，定制游作为传统跟团游与完全自由行中间的旅游方式，已从概念走向市场，从高端走向大众，并为日益众多的游客所享。

戴斌认为，定制旅游是旅游业高质量发展的必然要求，"不能把定制旅游与大众旅游对立起来，团队旅游也有高端产品，定制旅游也有大众市场"。定制旅游的未来发展还需要更多的企业标准、更多的产品品牌，也需要权威的第三方进行评价。

资料来源　吴丽蓉. 定制旅游是如何走向大众的？[N]. 工人日报，2021-04-04（2）.

思政目标：

结合"定制旅游是如何走向大众的？"开展研讨，分析定制化旅游产品的价格策略，培养学生守正创新、重视质量的职业素养。

研讨要求：

请结合以上资讯，从守正创新、质量意识的角度，谈一谈对"定制旅游是如何走向大众的？"的认知，分析定制化旅游产品的价格策略。

1.以小组为单位组织交流、研讨。

2.每个小组推荐1名成员做主题发言，各组围绕"定制旅游是如何走向大众的？"分享看法与体会。

3.从小组互评与教师评价两个方面进行评分，见表7-8。

表7-8　"定制旅游是如何走向大众的？"训练项目评价表

项目主题（分值）	评价指标（分值）	标　准	小组互评（20%）	教师评价（80%）	综合得分（100%）
定制旅游是如何走向大众的？（100分）	课堂研讨表现（40分）	小组研讨组织得当，全员参与，研讨运用定制化旅游产品的价格策略等相关知识、方法、资讯等准确			
	主题阐述（60分）	阐述的内容丰富、效果良好，观点新颖、独特，能从守正创新、质量意识的角度，阐述对"定制旅游是如何走向大众的？"的认知			

4.教师与学生依据综合得分情况，确定最优陈述小组。

项目小结

价格是市场经济运行中最活跃的因素，它直接影响着生产者、经营者、消费者的利益。旅游产品价格是指旅游者为了满足旅游活动的需要所购买的旅游产品的价格，是旅游产品价值的货币表现形式。旅游产品价格的影响因素分为可控因素和不可控因素两大类。

旅游产品价格的制定可以按以下五个步骤进行：判断目标市场的消费能力；估算旅游产品成本；分析市场环境；选择定价策略；确定定价方法。旅游产品价格制定的方法主要有成本导向定价法、需求导向定价法及竞争导向定价法三种。制定旅游产品价格的策略主要有心理定价策略、促销定价策略及新产品定价策略等。旅游产品的价格调整策略包括折扣定价策略和价格变更策略。

边听边记7-1

项目小结

定制化旅游产品是指按照游客的个性化需求而专门设计的旅游线路、旅行时间、参观游览及食宿服务等产品。

挑战自我

疫情之下，旅游企业该怎样“断舍离”？

常态化疫情防控阶段，最有效的策略就是调整业务，人随业务走，从而把成本降下来。平台型企业数字化，运营型企业标准化，大量的中小企业特色化、细分化，打造管理的弹性、业务的韧性、反应的敏捷性，是未来旅游企业的必由之路。

花式自救收效不大，降本才是关键

询问不同类型旅游企业的总经理，其所在企业的经营成本中排名前五位的是什么？固定成本和变动成本又是什么情况？如果回答语焉不详，那么说明其因为这次疫情而开展的自救有一定的盲目性。毫无疑问，疫情之下，业务停摆，降本才是生存最重要的选择。不仅如此，所谓的刚性成本，在疫情面前也具有弹性。

有些企业在疫情期间进行了各种各样的改革，但这些改革尚停留在理论上或者逻辑上，因为业务没有恢复，缺乏市场的检验。还有些企业的改革与最紧迫的降本背道而驰，成本高企不下，企业负重前行，结果很可能资不抵债，轰然倒下。不去思考发展的长期性和复杂性，而是走形式主义，其结果可想而知。

在业务创新方面，企业花样频出。有些上市公司不断蹭市场的热点，今天做免税业务，明天开发元宇宙，这些都是疫情背景下不得已的生存选择。还有一些企业组织员工去社区做零售、组织代购等，这些都是积极的尝试，但并不是长远发展之路。想在没有基础、没有优势的领域超越别人，是很难办到的。

疫情对企业管理者提出了更高的要求。如何平衡疫情防控与复工复产之间的关系？如何平衡新旧业务之间的关系？如何打造具有韧性的组织？如何面对千变万化的不确定性？任何简单粗暴的“一刀切”或者无视背景的想象和推理，都是领导力缺乏的表现。管理者只有具备管理的弹性、业务的韧性、反应的敏捷性，才能带着企业往前走。

战术勤奋、战略懒惰是大错，“断舍离”才是关键

疫情之下，我们最应该思考的是企业的战略。然而现实情况是，战术上大家都显得非常勤奋，战略层面的思考却不够。一些大中型企业现在看上去似乎十分努力、认真，在战略上却随波逐流，有形无神。

什么是战略？战略就是选择，是业务方向的“断舍离”。比如你是做旅行社的，但是疫情期间转行开餐馆了，这是一个战略选择；又如你是做酒店的，后来转去做房地产了，这也是一个战略选择；再如你是做主题公园的，后来转去做房地产了，这同样是一个战略选择，这种选择是行业间的选择，叫企业战略。在企业内部也有不同的选择，比如你是做轻资产酒店管理的，但是后来去投资酒店，这就是一个不同的战略选择；再如你原来是做C端业务的，后来收缩了C端，专注做B端或者G端，这也是一个战略选择，这种选择属于业务战略的范畴。

疫情背景下，我们需要从战略上进行审视。第一，旅游业这个行业还值得做吗？我们是不是要转行？第二，如果不转行，我们所做的业务哪些需要大力发展？哪些需要“断舍离”？

尽管旅游业不是高利润的行业，甚至投资高，回收慢，但是这个行业仍然值得我们去耕耘，毕竟市场需求很大，而且这些需求是现实的有效需求，能够转化成企业的收入，这也是近年来资本不断涌入旅游业的重要原因。况且我们熟悉的也是这个行业，如果在我们熟悉的行业，我们都不能施展拳脚，在一个全新的领域若想取得成功则更难。

既然铁了心做旅游，我们就要花大力气认真审视旅游的各个业务板块，哪些挣钱？哪些不挣钱？哪些是我们最大的漏损点？必须进行细致核算，细致分析投入产出、成本费用，既要看效益指标，也要看运营指标。一项业务能否盈利？市场占有率如何？这两点是非常关键的。要专注于有优势、有未来的业务，而不是什么业务都要；不追求大发展，合理优化人员布局，从而降低费用。

我们必须基于外部市场情况、竞争对手情况，以及自身的资源和优势做出综合判断，该断就断，该舍就舍。任何新业务都有培育期，但是长期亏损的业务不是企业的方向，也不能成为企业的战略选择，这一点管理者必须注意。

随波逐流不可取，洞悉趋势、找准定位、积极作为才是关键

——国内旅游将成为主战场

疫情使得国际旅游业务全面停摆，倾全力抓住国内旅游的机会成为必然的选择。世界格局的不确定性，逆全球化的加剧，中国人口多、市场大的特点，促使旅游企业重新发现国内旅游的机会，这并非现阶段的权宜之计，而是战略方向的调整。抓住国内旅游的机会，进一步了解国内游客的需求，从而提供更好的产品和服务，全面提升用户体验，也更有助于下一步国际业务的恢复和发展，从而推动消费升级。

更多的互联网接触时间、更多的社交媒体沉浸时间已成为我们生活的一部分，在线消费得到前所未有的强化和推动，消费场景化的趋势更加突出。各种主题性质的旅游快速发展，如亲子游、自驾游和房车游等，旅游企业要抓住这些机会，适应消费市场的变化，从而分一杯羹。

——旅游集团要成为会员和产业的整合者

对传统的旅游集团来讲，如何提升板块之间、板块内部的一体化运营能力至关重要，否则只是收入统计意义上的集团，而不是深度融合具有竞争优势的集团。集团内部的整合，首先要有一致的客源，要打破过去会员体系相互独立、会员身份不互认、会员数据不互通、权益资源难共享的现状，通过大会员体系的建设，真正做到打通存量、接入增量，不断提升对客服务能力，提升服务质量和客户满意度，以会员为核心降低获客成本，实现价值创造。

旅游集团要打破条块分割，推动条块的协同发展，逐步扩展“生态圈”，形成综合优势，实现产业整合。从全行业来看，在全球范围内，通过战略性投资、并购，跨国界、跨条块的整合也会加快，从而使旅游集团形成整体的竞争优势。

——平台型企业加快数字化

旅游企业必须在数字化方面下功夫，抢占数字经济“智”高点，加“数”前行。旅游业的平台经济已初具规模，现在的平台更多关注的是面对C端的销售平台，这里面有一个重要的方向值得关注，即规模化定制游。定制游已成为重要的市场需求，但不能规模化而导致的高价格使得定制游的业务发展缓慢，如何应用技术平台和业务运作平台推动定制游的规模化，从而降低定制游的价格，将成为旅游企业突围的重要方向。

还有两类平台在下一步发展中会受到市场的关注，一是技术平台，即专门服务于旅游企业的技术类企业，其不是传统意义上的旅游企业，而是技术类企业中最懂旅游的企业；二是针对B端的业务运作平台，有些企业已经在做这方面的探索，并取得了一定的成效。可以预见，缺乏平台的企业很难在市场上形成长久的、持续的竞争力，旅游企业需要重新思考数字经济时代技术及其应用如何重塑商业，如何重构产业结构。

——运营型企业加快标准化

标准化是一种能力，即通过简化、统一化、通用化等方法对重复性的事件制定流程和标准，并通过信息化的手段固化下来，从而提升运营效率，提高企业效益。一个企业是否具有较强的运营能力，主要看其标准化的能力。知名的酒店集团都有自己的SOP（标准作业程序），这就是标准化的重要体现。酒店行业所谓的管理输出，主要是标准、系统和品牌的输出，而不仅仅是派出一个总经理。

企业若想提高运营能力，还要做到将标准化与数字化相结合，要增强以数字化为支撑的客户洞察、需求预测、集中采购、产品设计、精准营销等方面的能力，用灵活、高效、低成本打败竞争对手。

——大量中小型企业加快特色化、细分化

特色化应该成为所有企业的追求，尤其是中小型企业，更要在特色化方面进行不懈的探索，从而锁定自己的优势，锁定有优势的细分市场、有优势的主打产品。把优势发挥到极致，就可以做到成本、品质以及市场的领先。专注于某一细分市场并且能够领先的企业还可能会成为大企业的并购目标，从而实现价值的变现。

旅行社、航空、邮轮、酒店行业正在发生巨大而深刻的变化。“危”已来，“机”

已到。机会总是垂青于提前做好准备、能够化被动为主动的人。要通过深度学习快速迭代自我，寻找与变化共处的解决之道，找准未来投资的重点，不断提升能力，坚持走数字化、标准化、特色化之路，不断打造面向市场的敏捷性，不断增强组织的韧性和柔性。只要盯住有前景的细分市场，抓住发展机会，企业就能够成为市场的引领者，就能够站在更大的舞台上向全世界招手。

资料来源　陈荣. 疫情之下，旅游企业该怎样“断舍离”？[EB/OL].[2022-03-31]. http://www.ctnews.com.cn/gdsy/content/2022-03/31/content_121437.html.

问题：

请结合以上资讯，结合当地旅游企业的相关案例，分析其在疫情之下该如何“断舍离”。

要求：课外时间独立完成，给出有针对性的答案。

拓展空间

中国旅游给世界一个“黄金市场”
——中国国际旅游交易会

时至今日，中国旅游市场已经发展成为世界期待的“黄金市场”。

中国旅游市场庞大，中国已成为全球最大的出境旅游客源国。未来数年，中国旅游业仍然会保持高速增长态势。中国旅游市场的发展将给世界其他国家和地区带来正面的外溢效应，中国将继续扮演驱动全球经济发展的重要角色。

在此背景下，世界各国的旅行商越发重视中国旅游市场。作为沟通中国与国际旅游业界的重要平台，中国国际旅游交易会吸引了众多境内外参展商。

中国国际旅游交易会（China International Travel Mart，CITM）是亚洲地区规模最大的专业旅游展，其以周到的服务给参展人员提供了无限的商业机会。中国国际旅游交易会每年举办一次，从2001年起，分别在上海和昆明交替举办。

2019年11月15日至17日，由文化和旅游部、中国民用航空局、云南省人民政府共同主办的2019中国国际旅游交易会在云南昆明举行，吸引了75个国家及地区参展。此次交易会设在昆明滇池国际会展中心，展区面积达9万平方米，展位总数达3 866个。

资料来源　吴俊，沈仲亮，徐万佳. 中国旅游给世界一个黄金市场[N]. 中国旅游报，2015-11-13（1）；江文耀.2019中国国际旅游交易会开幕[EB/OL].[2019-11-15]. http://www.xinhuanet.com/photo/2019-11/15/c_1125238093.htm.

8 项目八 旅游营销渠道策略

项目概述

“一个篱笆三个桩，一个好汉三个帮。”找到好的批发商、代理商、零售商等，就相当于找到了旅游企业的“桩”和“帮”。旅游营销渠道的建立，就是为了更好地利用中间商，将旅游产品从旅游生产企业送到旅游者手中，为旅游者带来更大的便利，进而提高旅游企业与旅游者之间进行市场交换的反应速度。

交互式课件
8-1
旅游营销渠道策略

项目结构

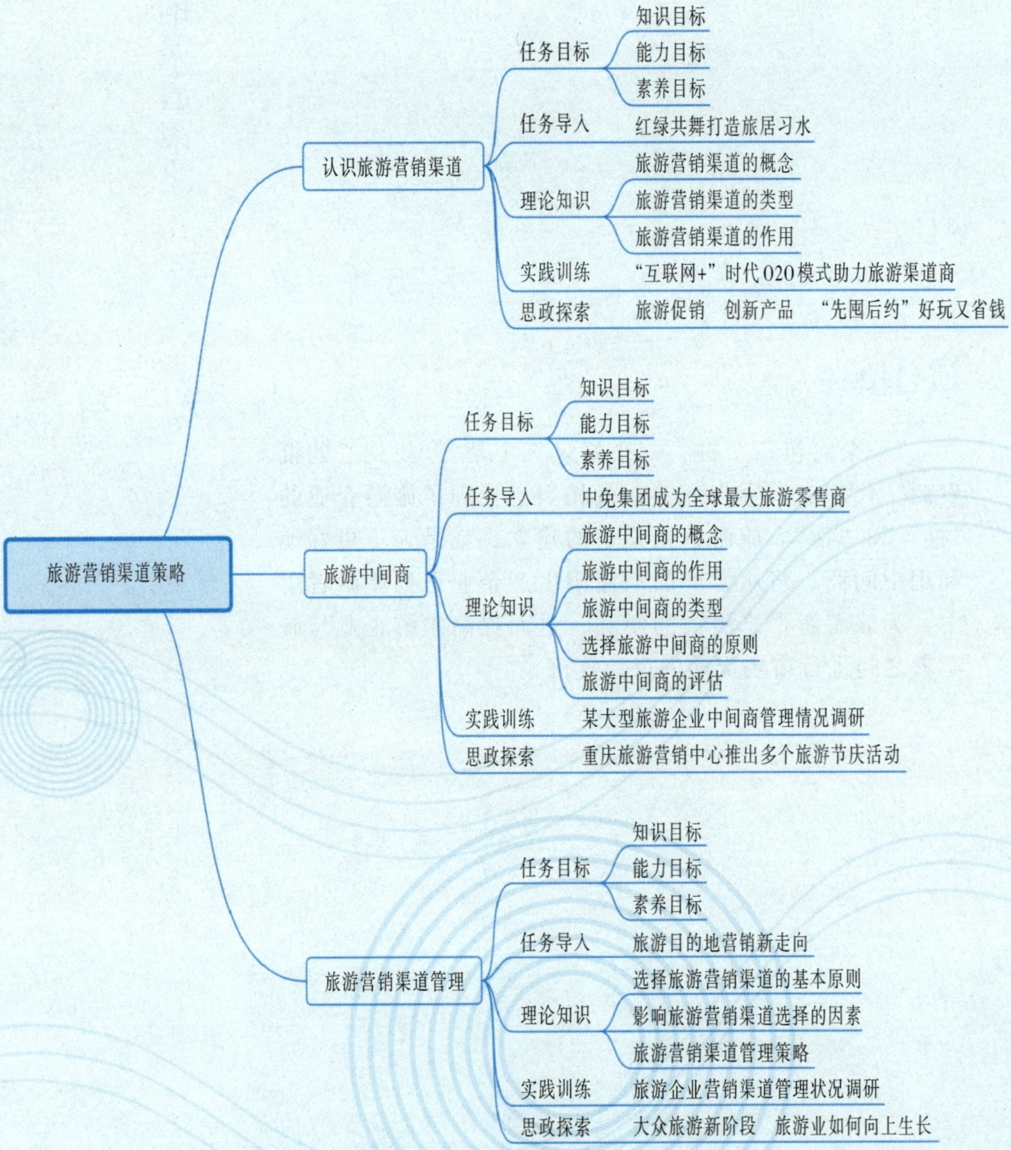
旅游营销渠道策略
认识旅游营销渠道
任务目标
知识目标
能力目标
素养目标
任务导入
红绿共舞打造旅居习水
理论知识
旅游营销渠道的概念
旅游营销渠道的类型
旅游营销渠道的作用
实践训练
“互联网+”时代O2O模式助力旅游渠道商
思政探索
旅游促销　创新产品　“先囤后约”好玩又省钱
旅游中间商
任务目标
知识目标
能力目标
素养目标
任务导入
中免集团成为全球最大旅游零售商
理论知识
旅游中间商的概念
旅游中间商的作用
旅游中间商的类型
选择旅游中间商的原则
旅游中间商的评估
实践训练
某大型旅游企业中间商管理情况调研
思政探索
重庆旅游营销中心推出多个旅游节庆活动
旅游营销渠道管理
任务目标
知识目标
能力目标
素养目标
任务导入
旅游目的地营销新走向
理论知识
选择旅游营销渠道的基本原则
影响旅游营销渠道选择的因素
旅游营销渠道管理策略
实践训练
旅游企业营销渠道管理状况调研
思政探索
大众旅游新阶段　旅游业如何向上生长

在线课堂8-1

认识旅游营销渠道

任务1　认识旅游营销渠道

任务目标

知识目标：理解并掌握旅游营销渠道的概念、类型和作用。

能力目标：能够选择旅游营销渠道，培养建立旅游营销渠道的能力。

素养目标：培养渠道管理的执行力，强化守正创新意识。

任务导入

红绿共舞打造旅居习水

"虽然现在已经入秋，但重庆依然热得像蒸笼，贵州的习水不仅气候凉爽，生态植被好，更重要的是交通很便捷，来这里避暑度假是首选。"一位重庆游客向记者道出了来习水旅游的心声。江习高速通车之后，从重庆主城出发，仅需2小时车程，即可寻觅一个夏季气候凉爽的避暑胜地——遵义市习水县。

近年来，习水围绕"酒旅并举·富民强县"发展战略，坚持以红带绿、以绿促红，着力打造黔川渝结合部县域旅居中心，围绕"四新"主攻"四化"，奋力推动旅游产业高质量发展。

发展红色体验旅游　打造红色文化圣地

在四渡赤水纪念馆前，众多游客正在倾听导游介绍四渡赤水的历史背景。"带小孩来土城旅游，最重要的就是让他感受历史文化的熏陶。"一位游客向记者介绍道。习水全力发展红色体验旅游，不仅能让青少年深入了解祖国革命历史和红色文化，帮助其树立社会主义核心价值观，而且能培养艰苦奋斗的精神，锻炼意志和毅力。作为全国爱国主义教育示范基地，四渡赤水纪念馆以其独特的"红色"魅力吸引游客纷至沓来。

习水做精"旅游+文化"，深挖"四渡赤水"红色资源，以长征国家文化公园（习水段）建设为契机，推进习水的红色文化与"研学旅行"深度融合，充分利用四渡赤水培训学院和四渡赤水革命研究中心两家机构，开展现场教学、专题教学、体验式教学、拓展教学等课程研究与开发工作，提高中国土城"红培之都"的知名度。

发展酱酒文化旅游　打造美酒飘香园地

一直以来，习水依托"中国酱香·赤水河谷"区域品牌效应，紧扣打造世界优质酱香白酒核心产区目标，做强"习水酱酒"品牌；充分发挥赤水河流域酱酒原产地和主产区资源优势，全面提升"习水酱酒"的知名度和美誉度。

同时，整合赤水河流域自然风光、民俗文化、红色文化旅游资源，形成以酒文化为主导的文化产业链，增强文化品牌影响力，打造与酱酒文化高度融合的地方特色文化品牌；辐射带动周边文旅项目二郎镇飞鱼谷漂流、杨家园（水上）运动综合体及回龙镇、隆兴镇沿线农旅一体项目发展，全力将酒旅产业发展成习水旅游产业的首位产业和支柱产业。

发展乡村避暑旅游 打造康养度假福地

习水深度挖掘生态、气候优势，按照“清凉一夏，旅居习水”的定位，打造一批精品避暑度假产品；结合乡村振兴战略，把发展乡村旅游作为巩固脱贫成果、实现乡村振兴的重要举措，推进乡村宾馆（客栈）改造升级，大力发展乡村休闲游、亲子游、研学游等旅游业态，深度挖掘“踩山节”“李花节”“丰收节”等一系列体验性旅游活动，推动习水黔北麻羊肉、古树红茶、豆腐干转化为旅游商品，以旅游产业“强起来”、旅游经济“火起来”，带动农村群众“富起来”，让全县更多群众吃上旅游饭、走上致富路。

习水大地，鳛鱼图腾古老神秘、土城古镇“十八帮”文化多姿多彩、中国丹霞谷神奇灵秀、飞鸽云海如诗如画、水上公路妙趣天成……众多景观犹如一颗颗明珠，在习水绽放。

资料来源 王敦毅. 红绿共舞打造旅居习水|习水县围绕“四新”主攻“四化”系列报道之五[EB/OL]. [2021-10-12]. http://jgz.app.todayguizhou.com/news/news-news_detail-news_id-11515115748764.html.

问题：

通过学习上述案例，谈谈贵州习水是怎样设计营销渠道、开拓旅游市场的。

理论知识

渠道是市场营销工作的一部分，是企业为了达到产品销售的目的而利用的一种手段。即使是在互联网时代，要把产品送到消费者手中，也必须通过营销渠道来达到目的。因此，旅游产品必须通过一定的营销渠道，才能在适当的地点和时间，以适当的方式提供给旅游目标市场。

一、旅游营销渠道的概念

旅游营销渠道是指旅游产品从生产企业向旅游者转移的过程中，所经过的一切取得使用权或协助使用权转移的中介组织和个人，即旅游产品使用权所经过的各个环节连接起来而形成的途径或通道。旅游营销渠道如图8-1所示。

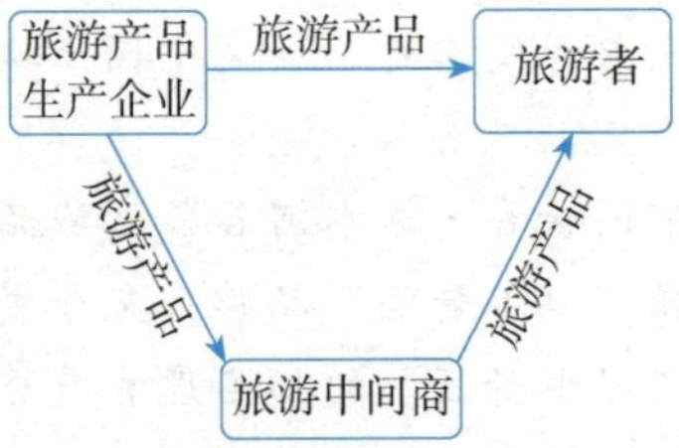

图8-1 旅游营销渠道

旅游营销渠道是一个完整的系统，它需要解决的问题是旅游产品生产企业通过什么样的渠道将旅游产品送到旅游者的手中。这一过程主要包含以下几点内容：

第一，旅游营销渠道是由从起点到终点的各个流通环节组成的系统。这表明旅游营销渠道的起点是旅游产品生产企业，终点是旅游者。

第二，旅游营销渠道是相关经营组织和个人的组合，除了起点和终点外，还包括各种类型的旅游中间商，如旅游批发商、旅游代理商、旅游零售商等。旅行社就是典型的旅游中间商。

第三，在旅游营销渠道中，旅游产品和服务被转移的是其一段时间的使用权，而非永久使用权，更不是所有权。

第四，旅游营销渠道包括旅游产品生产企业在生产地点向旅游者销售其产品和服务、旅游产品生产企业依靠自身的力量在生产地点以外的地方销售其产品和服务的直接销售方式，还包括旅游产品生产企业借助中间商向旅游者出售其产品和服务的间接销售方式。

二、旅游营销渠道的类型

旅游产品在转移的过程中，会受到旅游生产企业、旅游中间商、旅游同行业竞争对手、旅游者等众多因素的影响，因此旅游营销渠道也呈现出多种形式。

（一）直接营销渠道和间接营销渠道

根据旅游产品营销过程中是否有中间商的参与，旅游营销渠道可分为直接营销渠道和间接营销渠道两大类。

1.直接营销渠道

直接营销渠道又称零级销售渠道，是指旅游产品生产企业直接向旅游者销售其产品，而不通过任何中间环节的销售途径，如图8-2所示。

旅游产品生产企业 ——→ 旅游者

图8-2　直接营销渠道

旅游企业选择直接营销渠道，可以省去支付给中间商的费用，从而降低流通成本，使旅游企业有可能以较低的价格向旅游者销售其产品，在价格上获得竞争优势。同时，采用直接营销渠道有利于旅游企业及时了解和掌握旅游者对其产品的态度和其他相关市场需求信息，从而及时改进产品和经营。

从旅游产品的销售实践来看，直接营销渠道一般有以下三种模式：

（1）旅游产品生产企业→旅游者（在旅游目的地）

在这一模式中，旅游产品生产企业向前来购买旅游产品的旅游者直接销售产品，旅游产品生产企业在旅游产品的生产地扮演了旅游零售商的角色。例如，近几年热门的自助游，就是旅游者自己到旅游景点游玩、到酒店投宿、到餐馆吃饭等。这种营销渠道至今仍被很多旅游企业所采用。

（2）旅游产品生产企业→旅游者（在旅游客源地）

由于旅游产品的特殊性，旅游产品的消费必须在其生产现场进行，而旅游产品的销售只是一种买卖合同，旅游者可以在任何可接受预订的地方，通过电话等现代通信方式向旅游产品生产企业购买旅游产品，旅游产品生产企业扮演的仍然是旅游零售商的角色。随着现代信息技术在旅游业的广泛应用，近年来，这种模式有了新的发展和突破，很多旅游企业开始借助网络预订系统直接向目标旅游者出售其产品，这给传统的直接营销渠道注入了新的活力。例如，酒店通过大众点评网、美团网等向旅游者销售其产品。

（3）旅游产品生产企业→自营的销售网点→旅游者（在产品销售地点）

在这一模式中，旅游产品生产企业通过自己设立在产品生产地以外的销售网点，直接向旅游者销售其产品。由于这些销售网点是旅游企业在一定的市场区域拥有的自设的零售系统，因此这仍然属于直接营销渠道。一般来说，大中型旅游产品生产企业会采用这种模式作为销售本企业旅游产品的重要渠道之一。比如，航空公司在目标市场所在区域设立自己的分公司或售票处；酒店在机场设立销售点，直接向游客销售其产品；大中型旅游公司通过自设的销售网点销售旅游产品等。

2.间接营销渠道

间接营销渠道是指旅游产品生产企业通过旅游中间商将其产品转移给旅游者的销售途径。旅游批发商和旅游零售商都是典型的旅游中间商。采用间接营销渠道，旅游企业可以充分借助中间商的专业性和其他优势，这在一定程度上有助于避免单纯采用直接营销渠道的局限性。

根据所经中间环节的多少，间接营销渠道可以分为以下三种销售模式：

（1）旅游产品生产企业→旅游零售商→旅游者

这种模式也称为单层次销售渠道，即旅游产品的销售只经过了一个中间商，由三个点组成两个销售环节：旅游产品生产企业和旅游零售商组成第一个销售环节，旅游零售商和旅游者组成第二个销售环节。在这一模式中，中间商主要是从事旅游零售业务的旅游代理商或其他代理机构，旅游产品生产企业需要向旅游零售商支付佣金或手续费。

（2）旅游产品生产企业→旅游批发商→旅游零售商→旅游者

这种模式也称为双层次销售渠道，是指旅游产品生产企业通过旅游批发商，再经由旅游零售商将其产品转移到旅游者手中的销售途径。这种模式由四个点组成三个销售环节。旅游批发商通常是指从事团体包价旅游批发业务的旅游公司或旅行社。在这种模式中，旅游产品生产企业只与旅游批发商发生直接业务关系，首先将其产品批量销售给旅游批发商，然后由旅游批发商委托旅游零售商或通过自行设立的销售网点将产品销售给旅游者。旅游批发商大批量购买航空公司、酒店、景点等单项旅游产品，并将其组合、编排成适应市场需求的包价旅游产品，但其并不直接面向旅游者出售其产品，而是通过旅游零售商进行销售，有时也通过自行设立的销售点进行销售。

（3）旅游产品生产企业→本国旅游批发商→外国旅游批发商→外国旅游零售商→外国旅游者

这种模式也称为多层次销售渠道，是指旅游产品生产企业需要通过三层或三层以上旅游中间商才能将其产品转移到旅游者手中的销售途径。这种模式基本上由五个点组成四个销售环节。当前我国旅游企业拓展国外市场主要采用这种模式，但随着网络技术和通信技术的高速发展以及旅游市场开放程度的提高，这种多层次销售渠道模式已逐渐被打破。

（二）长渠道和短渠道

根据旅游产品从生产企业到旅游者所经过的中间环节的多少，或者介入中间商层次的多少，旅游营销渠道可分为长渠道和短渠道两大类。所经过的中间环节越多，渠道就越长，此时，旅游营销工作主要由旅游批发商和旅游零售商来完成，旅游产品生产企业对旅游产品营销渠道的掌控较难；反之，所经过的中间环节越少，渠道就越短，此时，旅游产品生产企业需要承担较多的销售工作，能有效控制营销渠道。

（三）宽渠道和窄渠道

根据企业在一定时期内销售网点的多少、网点分配的合理程度以及销售数量的多少，旅游营销渠道可以分为宽渠道和窄渠道（如图8-3所示）。所谓宽渠道，是指使用的同类旅游中间商较多，旅游产品在市场上的销售面较广，宽渠道适用于一般化、大众化旅游产品的销售，如观光游产品、度假游产品等；反之就是窄渠道，窄渠道适用于专业性较强、费用较高的旅游产品的销售，如探险旅游产品、专项文化旅游产品等。

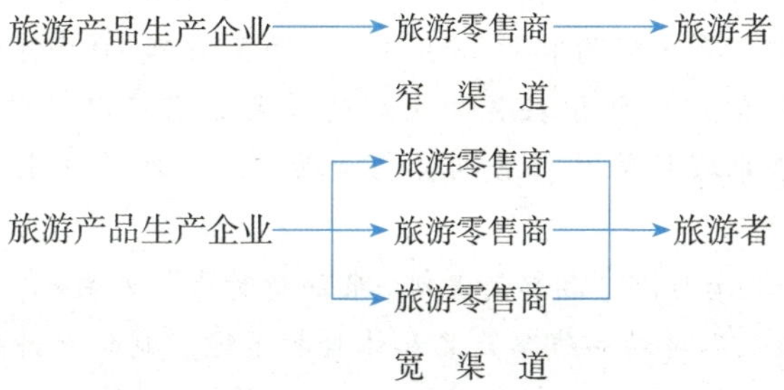

图8-3　宽渠道和窄渠道

案例窗8-1　　**拓展文旅营销路径　擦亮“好客山东”品牌**

近年来，山东各地在“好客山东”品牌引领下，结合自身优势，各显神通、积极作为，不断强化品牌效应，深度挖掘文化内涵，开辟了文化和旅游营销工作火热“出圈”的新路径。

创意引领

随着国内旅游市场从观光经济向休闲体验经济转变，山东各地市文旅部门不断创新培育具有当地文化、资源和产业特色的文旅IP，加快主题化、体系化的品牌产品开发。

面对自驾游、户外游市场的迅速崛起，威海市整合全域优质文旅资源，贯通东部环海路、西部环山路两条交通环道，创意打造总长度1 001千米的山海自驾旅游公路，将全市变成一个没有边界的大景区，并以业态融合、产品开发、品牌建设为切入点，实施国际滨海休闲度假旅游目的地品牌营销战略。威海市文化和旅游局相关负责人介绍，千里山海自驾旅游公路的IP打造与目的地品牌营销推广，通过实施征集、发布、启动、推广四大“引爆”行动，量身打造专属品牌形象、品牌产品和品牌服务体系，广泛应用组歌、宣传片、主题产品、智慧平台、OTA专题等形式，用一条旅游路延伸城市文脉，丰富城市内涵，讲好威海故事。

聊城市“江北水城　运河古都”聊城文旅品牌营销活动，通过线上制造话题、线下举办活动，实现聊城文旅话题全媒体传播。同时，强化文旅大数据分析，精准投放聊城文旅信息，实现从流量话题到旅游消费的转化。

德州市齐河县将城市形象宣传与旅游目的地推广相结合，构建“陆空”一体全方位宣传阵地，以媒体、活动、联盟、全民、创新为营销切入点，构建起政府、企业、居民、游客“四位一体”的全方位立体化营销体系，叫响“黄河水乡　生态齐河”旅游品牌。

活动推广

优质的文化和旅游活动，是营造品牌形象、提升客流及收入的重要因素。近年来，山东各地通过聚焦特色资源、优势产业、地域文化等，组织开展推广活动，加强城市文旅推广。

2021年夏天，一场名为“沂蒙之夏·嗨游临沂”的短视频话题活动在抖音、快手等平台收获了1 200余万次播放量。活动期间，临沂市整合全市优质文化和旅游资源，以“沂蒙之夏·嗨游临沂”为主题，策划发布10条特色旅游线路；推出以消夏避暑、乡村休闲、研学教育为主题的特色旅游产品；举办沂蒙山伏羊节、竹泉村·红石寨暑期夜场等系列暑期特色活动，通过线下线上联动，宣传推介临沂优质文旅资源。

2021年9月，济南市以“潮起新黄河　泉涌新时代”为主题，举办了第九届济南国际泉水节，推出泉水游精品线路产品和体验打卡地，制作《诗画72泉》系列微纪录片……通过实施线上线下相结合的立体化宣传，泉城旅游品牌的影响力迅速扩大。

青岛市依托海洋婚恋旅游资源，策划举办了“海誓山盟·2021青岛海洋婚恋文化周”。从游客体验出发，推出海洋婚恋旅游产品，策划灯光秀、时尚市集，打造主题音乐情景剧，推出爱情文旅地铁专列等，满足了游客对婚恋旅游的需求。

日照市“初光先照·迎接新年第一缕阳光”宣传推广活动以主会场+分会场、线上+线下的形式，通过祈福仪式、新春游园会、机车巡游等活动，让游客、市民参与互动，打造主客共享的文旅生活品牌。

“滨”至如归　邀您打卡——2021滨州文旅网红打卡季网络营销活动，通过开展网红资源在线征集、文旅新媒体培训、网红大V采风行等活动，推动滨州目的地“云揽客”和资源式“云推广”。

正是因为全方位、立体化的文化和旅游品牌体系的建设与宣传推广，山东省旅游品牌逐步呈现出“一枝倾城、百花齐放”的发展态势，在“好客山东”大品牌的引领下，各地多点开花，打响区域品牌，得到了社会各界的广泛关注和认同。

资料来源　佚名. 拓展文旅营销路径　擦亮“好客山东”品牌［EB/OL］.［2022-04-20］. https：//www.sohu.com/a/539658594_121345914.

案例分析：传统的旅游营销渠道属于典型的分销渠道，随着社会生产力的进步以及营销渠道的多样化，全面展示旅游目的地的产品结构、吸引与挖掘游客资源已成为发展旅游业的必然选择。

三、旅游营销渠道的作用

（一）旅游营销渠道是旅游企业进入旅游市场的必经之路

旅游产品生产企业只有建立营销渠道，才能将旅游产品推向旅游市场，实现旅游产品的价值，进而实现企业的战略目标。这也是旅游营销渠道最基本的作用。

（二）旅游营销渠道是旅游企业的重要资源

旅游营销渠道是旅游产品生产企业销售旅游产品的途径，对旅游产品的销售具有直接影响。如果旅游营销渠道数量多、容量大、信誉高，旅游产品生产企业便能以较高的价格大量销售自己的产品，及时获得较好的收益。显然，这样的销售渠道理所当然地成为旅游企业的重要资源。

（三）旅游营销渠道可以提高销售效率

这里的旅游营销渠道是指有旅游中间商介入的销售渠道，而非直接营销渠道。旅游产品是一种组合产品，在一般的旅游市场中，大多数旅游产品并非由旅游产品生产企业直接销售给旅游者，而是通过旅游中间商销售出去的。旅游中间商作为一个专业的经济实体，在转移旅游产品的过程中，凭着自己丰富的营销经验、良好的公共关系和众多的信息来源，可以减少旅游产品的交易次数，从而提高销售效率。旅游产品生产企业直接销售旅游产品与通过旅游中间商间接销售旅游产品的对比如图 8-4 所示。

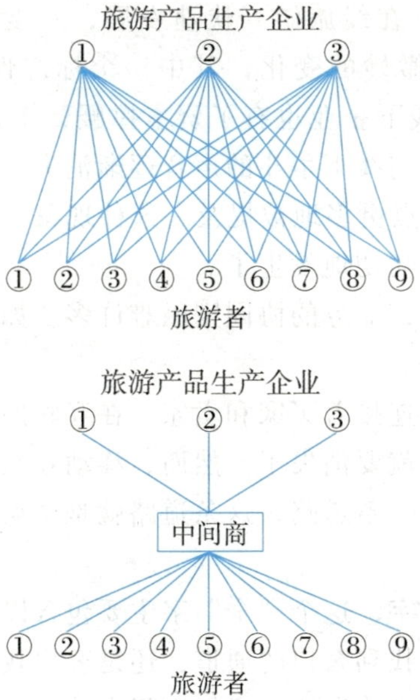

图 8-4　旅游产品生产企业直接销售旅游产品与通过旅游中间商间接销售旅游产品的对比

从图 8-4 可知，3 家旅游产品生产企业和 9 位旅游者之间的交易，如果没有旅游中间商的介入，整个交易活动的完成需要 27 次，而在旅游中间商介入之后，完成全部交易活动只需要 12 次。

（四）旅游营销渠道为旅游者购买旅游产品提供了极大的便利

1.旅游营销渠道具有组合旅游产品的功能

旅游产品生产企业一般只生产或供应单项旅游产品，而旅游活动是一项综合性的活动，因此旅游者更乐于接受组合旅游产品。当单项旅游产品进入营销渠道后，旅游营销渠道就可以发挥其组合功能，将单项旅游产品组合成整体旅游产品，从而方便了旅游者购买。旅行社作为旅游营销渠道的重要成员，是这种功能的典型实践者。

2.旅游营销渠道能够在时间和地点上方便旅游者

建立旅游营销渠道的目的是及时、顺利地销售旅游产品，因此在时间和地点上方便旅游者购买旅游产品，便成为旅游营销渠道的基本属性。

实践训练

“互联网+”时代O2O模式助力旅游渠道商

背景资料：

从2007年开始做渠道，一心想打造一个旅游业的国美、苏宁，当时想法很简单，目标也很明确，路也似乎基本上按照当初的规划一步一步在走。然而，市场变化永远超出了你的预想，技术的进步带动了消费行为的改变，传统做法开始失灵，渠道商面临着巨大的生存和发展压力。

旅游业这几年，OTA（在线旅游）快速发展，一度打得线下旅行社难以招架。2014年，市场格局发生了微妙的变化，其中一个标志性事件是一家传统线下旅行社——众信旅游上市了，线下企业也有了资本撑腰，于是线下旅行社都看到了翻身的希望。此后，论坛上线上与线下争斗的声音逐渐消失，取而代之的是一个热词——O2O，线上与线下融合的观点更多地被提及。这种现象不光停留在论坛上，还出现在市场上。一时间，融合真真切切地发生了。

但是资本的融合好实现，业务的协同则困难许多。如何才能做好协同，特别是渠道商，如何才能实现O2O呢？

渠道商的本质是渠道，连接着买家和卖家。在互联网时代，信息高度透明，于是按照去中间化的理论，渠道就要消失了。然而，移动互联网时代的旅游渠道只要转型升级得当，就可以走出另外一条道路，这条道路就是全渠道，从而体现出企业自身的价值。

全渠道的关键在“全”字，这个“全”字主要包含以下要素：

一是通道全。不论是你找到客户的通道，还是客户找到你的通道，都是全的。渠道必须是立体的，是存在于实体和线上虚拟空间中的，也必须是无时间限制的，是存在于整体或碎片时间中的。一句话，客户可以随时随地找到你，你也可以随时随地找到客户。这当然要借助新技术，而传统方式是根本做不到的。

二是功能全。渠道的功能不仅仅是分销产品，还包括以下功能：第一，面对面服务。主要满足客户从咨询到出游不同阶段的需求，如出行前为客户提供顾问服务，出行中客户有问题时跟进解决，旅游活动结束后的售后服务。第二，品牌推广和客户管理。传统渠道商不太重视客户，而现在企业必须学会对客户数据进行采集分析以及对客户进行分类管理，要充分利用好CRM（客户关系管理）系统等工具，挖掘好、管理好客户。第三，产品研发和资源掌控。传统渠道商几乎都是“拿来主义”，供应商有什么就销售什么。现在这种现象已经发生改变，因为渠道商第一时间接触客户，对客户的需求有深刻的了解，因此渠道商可以向供应商提出产品建议，甚至主动参与产品设计，与供应商一同掌控资源，形成渠道独有的优势产品。

三是生态全。渠道商不仅要连接好买家和卖家，还应该组织好众多参与者的信息流、资金流等。传统渠道商的供应链单一、品类少，而未来的渠道商会成为集聚不同类型产品的供应商，如跟团游、自由行、目的地游、机票、酒店、签证、景区门票等。同时，渠道的另一端还会出现门店、合作分销旅行社、在线商城、微网站、个人代理等形态。全渠道应该有一套完整的整合方案来实现这个生态系统。

按照这个逻辑，我们尝试去打造旅游百事通的全渠道体系。一是建设立体通道；二是改造渠道的功能；三是打造生态圈。

渠道商只有与在线企业深度融合，做好全渠道的转型升级，才能在新的时代迎来新的增长。

资料来源　张力．“互联网+”时代O2O模式助力旅游渠道商［EB/OL］．［2015-06-11］．http：//www.sohu.com/a/18489126_115035.

实训内容：

以小组为单位，通过查找资料，研讨在“互联网+”时代O2O模式是如何助力旅游渠道商的，以及旅游企业应该如何应对“互联网+”时代的营销变革。

实训目标：

1.掌握旅游营销渠道的特点、分类。

2.理解“互联网+”时代旅游营销渠道的转型。

实训组织：

1.以3～4人为一个小组，由组长确定小组分工，指定1位发言人在老师提问时向全班报告自己小组的结论。

2.小组成员分头查找网络或书籍资料，并在小组内分享、讨论，准备好阐述资料。

实训记录：

1.什么是“互联网+”？

____

____

2.在“互联网+”时代，O2O模式是如何助力旅游渠道商的？

____

____

3.旅游企业应该如何应对“互联网+”时代的营销变革？

____

____

效果评价：

1.以小组为单位组织交流、研讨。

2.每个小组推荐1名成员做主题发言。

3.从小组互评与教师评价两个方面进行评分，见表8-1。

表8-1 “‘互联网+’时代O2O模式助力旅游渠道商”训练项目评价表

项目主题（分值）	评价指标（分值）	标准	小组互评（20%）	教师评价（80%）	综合得分（100%）
“互联网+”时代O2O模式助力旅游渠道商（100分）	课堂研讨表现（40分）	小组研讨组织得当，全员参与，研讨运用相关知识、方法、技术等准确			
	主题阐述（60分）	阐述的内容具有可行性、效果良好，观点新颖、独特，能依据案例资料对“互联网+”时代旅游营销渠道的创新进行阐述			

4.教师与学生依据综合得分，确定最优陈述小组。

思政探索

旅游促销 创新产品 “先囤后约”好玩又省钱

背景资料：

2021年“双十一”，旅游产品销售取得不俗成绩。在线旅游平台飞猪数据显示，“双十一”活动商品成交额同比增长超60%，包括山东航空、长隆旅游度假区、上海迪士尼度假区、北京环球度假区等在内的12个品牌成交额突破1亿元。这给旅游从业者们带来了信心和动力。

经过多年的发展，“双十一”早已成为旅游行业销售冬春旅游产品、布局新一年发展的重要节点。与过去旅游促销靠打价格战、比拼“地板价”不同，如今旅游促销已向注重品质、凸显特色转变。

“囤旅游”成新趋势

两份北京环球度假区的酒店预订：一晚入住诺金度假酒店，一晚入住环球影城大酒店。这是江苏游客姜女士“双十一”唯一的购买记录。“我希望能尽快带孩子完成一次环球影城之旅。”姜女士介绍，她购买的酒店产品规定了有效期限，“尽管有一定的限制，但是价格的确很有吸引力。”

在这一年一度的促销季，“囤”旅游产品正在成为许多消费者的习惯。

数据显示，“双十一”期间，北京环球影城冬春漫游卡、北京环球影城非指定日双次票及两家度假酒店（环球影城大酒店、诺金度假酒店）房券三大新品累计销量超7万件，8家航空公司“随心飞”产品累计销量超10万件。飞猪旅行商品首次参与“双十一”主会场“满200减30”的规则，并推出会员快速升级计划，大量交通、酒店、民宿、度假类新品也在此期间集中首发。此外，用户增长也成为旅游企业的一大收获。例如，希尔顿新增会员数超40万，长隆旅游度假区新增会员数超12万。

旅游企业、在线旅游平台等推出的系列服务措施，也为消费者“囤旅游”解决了后顾之忧。同程旅行相关负责人介绍，国庆节后至元旦前是一年中的传统旅游淡季，而“双十一”线上购物狂欢的模式助力旅游业迎来了新一波的热潮。在疫情防控常态化的情况下，提出“好货安心囤”的概念，让消费者能够灵活安排时间，安心出游。除了推出人气爆款、当季热品、特价机票酒店、超级预售等涵盖消费者多种需求的高性价比旅游产品，也为消费者提供“提前订，随时退”的贴心服务，方便消费者在疫情平稳后“划算出游”。

新玩法更受欢迎

当前，年轻人成为旅游消费主体，他们更青睐个性化、特色化产品，更加注重旅游的体验感。这一新消费趋势直接推动了旅游产品的革新。例如，在机票销售方面，除了传统的“搜索—预订—出票”模式，“浏览—囤票—使用”的“囤机票”模式受到年轻消费者的青睐，并成为新趋势。2021年“双十一”，飞猪平台首发了多款“随心飞”产品，可以满足消费者随时变化的出行需求。

“预约未来旅行”成为2021年“双十一”旅游促销中的一大共同点，“囤货”成为各大旅游企业营销的主题。这类可以“提前订，随时退”的旅游产品，服务模式更加灵活，更受消费者欢迎。

2021年11月10日至26日，同程旅行启动“‘双十一’旅行囤货月”活动，支持用户“先囤后约”，全年可用。据介绍，在此次活动中，消费者可以通过优惠的价格“囤”到心仪产品，以便提前规划专属的“全年旅行”。同程旅行相关负责人介绍，“赏雪”“滑雪”“电竞酒店”等的搜索量在同程旅行平台涨幅超过200%。消费者通过参加该活动，可以提前预订温泉及滑雪场周边的旅行产品，还可以延长旅行规划期限，即便是在春节、五一、十一等节假日，也可以选择价格合适的旅行产品，提高出游性价比。

旅游企业还将目光投到更加细分的市场。例如，针对露营，途牛旅游推出了森林露营、沙漠露营以及暑期亲子露营等目标群体更具体的产品，并将电影、咖啡等元素融入其中，以满足年轻群体的消费需求。

迸发勃勃生机

近年来，中国游客的滑雪需求由国外转向国内，国内冰雪旅游获得了良好的外部发展环境。此外，随着宣传推广力度的加大，老百姓对冰雪旅游的认知度和接受度也不断增强，这些都成为我国冰雪旅游壮大的有利因素。我国北方冰雪旅游目的地发展势头强劲，吉林长白山、黑龙江亚布力、河北崇礼等滑雪胜地都获得了关注度和订单量双增长。南方的室内滑雪场也成为冰雪运动爱好者的好去处，例如，无锡、广州、重庆等地的室内滑雪场、雪世界都有着较高人气。

自2020年以来，乡村旅游已成为我国国内旅游的重要内容，去乡村感受绿水青山的生态魅力、看乡村振兴的时代脚步，成为人们出游的重要动力。游客的迅猛增长提高了乡村旅游更新迭代的速度，一批高品质旅游项目、乡村民宿在乡村落地，乡村旅游不仅扛起了国内旅游的“大旗”，也成为乡村振兴的重要力量。

随着文旅融合的脚步日益加快，中国传统文化受到游客、旅游企业、旅游市场三方的重视，一批特色文创的崛起就是证明。数据显示，2021年共有近100家博物馆参加天猫“双十一”活动，11月1日开售首日，博物馆文创产品销量激增超400%。

热门冰雪旅游产品累计预订近10万件，乡村民宿套餐销量同比增长超16倍，博物馆新文创成为“双十一”销售“黑马”……在消费者“囤旅游”的长长清单中，这些旅游产品分外亮眼。我们从中既能看到旅游业的热点和亮点，也能感受到旅游业的活力与生机。旅游企业则可以从中找到商机，为下一步发展“排兵布阵”。

资料来源　尹婕. 旅游促销　创新产品　“先囤后约”好玩又省钱［N］. 人民日报（海外版），2021-11-24（12）.

思政目标：

围绕“旅游促销　创新产品　‘先囤后约’好玩又省钱”开展研讨，强化学生的守正创新意识。

研讨要求：

请结合以上资讯，从守正创新的角度，谈一谈对“先囤后约”旅游产品的看法。

1.以小组为单位组织交流、研讨。

2.每个小组推荐1名成员做主题发言，各组围绕“先囤后约”旅游产品分享看法与体会。

3.从小组互评与教师评价两个方面进行评分，见表8-2。

表8-2　“旅游促销　创新产品　‘先囤后约’好玩又省钱”训练项目评价表

项目主题（分值）	评价指标（分值）	标　准	小组互评（20%）	教师评价（80%）	综合得分（100%）
旅游促销 创新产品 “先囤后约” 好玩又省钱 （100分）	课堂研讨表现（40分）	小组研讨组织得当，全员参与，研讨运用旅游营销渠道的相关知识、方法、资讯等准确			
	主题阐述（60分）	阐述的内容丰富、效果良好，观点新颖、独特，能从守正创新的角度阐述对“先囤后约”旅游产品的看法			

4.教师与学生依据综合得分情况，确定最优陈述小组。

在线课堂 8-2

旅游中间商

任务 2　旅游中间商

任务目标

知识目标：理解旅游中间商的概念、作用和类型，掌握旅游中间商的选择原则。

能力目标：能判断旅游中间商的类型，能有效评估旅游中间商。

素养目标：培养对旅游中间商的综合判断力，强化守正创新意识，坚定文化自信。

任务导入

中免集团成为全球最大旅游零售商

2021 年 8 月 20 日，中免集团透露，全球旅游零售行业权威媒体《穆迪戴维特报告》（The Moodie Davitt Report）发布消息，得益于海南离岛免税业务的蓬勃发展及中国国内旅游市场的复苏，中免集团在 2020 年成为全球最大旅游零售商，并且在 2021 年上半年进一步巩固了其在全球的领先地位。

特别是在全球旅游零售业受到新冠肺炎疫情冲击的情况下，中免集团及时调整工作重心，在危机中抓住机遇，2020 年下半年业绩进一步走高，稳居全球旅游零售商首位。

巨大的市场红利进一步激活了中免集团创新发展的新动能。在母公司的大力支持下，中免集团积极投身海南自贸港建设，持续夯实采购、运营、渠道拓展、数字化和市场营销五大能力，在经营品牌、品种、价格与国际同步的原则下，做强服务、做大市场。

资料来源　周晓梦. 中免集团成为全球最大旅游零售商［N］. 海南日报，2021-08-21（1）.

问题：

在新环境下，旅游中间商应如何做强服务、做大市场？

理论知识

一、旅游中间商的概念

旅游中间商是指介于旅游生产者与旅游消费者之间，从事旅游产品转售或协助旅游产品转售，具有法人资格的经济组织或个体。

二、旅游中间商的作用

旅游中间商的存在使旅游产品生产者在旅游产品销售上花费的时间与精力相对减少，能够使旅游产品分销到更远的地域，从而解决了旅游产品生产和消费在空间上的矛盾。同时，旅游中间商的存在既有利于发挥生产企业在旅游产品生产方面的专长，也有利于发挥旅游中间商在经销方面的特长，还有利于旅游者购买，从而形成了旅游产品生产者、经营者和旅游产品消费者“共赢”的局面。

三、旅游中间商的类型

（一）旅游经销商

旅游经销商是指将旅游产品先买进来后卖出去的旅游中间商，其利润来源于旅游产品买进和卖出之间的价格差。旅游经销商与旅游产品生产企业共同承担市场风险。旅游经销商又可分为旅游批发商和旅游零售商两大类。

1.旅游批发商

旅游批发商是指从事批发旅游产品业务的旅游公司或旅行社，一般是一些实力比较雄厚的大型旅游公司或旅行社。旅游批发商首先和运输公司、酒店、旅游景点等旅游服务企业签订合同，购买一定数量的产品，然后将这些单项旅游产品组合成多种价格、多种时间和多种旅游目的地的包价旅游线路，并加入自己的服务内容，使之能够满足旅游者的综合需求，最后将其批发给旅游零售商，由旅游零售商出售给旅游消费者。旅游批发商是连接生产者与零售商或最终消费者的桥梁，大多拥有较强的人、财、物及采购优势，采用集团化经营，有些旅游批发商也拥有自己的零售网络，抗风险能力很强。

旅游批发商的经营范围宽窄不一，经营业务的专业化程度也不一致。有的旅游批发商不仅在国内设立分公司，在国外也设立分公司或建立合资企业，从事大众化旅游产品转售业务；有的旅游批发商则在特定的目标市场经营特定的旅游产品，如商务游、婚庆游、探险游。

2.旅游零售商

旅游零售商是指从事旅游产品零售业务，直接向广大旅游消费者销售旅游产品的旅游中间商。旅游零售商要全面广泛地了解旅游消费者和旅游产品，了解和掌握旅游消费者的收入水平、旅游需求和消费方式等情况，从而帮助旅游消费者挑选能够满足其要求的旅游产品。同时，旅游零售商在市场营销活动中应具有较强的沟通能力和应变能力，要与旅游目的地的酒店、景区以及车船公司、航空公司等旅游企业保持良好的联系，能够根据旅游市场及旅游消费者需求的变化相应调整服务。

（二）旅游代理商

旅游代理商是指那些只接受旅游产品生产者的委托，在一定区域内代理销售其产品的旅游中间商。旅游代理商通过与买卖双方进行洽谈，促使旅游产品的买卖活动得以实现。在整个营销过程中，旅游代理商不取得产品的所有权，其只是协助转售旅游产品。旅游代理商的经营业务包括代办预订、代办旅行票据证件、向旅游产品生产企业反映旅游消费者的意见和要求等。

旅游代理商作为专业旅游产品的区域代理组织，在产品营销方面，具有一些旅游产品生产企业无法比拟的优势。旅游产品生产企业在自己无法推销到的地区，或者在无法找到合适销售对象的情况下，利用旅游代理商寻求营销机会，可以节省经营成本。

在实际工作中，由于旅游代理商直接面对广大旅游者，同时经营少量旅游产品的批发业务，因此旅游代理商往往又是旅游零售商，但其收入主要来自被代理企业支付的佣金。

案例窗 8-2　　OTA挤压利润空间　旅游批发商无奈抢食零售市场

旅游业内不少知名综合型批发商已悄然上线零售业务，而在此之前，春秋国旅等业内大型综合批发商早就将触角伸向下游的零售端。以阳光假期国际旅行社、行天下国际旅行社等为代表的一批旅行社，其实都是旅游圈内知名的专线批发商，以前从事B2B的旅游批发业务，直到最近才开始在B2C市场发力。众多经营B2B的旅游批发商都在开拓B2C市场。OTA的价格战以及传统模式暴露出的问题，迫使处于产业链中间环节的批发商通过蚕食下游零售商的生意维持生计，并且这一趋势正在加速。

一些企业负责人表示："批发商做零售一直都存在，批发、零售并存将是一种趋势，线上销售就是一种探索和开拓。企业开展零售业务也是因为尝试零售业务的批发商越来越多，如果企业不参与，势必会在市场竞争中落后。"

有业内人士分析，依赖网络的80后游客已成为出境游消费的主体，他们更容易也更愿意花时间上网搜寻价格更为低廉的旅游产品。而在OTA平台上，透明的产品价格和不断升级的价格战，使旅游产品价格一降再降。这迫使旅游批发商不得不依靠OTA强大的分销途径与流量来销售自己的产品，旅游批发商的利润也因此越来越低。

资料来源　陈杰，曾威. OTA挤压利润空间　旅游批发商无奈抢食零售市场［EB/OL］.［2015-02-04］. https://finance.huanqiu.com/article/9CaKrnJHtUs.

案例分析：旅游批发商抢食零售市场，依靠各种分销途径销售旅游产品、扩大市场份额，与目前旅游业的利润下降有关。这无疑给下游的旅游零售商带来了很大的竞争压力。如今，批发商和零售商的界限日益模糊，批发商对下游的渗透正在加强。

四、选择旅游中间商的原则

许多旅游产品生产企业都会通过旅游中间商来销售自己的旅游产品。规模大、目标市场范围广的旅游产品生产企业，更愿意选择旅游中间商来销售自己的旅游产品；以接待散客和直接销售为主的旅游产品生产企业，也会借助旅游中间商来销售一部分旅游产品。对旅游产品生产企业来讲，选择适合的旅游中间商也是一项重要的市场营销决策问题。旅游产品生产企业在选择旅游中间商时，要结合本企业的实际情况，明确本企业所建立的营销渠道要达成的目标，了解旅游市场需求、企业目标市场、市场竞争状况等因素，并进行认真调研，在了解旅游中间商的业务性质、业务能力、规模大小、信誉高低等因素的前提下，做出相应选择。选择旅游中间商的原则如下：

（一）经济性原则

经济性原则是选择旅游中间商最基本的原则。旅游产品生产企业选择旅游中间商的目的之一是降低销售成本，因此费用高低是旅游产品生产企业选择旅游中间商时需要考虑的重要因素之一。旅游产品生产企业会对多个旅游中间商进行评估，从中选出费用最低的旅游中间商作为销售本企业产品的旅游中间商。

（二）控制性原则

风险与利益往往是共存的，旅游中间商是独立经营的企业，其有自己追求的经济目标。在销售产品时，旅游中间商完全有可能为了自身利益而损害旅游产品生产企业的利益。因此，旅游产品生产企业应该考虑自己对旅游中间商的控制能力，对旅游中间商的控制能力越强，越能够稳定旅游中间商。但旅游中间商是独立的经济实体，不可能被完全控制，所以采取一定的方法对旅游中间商进行适当的控制，才更有利于旅游产品生产企业。

（三）效益性原则

旅游产品生产企业属于营利性企业，追求经济效益最大化是营利性企业的宗旨。旅游产品生产企业选择旅游中间商，主要是想获得更多的客源和增加销售收入。所以在选择旅游中间商时，旅游产品生产企业应评估各个旅游中间商在相同的时间内、相似的条件下，谁能为本企业带来更多长期稳定的客源、更多的销售收入、更准确的市场信息。

（四）适应性原则

旅游中间商对市场的适应能力直接影响旅游产品生产企业对市场的适应能力。所以旅游产品生产企业在选择旅游中间商时，应充分考虑以下两个方面：一是旅游产品生产企业对旅游中间商的适应性；二是旅游中间商对目标市场的适应性。

五、旅游中间商的评估

旅游中间商对旅游产品生产企业的发展具有很重要的影响，合适的旅游中间商会推动企业产品的销售，反之则会阻碍企业的发展。所以旅游产品生产企业在选择旅游中间商时，必须对其进行准确的评估，以充分了解旅游中间商。旅游产品生产企业对旅游中间商的评估主要包括以下内容：目标市场适应性评估、销售能力及意愿评估、信誉评估和费用评估等。

（一）目标市场适应性评估

目标市场适应性评估包括经营地点的适应性、目标市场旅游者购买习惯的适应性、中间商与旅游产品生产企业的适应性等方面。其中，经营地点的适应性是指经营地点与目标市场的接近程度；目标市场旅游者购买习惯的适应性是指所提供的服务与购买者希望得到的服务的适应程度；中间商与旅游产品生产企业的适应性是指中间商与旅游产品生产企业的合作程度。

（二）销售能力及意愿评估

旅游产品生产企业在选择旅游中间商时，一定要注意旅游中间商销售本企业产品的能力及意愿的强弱。规模大的旅游中间商对特定旅游企业的产品并不一定尽力推销，因而销售量可能并不大；反之，对中小规模的旅游中间商来说，每份利润都很重要，其会尽全力去推销旅游企业的产品，因而销售量可能会更大。所以，旅游产品生产企业应重视旅游中间商的销售能力及经营本企业产品的意愿。

（三）信誉评估

信誉包括旅游中间商在旅游市场上的知名度和美誉度。旅游产品生产企业可以通过调研，向旅游中间商的主要合作者、服务对象来了解其信誉。对于信誉高的旅游中间商，旅游产品生产企业应积极争取，使其成为本企业的分销渠道成员；对于缺乏诚信的旅游中间商，旅游产品生产企业应避免与之进行业务往来，以免遭受损失。

（四）费用评估

费用评估是指对开辟和维持一条渠道所需费用的评估。费用评估有利于旅游产品生产企业保留获利能力强的渠道，改进获利能力差的渠道，淘汰不能获利的渠道。

实践训练

某大型旅游企业中间商管理情况调研

实训内容：

以小组为单位，选择一家大型旅游企业，对其进行调研。调研内容包括：被调查企业的类型及经营服务范围；是否有相应的旅游中间商；企业所选旅游中间商的实力如何；企业是如何管理旅游中间商的。

实训目标：

1.掌握旅游中间商的概念及其评估内容。

2.理解旅游中间商对推动旅游营销的价值。

实训组织：

以3～4人为一个小组，由组长确定小组分工，开展专题调研，并准备好阐述调查成果的资料。

实训记录：

1.某大型旅游企业的名称及其基本情况：

____

____

2.该企业是哪种类型的旅游企业？企业的经营服务范围有哪些？

____

____

3.该企业是否有相应的旅游中间商？企业所选旅游中间商的实力如何？其对旅游中间商的管理如何？

____

____

效果评价：

1.以小组为单位组织调查、研讨。

2.每个小组推荐1名成员做主题发言.

3.从小组互评与教师评价两个方面进行评分，见表8-3。

表8-3 “某大型旅游企业中间商管理情况调研”训练项目评价表

项目主题（分值）	评价指标（分值）	标准	小组互评（30%）	教师评价（70%）	综合得分（100%）
某大型旅游企业中间商管理情况调研（100分）	课堂研讨表现（40分）	小组研讨组织得当，全员参与，研讨运用相关知识、方法、技术等准确			
	主题阐述（60分）	阐述的内容具有可行性、效果良好，观点新颖、独特，能依据大型旅游企业中间商管理情况调研报告进行阐述			

4.教师与学生依据综合得分，确定最优陈述小组。

思政探索

重庆旅游营销中心推出多个旅游节庆活动

背景资料：

为给广大游客欢度佳节、休闲度假、旅游出行提供丰富的旅游产品和旅游服务，营造祥和、喜庆、欢乐的节日氛围，重庆旅游营销中心推出多个旅游节庆活动，让市民欢欢喜喜过大年。

2022年春节期间，重庆云上文旅馆平台为广大游客搜罗了重庆本地最新最全的文旅特惠资讯，包括春节展会、门票折扣、酒店民宿、活动赛事、踏青赏花、惠民补贴、研学旅游、乡村振兴等，以最省心的全方位的春节重庆游攻略俘获游客的心。

云上文旅馆平台还将开展春节民俗讲堂，每天通过海报的形式讲述一个春节民俗，让游客在游玩中感受传统佳节的魅力，沉浸式体验节日中蕴含的中华民族传统文化的智慧和结晶。

大年初三，云上文旅馆还将进行“虎年文旅惠民”专场直播，将惠民补贴、新春特惠、新年祝福等通过直播互动交流的方式传递给游客，综合展示和推介重庆独特的旅游资源和文旅产品，屏幕前手指轻点即可获取特惠商品信息，主要覆盖门票、酒店、景点、农副产品、文创等品类，在家便捷旅行过大年，收获实惠欢乐的虎年新春。

仁义在线加大推进第六届重庆文化旅游惠民消费季秋冬活动，以重庆市文化旅游公共服务平台——“惠游重庆”作为线上主要惠民活动入口，整合美团、高德、重演票务等12家全国及本地生活服务平台，持续面向市民和游客发放百万优惠券、惠民补贴，覆盖A级景区、星级酒店、温泉等文化旅游产品，并在“惠游重庆”平台推出“新春文旅惠民”专场特惠直播活动。

“重庆好礼”平台逐渐成为山水之城——重庆的城市名片和重庆好山好水的人文

表达，其承载了重庆人最深厚的情感记忆。

在非物质遗产传承方面，“重庆好礼”平台迈出了坚定的步伐。重庆有十大著名非物质文化遗产，包括川江号子、梁平木版年画、铜梁龙舞、木洞山歌、秀山花灯、四川竹琴、土家族吊脚楼营造技艺等，“重庆好礼”平台将历史所留下的这些文化瑰宝具象表达，用温情和真意让它们融入当代城市气息中。

资料来源　重庆旅投集团. 重庆旅游营销中心推出多个旅游节庆活动［EB/OL］.［2022-01-31］. http://cq.people.com.cn/n2/2022/0131/c365412-35120931.html.

思政目标：

围绕“重庆旅游营销中心推出多个旅游节庆活动”开展专题研讨，强化学生的守正创新意识，坚定文化自信。

研讨要求：

请结合以上资讯，从守正创新、文化自信的角度，谈一谈对“重庆旅游营销中心推出多个旅游节庆活动”的看法，研讨以上资讯中包含的旅游中间商类型。

1. 以小组为单位组织交流、研讨。

2. 每个小组推荐1名成员做主题发言，各组围绕“重庆旅游营销中心推出多个旅游节庆活动”分享看法与体会。

3. 从小组互评与教师评价两个方面进行评分，见表8-4。

表8-4　“重庆旅游营销中心推出多个旅游节庆活动”训练项目评价表

项目主题（分值）	评价指标（分值）	标　准	小组互评（20%）	教师评价（80%）	综合得分（100%）
重庆旅游营销中心推出多个旅游节庆活动（100分）	课堂研讨表现（40分）	小组研讨组织得当，全员参与，研讨运用相关知识、方法、资讯等准确			
	主题阐述（60分）	阐述的内容丰富、效果良好，观点新颖、独特，能从守正创新、文化自信的角度，阐述对“重庆旅游营销中心推出多个旅游节庆活动”的看法，并准确说明资讯中包含的旅游中间商类型			

4. 教师与学生依据综合得分情况，确定最优陈述小组。

在线课堂8-3

旅游营销渠道管理

任务3 旅游营销渠道管理

任务目标

知识目标：理解选择旅游营销渠道的基本原则及影响旅游营销渠道选择的因素。

能力目标：掌握旅游营销渠道管理策略。

素养目标：培养旅游营销渠道管理的创新思维，坚定制度自信，强化守正创新意识。

任务导入

旅游目的地营销新走向

1.目的地趋向全渠道整合营销

以往目的地营销单位单一公关、单一媒体、单一市场的行动已不能满足目的地的全方位需求。作为行业观察者，我们看到越来越多以GSA（general sales agent，销售总代理）为主导的目的地营销出现。它们既代理目的地旅游行政管理部门，又代理目的地航空公司和目的地主要景点等资源，通过宣传和销售产品实现资源全方位整合。

未来景区的营销如果单靠自身的力量会有很大的局限性，除非资源本身具有独一无二性和不可复制性。从目前OTA的“酒店+”和“景区+”产品整合后带来的销售业绩提升可以得出以下结论：跨界营销是非常有必要的营销模式。

2.营销方式创新不止：新媒体、网红、直播、VR

基于微信的新媒体已广泛地出现在目的地营销活动中，特别是微信小程序的推出，可以以更加丰富的新媒体技术与受众互动。网红经济的核心是注意力经济，目的地的网红也是旅游达人，网红们引领玩乐潮流，引领目的地选择导向。如何利用好网红促进目的地营销是未来营销的主要议题。直播是网红与粉丝的沟通途径，目的地也可以通过直播活动使目的地的信息为游客所关注。VR+旅游的技术应用则颠覆了旅游“预体验”，化身为营销新利器。游客通过VR，体验虚拟旅行，从而制定完美行程。

3.社交媒体成为营销渠道，而不是策略

社交媒体本身不是一种营销，也不是一种可以自己执行的策略，它是作为一种平台而存在的。

社群营销深受各个行业营销人员的青睐。营销人员可以通过各类社交媒体获得自己的用户群体，然后定期发布热门事件获取用户关注，定期开展话题讨论解决用户的疑问，从而增加用户的黏性。

资料来源 根据网络资料整理.

问题：

1.旅游目的地应如何做好全渠道整合营销？

2.如何看待“社交媒体成为营销渠道，而不是策略”？

理论知识

一、选择旅游营销渠道的基本原则

（一）旅游者需求导向原则

如今，旅游行业的竞争非常激烈，新的旅游企业不断涌现，旅游产品越来越趋于雷同，旅游者的可选择空间越来越大，旅游企业很容易失去竞争力。因此，旅游企业之间的竞争已不仅仅是价格的竞争。在其他条件都相似甚至相同的情况下，旅游企业应充分考虑旅游者的需求，使旅游者能够通过快捷便利的渠道购买到本企业的旅游产品，这样才能使旅游企业在竞争中获胜。

（二）经济效益导向原则

以经济效益为导向是企业生存发展的必由之路。旅游营销渠道的形成需要旅游企业进行调研、规划、设计、开拓和维持，而这个过程是需要一定费用的，这些费用应该从旅游营销渠道带来的经济效益中得到补偿。如果某一营销渠道只能带来一定的销售收入，且这些销售收入不足以支付开拓和维持这一营销渠道所需要的费用，那么这一营销渠道是不具备可行性的。经济效益导向原则是指旅游营销渠道投入使用后，不仅能带来销售收入，而且这些销售收入在扣除了开拓和维持这一营销渠道所需的费用后还能使本企业获利。如果企业不能获利，就谈不上生存，更加谈不上发展。

二、影响旅游营销渠道选择的因素

旅游营销渠道有宽、有窄，有长、有短，旅游中间商也多种多样，旅游营销渠道成员的关系也各不相同。因此，旅游企业在选择营销渠道时，必须考虑旅游产品、企业自身、旅游中间商、法律法规和旅游市场等因素的综合影响。

（一）旅游产品因素

旅游产品因素是影响旅游营销渠道选择的重要因素，在旅游产品的投入期、成长期、成熟期、衰退期等不同阶段，旅游产品生产企业选择的营销渠道应该有一定的差异。同时，对于大众化的旅游产品，由于消费对象广且多，因此应该采取间接渠道、较宽的渠道；对于非大众化的旅游产品，由于其具有特定的消费群体，因此宜选择直接渠道、较窄的渠道。

（二）企业自身因素

对于规模小的旅游产品生产企业而言，其供给能力较弱，一般以散客接待为主，因此应该选择短的营销渠道，在中间商的选择上处于被动地位；对于规模较大的旅游产品生产企业而言，其供给能力、经营管理能力、对渠道的控制力均较强，因此宜选择较长的营销渠道，在中间商的选择和控制方面处于主动地位。同时，如果旅游产品生产企业的销售能力强，直接销售经验丰富，宜选择直接营销渠道；如果旅游产品生产企业自身的销售能力差，则应该借助其他旅游中间商的力量来销售产品。

（三）旅游中间商因素

理想的旅游中间商是旅游产品生产企业在选择营销渠道时需要考虑的重要问题。理想的旅游中间商是指：与旅游产品生产企业有共同的目标，能与旅游产品生产企业保持良好的沟通，熟悉旅游产品生产企业提供的旅游产品，合作能力与销售能力强，在消费者心中的形象较佳，能够便捷地服务顾客。

（四）法律法规因素

旅游企业要认真研究目的地国（地区）和客源国（地区）的有关法律法规，要在法律法规允许的范围内选择适合的营销渠道。

（五）旅游市场因素

旅游市场因素包括目标市场的特点和竞争对手的情况，这些都会对旅游营销渠道的选择产生一定的影响。

1.目标市场的特点

目标市场的特点包括旅游者的购买习惯、数量和地理分布。当旅游者的地理分布较为分散的时候，旅游产品生产企业应该借助旅游中间商进行销售；当旅游者的数量较多、购买量大，且地理分布较为集中时，旅游产品生产企业应该在客源地建立直接的营销点，选择直接营销渠道。

2.竞争对手的情况

当旅游企业生产的产品的竞争力不如竞争对手时，旅游企业应该避免选择与竞争对手相同的营销渠道；当竞争对手生产的旅游产品替代性不强甚至有一定互补性的时候，旅游企业可以选择与竞争对手一样的营销渠道；当旅游企业的竞争能力比竞争对手强的时候，旅游企业也可以选择与竞争对手一样的营销渠道。

三、旅游营销渠道管理策略

（一）加强对旅游中间商的评估与激励

1.加强对旅游中间商的检查和评估

旅游产品生产企业应该定期对旅游中间商的绩效进行检查和评估，以保证旅游中间商能及时有效地销售产品。通过绩效检查和评估，旅游产品生产企业一方面可以在一定程度上给绩效好的旅游中间商一定的激励，促使其更好地与本企业合作；另一方面可以帮助绩效差的旅游中间商查明原因并及时采取措施，必要时还可以剔除绩效差的旅游中间商。同时，旅游产品生产企业应该与旅游中间商保持沟通顺畅，及时向旅游中间商提供有关本企业和本企业产品的全面资料和信息，这样不仅能更好、更全面地了解旅游中间商的不同需求，而且能对旅游中间商进行更好的控制和管理。

2.加强对旅游中间商的激励

旅游中间商与旅游产品生产企业从根本上来说具有一致的经营目标和相互关联的经济利益，因此，为了充分调动旅游中间商的积极性，发挥其潜能，旅游产品生产企业应该及时发现旅游中间商的需求，并采取相应的激励措施。例如，在旅游中间商进行产品促销的时候，旅游产品生产企业可以提供一定的人力、技术支持，并适当分担一部分宣传费用；根据旅游中间商的信用和销售情况，旅游产品生产企业可以给予一定的优惠和折扣；对于信用好的旅游中间商，旅游产品生产企业还可以提供一定的资金支持。

（二）对旅游营销渠道进行有效调整

为了应对市场的变化，旅游产品生产企业需要根据自身的要求和旅游中间商的绩效对营销渠道进行调整，以充分发挥营销渠道的作用，最大化实现营销目标。调整旅游营销渠道的方法主要有以下两种：

1.增减某一旅游营销渠道

当渠道过多，导致部分营销渠道不能发挥作用时，旅游产品生产企业就可以减少一部分作用较小的渠道；当渠道较少，导致产品不能有效进入目标市场而影响销售业绩时，旅游产品生产企业就可以增加新的营销渠道。增减某一旅游营销渠道是从投入和产出的角度来考虑的。

2.改变整个旅游营销渠道

这种调整是全面的、力度最大的调整，即放弃原有的旅游营销渠道，重新构建旅游营销渠道。当原有旅游营销渠道的功能丧失，或者旅游产品生产企业的战略目标和营销方向发生改变的时候，都有必要重新对营销渠道进行设计、规划和构建。这是战略层面的重大改变，需要经过全面调研、分析后才可以做出决策。

（三）加强对旅游营销渠道的冲突管理

旅游产品生产企业可能同时拥有多种营销渠道，由于不同营销渠道的利益关系不同，因此这些营销渠道之间发生冲突是不可避免的。渠道的冲突有两种：横向冲突和纵向冲突。横向冲突是指在同一营销渠道同一层次的渠道成员之间的冲突，主要表现为因争夺客源而引起的代理商与代理商之间的冲突。纵向冲突是指在同一营销渠道不同层次的渠道成员之间的冲突，主要表现为因利益分配问题引起的批发商与零售商之间的冲突。但是，无论哪个层次的冲突，都会影响旅游营销渠道的整体运行效率和质量。

为了保证整个营销渠道的运行高效畅通，旅游产品生产企业应加强对旅游营销渠道的冲突管理。

1.共同目标

旅游产品生产企业要使渠道成员明确，只有在共同目标的指引下，双方才能共同实现企业利润最大化的目标。

2.良好沟通

旅游产品生产企业与渠道成员之间要保持良好的沟通，使各方在客源市场和利益分配方面达成共识，这样才能实现共赢。

3.明确权责

不明确的权责关系和不合理的利益分配是产生渠道冲突的主要原因，旅游产品生产企业可以通过制订合理的权责方案来协调甚至约束渠道成员的行为。

4.互惠互利

在整个营销渠道中，旅游产品生产企业和渠道成员会有不同的利益要求。因此，旅游产品生产企业在决策时要做到兼顾各方利益，以减少渠道成员之间、旅游产品生产企业与渠道成员之间的矛盾。

案例窗 8-3 旅游产业链+金融生态系统

2015年全国旅行社渠道运营商年会在北京举行，本次年会的主题为“旅行社全渠道营销与客户管理”。溢美CEO受邀出席大会，并做了题为《金融——旅游爆发的下一个拐点》的演讲。演讲犀利生动地描绘了金融与大旅游产业密不可分的关系，指出纵观全球旅游市场，旅游的本质还是金融。

旅游渠道商在旅游产业链中处于游客与资源方的中间，其主要功能在于聚集广泛的上游资源，通过建立起来的庞大的销售终端，实现信息流、资金流以及顾客流的互动。也正是由于旅游渠道商所处的位置，其更容易建立起旅游+金融生态系统。也就是说，旅游渠道商可以充分利用自身在产业链中所具有的资金优势，与溢美这样的旅游金融大鳄合作，挖掘针对上下游的旅游金融业务，如针对供应商开展供应链金融，针对分销商开展授信业务，针对游客开展分期付款业务等。

然而，基于旅游产业的金融并购使得像万达、腾讯这样的产业大鳄依托母体资源进军旅游业，并进行产业整合，这让众多中小旅游企业陷入了发展困境，如何突破困境已经成为旅游渠道商的生存难题。

资料来源 佚名. 溢美金融现身2015旅游渠道商大会受热捧［EB/OL］.［2015-08-26］. https：//www.sohu.com/a/29397141_202027.

案例分析：随着旅游市场全球化进程的加速，以及供应商资金压力的增大，旅游金融服务应用场景将更加丰富。旅游金融的业态模式主要有以下三种：一是零售商/批发商服务上下游提升产业影响力；二是大型代理商通过预付缓解供应商资金压力；三是下游消费者参与融资实现多方共赢。

实践训练

旅游企业营销渠道管理状况调研

实训内容：

以小组为单位，选择当地某家旅游企业，运用已学到的知识，通过查阅资料、调研等方式，分析其营销渠道管理方法，并提出具有针对性的建议，进而撰写该旅游企业营销渠道管理状况分析报告。

实训目标：

1. 了解影响旅游营销渠道选择的因素。

2. 掌握旅游营销渠道管理策略。

实训组织：

以3～4人为一个小组，由组长确定小组分工，开展专题调研，并撰写调研报告，由专人负责阐述。

实训记录：

1.旅游企业的名称及情况：

____

2.旅游企业的营销渠道管理方法：

____

3.向旅游企业提出具有针对性的营销渠道管理建议：

____

效果评价：

1.以小组为单位组织交流、研讨。

2.每个小组推荐1名成员做主题发言。

3.从小组互评与教师评价两个方面进行评分，见表8-5。

表8-5 “旅游企业营销渠道管理状况调研”训练项目评价表

项目主题（分值）	评价指标（分值）	标准	小组互评（20%）	教师评价（80%）	综合得分（100%）
旅游企业营销渠道管理状况调研（100分）	课堂研讨表现（40分）	小组研讨组织得当，全员参与，研讨运用相关知识、方法、技术等准确			
	主题阐述（60分）	阐述的内容具有可行性、效果良好，观点新颖、独特，能依据项目调查情况，对旅游企业营销渠道管理状况进行专题阐述			

4.教师与学生依据综合得分，确定最优陈述小组。

思政探索

大众旅游新阶段 旅游业如何向上生长

背景资料：

2021年12月22日，国务院印发《“十四五”旅游业发展规划》（以下简称《规划》），提出了“十四五”旅游业发展的目标和重点任务，为旅游业绘制了清晰的发展蓝图。“创新驱动”“丰富产品供给”“优化旅游空间布局”“拓展大众旅游消费体系”……这些关键词不仅明确了旅游业未来的方发展向，而且提振了人们的信心。《规划》指出，“十四五”时期，我国将全面进入大众旅游时代。面对迎面而来的机遇和挑战，旅游业应如何发力，实现更高质量发展？

从资源驱动到创新驱动：共同构建开放高效的协同创新网络

打开“数字故宫”小程序，古色古香的气息扑面而来。在这里不仅可以购票约展、查询地图，还可以在线欣赏名画和文物，了解文化故事；AR导览功能将线下实景和线上导览结合起来，可以让游客沉浸式参观。

近年来，信息技术的快速发展为旅游业赋能，改变着旅游业的整体生态。5G、大数据、云计算等信息技术应用在流量监测监控、科学引导分流等方面，提升了旅游服务水平；VR、AR、智能旅游装备等新技术应用在文物和文化资源数字化展示、创意产品开发等方面，增强了旅游产品的体验性和互动性。

《规划》将“坚持创新驱动发展”放在七项重点任务之首，提出要充分运用数字化、网络化、智能化科技创新成果，升级传统旅游业态，创新产品和服务方式，推动旅游业从资源驱动向创新驱动转变。

“越往后的创新越强调系统性，越要啃以往没有解决的‘硬骨头’。‘十四五’时期旅游业必须牢牢把准创新方向、抓住创新重点。”北京第二外国语学院教授、首都文化和旅游发展研究院执行院长厉新建指出，要持续开展技术创新，利用数字技术发展新的文化形态，用好材料科技、生物科技等方面的成果；也要重视旅游业发展的模式创新、理念创新和制度创新，在疫情后产业生态“重建”过程中探索新模式、闯出新道路。

中国旅游研究院战略研究所副研究员韩元军指出，未来要加快旅游业增长从资本、土地、景区等初级生产要素驱动向以高技术、高素质人力资本为代表的高级生产要素驱动转变，拓展旅游业高质量增长的空间，既要加快推进以数字化、网络化、智能化为特征的智慧旅游，又要深化“互联网+旅游”，用新技术改造景区、旅行社、酒店等传统旅游业态，加快传统旅游业态转型升级。

《规划》还创造性地提出了“创新链”概念，不再局限于点上的创新，而是沿着产业链拓展，包括加强旅游大数据基础理论研究，建立旅游部门与其他部门的数据共享机制，推动政府、企业、高校、科研院所等主体间资源整合联动，共同构建开放高效的协同创新网络。

从规模增长到品质提升：把提供优质产品放在首要位置

坐船游览荷花大观园、文化苑、欢乐岛，在木船里深入白洋淀生态保护区最深处的原生态芦苇荡，沿途欣赏白洋淀水乡婚俗、响板惊鱼表演、鱼鹰捕鱼表演，河北白洋淀景区通过整改提升，将红色文化、水乡文化和生态文化结合起来，景区内容和形式更加丰富。

进入新发展阶段，旅游业面临高质量发展新要求。与以往强调旅游规模增长的目标不同，《规划》将高质量发展作为主线，以“质”的提升替代“量”的增长。

在业界专家看来，我国旅游业在供给侧一直存在制约发展的因素，如优质产品供给不足、精品缺乏、季节依赖性强等。

《规划》明确提出“旅游有效供给、优质供给、弹性供给更为丰富”的目标，要求“坚持精益求精，把提供优质产品放在首要位置，提高供给能力水平，着力打造更多体现文化内涵、人文精神的旅游精品，提升中国旅游品牌形象”，这为旅游业从供给侧发力指明了方向。

创造更多优质旅游产品，离不开市场主体的创造力。《规划》在“增强市场主体活力”方面做出详细部署，指出既要做强做优做大骨干旅游企业，培育一批大型旅游集团和有国际影响力的旅游企业，也要大力支持中小微旅游企业特色发展、创新发展和专业发展。

促进旅游和其他领域融合发展，也将创造更多可能性。《规划》要求，推进旅游与科技、教育、交通、体育、工业、农业、林草、卫生健康、中医药等领域相加相融、协同发展，延伸产业链、创造新价值、催生新业态，形成多产业融合发展新局面。

疫情冲击过后，有效激发旅游市场主体活力、恢复和重建旅游产业生态，是保障优质旅游产品持续供给能力的关键。厉新建认为，要构建优质旅游产品供给的战略框架，明确优质旅游产品供给的不同目标，区分不同的市场客群，形成差异化供给能力。

韩元军指出，要打造一批文化特色鲜明的国家级旅游休闲城市和街区，提升冰雪旅游、红色旅游、乡村旅游等新业态的产业竞争力，提高旅游市场主体的国际化、科技化、产业化水平。

资料来源 鲁元珍. 大众旅游新阶段 旅游业如何向上生长［EB/OL］.［2022-01-30］. http：//finance.people.com.cn/n1/2022/0130/c1004-32343667.html.

思政目标：

围绕“大众旅游新阶段 旅游业如何向上生长”开展研讨，使学生坚定制度自信，强化守正创新意识。

研讨要求：

请结合以上资讯，从制度自信、守正创新的角度，谈一谈对《“十四五”旅游业发展规划》的认识，研讨如何在“十四五”期间做好旅游营销渠道的选择与管理。

1. 以小组为单位组织交流、研讨。

2. 每个小组推荐1名成员做主题发言，各组围绕《“十四五”旅游业发展规划》分享看法与建议。

3. 从小组互评与教师评价两个方面进行评分，见表8-6。

表8-6 “大众旅游新阶段 旅游业如何向上生长”训练项目评价表

项目主题（分值）	评价指标（分值）	标 准	小组互评（20%）	教师评价（80%）	综合得分（100%）
大众旅游新阶段 旅游业如何向上生长（100分）	课堂研讨表现（40分）	小组研讨组织得当，全员参与，研讨运用相关知识、方法、资讯等准确			
	主题阐述（60分）	阐述的内容丰富、效果良好，观点新颖、独特，能从制度自信、守正创新的角度，阐述对《“十四五”旅游业发展规划》的认识，以及在“十四五”期间做好旅游营销渠道的选择与管理的策略			

4. 教师与学生依据综合得分情况，确定最优陈述小组。

项目小结

20世纪60年代以来，世界旅游业快速发展，旅游企业之间的竞争日益激烈，营销渠道已经成了旅游企业之间开展竞争的重要手段。旅游营销渠道是指旅游产品从生产企业向旅游者转移的过程中，所经过的一切取得使用权或协助使用权转移的中介组织和个人，即旅游产品使用权所经过的各个环节连接起来而形成的途径或通道。旅游产品在转移的过程中，会受到旅游生产企业、旅游产品、旅游中间商、旅游同行业竞争对手、旅游者等众多因素的影响，因此旅游营销渠道也呈现出多种形式，主要有直接营销渠道和间接营销渠道、长渠道和短渠道、宽渠道和窄渠道。

旅游中间商是指介于旅游生产者与旅游消费者之间，从事旅游产品转售或协助旅游产品转售，具有法人资格的经济组织或个体。旅游中间商对旅游产品生产企业的发展具有很重要的影响，合适的旅游中间商会推动企业产品的销售，反之则会阻碍企业的发展。所以，旅游产品生产企业在选择旅游中间商时，必须对其进行准确的评估，以充分了解旅游中间商。

边听边记 8-1

项目小结

旅游企业选择营销渠道的基本原则包括旅游者需求导向原则和经济效益导向原则。旅游营销渠道管理策略包括：加强对旅游中间商的评估与激励；对旅游营销渠道进行有效调整；加强对旅游营销渠道的冲突管理。

挑战自我

中国旅游O2O爆发——线下综合资源+线上平台

线下综合资源+线上平台的类型较为复杂，线下方虽不是景区、目的地等直接资源方，但多为大型集团或上市公司，旅游多为其多元化的业务单元，它们大多直接或间接掌控了大量资源，如海航的酒店、航空公司，万达的酒店、休闲度假区，探路者在户外领域的资源，景域集团代运营的大量景区等。这些企业拥有很强的经营能力，能够做到对线下旅游产品与服务的综合掌控，同时通过投资、并购等方式，又弥补了其线上部分的短板。若其自身体系中已有线上强势板块，则潜力更大。这时线上平台不仅仅是渠道的角色，而且是线下资源的营销平台、用户体验入口平台，以及综合数据的记录运算和挖掘平台。

资料来源　刘照慧. 2015中国旅游O2O爆发　20案例大盘点［EB/OL］.［2017-08-12］. http://dy.163.com/v2/article/detail/CRJT1IDI0511AH1G.html.

问题：在竞争日益激烈的今天，旅游企业应该如何创新营销渠道，实现线上与线下旅游企业的融合与对接？

要求：课外时间独立完成，给出有针对性的答案。

拓展空间

“迎亚运·最忆是杭州”旅游发布会盛大举行　让世界为杭州点赞

2018年9月2日，第19届亚运会主办城市——杭州正式接下亚运圣火，宣告着全亚洲人民期盼和瞩目的2022年杭州亚运会进入倒计时。借此重要时刻，2018年9月5

日，“迎亚运·最忆是杭州”旅游发布会盛大举行，助力杭州旅游再次精彩亮相。

旅游业一直是杭州的“金名片”。近年来，杭州不断创新营销模式，挖掘文化精髓，为杭州旅游市场营销工作注入新活力、带来新效应。在杭州旅游亚洲市场营销活动中，不仅有“事件营销”“粉丝营销”等方式，而且包括了“航线营销”“在线营销”等多种整合营销渠道。

接下来，杭州将继续推进亚洲市场营销各项战略举措，充分抓住杭州作为亚运会主办城市的契机，针对亚洲市场进行新一轮、全方位的整合营销，通过多元化的内容来传递杭州旅游的品牌形象，吸引全球目光，海纳八方来客。

资料来源　郑剑瑾.“迎亚运·最忆是杭州”旅游发布会盛大举行让世界为杭州点赞［EB/OL］.［2018-09-05］. https://baijiahao.baidu.com/s?id=1610757081369021438&wfr=spider&for=pc.

9 项目九　网络环境下的旅游营销

项目概述

网络对于旅游营销来说既是挑战，也是机遇。在新时代，网络营销蓬勃发展，并已走进大众生活，人们也越来越偏好在网络上搜索和获取自己需要的旅游资讯。

交互式课件
9-1

网络环境下的旅游营销

项目结构

- 网络环境下的旅游营销
  - 旅游网络营销模式
    - 任务目标
      - 知识目标
      - 能力目标
      - 素养目标
    - 任务导入
      - “九寨沟小萝莉”营销事件
    - 理论知识
      - 网络营销模式与旅游网络营销模式
      - 旅游网络营销的几种典型模式
      - 旅游网络营销模式的优点
    - 实践训练
      - 热门旅游地背后的网络营销推手
    - 思政探索
      - 上海出台规章严禁利用算法杀熟，为网络营销算法划“底线”
  - 互动式旅游营销
    - 任务目标
      - 知识目标
      - 能力目标
      - 素养目标
    - 任务导入
      - 河南加大旅游推广：开发东北市场引入互动式营销
    - 理论知识
      - 互动式旅游营销的含义
      - 互动式旅游营销的特点
      - 互动式旅游营销的作用
      - 互动式旅游营销存在的问题
    - 实践训练
      - 《绿丝带》旅游环保电影的互动式营销
    - 思政探索
      - 创新营销催热旅游市场　除了新潮还要“体验为王”
  - 旅游微营销
    - 任务目标
      - 知识目标
      - 能力目标
      - 素养目标
    - 任务导入
      - 微营销搅热大旅游
    - 理论知识
      - 微营销与旅游微营销
      - 旅游微营销的特征
      - 旅游微营销的优势与劣势分析
    - 实践训练
      - 广西抢占微信营销先机
    - 思政探索
      - 景区短视频内容的“生意经”
  - 创意旅游与网络营销
    - 任务目标
      - 知识目标
      - 能力目标
      - 素养目标
    - 任务导入
      - 山西首个红色旅游创意体验快闪店开门迎客
    - 理论知识
      - 创意旅游的概念
      - 创意旅游的特征
      - 创意旅游与网络营销的结合
    - 实践训练
      - 创意旅游线路设计及相应网络营销方案的制订
    - 思政探索
      - 新模式+好创意　红色旅游原来可以这么“玩”

在线课堂9-1

旅游网络营销模式

任务1　旅游网络营销模式

任务目标

知识目标：理解网络营销模式和旅游网络营销模式的含义，了解旅游网络营销的几种典型模式。

能力目标：能将旅游网络营销模式恰当运用于旅游营销推广活动中。

素养目标：培养旅游市场营销的创新思维，强化诚实守信意识，坚定制度自信。

任务导入

“九寨沟小萝莉”营销事件

2010年金九银十期间，“九寨沟小萝莉”的小女孩图片被疯传于各大网络，网友们惊叹，“九寨沟小萝莉”实在太萌了。

“九寨沟小萝莉”的照片被发布到了网上，由网络推手进行炒作推广，不明真相的网友也加入了这次旅游网络推广中来，一场席卷整个互联网的推广开始了。从百度指数中我们可以清楚地看到“九寨沟小萝莉”事件发生的全部过程。10月11日，吕先生发布帖子，之后网站推手便开始进行宣传推广接力，通过发帖转载等手段，终于在10月18日如愿取得网友对“九寨沟小萝莉”的关注，使“九寨沟小萝莉”变成了人见人爱的网络红人。“十一”黄金周之后，网友对九寨沟的搜索应该呈下降趋势，但在“九寨沟小萝莉”这一网络红人效应的带动下，网友对九寨沟的网络搜索又呈上升趋势，并在10月18日达到搜索高峰。而在此时，事件策划者也如愿实现了他们期望达到的效果。

自从“九寨沟小萝莉”在网络爆红以后，九寨沟地区的旅游业继“十一”黄金周后再次进入旺季，这无疑是“九寨沟小萝莉”营销事件的功劳。

资料来源　佚名．“九寨沟小萝莉”营销事件［EB/OL］．［2014-04-21］．http：//www.wm23.com/wiki/1809.htm.

问题：

1.九寨沟为什么能在“十一”黄金周之后再转旺季？

2.其他景区或旅游企业若想复制这种网络营销模式，应该具备哪几个要素？

理论知识

一、网络营销模式与旅游网络营销模式

（一）网络营销模式的含义

网络营销模式是指企业借助互联网进行各项营销活动，从而实现企业营销目标的

营销模式。

在互联网发展的不同阶段，网络营销的手段、方法和工具也有所不同，网络营销模式也从单纯的网站建设模式向多元化模式转变。根据经营性质和营销目标选择有效的网络营销模式，对企业经营的成功至关重要。

（二）旅游网络营销模式的界定

旅游网络营销模式是指旅游企业以电子信息技术为基础，以计算机网络为媒介和手段，进行各种营销活动的一种营销模式，它是目标营销、直接营销、分散营销、顾客导向营销、双向互动营销、远程或全球营销、虚拟营销、无纸化交易、顾客式营销的综合。

二、旅游网络营销的几种典型模式

旅游网络营销的模式主要有会员制营销、许可Email营销、主题营销、互惠营销、搜索引擎营销、联盟营销、社交网络（SNS）营销等。

（一）会员制营销

会员制营销即旅游企业以某项服务或某种高附加值的产品为主题，将目前已有的高价值客户组成一个俱乐部形式的群体，针对该群体进行宣传、销售、促销等营销活动，提供差别化的产品和服务，从而提高既有高价值客户的忠诚度，增加企业长期利润的网络营销模式。

（二）许可E-mail营销

许可E-mail营销是指旅游企业在客户许可的情况下，通过电子邮件，将自身的产品信息送达客户的网络营销模式。旅游企业采用这种网络营销模式，不仅可以避免过多的无效营销对客户造成干扰，还可以增强与客户之间的联系，通过传达符合客户需求的信息来提高客户的品牌忠诚度。

（三）主题营销

网络营销随着微博、微信等网络社交平台的高效传播而变得越来越具有创新性。主题营销是指通过网络传播渠道，有意识地发掘、利用，甚至创造某种特定的主题来实现旅游企业营销目标的网络营销模式。

（四）互惠营销

互惠营销是指旅游企业通过举行大规模的优惠和短时促销活动，促发既有客户通过自身的良好体验，与旅游企业一起影响其他消费者消费同一产品的网络营销模式。

（五）搜索引擎营销

搜索引擎营销是指利用人们对搜索引擎的依赖和使用习惯，在人们检索信息的时候将信息传递给目标客户的网络营销模式。在我国，流量最多的网站一般都是搜索引擎。为了最大限度地扩展未知的潜在市场，旅游企业凭借搜索引擎网站开展网络营销尤为必要。

（六）联盟营销

旅游企业单靠自身的营销资源开展网络营销，往往受限于自身的实力和单一的营销途径，因此旅游企业可以考虑与其他相关度较高的企业结盟，通过联盟的方式共享各自的营销资源，并通过一体化网络营销在推广自身产品和服务的同时推销对方的产品和服务，从而形成合力，实现双赢。通过联盟营销，旅游企业的网络营销途径将会得到极大的拓展。

（七）社交网络（SNS）营销

旅游企业可以在社交网络（SNS）上创建属于自己的营销小站，通过定期更新活动信息，向目标群体发送自身的产品和服务信息，并通过主动的实时营销来保证SNS营销的有效性。此外，旅游企业还可以通过对SNS上具有旅游消费倾向的人群的观察和调研来获取最新的旅游需求，从而有针对性地设计符合这些人需求的产品和服务，进而提高潜在旅游者对旅游企业SNS营销途径的关注程度，强化网络营销的效果。

案例窗9-1　　**提升旅游网络营销“软实力”**

安徽省黄山市黄山区积极搭建网络推广平台，创新旅游产品形式，提高信息化服务水平，以提升旅游网络营销“软实力”。

首先，积极搭建网络推广平台。黄山区不断强化与户外和网络媒体的合作，进一步推广“健行渐美”黄山区整体形象。同时，重点建设好旅游政务网、资讯网，实现网上预订、在线电子商务功能，加快旅游微平台建设，并于2011年、2014年率先在全区开通官方微博和官方微信，及时发布黄山区食、住、行、游、购、娱等旅游要素的权威资讯。

其次，创新旅游产品形式。黄山区改变传统的单一产品销售模式，整合景区、酒店、旅行社等资源，开发符合市场需求的“住宿+景区门票”等“旅游套餐”，全面拓展旅行社网络市场和自助游市场；引进国际领先O2O模式网络平台商途家，与绿地、中信等企业合作开发新业态旅游产品，以满足游客的多样化需求。

最后，提高信息化服务水平。黄山区与移动公司合作，通过对来黄山的游客手机数据的统计分析，得到了游客的客源地、停留天数等详细信息，为细分市场、精准营销提供了基础支撑；加强线上服务的投入引导，已有13家景区、景点和300多家酒店进驻携程旅行网，并通过携程旅行网开展门票销售、酒店预订等电子商务服务。

资料来源　江忠宝，朱星犁．黄山市黄山区：提升旅游网络营销“软实力”[N]．中国旅游报，2015-02-11（16）．

案例分析：网络营销就是以互联网为手段开展营销活动。网络营销是一种互动性很强的新型营销方式，它具有其他营销方式不可比拟的优势。旅游景区作为目的地城市旅游业的核心产品，是目的地旅游形象的重要体现。黄山区通过网络营销做好宣传、销售工作，对整个城市旅游业的发展具有重要的推动作用，也为同类型景区及旅游城市的网络建设、景区影响力的传播提供了有效的借鉴。

三、旅游网络营销模式的优点

旅游网络营销模式的出现打破了传统旅游营销模式的局限，具有很大的发展潜力。

（一）提升了旅游行业的整体营销水平

在全球经济大萧条的环境下，旅游成为拉动国家及地区经济增长的主要动力之一。传统旅游营销模式一般由政府部门、景区、景点及航空公司等作为营销主体，它们分别与旅行社和传媒建立合作关系，通过粗放式的营销手段，将旅游信息推送给消费者。传统旅游营销模式缺乏精准度，存在盲目性，无法满足现代消费者的需求，因此旅游营销模式的创新是旅游行业发展过程中亟待解决的问题。旅游网络营销模式基于互联网技术，将“营”与“销”相结合，提升了旅游行业的整体营销水平。

（二）实现了从4P到4C的飞跃

旅游网络营销模式将旅游销售从“产品力”时代带入到“消费者需求”时代，实现了从4P到4C的飞跃。

（三）降低了营销投入，优化了营销效果

旅游网络营销模式注重消费者的体验，强调精准的市场定位，从而降低了旅游营销投入，并在一定程度上优化了旅游营销效果，为今后旅游营销工作的改进和提升创造了空间。

实践训练

热门旅游地背后的网络营销推手

背景资料：

威海鸡鸣岛的名气很小，就连很多威海人都不知道有这个去处，但是《爸爸去哪儿》播出后，鸡鸣岛一下子被全国人民都知道了，并且迅速成为热门景点。鸡鸣岛命运的逆转缘于《爸爸去哪儿》的热播，但很少有人知道，其成名最大的推手是山东庞大的旅游目的地网络营销系统。

实训内容：

以小组为单位，运用旅游网络营销模式的相关知识，结合最新的网络资讯，分析威海鸡鸣岛网络营销成功的奥妙。同时，以学校所在城市的某个景区为例，设计一个具有创新性的网络营销方案，并阐述设计原理。

实训目标：

1.理解和掌握旅游网络营销模式。

2.培养学生分析问题和解决问题的能力。

实训组织：

1.以3～4人为一个小组，指定1位发言人在老师提问时向全班报告自己小组的观点与设计方案。

2.小组成员分头查找网络或书籍资料并在小组内分享，挑选一个景区设计网络营

销方案，准备好阐述资料或PPT。

实训记录：

1.威海鸡鸣岛网络营销成功的奥妙：

____

____

2.设计一个具有创新性的网络营销方案：

____

____

3.阐述设计原理：

____

____

效果评价：

1.以小组为单位发表观点，并提交营销方案。

2.每个小组推荐1名成员做主题发言，说明方案形成的过程。

3.每个小组在阐述过程中，其他小组及主讲教师对其进行专题评价，见表9-1。

表9-1　“热门旅游地背后的网络营销推手”训练项目评价表

项目主题（分值）	评价指标（分值）	标　准	小组互评（20%）	教师评价（80%）	综合得分（100%）
热门旅游地背后的网络营销推手（100分）	知识运用（20分）	理解旅游网络营销模式的含义，掌握旅游网络营销模式的优点			
	技能掌握（30分）	能对旅游网络营销模式进行恰当的分类，能在实践中运用旅游网络营销模式			
	职业核心能力表现（20分）	培养旅游网络营销的创新思维			
	职业道德修养（10分）	乐于奉献的精神、团队精神			
	成果展示（20分）	阐述观点直观明确、效果良好，创意新颖、独特			

4.教师与学生依据综合得分情况，确定最优陈述小组。

思政探索

上海出台规章严禁利用算法杀熟，为网络营销算法划“底线”

背景资料：

上海严禁网络交易平台经营者利用算法杀熟、搞歧视。2021年11月，上海市市场监督管理局正式发布《上海市网络交易平台网络营销活动算法应用指引（试行）》（以下简称《指引》），为平台经营者划出合规“底线”。

网络营销活动算法应用是指通过互联网等信息网络销售商品或提供服务时，应用算法技术实施各类自动化决策，包括向消费者个人进行信息推送或商业营销、提供搜索结果、开展交易等。

《指引》提出七项强制要求，包括：不得利用算法实施虚构原价、虚假优惠折价等不正当价格行为，不得对消费者收取未予以标明的费用；不得利用算法对消费者在交易价格、交易机会等交易条件上实行不合理的差别待遇；不得利用算法向消费者提供针对其个人特征选项的搜索结果；不得通过利用算法操纵中奖概率、中奖结果、中奖人员等欺骗方式进行有奖销售；不得利用算法对平台内经营者在平台内的交易、交易价格以及与其他经营者的交易等进行不合理限制或者附加不合理条件，或者向平台内经营者收取不合理费用；不得利用算法妨碍、破坏其他经营者合法提供的网络产品或服务的正常运行；不得利用算法滥用市场支配地位。

资料来源　佚名．上海出台规章严禁利用算法杀熟，为网络营销算法划“底线”[EB/OL].[2021-11-19]. http：//sh.people.com.cn/n2/2021/1119/c134768-35012204.html.

思政目标：

围绕“上海出台规章严禁利用算法杀熟，为网络营销算法划‘底线’”开展研讨，使学生坚定制度自信，强化诚实守信意识。

研讨要求：

请结合以上资讯，从诚实守信、制度自信的角度，谈一谈对“上海出台规章严禁利用算法杀熟，为网络营销算法划‘底线’”的体会。

1.以小组为单位组织交流、研讨。

2.每个小组推荐1名成员做主题发言，各组围绕“上海出台规章严禁利用算法杀熟，为网络营销算法划‘底线’”分享看法与体会。

3.从小组互评与教师评价两个方面进行评分，见表9-2。

表9-2　“上海出台规章严禁利用算法杀熟，为网络营销算法划‘底线’”训练项目评价表

项目主题（分值）	评价指标（分值）	标　准	小组互评（20%）	教师评价（80%）	综合得分（100%）
上海出台规章严禁利用算法杀熟，为网络营销算法划“底线”（100分）	课堂研讨表现（40分）	小组研讨组织得当，全员参与，研讨运用相关知识、方法、资讯等准确			
	主题阐述（60分）	阐述的内容丰富、效果良好，观点新颖、独特，能从诚实守信、制度自信的角度，阐述对“上海出台规章严禁利用算法杀熟，为网络营销算法划‘底线’”的体会			

4.教师与学生依据综合得分情况，确定最优陈述小组。

在线课堂 9-2

互动式旅游营销

任务 2　互动式旅游营销

任务目标

知识目标：理解互动式旅游营销的含义、特点，掌握互动式旅游营销的作用，了解互动式旅游营销存在的问题。

能力目标：能将互动式旅游营销运用于旅游营销策划活动。

素养目标：培养互动式旅游营销的创新思维，以及守正创新的职业素养及质量意识。

任务导入

河南加大旅游推广：开发东北市场引入互动式营销

2013年8月12—15日，“流动的河南”旅游推广活动走进辽宁大连、沈阳，吉林长春，黑龙江哈尔滨，通过推介、体验、互动、座谈等模式，向东北三省游客推广河南丰富的旅游资源和多彩的旅游产品。

此次推广活动不仅通过辽宁、吉林、黑龙江的主流媒体全面展示了河南的厚重人文、锦绣山水，而且引入了智慧旅游理念，现场嘉宾及场外游客同步分享、精彩互动。一时间，“心灵故乡，老家河南”成为当地街头巷尾流行的热词。

智慧旅游推介方式是此次推广活动的一大亮点，也让广大游客耳目一新。河南省提前一周就通过大豫网、大辽网、腾讯微博、微信及当地主流媒体发布互动内容：参与新媒体#东北话聊河南#话题互动，赢取河南少林寺、龙门石窟、云台山、开封清明上河园等5A级旅游景区套票。同时，在活动期间参与腾讯微博#东北话聊河南，大连站、沈阳站、长春站、哈尔滨站#话题互动的游客，可以在“流动的河南”旅游推广活动现场赢得大奖。时尚新颖的推广方式，让河南旅游迅速在当地升温。

面对日益年轻化的旅游市场，河南一直在探索更符合时代潮流的宣传推广方式。此次“流动的河南”采用智慧旅游推介方式，可以说是一次成功的创新。

资料来源　佚名．“流动的河南”旅游推广活动走进东北三省［EB/OL］．［2013-08-20］．http：//www.henan.gov.cn/bsfw/system/2013/08/20/010419005.shtml.

动画 9-1

智慧旅游

问题：

1. 为什么互动式旅游营销更能获得游客的青睐？

2. 如何利用现代网络技术创新“一对一”式旅游营销？

理论知识

一、互动式旅游营销的含义

信息是沟通旅游供给和旅游需求的重要平台，在网络经济时代，旅游者的需求日益趋向个性化，旅游者对旅游信息的获取方式和传播途径也有了新的认识。

互动式旅游营销是指在通信网络的基础上，旅游企业在营销过程中充分听取游客的意见和建议，使旅游信息在旅游企业与游客之间得以快速流通，并用于旅游产品的规划和设计，完成交互式交易活动，从而提高旅游市场占有率及旅游者对旅游产品的忠诚度的一种营销方式。

互动式旅游营销包括以下内容：

第一，信息互动。一方面，旅游企业要把营销活动的相关信息及时、准确地传递给旅游者；另一方面，旅游者也要把对营销活动的评价、意见和建议等信息反馈给旅游企业，以促进相互了解。

第二，情感互动。旅游企业要加强与旅游者之间的情感交流，使互动由信息层次深入到情感层次，从而与旅游者建立一条特殊的情感纽带，促进相互信任。

第三，行为互动。旅游企业与旅游者之间由情感互动深化为行为互动，双方都根据反馈的信息，调整各自的行为，促进相互支持。

二、互动式旅游营销的特点

互动式旅游营销的特点是：以旅游者的需求为中心，旅游企业与旅游者之间产生互动关系，每一个互动链条上都传递着旅游企业与旅游者对互动有效性进行评价的新的价值取向。其中，以旅游者的需求为中心不仅是指以旅游者的现实需求为导向，还包括关注旅游者的潜在需求，并对这一需求进行引导。

三、互动式旅游营销的作用

互动式旅游营销作为一种重要的网络营销方式，在旅游业中得到广泛应用。精准的互动式旅游营销具有以下作用：

（一）有利于提高旅游者的参与性和积极性

采用互动式旅游营销，旅游企业可以在网络上适时发布产品或服务信息，旅游者则可以根据旅游产品目录等信息在任何地方进行咨询或购买，还可以通过聊天室等向旅游企业提出自己的问题，更可以与其他旅游者交流旅游体验和经历，从而使得供给双方的直接沟通得以实现，使旅游营销活动更有效果。

（二）有利于提高旅游者的满意度

采用互动式旅游营销，旅游企业通过换位思考会产生全新的观察问题的视角，从而充分考虑旅游者的意愿和动机，使旅游者在自发的心理驱动下接收信息，而不是强制灌输信息，最终使旅游企业的营销决策有的放矢，提高旅游者的满意度。

（三）有利于提高市场覆盖率和竞争力

采用互动式旅游营销，旅游企业能够用较低的成本获得更大范围、更有效的品牌传播，还能够做到广告效果可度量，提高旅游企业信息反馈和更新的及时性，从而使旅游企业在激烈的市场竞争中发现机遇，提高竞争力。

案例窗 9-2 荷兰“海平面下的艺术之光”

荷兰旅游主管部门为了更好地推广荷兰深度游产品，继成功推广“探访世界上最美丽的春天”及“海平面下的骑行”大型主题活动后，结合“缤纷荷兰6日体验之旅”产品，与荷兰5家著名旅游机构合作推出了“海平面下的艺术之光”网络游戏，将荷兰特色展示给参与游戏的消费者。游戏简单、有趣、轻松，内容活泼、丰富，所有参与者都有机会获得丰厚的奖品。

资料来源 佚名．全球旅游营销九大经典案例［EB/OL］.［2012-11-13］. http: //www.doc88.com/p-117691040398.html.

案例分析：营销专家认为，网络营销应趣味化，而游戏的趣味化程度最大。网络游戏推广活动这种顺应潮流的互动旅游营销方式，能够吸引更多旅游者特别是庞大的年轻人群体的参与，巩固并提高旅游目的地与旅游企业的知名度，从而创造可观的旅游收入。

四、互动式旅游营销存在的问题

目前，虽然旅游企业对互联网和网络营销有一定程度的了解，但对于如何根据企业自身的特点及实际情况构建合理有效的互动旅游营销方式等问题还缺乏深入的研究，实践经验也很不足。同时，虽然旅游网站种类繁多，但多数网站存在广告杂乱、景点介绍过于简单等问题，有些网站的信息更新速度较慢，不能实时、准确地为旅游者提供信息咨询服务，互动服务能力较差，从而导致旅游者流失。

此外，随着微博、微信、抖音以及其他网络媒体的应用，旅游网络营销的产品日渐丰富化、多样化，但这种互动式旅游营销缺乏完备的电子商务法律法规的保障，一些不良商贩和不法分子投机取巧，从而出现了诚信度不高、交易不安全、产品质量不能保证等问题，在一定程度上影响和阻碍了旅游者与旅游企业的互动行为。

实践训练

《绿丝带》旅游环保电影的互动式营销

背景资料：

《绿丝带》是广东省首部旅游环保公益电影，于2014年8月11日开始拍摄，片长共25分钟。《绿丝带》的创作源于“善待河源，请把杂物交给我”活动，影片以万绿湖的美丽风光为背景，讲述了一名环保志愿者长期在景区内以实际行动倡导环保理念，最后为环保活动献身的故事。作为广东河源首部旅游微电影，《绿丝带》同时融入了青春、成长、梦想等时代元素，目的在于加深人们对绿色环保的认识，塑造河源旅游的形象，同时展现河源这座充满爱的城市。

实训内容：

以小组为单位，通过查找资料，以《绿丝带》等旅游环保电影为例，研讨互动式旅游营销的积极意义，并举一个实例进行说明。

实训目标：

1.掌握互动式旅游营销的概念。

2.理解互动式旅游营销的创新之处。

实训组织：

1.以3～4人为一个小组，由组长确定小组分工，指定1位发言人在老师提问时向全班报告自己小组的结论。

2.小组成员分头查找网络或书籍资料，并在小组内分享、讨论，准备好阐述资料。

实训记录：

1.互动式旅游营销的概念：

____

____

2.以《绿丝带》等旅游环保电影为例，研讨互动式旅游营销的积极意义：

____

____

3.举实例进行说明：

____

____

效果评价：

1.以小组为单位组织交流、研讨。

2.每个小组推荐1名成员做主题发言。

3.从小组互评与教师评价两个进行给予评分，见表9-3。

表9-3 “《绿丝带》旅游环保电影的互动式营销”训练项目评价表

项目主题（分值）	评价指标（分值）	标准	小组互评（40%）	教师评价（60%）	综合得分（100%）
《绿丝带》旅游环保电影的互动式营销（100分）	课堂研讨表现（40分）	小组研讨组织得当，全员参与，研讨运用相关知识、方法、技术等准确			
	主题阐述（60分）	阐述的内容具有可行性、效果良好，观点新颖、独特，能依据互动式营销的相关知识进行旅游营销创新阐述			

4.教师与学生依据综合得分，确定最优陈述小组。

思政探索

创新营销催热旅游市场　除了新潮还要“体验为王”

背景资料：

从“盲盒”到“随心飞”再到“随心住”，越来越多的新产品席卷旅游市场。而这些新型旅游营销方式的出现，与青年群体在旅游市场的活跃密不可分。

从消费群体来看，青年群体已经成为旅游消费的主力军。携程数据显示，90后在2021年“五一”出游人群中占比达37%；80后位列第二，占比达27%；00后占比达21%，旅游消费直追80后。

旅游市场巨大的潜力，让“文旅+盲盒”成为热点。博物馆盲盒、民宿盲盒、机票盲盒、酒店盲盒等旅游盲盒产品席卷旅游市场。2021年4月3日，同程旅行推出机票盲盒后，参与抢购的用户突破1 000万。

伴随“随心飞”“随心住”产品的推出，“随心”系列旅游产品备受关注。2020年，途家先后推出了两期“随心住”产品，首期“随心住”产品上线后，单天话题热度突破5亿。二期“周末随心住”活动发出的民宿兑换券使用率达到70%以上。

有专家表示，盲盒和“随心”系列旅游产品的本质都是一种旅游营销手段。恰好，这两种旅游营销手段牢牢抓住了年轻人的心。青年群体的成长催生了一批新的营销方式，而这些新型营销方式也在悄然影响着年轻人的消费方式。

不过营销过后，年轻人最看重的还是体验。2021年下半年，盲盒和“随心”系列旅游产品的热度在旅游市场明显下降。这意味着，单纯的旅游营销方式无法做到“常红”，为了保持热度，旅游企业必须不断提升服务品质，做好产品深挖。

途家相关负责人表示，类似“盲盒”“随心住”的营销产品，不论营销形式如何创新，对年轻消费者来说最重要的还是体验感。体验感贯穿营销活动的整个环节，产品品质、活动页面设计、活动规则、客服、线下体验等各方面都会影响到年轻消费者的体验感。企业只有与年轻消费者的需求保持一致，才能使年轻消费者的热情不减，才能获得好口碑。

资料来源　佚名. 创新营销催热旅游市场　除了新潮还要“体验为王”[EB/OL].[2021-07-30]. http://www.xinhuanet.com/travel/20210730/99b92f92a681429f8a778f48929a27a2/c.html.

思政目标：

围绕“创新营销催热旅游市场　除了新潮还要‘体验为王’”开展研讨，培养学生守正创新的职业素养，提高质量意识。

研讨要求：

请结合以上资讯，从守正创新、质量意识的角度，谈一谈对“创新营销催热旅游市场　除了新潮还要‘体验为王’”的认识，分析资讯中互动式旅游营销的特点、作用及存在的问题。

1. 以小组为单位组织交流、研讨。

2. 每个小组推荐1名成员做主题发言，各组围绕“创新营销催热旅游市场　除了新潮还要‘体验为王’”分享看法与体会。

3. 从小组互评与教师评价两个方面进行评分，见表9-4。

表9-4　“创新营销催热旅游市场　除了新潮还要‘体验为王’”训练项目评价表

项目主题（分值）	评价指标（分值）	标　准	小组互评（20%）	教师评价（80%）	综合得分（100%）
创新营销催热旅游市场　除了新潮还要“体验为王”（100分）	课堂研讨表现（40分）	小组研讨组织得当，全员参与，研讨运用相关知识、方法、资讯等准确			
	主题阐述（60分）	阐述的内容丰富、效果良好，观点新颖、独特，能从守正创新、质量意识的角度，阐述对“创新营销催热旅游市场　除了新潮还要‘体验为王’”的认识，分析资讯中互动式旅游营销的特点、作用及存在的问题			

4. 教师与学生依据综合得分情况，确定最优陈述小组。

在线课堂9-3

旅游微营销

任务3　旅游微营销

任务目标

知识目标：理解旅游微营销的含义和特征，掌握旅游微营销的优势与劣势。

能力目标：能够正确运用旅游微营销开展营销活动。

素养目标：创新网络营销，树立互联网思维，培养爱岗敬业、守正创新的职业素养，提高质量意识。

任务导入

微营销搅热大旅游

2015年9月16日，中青旅市场推广部总经理助理戴蓓蓓在微信朋友圈发布了一条“中青旅百变自由行2015‘十一’产品精选”的链接。临近中秋、国庆双节，这条旅游资讯一经发布，便迅速获得了众多朋友的点赞和咨询。对戴蓓蓓来说，在自己的微信朋友圈发布公司资讯已成为常态，“传播效果还挺好的”。

同样的情况也发生在陕西省宝鸡市凤县的机关干部身上。自2013年起，在县委宣传部的大力倡导和全力推动下，一个“单位‘织围脖’，人人开微博，个个发微文，全民微营销”的热潮在全县掀起。机关干部、企业员工、普通百姓通过发布微博、微信，让越来越多的人了解凤县的文化旅游资源，进而爱上这座中国最美小县。

网络信息传播已经进入“微时代”，人们生活的方方面面都悄然发生着改变。旅游作为衡量人民生活水平的一个重要指标，更是风生水起。

1.朋友圈的“蝴蝶效应”

2015年5月，国内首条音乐玻璃栈道在湖南平江石牛寨竣工迎客。一组名为《行走在悬崖峭壁上的栈道工》的图文通过微博、微信广泛传播，激起了许多人前往石牛寨一探究竟的好奇心。

2.公众号打出“组合拳”

如今，许多旅游企业已经将旅游产品预览、线路销售、门票预订等功能纳入微信公众号平台，携程旅行、同程旅行等专业旅游网站也通过开通微信公众号等方式向公众提供旅游产品的团购和预订服务。

资料来源　佚名. 微营销搅热大旅游　朋友圈“蝴蝶效应”叙述好故事［EB/OL］.［2015-09-19］. http：//news.cntgol.com/dyzd/2015/0919/26225.shtml.

问题：

1.在你的生活中，有类似的旅游营销方式吗？请举例说明。

2.在互联网时代，旅游企业应如何熟练利用好微博、微信、抖音及小红书等网络社交平台？

理论知识

一、微营销与旅游微营销

（一）微营销的概念

微营销是一种定制化或顾客化的营销，是一种集个体化、精准化、快速化和情景化于一体的营销方式。微营销能够以个体为对象，有差异、持续性地管理客户关系，构建动态顾客个体标签库和全景视图，及时、准确地把握顾客的需求变化，通过灵活、柔性地整合多元营销方式来创造和传递顾客价值，进而快速、精准地满足顾客的个性化需求。

网络技术的快速发展使社交媒体不断演变，从早期的BBS（网络论坛）到豆瓣网、开心网、人人网等社交网站，再到如今的微博、微信，结合智能手机、平板电脑等移动终端的更新升级，社交媒体已经走进人们生活的每一个角落，其作为营销传播载体的优势受到了人们的普遍重视，微营销也因此诞生。从狭义上说，微营销是指通过微博、微信、微网站等一系列特定的携带“微”字的社交媒体所开展的营销活动。从广义上说，只要是符合“利用Web的平台，由用户主导生成内容”的社交媒体营销，都可以称为微营销。因此，微营销不只是微信营销，微信营销是微营销的一个组成部分。

（二）旅游微营销的含义

旅游微营销是一种低成本、高性价比的营销模式。与旅游行业的传统营销方式相比，旅游微营销通过“虚拟”和“现实”之间的互动，更加快捷、高效地实现了旅游产品信息传播与咨询、品牌树立、渠道促销、客户关系维护等功能。截至2022年3月31日，微信及WeChat合并月活跃账户数达12.883亿，同比增长3.8%；2021年，微信小程序日活用户数超过4.5亿，日均使用次数相较2020年增长了32%，活跃小程序增长了41%。截至2022年第一季度末，微博月活跃用户数达到5.82亿，日活跃用户数达到2.52亿。这些数据充分说明，旅游微营销必然会在旅游业的发展过程中发挥巨大的威力。

二、旅游微营销的特征

当前，移动互联网技术快速发展，社会化媒体同样处于高速发展的过程中，它们为旅游微营销提供了强大的技术保证，能够有效整合用户碎片化的信息、时间和资源，有助于加快实现大规模旅游微营销。

旅游微营销的特征主要体现在以下几个方面：

（一）"微"无处不在

旅游微营销的核心特征是"微"，在传播的内容、体验、渠道甚至对象上，都体现出了"微"。传播的内容是"微内容"（一句话、一个表情符号、一张图片等）；传播的体验是"微动作"（通过简单的按键操作、鼠标点击就能完成选择、评价、投票等功能）；传播的渠道是"微介质"（手机等）；传播的对象是"微受众"。在资讯日益碎片化的时代，如何让客户更容易、更便捷地获得旅游信息日益重要，而旅游微营销正好具有这一优势。

（二）社交媒体是传播平台

社交媒体亦称社会化媒体，是指基于Web技术，为用户提供撰写、发布、评论和分享等社交功能的工具和平台，如国外的Facebook，国内的微博、微信、抖音等。社交媒体的出现终结了社会经济地位较高的个人或组织依托传统媒体独享发声权的历史，赋予了普通人话语权。旅游微营销就是以社交媒体为传播平台，实现定时发布旅游产品信息、推送旅游新闻等功能的。

（三）传播范围广，受众多

中国互联网络信息中心（CNNIC）发布的第49次《中国互联网络发展状况统计报告》显示，截至2021年12月，我国网民规模达10.32亿，较2020年12月增长4 296万，互联网普及率达73%。其中，手机网民规模达10.29亿，网民中使用手机上网的比例达99.7%。截至2021年12月，我国30～39岁网民在所有年龄段群体中占比最高，达到19.9%；40～49岁、20～29岁网民占比分别位列第二位（18.4%）和第三位（17.3%）；50岁及以上网民占比为26.8%（50~59岁网民占比为15.3%，60岁及以上网民占比为11.5%）。报告还指出，截至2021年12月，我国网民人均每周上网时长为28.5个小时，较2020年12月提升2.3个小时；网络直播用户规模达7.03亿。由此可以看出，我国移动互联网用户增长速度之快。每一个移动互联网用户都是一个潜在的消费者，为了争取更多的客源，企业纷纷进军移动互联网市场，旅游企业也不例外。因此，旅游微营销拥有庞大的受众群体，其传播范围很广。

案例窗 9-3　嘉峪关文化和旅游微信公众号荣获“十佳政务微信公众号”称号

2022年3月3日，嘉峪关市网信工作会议召开，会议通报表扬了2021年全市网信工作先进集体和先进个人，嘉峪关文化和旅游微信公众号荣获“十佳政务微信公众号”称号。

嘉峪关文化和旅游微信公众号是嘉峪关市文化和旅游局官方微信号，自2015年开设以来，累计发布文章4 600余篇，发布内容涵盖文旅政策、新闻热点、文旅活动、旅游攻略、景区介绍等。准确、充实、新颖的内容获得了游客的喜爱，截至2021年底，微信公众号粉丝人数已经突破万人。

嘉峪关文化和旅游微信公众号致力于服务游客，宣传嘉峪关。2018年，嘉峪关文化和旅游微信公众号添加了“嘉峪关旅游微官网”“服务栏目”，进一步为来嘉峪关的游客提供便捷。2022年，嘉峪关文化和旅游微信公众号又开设了“智游雄关”，初步实现了“一部手机游雄关”功能，方便了游客线上订票，了解嘉峪关旅游产品，解锁嘉峪关旅游新玩法。

下一步，嘉峪关市文化和旅游局将继续充实和完善公众号的内容和形式，不断适应游客游玩新需求，力求服务好每一位游客。

资料来源　嘉峪关市文化和旅游局. 喜报，嘉峪关文化和旅游微信公众号荣获“十佳政务微信公众号”称号［EB/OL］.［2022-04-12］. http://jyg.gov.cn/wlj/xwdt/bmdt/gzdt/art/2022/art_d63708aee827460d958ff776c52e8483.html.

案例分析：嘉峪关文化和旅游微信公众号在宣传嘉峪关旅游、服务游客方面发挥了重要的作用。

三、旅游微营销的优势与劣势分析

（一）优势分析

1.及时、便捷

在信息爆炸的时代，精练、简短的内容符合人们对于信息传播快捷性的要求。旅游企业应注重对信息的浓缩与提炼，有效利用社交媒体平台，实现信息的快速、有效传播。

2.高覆盖、低成本

微博、微信等社交媒体平台通过免费开放API（数据接口），允许第三方以接入的方式植入互联网，从而获取了大量用户，实现了旅游微营销的规模效应。同时，旅游企业利用社交媒体平台进行微营销的门槛并不高，并且操作方便。旅游微营销使旅游企业与顾客间的沟通方式更加多样化、低成本和高效率，实现了双方间的良好互动。

3.精准度高

旅游微营销是专注于更小细分市场的差异化营销，是一种“定制化”的精准营销，其目标之一是精准地满足顾客的需求。例如，微博能够让用户自己去搜索感兴趣的信息，用户也乐于自己去搜索信息，从而取代了被动的信息接收方式；微信也是如此，用户会主动关注自己感兴趣的公众号，被推送消息的用户大多是对本企业或机构感兴趣的目标用户。

（二）劣势分析

部分采用微营销的旅游企业，每天都会推送文章或者图片，但是推送的文章或图片的质量参差不齐、信息冗杂、同质化倾向严重，难以吸引用户。另外，有些内容易产生不良影响，或者属于侵权盗版行为，必须严厉打击。所以，旅游企业在采用微营销方式宣传旅游产品时，如何更好地展示重点、吸引用户，是其面临的一个难题。

实践训练

广西抢占微信营销先机

背景资料：

2015年7月29日，一条“世界是嘈杂的，广西是宁静的”旅游推送广告出现在微信朋友圈，各种评论和转发呈裂变式传播，成为朋友圈一天热议的话题。

为什么想到在微信朋友圈投放广告？据介绍，广西旅游主管部门近年来一直在关注微信朋友圈这一新兴的传播方式，认为这是当下主流消费人群使用率最高、互动性最强、覆盖面最广的社交媒体平台。但微信朋友圈也有自身的局限性，如个人微信朋友圈的传播受众范围较小，要想起到广泛传播的效果，还得通过广告公司进行运作，进行大范围有针对性的投放。于是，广西旅游主管部门与运作方世纪大象群文化传播（北京）有限公司联合，同腾讯公司协调，成功拿下了第一条旅游形象推送广告，选择对1 000万北上广深核心顾客进行投放。广告投放后，引起了网友广泛一致的好评，转发量不计其数。很多网友在转发时，又衍生出了不同的版本。比如，想静静的人会说，“广西是静静的，去广西找静静”；堵在路上的人会说，“世界是拥堵的，广西是畅通的”；备受酷暑煎熬的人会说，“世界是滚烫的，广西是清凉的”。有媒体人士认为，这种“产生好感+情感释放+内容再创”的病毒式传播再次扩大了广西旅游形象广告的传播范围，凸显和强化了广告的主题。

除了在时间上抢占先机之外，此次广西旅游微信广告在内容上也让人产生了共鸣。微信朋友圈是一个自主的平台，推送广告要想取得好感、提高传播量，就必须在内容制作上下功夫，必须有能抓住人的东西。因此，广告制作方在大量调研的基础上，抓住了都市人迫切想走出去亲近大自然、寻求一份宁静的共同诉求，设计了一套简洁但“走心”的文案，同时专门制作了清新的视频、舒缓的配乐、宁静怡然的图片，一条微信看下来不禁让人心生向往。更有“心机”的是，微信下方打上了广西旅游主管部门的二维码，如果扫码进去，就会看到一篇题为《一颗旅行的心，永远年轻》的文章，文章以“世界是嘈杂的，广西是宁静的”为主题，精选了10幅具有代表性的广西风景图片，同时配以精准的介绍文字，更具煽情效果。这则官方微信在朋友圈的转发量与推送广告的转发量不相上下，二级传播效果良好。内容上做足、做精、做美，是这次微信广告得以广泛传播的根本原因。

资料来源 根据网络资料整理.

实训内容：

以小组为单位，研讨广西微信营销案例体现了旅游微营销的什么特征，以及如何利用好微营销的优势宣传旅游产品。

实训目标：

1.掌握旅游微营销的特征。

2.准确分析旅游微营销的利与弊。

实训组织：

1.以3～4人为一个小组，由组长确定小组分工，指定1位发言人在老师提问时向全班报告自己小组的结论。

2.小组成员分头查找网络或书籍资料，并在小组分享、讨论，准备好阐述资料。

实训记录：

1.旅游微营销的特征：

____

____

2.广西旅游微信营销案例体现了旅游微营销的什么特征？

____

____

3.如何利用好旅游微营销的优势宣传旅游产品？

____

____

效果评价：

1.以小组为单位组织交流、研讨。

2.每个小组推荐1名成员做主题发言。

3.从小组互评与教师评价两个方面进行评分，见表9-5。

表9-5　“广西抢占微信营销先机”训练项目评价表

项目主题（分值）	评价指标（分值）	标　准	小组互评（40%）	教师评价（60%）	综合得分（100%）
广西抢占微信营销先机（100分）	课堂研讨表现（40分）	小组研讨组织得当，全员参与，研讨运用相关知识、方法、技术等准确			
	主题阐述（60分）	阐述的内容具有可行性，效果良好，观点新颖、独特，能依据微信营销推介的特点进行旅游营销创新阐述			

4.教师与学生依据综合得分，确定最优陈述小组。

思政探索

景区短视频内容的“生意经”

背景资料：

黄山翻滚的云海、重庆穿楼而过的轻轨、江西婺源的“晒秋”、河南云台山“日照金山”下的冰瀑群……打开短视频软件，旅游景区推荐总是会勾起人们心中的旅行冲动。

有着绝美景致和别样风情的短视频，很容易唤起人们对远方的向往和期待。移动互联网时代，碎片化生活方式渐成主流，短视频、短图文等成为重要的传播方式。短视频开辟了景区旅游营销的新模式，如何在线上进行精细化的持续运营？内容传播如何向生意转化？这些都是景区需要不断思考的命题。

营销话语权的转移

春节假期，云台山冰川峡谷因酷似动漫场景颇受年轻游客追捧，本地网红达人等组团打卡拍照，短视频话题#进入云台山冰雪世界#和#云台山冰雪节#曝光均超亿次，现实版冰河世纪圈粉无数。

黄山风景区闻名遐迩，但“网红小火车”的走红是一个意外。黄山西海大峡谷地面缆车本来是景区内的交通工具，一直寂寂无闻，但在一位景区年轻员工拍摄的一条短视频中，小火车在黄山的奇松、怪石、云海中穿梭，产生了巨大的视觉冲击力，这条短视频遂意外走红。慕名前来打卡的游客说：“这是一列开往国画里的小火车，比短视频上看到的还要美！”

黄山旅游发展股份有限公司董事长章德辉称：“年轻人喜欢分享景区的日常内容，‘网感’比较好，当时也没有想到这个短视频会火，这给了我们一些启发，短视频的表现方式适合传播景区特色内容，同时我们也鼓励员工创作分享。”

包括黄山风景区在内的很多景区都鼓励员工创作短视频，把身边的美传播出去。这在某种程度上也是因为，在短视频平台上，用户即创作者，创作者也是用户，所以当创作者以用户的视角去生产内容并触达消费者时，就具有了天然的亲切感和亲和力，也有了代入感。

极光大数据发布的《2021年Q2移动互联网行业数据研究报告》指出，当前国内移动网民日均App使用时长约5.1小时，短视频App占据用户使用时长第一位，人均每天约1.5小时。可以说，短视频已成为国人主流的在线网络休闲方式。

越来越多的短视频创作者加入其中，将镜头聚焦于体现美好生活的文旅题材。深圳大学旅游与新业态发展研究中心研究员刘杰武认为，短视频大部分的创意和智慧来自民间，从中我们可以看到营销话语权的转移。

内容传播和产品消费的结合

如何让短视频内容传播和景区产品消费相结合，形成一种新的商业模式呢？在网红小火车之后，黄山景区相继打造了一系列网红打卡点。例如，在高山之巅打造精品民宿、山顶咖啡馆等，吸引了无数游客拍照打卡，同时也带动了景区内体验项目、餐饮、住宿等的消费，改变了景区的收入结构。

云台山景区谋划实施了云台山夜游、茱萸峰索道、云藤七贤精品帐篷营地、云阶康养旅游小镇、云台山岸上小镇等“云系列”转型提升项目。其中，云台山岸上小镇不仅是游客打卡的重要内容，而且是云台山景区“夜游”的重要组成部分。2021年11月，云台山岸上小镇被文化和旅游部确定为第一批国家级夜间文化和旅游消费集聚区。

内容营销不应该只关注流量，更要将互联网思维渗透到产品设计中去，让内容即产品，产品即内容。在河南老君山文化旅游集团有限公司副总经理张鹏远看来，在内容传播的同时，经由直播带货等方式，将一整套组合产品呈现在消费者眼前，能够实现传播与销售的无缝衔接。

景区若想实现经济效益的持续增长，需要从产品视角、用户视角和内容视角三个方面进行统一考量。从长期来看，景区营销既要借助新媒体的手段，也要破除对短视频的过分迷信，保持景区形象与产品体验的一致性。

商业模式能否良性运转起来，章德辉认为需要综合考虑以下方面：一是新产品的打造要有一定的文化底蕴；二是要便于拍照或者录视频，这决定了景区能否在新媒体平台得到展示；三是打卡内容需要体现人们对美好生活的向往，从而促进消费。

章德辉特别强调了文化魅力在短视频内容生产、传播中的重要价值。在他看来，景区一定要有文化内涵的输出，这样才能保持长久的生命力。比如，黄山自古以来就是文人墨客偏爱的目的地，历代传颂下来的经典诗歌无数，而黄山所在的歙县向来是彰显田园山水情趣之地。倘若没有文化底蕴，网红目的地注定只是昙花一现。

内容生产需要可辨识度

在景区短视频内容的生产中，国风是一种重要的旅游体验载体。景区与汉服的联动是文旅融合的一种具体呈现，区别于单一的景点打卡式旅游，这类将传统文化与体验相结合的玩法易于模仿，对游客有很大的吸引力，体现了年轻一代对传统文化的认同以及传统文化的复兴。

在刘杰武看来，短视频内容如何让目的地的形象更丰满、有趣，具有可辨识度是关键所在。

2021年第三届中国云台山汉服花朝节期间，云台山景区与快手合作，通过“短视频+直播”的方式，带动汉服花朝节的破圈传播；在云台山景区因疫情闭园期间，公众号、视频号、抖音等传播渠道依旧忙碌，以“短视频+直播”的方式助力景区品牌建设。业内人士认为，云台山巧用新媒体，通过一个又一个创意带来全年稳定的网络曝光度和讨论度。

有业内人士说，景区持续产出丰富的精良内容，目的是要获取高质量的粉丝。用户的价值要大于流量的价值，景区一定要把流量思维转变为用户思维。游客会根据自己的喜好被“种草”进而去景区打卡，亲身体验后在新媒体平台进行内容分享，从而为景区带来传播效应，带动消费。

资料来源　曹燕. 景区短视频内容的“生意经”[N]. 中国旅游报，2022-02-08（5）.

思政目标：

围绕“景区短视频内容的‘生意经’”开展研讨，培养学生爱岗敬业、守正创新的职业素养，提高质量意识。

研讨要求：

请结合以上资讯，从爱岗敬业、守正创新、质量意识的角度，谈一谈对“景区短视频内容的‘生意经’”的认识，研讨如何“把流量思维转变为用户思维”。

1.以小组为单位组织交流、研讨。

2.每个小组推荐1名成员做主题发言，各组围绕“景区短视频内容的‘生意经’”分享看法与体会。

3.从小组互评与教师评价两个方面进行评分，见表9-6。

表9-6 “景区短视频内容的‘生意经’”训练项目评价表

项目主题（分值）	评价指标（分值）	标准	小组互评（20%）	教师评价（80%）	综合得分（100%）
景区短视频内容的“生意经”（100分）	课堂研讨表现（40分）	小组研讨组织得当，全员参与，研讨运用相关知识、方法、资讯等准确			
	主题阐述（60分）	阐述的内容丰富、效果良好，观点新颖、独特，能从爱岗敬业、守正创新、质量意识的角度，阐述对“景区短视频内容的‘生意经’”的认识，并结合资讯案例，提出“把流量思维转变为用户思维”的有效建议			

4.教师与学生依据综合得分情况，确定最优陈述小组。

在线课堂9-4

创意旅游与网络营销

任务4 创意旅游与网络营销

任务目标

知识目标：理解创意旅游的概念和特征。

能力目标：能对创意旅游市场进行分析，并选择对应的网络营销方式。

素养目标：培养与时俱进的旅游意识、网络营销的创新思维以及深厚的爱国情怀，强化守正创新意识。

任务导入

山西首个红色旅游创意体验快闪店开门迎客

“原来山西的红色旅游资源如此丰富！一定要抽时间走走看看。”“这个红色旅游景点我去过，我要和它合影留念！”……2021年7月26日，山西大剧院内，山西首个红色旅游创意体验快闪店正式开门迎客，吸引了众多参观者驻足。

据了解，红色旅游创意体验快闪店是山西省文化和旅游厅联合山西日报共同举办的“历史的足迹”红色旅游宣传推广活动的第二阶段。快闪店将历史感与现代元素相融，以“文旅颂歌、礼赞百年”为主题，通过线上+线下、多维展示+互动体验等方式，全面宣传推广山西深厚的红色革命文化、丰富的红色旅游资源，为广大市民与游客带来了一场视听盛宴。

快闪店内设置了五个区域，分别是视频宣传区、红色文旅资源区、老照片里的故事展示区、文创产品展示区、拍照打卡区，通过视频、文字、图片、实物展品、拍照打卡等方式，向民众推介山西10条红色旅游经典线路及红色旅游景点，同时展现了中国共产党成立100年来在山西走过的光辉历程、创造的历史伟业、铸就的伟大精神。

在老照片里的故事展示区，展示着“历史的足迹”红色旅游宣传推广活动第一阶段从民间征集到的老照片、老故事。“每一个红色教育基地和景区都在讲述着一个红色故事，彰显着红色精神。今天特意带孩子来接受红色教育，目的是把这段红色基因传承下去。”看完展览的太原市民武洪意犹未尽，他说，这个暑假要按照快闪店展出的红色旅游线路，带着孩子一路走下去，探访山西红色旅游景点，感悟红色文化魅力。

山西省文化和旅游厅相关负责人表示，回顾和重温“历史的足迹”，不仅能让人们更加珍惜来之不易的伟大成就，而且能进一步讲好红色故事，用好红色资源，把红色旅游打造成陶冶革命情操、健康精神世界的重要阵地，打造成发展全域旅游、促进文旅融合的重要载体，打造成巩固脱贫成果、助力乡村振兴的重要引擎。

资料来源　李梦文. 山西首个红色旅游创意体验快闪店开门迎客［EB/OL］.［2021-07-27］. http://sx.people.com.cn/n2/2021/0727/c189153-34839948.html.

问题：

1. 山西首个红色旅游创意体验快闪店的创意元素有哪些？
2. 在文旅融合、移动互联背景下，创意体验快闪店能否复制到其他旅游景区？

理论知识

一、创意旅游的概念

2000年，新西兰学者格雷·理查德和克里斯宾·雷蒙德首次提出了“创意旅游”（creative tourism）这一概念。他们认为，“创意旅游是指在游览过程中，旅游者通过积极参与目的地国家或社区的文化或技巧学习，激发自身创意潜能，以体验目的地文化氛围的旅游形式。”这一概念对创意旅游的目的、形式以及目标进行了具体叙述，强调了互动性对创意旅游的重要性，指出游客的创意旅游行为是积极的而不是被动的，是学习式的而不是观光式的，既是自我发展也是经济发展，同时潜在地依赖于地方技能、技术、传统以及地方的独特性。

此后，创意旅游这种特殊的旅游形式逐渐引起了联合国教科文组织、世界旅游组织和欧洲旅游委员会等国际组织的关注，世界各国亦开始关注创意旅游的发展。英国、美国、法国、西班牙、澳大利亚、新加坡、韩国、日本等国也相继制定了创意旅游发展战略并付诸实践。

2003年，新西兰旅游局对“创意旅游”进行了界定，指出“创意旅游是一种更为可持续的旅游形式，通过非正式的、亲自动手的参与和创意体验为旅游者提供了解地方文化的真实感”。这一概念主要从体验的角度出发，注重游客对旅游目的地文化的创意体验。

2006年，联合国教科文组织“全球创意城市网络”项目在一份报告中也对“创意旅游”进行了界定，指出“创意旅游是一种具有原真性的、可直接参与体验的旅游活动，其主要表现形式为学习当地的艺术、传统以及具有当地特色的象征性文化，并与当地居民相互交流，在生活中体验文化”。

我国学者对“创意旅游”的理解和界定也各有不同。“中国创意产业之父”厉无畏提出，创意旅游是利用创意产业的思维和发展模式整合旅游资源，创新旅游产品，锻造旅游产业链，以适应现代旅游经济转型发展的全新模式。他主要从产业的高度来界定创意旅游，强调对各类资源的多维化整合，对旅游者消费潮流的引导，对产业链的锻造和延伸。

周钧和冯学刚认为，创意旅游是指旅游者与旅游目的地之间以创意互动为核心要素的一项旅游产品。旅游者通过此过程实现知识和技术的输入，开发个人创意潜能，形成个性化的旅游体验与旅游经历。他们认为，创意旅游作为一种新的旅游形式，具备三点核心要素：第一，文化是创意旅游的前提和基础，文化资源是创意旅游的素材，对文化的消费和体验是创意旅游者的原动力。第二，互动式学习与体验是创意旅游实现的路径和形式，创意旅游更强调参与的重要性，与大多数文化旅游者相比，创意旅游者更偏好交互式的体验过程，能够积极主动地参与到动态的创造过程中，与目的地的人与物产生互动，形成具有独特个性的旅游体验。第三，实现自我发展和目的地的社会经济发展是创意旅游的目标所在。创意旅游应该实现两个目标：一个是通过激发旅游者的创意潜能，促进个体的自我发展和个性塑造；另一个是实现目的地的经济发展和文化保护。

目前，学术界尚未对“创意旅游”的概念达成共识，国内外学者比较认同的概念是：创意旅游是指在文化创意产业和旅游产业相融合的大背景下，由文化创意产业吸引物和旅游六要素（食、住、行、游、购、娱）结合而形成的新型旅游业态。在资源紧张、传统产业缺乏核心竞争力的前提下，大力发展创意旅游，促进产业结构调整，有助于旅游业的转型升级。

二、创意旅游的特征

（一）鲜明的文化性

创意旅游是由创意产业与旅游业相融合而形成的。创意产业是经济发展到一定阶段、人们对精神层面的需求上升到一定高度后才出现的新兴产业，创意产业提供的产品和服务旨在满足人们的精神需求，因此创意产业必须具有文化品位和文化底蕴。创意产业与旅游业相融合而形成的创意旅游业必须以文化资源为生产要素，以文化内涵为主要内容，挖掘并满足旅游者多元化的文化体验需求。

创意旅游的文化性既体现在它所包含的为旅游者所追求的文化要素上，也体现在旅游这一社会文化活动所包含的文化内容上。让旅游者感受到鲜明的、可识别的文化符号和文化内涵，是创意旅游的主要特征。

（二）独特的创新性

古往今来，人们的消费需求、审美标准总是随着时代的变化而改变，所以任何一种商业形态的可持续发展都必须以创新为根本驱动力，否则很难形成旺盛的生命力。尽管创新可以有多种解读，但通过对其概念发展过程的了解，我们可以认为创新是一种独特的思考和处理问题的方法，或者是将综合知识应用于新的问题领域的实践活动。创新不但给人一种充满活力和不断变化与革新的印象，在很大程度上也符合社会发展的一般规律。创意旅游不仅要靠旅游目的地来创造，而且要靠旅游者自己创造。在创意旅游中，旅游者具有双重身份，他们既是创意消费者，又是创意生产者。为了进一步推动创意旅游的发展，旅游目的地有义务激发旅游者的创新意识，提供各项创意旅游资源，为旅游者展示各项创意活动构建具有极高的适应性和动态性的创意空间，帮助旅游者发掘自己的创新潜能，积极引导旅游者进行创意产品消费。

（三）新奇的体验性

体验经济的来临让游客不再只满足于观察文化背景，而是积极寻求参与。与传统的参与度较低的观光旅游和休闲旅游不同，创意旅游更重视旅游者的主动参与，强调旅游者的主观体验，力求使旅游者获得新奇的个性化体验。

与一般的旅游体验不同，创意旅游中的旅游体验主要由旅游者自己创造。游客只有具备了一定的文化水平，才能与环境产生共鸣，从而理解旅游的内涵，获得深度旅游体验；反之，如果游客缺乏必要的知识储备和文化底蕴，将很难与环境产生共鸣，也难以真正获得创意度高、个性化强的深度文化体验。

（四）强大的融合性

作为一种新兴的旅游业态，创意旅游是文化、经济、技术等相互融合的产物，因此创意旅游具有高度的融合性、较强的渗透性和辐射力，能够带动相关产业的发展，进而推动区域经济的发展。此外，创意旅游有助于整合历史文化资源、商业文化资源、产业文化资源、社会文化资源等各类特色文化资源，形成能够为人们所接受的新文化，也有利于文化的传承与创新。

（五）发展的可持续性

文化资源始终处于发展过程中，同时，人的创意能力也一直处于不断提高的状态，而创意旅游能够对可开发利用的文化、历史、品牌、设计、技艺甚至符号等无形资源，以及旅游内容和方式进行无限的更新和发展，因此创意旅游在理论上具有发展的无限性，是一种可持续性很强的旅游业态。

案例窗 9-4　　重大城市活动成为珠海旅游“吸金器”

中国国际航空航天博览会是由中央政府批准举办的国际性专业航空航天展览，它以实物展示、贸易洽谈、学术交流和飞行表演为主要特征，集贸易性、专业性、观赏性于一体，是展示当今世界航空航天业发展水平的蓝天盛会。

2016年11月，第十一届中国国际航空航天博览会和珠海WTA超级精英赛同时举行，两项活动的成功举办，吸引了大批游客涌入珠海。

许多人留意到，早在这届航展开幕前，珠海市各中高档酒店客房就已基本订满，不少酒店出现一房难求的现象。据统计，2016年11月1日至6日，珠海市共接待过夜旅游者36.73万人次，比上届航展增长15.3%，客房价格也较平日出现较大幅度上涨。

这届航展举办的同时，珠海WTA超级精英赛也展开了激烈角逐。珠海WTA超级精英赛引入了“SAVOUR食味天地美食节”，并于赛事同期一起亮相珠海横琴国际网球中心，为球迷带来精彩赛事和顶级美食的双重享受。此外，2016年11月3至6日，为期4天的2016·珠澳创意旅游商品博览交易会在珠海国际会展中心举行，参加此次展会的珠澳两地企业达20多家，组织包括食品、工艺品、日用品、特色农副产品及文化创意衍生品等多个类别的上百种创意旅游手信产品进行集中展销，吸引了众多观展人流。可以说，“航展+WTA+美食”成为这个金秋珠海城市活动的多重主题。

资料来源　珠海市旅游发展中心. 重大城市活动成为珠海旅游“吸金器”　航展期间我市迎客百万人次［EB/OL］.［2016-12-19］. https://www.tourzhuhai.com/index.php/show/content/8.

案例分析：中国国际航空航天博览会和珠海WTA超级精英赛作为事件营销的典型案例，对珠海旅游业的推动效应明显。事件营销是指通过策划、组织和利用具有新闻价值、社会影响力的事件，吸引媒体、社会团体和消费者的兴趣与关注，以提高知名度、美誉度，树立良好品牌形象，并最终促成产品或服务销售目的的手段和方式。

三、创意旅游与网络营销的结合

从旅游者的角度看，产品价值系统由功能价值和观念价值两部分构成。功能价值是指旅游者为满足基本需要而愿意给旅游产品的物理属性支付的价格部分；观念价值是指人们在消费旅游产品的物理属性的同时，因产品内在的文化属性、象征意义以及个人因消费该产品所带来的感受和体验等方面的差异而愿意多支付的价格部分。观念价值是主观的、可以感受的无形附加物，因文化创意渗透而生，是附加的文化观念。

创意为旅游产品和服务注入了新的文化信息要素，提供了新的价值元素，催生了新的需求，从而开辟了新的市场。创意旅游的积极意义在于产业链的构建，在于对城市和区域整体转型的促进，以及旅游产业价值体系的形成和增值，旨在形成旅游产业的有智增长模式。

从传统媒体时代到智媒体3.0时代，各种自媒体、社会化媒体都受到了旅游者尤其是青年自助游群体的青睐，成为其获取旅游信息、编制旅游行程、发表旅游感受的重要渠道。在网络中，旅游者可以获取创意旅游的信息，而创意旅游的发展需要将旅游的功能向产业上游的研发和下游的品牌销售渠道延伸，用旅游消费需求引导产品的设计和功能的优化，用旅游消费偏好进行品牌定位，培育忠实消费群体，建立有效的销售网络。因此，创意旅游离不开有效的网络营销。

实践训练

创意旅游线路设计及相应网络营销方案的制订

实训内容：

某旅行社的总经理邀请你们小组为当地某著名景区设计一条具有创意的旅游线路，并制订出相应的网络营销方案。

实训目标：

1. 培养学生的组织、策划能力。
2. 培养学生的创新能力。
3. 掌握创意旅游的特征与网络营销方法的运用。
4. 培养学生的团体协作意识。

实训组织：

1. 以3～4人为一个小组，由组长确定小组分工，指定1位发言人以PPT的形式汇报自己小组设计的旅游线路及网络营销方案。
2. 组长要分配好每个组员的任务并督促组员按时完成作业。
3. 学生要进行适当的实地考察并了解旅游目的地的情况，以提高方案的可行性。

实训记录：

1. 组织活动过程概述：

____

____

2. 创意旅游线路的设计情况：

____

____

3. 创意旅游线路的网络营销方案：

____

____

效果评价：

1. 以小组为单位发表观点，并上交设计方案。
2. 每个小组推荐1名成员做主题发言，说明方案的形成过程，阐述小组完成情况。

3.每个小组在阐述过程中，其他小组及主讲教师对其进行专题评价，见表9-7。

表9-7 “创意旅游线路设计及相应网络营销方案的制订”训练项目评价表

项目主题（分值）	评价指标（分值）	标 准	小组互评（20%）	教师评价（80%）	综合得分（100%）
创意旅游线路设计及相应网络营销方案的制订（100分）	知识运用（20分）	理解创意旅游的基本概念、特征			
	技能掌握（30分）	能对创意旅游市场进行分析，并选取相应的网络营销方式			
	职业核心能力表现（20分）	培养旅游网络营销的创新思维			
	职业道德修养（10分）	乐于奉献的精神、团队精神、责任良知			
	成果展示（20分）	策划方案具有可操作性，效果良好，创意新颖、独特			

4.教师与学生依据综合得分情况，确定最优陈述小组。

思政探索

新模式+好创意　红色旅游原来可以这么“玩”

背景资料：

一提起“红色旅游”，你会想到什么？是跟着导游的小旗子到各个红色遗址转一圈？还是到各家展览馆的自动讲解机听一段历史讲解？如果是这样，那到浙江来走一走看一看吧，这里的红色旅游定能让你耳目一新。

淘汰单一无趣的走马观花式游览，引入新业态，让传统的红色旅游也可以玩出新花样，让游客在不知不觉中融入红色旅游氛围、修习红色文化，让更多的年轻人自愿加入传承红色历史的队伍中来。

增强游客体验感　身体力行中传承红色历史

青山环绕、绿水相拥，在浙西南的崇山峻岭中，“五行遂昌”熠熠生辉。遂昌一直以“金、木、水、火、土”来概括自身的旅游资源，其中的“火”就代表红色旅游。

一排排白墙黑瓦的小楼，一面面迎风招展的红旗，一个个纯朴热情的村民，这里便是“浙西南革命根据地”王村口镇，也是遂昌重点打造的红色旅游景区。这里和其他江南古镇不同，其独特的红色文化才是核心竞争力。

王村口镇与其他红色旅游景点最大的不同，是其借鉴了井冈山红色教育培训模式。这里成立了浙西南干部培训学院，组建了以“党校老师、优秀乡贤、文人名贤”

为主体的讲师团，形成了以体验式教学为主，现场教学、专题教学、访谈教学、互动教学相结合的菜单式培训课程，可以根据不同受训对象的需求定制多样化产品。游客到这里不仅可以穿军装，而且可以进行实战性红色项目体验，身体力行传承红色文化。2018年5月，王村口镇还被列入“长三角区域旅游系统党性教育基地”。

如今的王村口镇，已经成为浙江的“网红古镇”，越来越多的人愿意到这里接受一次红色文化的洗礼。王村口镇党委书记徐土生说：“红色就是我们的风情，是我们王村口旅游的品牌，我们要将风情固化、风情活化、风情热化，不让一个业主关门，不让一个古建筑消失，不让一个红色故事失传，将王村口镇打造成为名副其实的‘浙江井冈山’。”

有册课本会说话　学游结合让红色文化动起来

“读万卷书，行万里路。”研学游是近年来旅游业冉冉升起的一颗新星。

“往年鲁迅故里的游客以参观景区为主，中小学生主要是来鲁迅故里参加‘三味书屋·鲁迅故里’研学游活动。但2018年初，从我们开始筹划‘鲁迅与共产党人’专题大讲堂开始到正式运营，鲁迅故里的游客群体中多了党员这个特殊群体。”在被问及红色研学游时，绍兴鲁迅纪念馆讲解员、研学游组组长陈孜颖这样介绍。

“鲁迅与共产党人”专题大讲堂主要通过五四时期、大革命时期和反文化“围剿”时期三个阶段来讲述鲁迅的一生及其与28位共产党人之间的故事，是各单位党员活动的又一个选择。

鲁迅故里作为全国红色经典景区之一，未来的重点发展方向就是将研学和红色旅游相结合，不仅局限于对党员的培训，而且要针对青少年推出年轻化的产品，以促进红色文化的传承。

从“跟着课本游绍兴”的旅游大主题，到做好学游结合的红色文章，绍兴市的红色旅游走出了一条与众不同的发展道路，并且率先占领了青少年市场。

跳出固有模式，让红色旅游不再“格式化”，让红色景区走下“讲台”，走进每一位游客的生活中。浙江旅游人的创新改革体现在方方面面，他们用不同的方式让更多的人知道，原来红色旅游还能这么“玩”。

资料来源　潘心怡，蔡缨苏. 新模式+好创意　红色旅游原来可以这么“玩”[EB/OL]. [2018-07-01]. https://baijiahao.baidu.com/s?id=1604776570588056831&wfr=spider&for=pc.

思政目标：

围绕“新模式+好创意　红色旅游原来可以这么‘玩’”开展研讨，培养学生的爱国情怀，强化守正创新意识。

研讨要求：

请结合以上资讯，从爱国情怀、守正创新的角度，谈一谈对“新模式+好创意　红色旅游原来可以这么‘玩’”的认识，研讨如何通过创意旅游开发，打造红色旅游产品的核心竞争力。

1. 以小组为单位组织交流、研讨。

2. 每个小组推荐1名成员做主题发言，各组围绕“新模式+好创意　红色旅游原来可以这么‘玩’”分享看法与体会。

3.从小组互评与教师评价两个方面进行评分，见表9-8。

表9-8 “新模式+好创意 红色旅游原来可以这么‘玩’”训练项目评价表

项目主题（分值）	评价指标（分值）	标 准	小组互评（20%）	教师评价（80%）	综合得分（100%）
新模式+好创意 红色旅游原来可以这么“玩”（100分）	课堂研讨表现（40分）	小组研讨组织得当，全员参与，研讨运用相关知识、资讯等准确			
	主题阐述（60分）	阐述的内容丰富、效果良好，观点新颖、独特，能从文化自信、守正创新的角度，阐述对红色旅游创新营销的认识，并结合资讯，对通过创意旅游开发，打造红色旅游的核心竞争力提出有针对性的建议			

4.教师与学生依据综合得分情况，确定最优陈述小组。

项目小结

伴随着互联网技术的迅猛发展，网络营销成为旅游企业开拓市场的重要方式。旅游网络营销的模式主要有：会员制营销、许可Email营销、主题营销、互惠营销、搜索引擎营销、联盟营销、社交网络营销等。

互动式旅游营销是指在通信网络的基础上，旅游企业在营销过程中充分听取游客的意见和建议，使旅游信息在旅游企业与游客之间得以快速流通，并用于旅游产品的规划和设计，完成交互式交易活动，从而提高旅游市场占有率及旅游者对旅游产品的忠诚度的一种营销方式。

旅游微营销是一种低成本、高性价比的营销模式。与旅游行业的传统营销方式相比，旅游微营销通过“虚拟”和“现实”之间的互动，更加快捷、高效地实现了旅游产品信息传播与咨询、品牌树立、渠道促销、客户关系维护等功能。

边听边记9-1

项目小结

创意旅游是指在文化创意产业和旅游产业相融合的大背景下，由文化创意产业吸引物和旅游六要素（食、住、行、游、购、娱）结合而形成的新型旅游业态。在资源紧张、传统产业缺乏核心竞争力的前提下，大力发展创意旅游，促进产业结构调整，有助于旅游业的转型升级。

挑战自我

“营销狂魔”张家界是这样玩转新媒体的

张家界位于湖南省西北部，旅游资源丰富，有张家界国家森林公园、天门山、黄龙洞、金鞭溪、宝峰湖等景点，每个景点都散发着无限的魅力。张家界的旅游资源让游客眼花缭乱，张家界的旅游营销方式也花样百出。

美丽中国9-1

张家界天门山风光

1. 微信营销

提到张家界的微信营销，不得不提到张家界在2014年的大动作，即邀请10万微友免费游活动。其中有一个环节令游客感到十分惊喜，抽奖者竟是当地的猕猴，猕猴随机选择一个号码，这样看似就没有黑幕了，不得不说这样的方式很新颖。

2. 热点营销

在歌曲《江南style》火遍全球的时候，张家界顺势推出了改编的《张家界style》。据统计，《张家界style》视频百度搜索相关网页超过了3 000万页，点击量达到1 500万次。经过这次大炒作，张家界的知名度、影响力显著提升。

3. 网红直播

张家界将网红与直播结合起来，推出了“首届国际网红直播旅游节”，邀请当下有名的网红来直播。这个创举也成为旅游直播营销的先河。

资料来源　根据网络资料整理.

问题：

1. 阅读上述案例，分析张家界网络营销的成功之处。

2. 查找国内外典型旅游网络营销案例，谈谈自己的看法。

要求：课外时间独立完成，给出有针对性的答案。

拓展空间

旅游企业如何搭上流量王抖音的营销快车？

随着越来越多的用户没有阅读长文的耐心，短小精悍、包罗万象的小视频成为吸引大众的利器。从2018年春节开始，抖音App在App Store总榜的排名已经飞速上升到了第一名，超过了微信。

“两微一抖”已经成为当下的营销标配渠道，成为商家必争之平台。

抖音上的小视频多以颇具创意性、趣味性且并不低俗的内容出现，内容展示往往充满了新奇和反转。据说抖音团队在初期曾把100多款短视频产品全部安装在手机上去体验，发现很多短视频产品有一个共同的缺点，就是不够美好。因此，抖音将这个认知作为自己的旗帜，以“记录美好生活”为品牌形象，这也为品牌营销做出了指导方向：奇特、实用、惊喜。

抖音上有一个经典的营销案例是海底捞的“抖音吃法”，也是遵循创意、趣味性的逻辑。新年后，突然有很多人在海底捞尝试一种神秘的新吃法：生鸡蛋+虾滑倒入油面筋，丢进火锅煮熟。这一招被抖音的网友们玩得不亦乐乎，甚至有网友为了拍抖音而专门去吃海底捞。

在流量高地的吸引下，众多旅游企业也在抖音上玩起了短视频营销。

从围观到参与，是抖音的一大特点。做新媒体营销，有用户的地方就有机会。与其抱怨和焦虑，不如尝试在抖音平台上找到最适合自己的玩法。

资料来源　佚名. 旅游企业如何搭上新晋流量王抖音的营销快车？[EB/OL]. [2018-04-13]. http: //m.cncn.net/blog/753253.

主要参考文献

[1] 李学芝，宋素红．旅游市场营销与策划［M］．4版．大连：东北财经大学出版社，2021．

[2] 朱智，杨红霞．旅行社经营与管理［M］．北京：清华大学出版社，2018．

[3] 舒伯阳．旅游市场营销［M］．2版．北京：清华大学出版社，2016．

[4] 刘长英．旅游市场营销［M］．北京：北京大学出版社，2015．

[5] 周广海，谢佩清．旅游市场营销［M］．南京：南京大学出版社，2015．

[6] 马勇．旅游市场营销［M］．5版．大连：东北财经大学出版社，2015．

[7] 刘宁，刘志．市场营销［M］．北京：高等教育出版社，2014．

[8] 吴金林．旅游市场营销［M］．3版．北京：高等教育出版社，2014．

[9] 刘微．30分钟玩转视频营销［M］．北京：电子工业出版社，2014．

[10] 李光瑶，石斌．旅游市场营销［M］．北京：清华大学出版社，2013．

[11] 郑琦．创意旅游——产业创新与规划研究［M］．上海：上海社会科学院出版社，2012．

[12] 黄荣鹏．旅游销售实务宝典［M］．北京：化学工业出版社，2011．

[13] 邓安娜，秦鹏．旅游市场营销［M］．北京：机械工业出版社，2011．

[14] 张学梅，廖涛．旅游市场营销［M］．北京：北京大学出版社，2011．

[15] 赵西萍，等．旅游市场营销学［M］．2版．北京：高等教育出版社，2011．

[16] 吴金林，李丹．旅游市场营销［M］．北京：高等教育出版社，2010．

[17] 于成国．旅游市场营销［M］．北京：中国科学技术出版社，2009．

[18] 袁声莉，雷莉．网络营销［M］．武汉：武汉大学出版社，2009．

[19] 黄继元，吴金林，林丽．旅游市场营销［M］．重庆：重庆大学出版社，2009．

[20] 刘芳．旅游市场营销［M］．重庆：西南师范大学出版社，2008．

[21] 舒晶．旅游市场营销［M］．上海：上海交通大学出版社，2007．

[22] 科特勒，等．旅游市场营销［M］．谢彦君，译．5版．大连：东北财经大学出版社，2006．

[23] 韩勇，丛庆．旅游市场营销学［M］．北京：北京大学出版社，2006．

[24] 李肇荣，陈学清，张显春．旅游市场营销［M］．武汉：武汉大学出版社，2006．

[25] 冯卫红，邵秀英．旅游产品设计与开发［M］．北京：中国科学技术出版

社，2006.
[26] 袁平. 旅游市场营销 [M]. 郑州：郑州大学出版社，2006.
[27] 任昕竺. 旅游市场营销与管理 [M]. 北京：人民邮电出版社，2006.
[28] 程林，朱生东. 旅游市场营销 [M]. 合肥：合肥工业大学出版社，2005.
[29] 魏敏. 旅游市场营销 [M]. 长沙：中南大学出版社，2005.
[30] 唐代剑. 旅游市场营销学 [M]. 杭州：浙江大学出版社，2005.
[31] 杨振之. 旅游原创策划 [M]. 成都：四川大学出版社，2005.
[32] 布恩. 当代市场营销学 [M]. 赵银德，等译. 北京：机械工业出版社，2003.
[33] 马勇，毕斗斗. 旅游市场营销 [M]. 汕头：汕头大学出版社，2003.
[34] 王霆，等. 心理营销 [M]. 北京：中国纺织出版社，2003.
[35] 杜靖川. 旅游市场营销 [M]. 昆明：云南大学出版社，2002.
[36] 苟自钧. 旅游市场营销学 [M]. 郑州：郑州大学出版社，2002.
[37] 黄荣鹏. 旅游销售技巧 [M]. 广州：南方日报出版社，2002.
[38] 瑟厄波德. 全球旅游新论 [M]. 张广瑞，等译. 北京：中国旅游出版社，2001.
[39] 密德尔敦. 旅游营销学 [M]. 向萍，等译. 北京：中国旅游出版社，2001.
[40] 祝娟. 事件新闻的微营销模式锻造——以旅游事件为例 [J]. 新闻知识，2015（1）.
[41] 宋阳，黄亚勤. 微信营销模式的优势、劣势及发展分析 [J]. 经济研究导刊，2015（19）.
[42] 朱明洋. 论微营销的概念化与其发展的新阶段 [J]. 集美大学学报（哲学社会科学版），2015（1）.
[43] 王尚坤，赵洁，马爱萍. 基于网络的旅游营销新方式 [C]. 中国旅游科学年会论文集，2014-04-19.
[44] 刘志坚，张辉. 微营销内涵、特征及发展——以微博、微信为例 [J]. 对外经贸，2014（11）.
[45] 孙莹. 微时代旅游营销的新模式——旅游微博营销 [J]. 新闻知识，2013（1）.
[46] 徐梅. 山东省网络营销模式初见成效 [N]. 中国旅游报，2013-12-13（17）.
[47] 周惠. 旅游电子商务企业在旅游营销上的模式创新 [D]. 上海：上海外国语大学，2013.
[48] 王丽婷. 旅游电子商务市场与网络营销模式的创新研究 [J]. 中国市场，2013（45）.
[49] 赵飞. 电话销售技巧二三计 [N]. 中国保险报，2012-06-27（5）.
[50] 刘姣兰. 旅游电子商务市场现状及网络营销模式设计 [J]. 商业时代，2012（18）.
[51] 夏小莉. 旅游营销的创意策略 [J]. 边疆经济与文化，2009（11）.
[52] 刘姣兰. 旅游网络营销模式研究——以九江为例 [J]. 企业经济，2009（12）.

[53] 刘浩. 基于网络营销模式下的旅游一对一营销 [J]. 经济研究导刊，2009（19）.

[54] 易兵，陈国生. 我国旅游网络营销发展的现状与对策研究 [J]. 商场现代化，2007（2）.

[55] 王浪，张河清. 旅游产品体验营销中的价格影响因素及定价策略 [J]. 北京第二外国语学院学报（旅游版），2006（7）.

[56] 王红. 这边风景独好——高校学生旅游市场网络营销的新观点 [J]. 网络时代，2001（9）.